Hans-J. Engelke

Siemens
Solid Edge 2019
Synchronous Technology

Bauteile

Skizzen, Modelle, Zeichnungsableitungen, Belastungsanalysen

1. Auflage 2019

Ein Lehr- und Lernbuch für den leichten Einstieg in die 3D-Bauteil-Konstruktionen

© 2019 Hans-J. Engelke

© 2019 Books on Demand GmbH

Herstellung und Verlag: Books on Demand GmbH, Norderstedt

ISBN 9783748170983

Bibliografische Information der Deutschen Nationalbibliothek

Die Deutsche Nationalbibliothek verzeichnet diese Publikation in der Deutschen Nationalbibliografie; detaillierte bibliografische Daten sind im Internet über dnb.d-nb.de abrufbar.

Der Autor:
Hans- J. Engelke ist als CAD-Dozent in der Erwachsenenbildung- und Weiterbildung tätig.

Siemens

Solid Edge 2019
Synchronous Technology

Bauteile

Skizzen, Modelle,
Zeichnungsableitungen,
Belastungsanalysen

Inhalt

Buchbereich, Inhalt

X

XII

„Indem wir auf die Betrachtung der Fläche gleich die in Bewegung befindlichen Körper folgen ließen, ehe wir noch die Körper bloß für sich betrachten, während es sich doch eigentlich gehörte nach der zweiten Ausdehnung erst die dritte folgen zu lassen.“

- Platon „Der Staat“ -
- Sokrates beklagt den Zustand der Raumgeometrie –
(etwa 375 v. Chr.)

Vorwort

Schon wieder ein neues Buch zu Solid Edge, schon wieder Geld investieren für die eigene Fortbildung, leider ein klares Ja, da die heutigen Programmerweiterungen nur in Verbindung mit dem Befehlsbestand der vorherigen Versionen optimal nutzbar sind.

Dieses Buch wendet sich an Einsteiger die ihre ersten Schritte mit der neuen Solid Edge Version 2019 gehen wollen oder müssen. Programmschritte, Anpassungen und Befehlsfunktionen werden ausführlich Schritt für Schritt dargestellt und mit erläuternden Bildfolgen unterstützt, die Inhalte beziehen sich auf Solid Edge 2019 als Basis, sind aber im engen Maße versionsneutral.

Im ersten Kapitel wird wieder die geschichtliche Entwicklung der Geometrie von mir beleuchtet, denn es war schon immer mein Ansatz, dass ohne das Wissen um die Geschichte keine Entwicklung in die Zukunft geben kann, außerdem nimmt dieser Einstieg die starre Struktur eines reinen Lernbuches.

Das Kapitel 2 bildet den Anfang für die Anwendung verschiedener Darstellungstechniken auf Basis eine fertigen Vorlage, die Grundinstallation, die aufwändige Programmanpassung und die benötigten weiteren Anwendungs-Installationen finden einen breiten Raum im Kapitel 12 auf der Buch-DVD.

Ein Wort noch in persönlicher Sache, dies Buch erscheint wieder über BOD, da es für Fachbuchverlage nicht gewinnbringend ist, CAD Bücher in hoher Druckqualität und mit großer Seitenzahl, für einen kleineren Anwenderbereich zu verlegen.

Um dieses Buch auch kostenüberschaubar einem kleineren Anwenderkreis zur Verfügung zu stellen, habe ich auf ein Druckformat in Farbe verzichtet.

Für die Käufer dieses Buches biete ich die Möglichkeit an, eine DVD gegen Vorlage der Kaufbestätigung, gratis zu bestellen, hierzu sehen Sie bitte das Kapitel 11 an.

Mit dem Kapitel 11 und dem Index-Verzeichnis endet die Papierausgabe des Buches, da die, von **BOD**, angebotene Seitenzahl nicht überschritten werden darf.

Mit den Support-Kapiteln 12 bis 26, die zur Erarbeitung der verschiedenen Möglichkeiten der Bauteilerstellung von Solid Edge 2019 unbedingt nötig sind wird diese Seitengrenze bei Weitem überschritten, eine Reduktion, an dieser wichtigen Stelle, wollte ich nicht vornehmen, deshalb sind die fast 600 zusätzlichen Seiten auf der Buch-DVD zu finden.

Durch eine Umstrukturierung der Buchausgabe zu Solid Edge 2019, einige Kapitel gehen auf die Buch-DVD, konnte ich den Preis deutlich senken.

Die Buch-DVD beinhaltet die, in den Kapiteln 2 bis 10 beschriebenen Arbeitsdateien, außerdem sind auch die Arbeitsdateien für die Supportkapitel 12 bis 26 in den Kapitel-Verzeichnissen zu finden. Das Kapitel 24 ist dem 3D-Druck aus Solid Edge 2019 gewidmet, weitere spezielle Anwendungen wie der Import anderer CAD-Bauteile (DVD-Kapitel 23) und die Belastungsanalyse (DVD-Kapitel 25) finden den Platz auf der DVD.

Zusätzlich zu einem Leitfaden, zur Nutzung der DVD, sind das komplette Buch und die Support-Kapitel, in einer Farbausgabe im PDF-Format beigegeben, um die Nachteile der **BOD**-Graustufen-Ausgabe zu mildern.

Ein besonderer Dank gilt meiner Frau Birgit, die sich wieder als Lektorin ausgezeichnet hat.

Hans- J. Engelke, im Januar 2019

1

Siemens
Solid Edge 2019
Synchronous Technology

Die dritte Dimension,
Geschichtliches

1 Die dritte Dimension

1.1 Älter als Papier

Unser Wort »Karte« stammt vom griechischen Wort ***CHÁRTES***, was so viel wie »Papierblatt« bedeutet. Die ersten erhaltenen grafischen Umgebungsdarstellungen, die an unsere heutigen Karten erinnern, stammen aus der Zeit 2300 v. Chr. Die Babylonier kratzten zu dieser Zeit Weglinien in Lehmtafeln und brannten diese.

Die Weltkarte des Hekataios

Das so gesammelte Wissen lief in der Stadt Milet zusammen, das bis 600 v. Chr. zu einem Zentrum der Geografie wurde, aus dieser Zeit stammt auch der Begriff Geometrie (Erdaufzeichnung).

In dieser Zeit kam man zu durchaus zu unterschiedlichen Hypothesen: Hekataios von Milet (etwa 550–480 v. Chr.), Autor des ersten Geografiebuches um 500 v. Chr., vertrat die Meinung, die Erde sei tatsächlich eine Scheibe.

Herodot

Ein paar Jahrzehnte später sah das Herodot schon deutlich anders, da er mehr Daten aus einer phönizischen Afrika-Umsegelung hatte.

Es bildete sich jedoch aus immer genaueren Beobachtungen der Konsens heraus, dass die Erde eine sphärische Form haben müsse, eine ausführliche Begründung lieferte etwa Aristoteles um 350 v. Chr. Die Griechen, als letzter und wichtigster ist Ptolemaios/Ptolemäus (90–168 v. Chr.) zu nennen, waren allerdings in ihrem Fach so gut, dass sich auch ihre Fehler sehr lange hielten. So haben wir es etwa teilweise der Tatsache, dass Ptolemäus den Radius der Erde kräftig unterschätzte, zu verdanken, dass Kolumbus mit allgemein bekannten Ergebnissen den Weg nach Westen einschlug, um Indien zu finden.

Aristoteles

China hatte ein hoch entwickeltes Vermessungswesen, und im Osmanischen Reich war die griechische Tradition weiter gepflegt worden. Parallel zu dieser neuen Genauigkeit trat bis weit in die Neuzeit zum Ausgleich eine neue Lust an der Ausschmückung und Ausmalung der Karte. Viele Gegenden waren ganz buchstäblich weiße Flecken, die mit Fantasie gefüllt werden wollte – bald tummelten sich dort Seeungeheuer, Drachen und dergleichen, oft auf Kupferstichen oder Holzschnitten wiedergegeben.

Ptolemaios

1.2 Die Geschichte der Geometrie

Geometrie (zu deutsch "Vermessung der Erde") ist sicher eine der ältesten Wissenschaften. Überall dort, wo Ausgrabungen Geschichten prähistorischer Kulturen in unsere Zeit sprechen lassen, erzählen sie auch eine Geschichte der Geometrie: regelmäßig oder symmetrisch geformte, bemalte oder angeordnete Alltags-, Gebrauchs-, oder Ritualgegenstände zeugen von dem Erkennen und Übertragen geometrischer Strukturen, die sich vielfältig in der Natur finden lassen. Kugelähnliche Tongefäße lassen sich bei gleichem Fassungsvermögen materialsparender und stabiler herstellen wie quaderförmige, die sich dafür besser schlichten lassen.

Anhand von Gestirnen kann man sich orientieren und bei Malereien in Höhlen und auf Ton erkennt man Menschen, Tiere und Landschaften wieder, wenn man sie so verkleinert darstellt, dass die Proportionen erhalten bleiben. Auch die mit den ersten Hochkulturen entstehenden Schriftsprachen überliefern geometrisches Wissen aus Baukunst, Handwerk, Landwirtschaft und Astronomie.

So konnte man in Ägypten nicht nur geradlinig begrenzte Flächen in rechtwinklige Dreiecke und diese wiederum in Rechtecke flächengleich umwandeln, auch die Formel für das Volumen allgemeiner Pyramidenstümpfe war bekannt. Die Umsetzung dieser Kenntnisse in Bauwerken wie den Pyramiden von Gizeh (ca. 2900 v. Chr.) beeindrucken noch heute.

Den Ursprung der Geometrie findet man auch bei den Chaldäern. Der Phönizier Tales ging nach Ägypten, um sich dort auszubilden und ließ sich darauf zu Milet nieder, wo er die ionische Schule stiftete, aus welcher die griechischen Philosophen hervorgingen, denen man die ersten Fortschritte der Geometrie zu verdanken hat.

Tales

Pythagoras von Samos, ein Schüler des Thales ging wie dieser zuerst nach Ägypten und Indien, zog sich dann nach Italien zurück und gründete hier seine Schule, die weit berühmter geworden ist, als die, aus welcher sie hervorging. Diesem Philosophen und seinen Schülern gebührt der Ruhm der ersten Entdeckungen in der Geometrie, zu deren ausgezeichnetsten die 'Theorie der Incommensurabilität (nicht gemeinsam messbar) gewisser Linien, wie der Diagonale eines Quadrats im Vergleich mit der Seite desselben und die Theorie der regulären Körpern gehören.

Diese ersten Schritte in der Wissenschaft von den ausgedehnten Größen bieten nur einige elementare Sätze dar, die sich auf die gerade Linie und den Kreis beziehen, worunter die merkwürdigsten von Pythagoras sind.

Pythagoras

Die Unmöglichkeit des Messens der Diagonalen eines Quadrats oder eines regelmäßigen Fünfecks mit Hilfe von Zahlenverhältnissen sowie die Paradoxien des Zenon von Elea mit bewegten Objekten (um 450 v. Chr.) haben dazu beigetragen, dass sich die griechische Mathematik stärker auf die Geometrie konzentrierte.

Im Mittelalter gab es den von Wentzel Jamnitzer entworfenen Ausdruck **Perspectiva corporum regularium**, damit wurden geometrische Argumentationsketten bezeichnet, die streng logisch abgeleitet und von dem Radierer Jost Amman in geschnittene Bilder umgesetzt wurden. Diese Regeln sind das Ergebnis seiner intensiven Beschäftigung mit den Problemen der perspektivischen Darstellung. Jedoch drücken seine Bilder nicht nur den gekonnten Umgang mit Zirkel und Lineal nach den Regeln Euklids aus, sondern die fünf regulären Körper und deren "Metamorphosen" werden in einem metaphysischen Zusammenhang gesehen.

Titelblatt von 5 Serien von je 5 Kupferstichen zu den *REGULÄREN KÖRPERN* der „Perspectiva corporum regularium

1.3 Die perspektivische Darstellung

Die Suche nach den korrekten Regeln für die zeichnerische Ausführung der Zentralprojektion hat seit dem ausgehenden Mittelalter zahlreiche Künstler und Mathematiker beschäftigt, von denen in der folgenden Beschreibung einige wichtige Arbeiten genannt sind:

Leon Battista Alberti, 1435 **De pictura**, Piero della Francesca ca. 1450 **De prospetiva pingendi**, Luca Pacioli 1494 **Summa de arithmetica**, 1509 **De divina proportione** mit Zeichnungen von L. da Vinci, Albrecht Dürer ab 1495 vier Bücher über die Geometrie, Leonardo da Vinci 1514 **De ludo geometrico**, Sebastiano Serlio 1545 **Libro di geometria e di prospettiva**, Wentzel Jamnitzer 1568 **Perspectiva corporum regularium**, Daniele Barbaro 1568 / 69: **La practica della perspettiva**, Guidobaldo del Monte 1600: **Perspectivae libri sex**, Johannes Kepler 1604 **Ad Vitellionem paralipomena quibus astronomiae pars optica traditur**, René Descartes 1637 **Geometrie**.

Filippo Brunelleschi

Michelangelo Buonarotti

Leonardo Da Vinci

Albrecht Dürer

Eine Reihe weiterer Mathematiker, Philosophen und Künstler setzten sich in der Vergangenheit mit Geometrie, Volumen und Perspektiven auseinander. Dazu gehören:

Michelangelo, Kant, Hilbert, William Hogarth, Oscar Reutersvärd, B. Kruse und T. Olsson, János Bolyai, Nikolai Iwanowitsch Lobatschewski, Carl Friedrich Gauß, Bernhard Riemann, Roger Penrose, George Polya, F. Haag.

Das Wissen um den Raum, die Geometrie und die Perspektive gilt heute als abgeschlossen, dennoch gibt es auch heute noch immer wieder darstellende Künstler, die dem Thema der perspektivischen Darstellung in ihren Werken neue, oft überraschende und faszinierende Aspekte abgewinnen.

1.4 Die Geschichte der Technischen Zeichnung

Die geometrische Beschreibung der Perspektive (Zentralprojektion) beginnt am Ende des 13. Jahrhunderts. Vor allem italienische Maler begannen sich in dieser Zeit mit der perspektiven Abbildung zu beschäftigen.

Das eigentliche perspektive Zeitalter beginnt aber mit dem Künstler und Baumeister Filippo Brunellesch. (1377-1446). Sein berühmtestes Bauwerk ist der Dom von Florenz – Santa Maria del Fiore.

Brunelleschi verwendete in seinen Zeichnungen und Skizzen bereits das Prinzip von 2 Fluchtpunkten; in der italienischen Hochrenaissance beschäftigten sich viele namhafte Künstler mit der Perspektive (Michelangelo Buonarotti 1475-1564 und Leonardo Da Vinci 1452-1519). So entwarf Michelangelo die Kuppel der Peterskirche in Rom.

Durch die Planung von solchen gigantischen Projekten wurden viele naturwissenschaftliche Bereiche neu belebt. Mathematik, Physik, Statik und eben und vor allem die Geometrie, hier wurde die perspektive Abbildung zum Zentrum der Geometrie der Renaissancezeit. Eines der berühmtesten Beispiele stellt das Bild "Das letzte Abendmahl" von Leonardo Da Vinci dar.

In ganz besonderer Weise hat sich aber der deutsche Maler Albrecht Dürer (1471 - 1528) mit der Perspektive auseinander gesetzt. Die folgenden Bilder zeigen, wie Dürer seine Perspektive praktisch erzeugt. Albrecht Dürer hat sich aber mit vielen anderen Bereichen der Naturwissenschaft auseinander gesetzt. So beschäftigte sich Dürer mit der Erzeugung magischer Quadrate und ebenso mit der Theorie von Platonischen und Archimedischen Körpern. In einigen seiner Holzstiche treten solche Objekte auf. Albrecht Dürer beschrieb die **Perspektive** in einem Buch derart exakt, dass dieser Text bis in das frühe 20. Jahrhundert als Standardwerk für die Geometrie der Perspektive galt. Die von Albrecht Dürer verwendete Methode wird heute in der Darstellenden Geometrie als **Durchstossverfahren** bezeichnet.

1.5   Der Meister der unmöglichen Perspektive

M. C. Escher

M. C. Escher ist für die Kunstgeschichte immer ein Problem geblieben. Seine Auseinandersetzung mit perspektivischen Unmöglichkeiten und optischen Täuschungen unterscheidet sich stark von den klassischen Themen bildender Kunst und lässt sich in keine der klassischen Schubladen einordnen. So wurde Escher von der Kunstwelt lange Zeit nicht als Künstler im klassischen Sinne akzeptiert.

Im Gegensatz dazu wurde Escher schon früh von Wissenschaftlern und Mathematikern sehr geschätzt, da seine sauberen, exakten Arbeiten sich auf eine intuitive und sinnliche Weise mathematischen Themen annähern und Problemstellungen der Wissenschaft illustrieren. Escher wurde nicht selten zu Mathematik-Vorlesungen eingeladen, obwohl er von sich selbst sagte, er verstünde nichts von Mathematik. Er hielt auch selbst stark frequentierte Vorlesungen über seine Arbeit in ganz Europa.

M. C. Escher
„Relativity"

Das Paradoxe und nicht selten Mystische seiner geheimnisvollen Bilder fand auch Anklang bei Esoterikern und der Popkultur des 20. Jahrhunderts. Seine Bilder wurden als Poster gedruckt und als Plattencover verwendet. 2002 wurde im ehemaligen Palais der Königin Emma ein eigenes Escher-Museum eingerichtet, das neben seinem grafischen Werk auch Privatfotos und Arbeitsskizzen zeigt.

Nach eigenen Aussagen, also ohne große mathematische Begabung, gelang es, Escher dennoch in seinem künstlerischen Werk, einige abstrakte geometrische Ideen grafisch sehr ansprechend umzusetzen, so dass seine Bilder vor allen Dingen bei Mathematikern, jedoch keinesfalls nur bei diesen, überaus bekannt und beliebt sind.

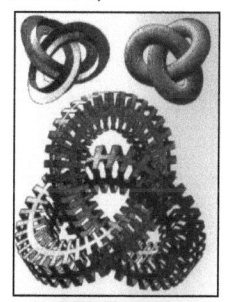

In einer ganzen Reihe von Werken hat M. C. Escher auch einzelne mathematische Objekte dargestellt, wie Spiralen, Knoten, Möbiusbänder und regelmäßige Körper.

Isaac Jacob Schoen-
berg
(Douglas Aircraft)

Pierre Bezier
(Renault)

Steven A. Coons
(Ford)

Ivan Sutherland
(SketchPad)

Dr. PJ Hanratty
(MCS)

1.6   Die CAD- Geschichte

Die CAD-Geschichte beginnt eigentlich schon in den frühen 1940 ziger Jahren mit der mathematischen Beschreibung polynomiale Kurven und Oberflächen im Flugzeug- und Automobilbau. Diese Entwicklung ist in dieser Zeit an die Firmen Douglas Aircraft, North American Aircraft, Renault, Citroen, Ford gebunden, später, in den frühen 1960ziger Jahren, kamen GM und Boeing, mit NC- Programmierung und 3D- Oberflächenbau, dazu.

Als Wendepunkt von der reinen Mathematik zur grafischen Oberfläche wird heute SketchPad von Ivan Sutherland (1963) angesehen, hier konnten Konstrukteure das erste Mal auf einer grafischen Computeroberfläche mit der Konstruktion interagieren, ein heute unverzichtbares Merkmal der CAD- Anwendungen.

Ein weiterer Meilenstein für CAD-Anwendungen war die Gründung der MCS© (Manufacturing and Consulting Services Inc) von Dr. PJ Hanratty im Jahr 1971, und das Entstehen der Firmen IBM©, Microsoft© und Intergraph©.

Mit dem Ende der 1970ziger Jahre wurden Computer erschwinglicher, Systeme wurden normiert und so haben sich die Einsatzgebiete allmählich erweitert, die Entwicklung von CAD-Software für den persönlichen Desktop-Computern war der Anstoß für den universellen Einsatz in allen Bereichen der Konstruktion. CAD-Implementierungen haben sich seitdem dramatisch entwickelt, zunächst mit **2D** in den 1970 ziger Jahren, als Ersatz für die mit Hand erstellten Konstruktionszeichnungen, dann aber schnell in den 1980ziger Jahren als 3D-Solid Modeling.

Schlüsselprodukte für diese Wende zu 3D-Solid Modeling waren die CAD- Pakete Romulus© (ShapeData Uni-Solid (Unigraphics) und die Freigabe der Oberfläche Modeler CATIA© (Dassault Systemes©).

Die stärkere Nutzung der Feature-basierten Modellierung und die Kernel- Modellierung Parasolid© (ShapeData) und ACIS© (Spatial Technology Inc.) führten zu den Entwicklungen sogenannter Mid-Range-Pakete wie SolidEdge© (Intergraph) (1996) SolidWorks© (1995) und Autodesk Inventor© (1999).

1.6.1   Solid Edge, die Geschichte

Solid Edge V 1 erschien im Herbst 1995 und wurde in USA erstmals auf einer Messe von der Firma Intergraph© vorgestellt. Solid Edge V1 basierte auf dem ACIS© Kernel von Spatial©, dieser Kernel wurde mit der V5 auf den Parasolid Kern von EDS© (Electronic Data Systems Corporation) geändert,

Die ursprüngliche Entwicklung stammt von der Fa. Intergraph© die mit dem Geschäftsbereich Mechanik Software und den Produkten EMS und Solid Edge ein Joint Venture mit dem CAD-Software Bereich von EDS und dem Produkt Unigraphics eingebracht hat. Die neu gegründete Firma trägt den Namen Unigraphics Solutions. Mit Geschäftsbereich ist neben dem Produkt und den Rechten am Produkt auch die komplette Mannschaft für Entwicklung, Vertrieb und Support mitgegangen. Die Mehrheit der Anteile hatte EDS© behalten, Intergraph© hat sich dann kurzfristig komplett zurückgezogen und seine Anteile veräußert.

2007 wird UGS© von Siemens übernommen und als **Siemens PLM Software**© ein Bereich von Siemens Automation and Drives© (A&D). Sitz des Unternehmens bleibt Plano, Texas.

1.7 3D-Volumenkörper, eine Einführung

In der Geometrie versteht man unter einem Körper eine dreidimensionale beschränkte geometrische Figur, die durch Grenzflächen beschrieben werden kann. Eine geometrische Figur heißt dabei dreidimensional, wenn sie in keiner Ebene vollständig enthalten ist, und beschränkt, wenn es eine Kugel gibt, welche diese Form vollständig enthält.

Die dreidimensionalen Körper besitzen flache oder kreis- bzw. kugelförmige Grenzflächen. Als Beispiele für Körper im Allgemeinen dienen: Würfel, Tetraeder, Pyramide, Prisma, Deltaeder, Zylinder, Kegel, Kugel, Paraboloid, Hyperboloid, Torus.

Zu den bekanntesten geometrischen Körpern gehören die regelmäßigen Polyeder. Das sind die dreidimensionalen, von regelmäßigen Vielecken begrenzten Vielflächner, deren Kanten nur nach außen zeigen und nicht unendlich groß sind, die also auch konvex und beschränkt sind, wie beispielsweise der Würfel, der Tetraeder oder auch der sogenannte Fußballkörper. Von diesen Körpern gibt es nur 5 Arten:

Platonische Körper

Kepler-Poinsot-Körper

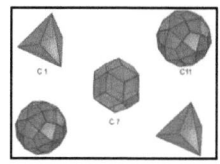

Catalanische Körper

> Platonische Körper, die mit sich selbst oder untereinander dual sind,
>
> Archimedische Körper
>
> Kepler-Poinsot-Körper
>
> Duale Catalanische Körper
>
> Johnson-Körper
>
> Prismen und Antiprismen.

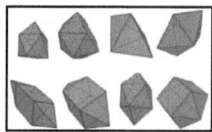

Johnson-Körper

Diese Arten umfassen meist je auch nur eine begrenzte Menge von Körpern. So gibt es 5 Platonische Körper, 13 Archimedische Körper dazu die 13 Catalanischen Körper sowie die 92 Johnson-Körper also insgesamt 123.

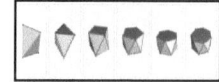

Antiprismen

Die mögliche Höchstzahl der Ecken der begrenzenden Vielecke beträgt dabei 10. Die Anzahl der Prismen bzw. Antiprismen ist hingegen unbegrenzt, da die Grundfläche grundsätzlich beliebig viele Ecken haben kann.

Wenn jedoch die Zahl der Ecken der Grundfläche auch auf 10 begrenzt wird, ergeben sich je 8 Körper, von denen aber der Würfel und der Oktaeder schon in anderen Arten enthalten sind, also je 7 weitere Körper, so dass es dann insgesamt 137 Körper wären. Es gibt aber nur insgesamt 5 regelmäßige Polyeder mit denen allein eine lückenlose Raumfüllung möglich ist.

1.7.1 Platonische Körper

In der Geometrie bezeichnet man mit den platonischen Körpern, benannt nach dem griechischen Philosophen Platon, vollkommen regelmäßige Polyeder, dreidimensionale Körper, die von Polygonen als Seitenflächen begrenzt sind.

Der griechische Philosoph Plato (ca. 428-348 v. Chr.), dessen Namen sie heute tragen, beschreibt diese Körper in seinem Werk **Timaios** und nennt diese auch **Kosmische Körper**, indem er ihnen die Elemente zuweist, aus denen sich die Welt aufbaut.

Feuer-Tetraeder, Wasser-Ikosaeder, Luft-Oktaeder, Erde-Würfel (Hexaeder), Äther-Dodekaeder.

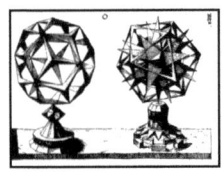

1.7.2 Kepler-Poinsot-Körper

Kepler-Poinsot-Körper sind reguläre, nicht-konvexe Polyeder und zählen zu den Sternkörpern. Dazu gehören der Dodekaeder- und der Ikosaederstern sowie das Große Dodekaeder und das Große Ikosaeder.

Benannt sind sie zu Ehren von Johannes Kepler (1571–1630) und Louis Poinsot (1777–1859).

1.7.3 Archimedische Körper

Die archimedischen Körper sind eine Klasse von regelmäßigen geometrischen Körpern. Sie zeichnen sich dadurch aus, dass ihre Ecken nicht voneinander unterschieden werden können. Es gibt 13 solcher Körper. Sie sind nach dem griechischen Mathematiker Archimedes benannt, der sie alle vermutlich bereits im dritten Jahrhundert vor Christus entdeckte. Die Schrift des Archimedes ist nicht erhalten, es ist nur eine Zusammenfassung des alexandrinischen Mathematikers Pappos (4. Jahrhundert nach Christus) überliefert.

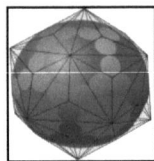

1.7.4 Catalanische Körper

Ein catalanischer Körper oder auch dual-archimedischer Körper ist ein Körper, der sich zu einem archimedischen Körper dual verhält. So ist zum Beispiel das Rhombendodekaeder dual zum Kuboktaeder. Benannt sind die catalanischen Körper, von denen es dreizehn gibt, nach dem belgischen Mathematiker Eugène Charles Catalan.

Allen catalanischen Körpern ist gemein, dass sie eine Inkugel, die sämtliche Flächen von innen berührt, aufweisen. Außerdem existiert eine Kantenkugel, die sämtliche Kanten von innen berührt. Alle Torsionswinkel eines catalanischen Körpers sind gleich.

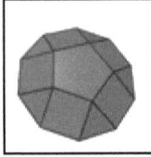

1.7.5 Johnson Körper

Johnson-Körper sind streng konvexe Polyeder, die ausschließlich aus regelmäßigen Vielecken aufgebaut sind, aber weder platonische Körper, archimedische Körper, Prismen noch Antiprismen sind. Gemeinsam mit den catalanischen Körpern ist, dass die Ecken eines Johnson-Körpers nicht identisch sind. 1966 veröffentlichte Norman Johnson eine Liste von 92 derartigen Polyedern, von der er annahm, dass sie vollständig ist.

1.8 3D-Volumenkörper und Solid Edge 2019

1.8.1 Erstellen von 3D-Volumengrundkörpern

3D-Volumenkörperobjekte können von einfachen Grundkörpern oder von extrudierten, gesweepten, gedrehten oder erhabenen Profilen ausgehen. Sie können diese mithilfe von booleschen Operationen kombinieren, außerdem können Sie verschiedene einfache 3D-Formen mit Volumen-Grundbefehlen erstellen.

Sie können 3D-Volumenkörper auch durch Vorgänge wie Extrudieren, Drehen oder Sweeping geschlossener 2D-Objekte erstellen. In der Abbildung wird die gleiche geschlossene 2D-Polylinie an einem Pfad entlanggeführt, um eine Achse gedreht und in eine angegebene Richtung extrudiert.

Durch die Kombination von 3D-Volumenkörpern mit Booleschen Operationen wie Vereinigung, Differenz und Schnittmenge können Sie einen zusammengesetzten Volumenkörper erstellen.

Eine schnelle Methode zum Erstellen von 3D-Volumenkörpern in der Form von Wänden funktioniert mithilfe des Befehls **Polykörper**. Die Vorgehensweise ähnelt der beim Erstellen einer Polylinie mit geraden und gebogenen Segmenten, mit der Ausnahme, dass Sie einen Standardwert für Höhe, Breite und Ausrichtung des resultierenden 3D-Volumenkörpers angeben können.

1.8.2 Erstellen von Volumenkörpern aus 2D-Geometrie

Sie können Flächen und 3D-Volumenkörper durch Extrusion, Sweeping, Anheben und Rotation konstruieren

Wenn Sie eine Extrusion, eine Drehung, ein Sweeping oder eine Erhebung aus Kurven erstellen, können Sie sowohl Volumenkörper als auch Flächen erstellen.

Offene Kurven erstellen immer Flächen, aber geschlossene Kurven können je nach bestimmten Einstellungen entweder Volumenkörper oder Flächen generieren.

1.8.3 Volumenkörper auf der Grundlage anderer Objekte

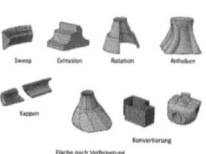

Sie können auch 3D-Volumenkörper aus 2D-Geometrie oder anderen 3D-Objekten erstellen. Zum Beispiel können 3D-Volumenkörper auch auf der Extrusion einer 2D-Form entlang eines angegebenen Pfades im 3D-Raum beruhen.

Die folgenden Methoden sind verfügbar:

Sweeping: Dehnt ein 2D-Objekt entlang eines Pfads aus.
Extrusion: Dehnt die Form eines 2D-Objekts in lotrechter Richtung in den 3D-Bereich aus.
Rotation: Sweept ein 2D-Objekt um eine Achse.
Anheben: Dehnt die Konturen einer Form zwischen einem oder mehreren offenen oder geschlossenen Objekten.
Kappen: Teilt ein Volumenkörperobjekt in zwei separate 3D-Objekte.
Flächen zu einem Volumenkörper formen: Konvertiert und stutzt eine Gruppe von Flächen, die eine dichte Fläche einschließen, in einen Volumenkörper.
Konvertierung: Konvertiert Netzobjekte und planare Objekte mit der Objekthöhe zu Volumenkörpern und Oberflächen

1 Die dritte Dimension

2

Siemens
Solid Edge 2019
Synchronous Technology

Programmtechnische Grundlagen

2 Solid Edge 2019®, programmtechnische Grundlagen

2.1 CAD-Anwendungen, Vorbemerkungen

In der Produktkonstruktion sind MCAD-Werkzeuge (Mechanical CAD) für die erfolgreiche Entwicklung und Fertigung von Konsumgütern unverzichtbar. Die Anforderungen und Bedingungen bei der Entwicklung von Konsumgütern unterscheiden sich erheblich von denen bei der Konstruktion von Maschinen und Geräten. Oftmals sind wesentlich komplexere Modellierungsfunktionen erforderlich. Da die Möglichkeit besteht, dass Konzepte geändert oder abgelehnt werden, müssen Sie in der Lage sein, Entwürfe in kurzer Zeit zu erstellen und zu ändern. Wenn bereits eine Vielzahl von Faktoren und Spezifikationen festgelegt wurde, können MCAD-Werkzeuge geringfügige Änderungen problemlos bewältigen. Wenn das Konzept jedoch noch in Bewegung ist, können konzeptionelle Änderungen das MCAD-System zum Erliegen bringen. Daher verwenden die meisten Konstrukteure in der Konzeptphase anstelle von MCAD-Software weiterhin Papier und Bleistift sowie Modelle aus Schaumstoff oder Ton.

Für Anwender mit zeichnerischen und bildhauerischen Talenten sind diese herkömmlichen Werkzeuge oftmals viel effizienter als computerbasierte Werkzeuge. Heute beschäftigen sich viele Initiativen in der MCAD-Branche damit, den Entwurfsplan früher zu erfassen, um die Konstruktions- und Markteinführungszeit zu verkürzen. Da der Entwurfsplan für die erfolgreiche Entwicklung und Fertigung von Produkten von entscheidender Bedeutung ist, hat der Solid Edge 2019® umfangreiche Funktionen entwickelt, um dieses Problem zu lösen und den gesamten Konstruktionsprozess zu rationalisieren.

2.2 Solid Edge 2019® im Überblick

Solid Edge 2019® Professional ist ein leistungsstarkes Konstruktionssystem, mit dem Ihnen die Umstellung von 2D auf 3D sehr leicht fallen wird. Es handelt sich um eine innovative dreidimensionale Konstruktionstechnologie der Firma Siemens.

Sie können unterschiedliche Modelldateien mit Solid Edge 2019® erstellen. Bauteildateien enthalten nur ein Bauteil; Zusammenbaudateien bestehen hingegen immer aus mehreren Bauteilen.

Zwei grundsätzlich verschiedene Wege führen zum Zusammenbau, einmal die herkömmliche CAD-Arbeitsweise der Entwicklung von Bauteilen in separaten Teiledateien, die dann durch Zuordnung die Zusammenbaudatei ergibt, weiterhin erlaubt Ihnen Solid Edge 2019®, Bauteile direkt innerhalb der Zusammenbaudatei zu generieren.

So können Sie Einzelteile im Zusammenbau erstellen und bearbeiten, ohne dazu ständig die zugehörigen Bauteildateien öffnen zu müssen. Sobald Sie den Zusammenbau speichern, können Sie die Bauteile in einem beliebigen Ordner speichern und anschließend jede Bauteildatei öffnen, um nun aus der Konstruktion die nötigen 2D-und 3D-Zeichnungsansichten ableiten zu lassen. Solid Edge 2019® ermöglicht Ihnen, adaptive Bauteile zu konstruieren, die sich automatisch der Größe und Position anderer Komponenten anpassen, entweder über konstruktive Bedingungen oder über Berechnungen. Nachdem Sie einen Zusammenbau konstruiert haben, können Sie eine Präsentationsdatei erzeugen, die darstellt, wie die Bestandteile des Zusammenbaus miteinander montiert sind. Sie können jedem Bauteil Explosionspfade zuweisen, eine beliebige Anzahl von Präsentationsansichten erstellen und Animationen zur Illustration der Funktionsweise Ihres Modells generieren.

2.3 Synchronous Technology, eine Einführung

Synchronous Technology ist eine völlig neue CAD-Technologie, welche die Vorteile des parametrischen Modellierens mit den Vorzügen des expliziten Modellierens vereint und somit dem Konstrukteur die maximale Freiheit bei der Modellerstellung und der Durchführung von Bauteiländerungen bietet.

2.3.1 Featurebasierend, historienabhängige Modellierung

Die meisten CAD-Systeme erzeugen Features, Formelemente wie Extrusionen, Bohrungen und Ausschnitte, dessen Reihenfolge der Entstehung (Historie) wichtig ist.

In jedem Formelement ist die Reihenfolge der Entstehung festgelegt, wie z.B. der Befehl „Extrusion" die Profilbildung und die Ebenen-Zuweisung festhält, außerdem beinhaltet diese Festlegung wie dieses Profil aussieht, Tiefe, Symmetrie, Extrusionsparameter und Anbringen von Formschräge oder Verrundungen. Diese Art der Erstellung heißt in Solid Edge **Sequentielle Modellierung**.

2.3.2 Synchronous Technologie-Modellierung

In der Synchronous-Umgebung ist dies anders. Dort können Sie ebenso eine Extrusion erstellen. Nur dass sich dieses Formelement die Parameter der Erstellung nicht festlegt.

Die Synchronous- Technologie lässt diese Extrusions Änderungen wesentlich dynamischer zu, über die Markierung einzelner Flächen der bezeichneten Extrusion schieben Sie diese um den gewünschten Wert in die gewünschte Richtung und in die gewünschte Größe.

Die Synchronous-Modellierung ist dementsprechend eine Form der direkten Modellierung.

2.3.3 Die vier innovativen Schlüsselbereiche

Bei der Synchronous-Technologie handelt es sich um eine neue Lösung für die Modellierung, die geometrische Eigenschaften und Konstruktionsregeln durch einen völlig neuen Interferenz-Lösungs-Algorithmus synchronisiert. Sie beschleunigt Innovationen in vier Schlüsselbereichen:

2.3.3.1 Schnelle Ideensammlung

Die Technologie erfasst Ideen ebenso schnell, wie sie Anwendern in den Sinn kommen. Dies führt zu einer bis zu 100-fach schnelleren Modellierung. Konstrukteure haben mit der neuen Technologie mehr Zeit für Innovationen, weil sie dieselbe Effizienz wie parametrische Modeling-Verfahren bietet, aber ohne die rechenintensiven Operationen zur Lösung vordefinierter Abhängigkeiten. Die Technologie definiert optional festgelegte Maße, Parameter und Konstruktionsregeln während der Erstellung oder Änderung, vermeidet aber den Aufwand bisheriger Methoden.

2.3.3.2   Schnelle Konstruktionsänderungen

Die Technologie ermöglicht automatisierte Umsetzungen geplanter oder nicht vorhergesehener Konstruktionsänderungen innerhalb von Sekunden – im Vergleich zu Stunden mit bisher gebräuchlichen Methoden. Dies ist möglich mit Hilfe unvergleichbar einfacher Änderungsfunktionen, unabhängig von der Quelle des Modells und mit oder ohne Verfügbarkeit eines Historienbaums.

2.3.3.3   Verbesserte Multi-CAD-Nutzung

Die Technologie ermöglicht die direkte Verwendung von CAD-Daten aus beliebigen Quellen ohne Nach- oder Neumodellierung. Anwender agieren so mit einem schnellen, flexiblen System sehr effizient auch in einer Multi-CAD-Umgebung. Dieses System ermöglicht die Modifikation anderer CAD-Daten sogar schneller, als dies im originalen System möglich wäre – unabhängig von der Konstruktionsmethode. Eine Technik mit der Bezeichnung **Suggestive Selection** beeinflusst die Funktion verschiedener Konstruktionselemente, ohne sich um Features oder Restriktionen von Definitionen kümmern zu müssen.

2.3.3.4   Vereinfachte Bedienung

Die Technologie bietet eine neue Art der Anwenderinteraktion, die CAD neu definiert und 3D so anwenderfreundlich wie 2D macht. Das Interaktionsparadigma verbindet die bislang unabhängig voneinander operierenden 2D- und 3D-Umgebungen. Dabei wird die Stärke eines ausgereiften 3D-Modellierers mit der Einfachheit von 2D verbunden. Die neue Inferenz-Technologie verhindert automatisch die üblichen Einschränkungen und bietet dem Anwender die dafür jeweils logischen Eingabebefehle an.

2.3.4   Die wichtigsten Werkzeuge der Synchronous Technology

2.3.4.1   3D erstellen

Hier werden 2D-Bemaßungen bei der Modellgenerierung automatisch durch bearbeitbare, steuernde 3D-Bemaßungen ersetzt. Bei anderen 3D CAD-Systemen zur Migration von 2D-Zeichnungen in 3D gehen die Bemaßungen verloren. Solid Edge sichert Ihre Einstellungen in 2D-Zeichnungen und realisiert so den unmittelbaren Mehrwert mit 3D.

2.3.4.2   Live Section

Mit **Live Section** bearbeiten Sie 3D-Modelle, indem Sie benutzerdefinierte 2D-Querschnitte ändern. Bearbeitungen von 2D-Querschnitten sorgen für die umgehende Aktualisierung des 3D-Modells und verleihen bei Änderungen mehr Flexibilität, weil die Bearbeitungen nicht durch Erstellungsregeln beschränkt werden, wie das bei historienbasierten Systemen der Fall ist.

2.3.4.3   Helix-Features

Helix-Features können direkt aus den zugrunde liegenden Skizzen heraus bearbeitet werden, ohne dass eine nachfolgende Neugenerierung von Modellen mit den ursprünglich in Solid Edge Synchronous Technology vorgestellten prozeduralen Features erforderlich wird.

2.3.4.4 Synchronous Technology für die Blechteilkonstruktion

Eine umfangreiche Erweiterung ist die Anwendung von Synchronous Technology für die Blechteilkonstruktion. Diese Funktion erweitert die Vorteile von Synchronous Technology über die traditionelle Modellierung von Bauteilen und Baugruppen hinaus und ist der sichere Beweis dafür, dass viele Solid Edge-Anwendungen zukünftig einen Vorteil aus der Synchronous Technology ziehen können.

2.3.4.5 Solid Edge Simulation

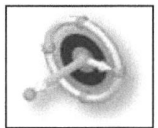

Solid Edge Simulation ist ein neues, benutzerfreundliches, integriertes Analyse-Tool für finite Elemente, mit dem Konstrukteure ihre Konstruktionen innerhalb der Solid Edge-Umgebung digital überprüfen können.

2.3.4.6 Produktdatenmanagement

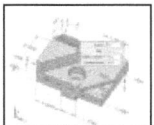

Solid Edge Insight ist die erste Produktdatenmanagement-Lösung, die die Benutzerfreundlichkeit und die geringen Betriebskosten von Microsofts Plattform SharePoint nutzt. Mit dieser Version ist Insight auf Windows SharePoint Services und Microsoft Office SharePoint Server verfügbar.

2.3.4.7 „Design Intent" (Alt „Live Rules")

Durch **Design Intent** sucht Solid Edge nach „dominanten" geometrischen Bedingungen wie Koplanarität, Konzentrizität, Horizontalität, Vertikalität, Symmetrie und behält diese ganz ohne festgelegte gespeicherte Beziehungen bei.

2.3.4.8 3D-Steuerrad

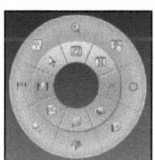

Wenn Sie eine Fläche auswählen, wird ein einzigartiges, vielseitig einsetzbares **Steuerrad** angezeigt, mit dem Sie die Fläche verschieben, drehen oder ausrichten können, indem Sie Ihre Geometrie einfach an eine neue Position verschieben.

2.3.4.9 PMI-Bemaßung

Mit Solid Edge können Anwender Bemaßungen und geometrische Bedingungen direkt in das fertige Modell integrieren. Diese Beziehungen werden mit dem Modell gespeichert und können hinzugefügt, entfernt, geändert und die Modelle jederzeit neu bemaßt werden.

2.3.4.10 Office-Oberfläche

Die vollständig überarbeitete Benutzeroberfläche von Solid Edge verkürzt Einführungszeiten, weil sie wie die Standard-Office-Anwendungen aufgebaut ist.

2.3.4.11 Radial-Menüs

Über eine Mausfunktion lässt sich auf der Arbeitsfläche ein zusätzliches Menüfeld einschalten.

2.4 Solid Edge 2019®, Programmgruppen

2.4.1 Vorlagendateien

Die Programmgruppe des 3D-CAD-Systems Solid Edge besteht aus mehreren Programmteilen, die weitgehend eigenständig sind. Um die Befehlsstruktur übersichtlicher zu gestalten, verfügt Solid Edge über voneinander unabhängige Arbeitsumgebungen und Basisdateien für die Erstellung von Einzelteilen, Baugruppen und Zeichnungen.

iso part.par

2.4.1.1 Vorlagendatei ISO–Teil (Synchronous)

Im Part-Modul von Solid Edge werden dreidimensionale Einzelteile konstruiert. Man kann entweder bereits vorhandene Part-Dokumente öffnen oder neue Dateien erstellen. Die Konstruktion eines Teils beginnt mit einem Basisformelement, zum Beispiel mit selbst erstellten Profilen, einem Quader oder einem Zylinder, das mit Hilfe weiterer Formelemente zu einem fertigen Teil aufgebaut wird.

iso assembly .asm

2.4.1.2 Vorlagendatei ISO–Baugruppe (Synchronous)

Solid Edge ermöglicht den Aufbau komplexer Baugruppen aus einer Vielzahl von Teilen und Unterbaugruppen. Im Assembly-Modul befinden sich alle Befehle, die für das Zusammenführen und Ausrichten von Teilen benötigt werden. Jeder Konstrukteur denkt im Zusammenhang und Zusammenbau, deshalb entwirft er seine Bauteile im Kontext seiner Planungsumgebung.

iso sheetmetal .psm

2.4.1.3 Vorlagendatei ISO–Blechteil (Synchronous)

Solid Edge verfügt über eine separate Umgebung für die Blechteilmodellierung, um den in diesem Bereich gestellten, besonderen Anforderungen gerecht zu werden. Wie im Part-Modul beginnt die Blechteilmodellierung bei einem Basisformelement, auf dessen Grundlage weitere Formelemente erstellt werden. Von einem fertig gestellten Blechteil kann rasch eine Abwicklung erstellt werden.

iso weldment .asm

2.4.1.4 Vorlagendatei ISO–Schweißkonstruktion

Solid Edge verfügt über eine eigene Umgebung zum Erstellen von Einzelteilen, die in Schweißkonstruktionen verwendet werden. Der Arbeitsablauf zum Erstellen einer Schweißkonstruktion beginnt mit der Auswahl einer Assembly-Vorlage, die dann die Grundlage für die Schweißkonstruktion bilden soll. Anschließend können nun die Schweißarten definiert werden, die auf die Teile angewendet werden.

iso draft.dft

2.4.1.5 Vorlagendatei ISO–Zeichnung

Lassen Sie den Rechner sich Gedanken darüber machen, welche Linien in welcher Ansicht als unsichtbar, Lichtkanten oder schraffiert dargestellt werden müssen. Solid Edge berechnet eine zu Ihrem Modell assoziative und damit immer aktuelle Zeichnungsableitung. Solid Edge 2019 bietet eine eigene Zeichnungsumgebung, in der technische Zeichnungen direkt über die in den anderen Modulen erstellten dreidimensionalen Teile bzw. Baugruppen angefertigt werden können. Solid Edge-Zeichnungen sind mit dem 3D-Modell verknüpft, so dass sich die Modelländerungen mit fortschreitender Entwurfsarbeit stets in der Zeichnung widerspiegeln.

2.5 Solid Edge 2019®, der Programmstart

2.5.1 Vorbemerkungen zu diesem Kapitel

Im Kapitel 2 wird **Solid Edge 2019®** nur in den benötigten Funktionen dargestellt um das Buchformat in seiner Seitenzahl nicht zu sprengen und bezahlbar zu halten. Eine ausführliche Erläuterung aller Bedienelemente und Funktionen sind im Support-Kapitel 12 und die Anpassung der verwendeten Vorlagendateien im Support-Kapitel 13 auf der Buch-DVD zu finden.

Solid Edge 2019

2.5.2 Der Startbildschirm

Starten Sie **Solid Edge 2019®** über den Doppelklick auf das Desktopsymbol, oder über das Windows-Start-Symbol im unteren, linken Bildschirmbereich.

Start / Alle Programme / Solid Edge 2019® / Solid Edge 2019®

Die folgenden Darstellungen zeigen den Startbildschirm von **Solid Edge 2019®**.

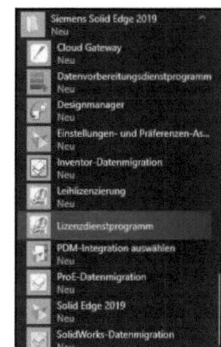

Vollversion

Akademisch

2.5.2.1 Schaltfläche „Anwendungsmenü"

Mit der Schaltfläche **Anwendungsmenü**, oben links auf der Desktop-Oberfläche lassen sich die unterschiedlichen Startfenster für **Solid Edge 2019®** steuern.

Zeigt das Anwendungsmenü an (1).

2.5.2.2 Schaltfläche „Befehls-Multifunktions-Leiste"

Zeigt die Befehls-Multifunktions-Leiste für Dokumente (2).

Anwendungs-Menü

Befehls-Multifunktions-Leiste

Sie können unterschiedliche Modelldateien mit **Solid Edge 2019®** erstellen. Bauteildateien enthalten nur ein Bauteil, Zusammenbaudateien bestehen hingegen immer aus mehreren Bauteilen.

Für neue Dokumente werden Vorlagen als Grundlage für ihr Format und ihre Eigenschaften verwendet. Vorlagen enthalten benutzerdefinierte Dokumenteigenschaften, wie Maßeinheiten oder andere Detaillierungsnormen. Vorlagen ermöglichen es, viele verschiedene Dokumentstile zu speichern. Eine Dokumentvorlage kann ein Teil-, Zeichnungs- oder Baugruppendokument sein, das Sie als Vorlage gespeichert haben.

2.6 Ausschnittänderungen, Verschieben

2.6.1 Ansichts-Anpassungen über die Statusleiste

Die Statusleiste zeigt Mitteilungen zur Anwendung selbst an. Sie bietet Ihnen schnellen und bequemen Zugriff auf die Befehle zum Steuern der Ansicht, wie Größe verändern, Einpassen, Ansichtsformatvorlagen und Gespeicherte Ansichten. Die Leiste enthält außerdem die Befehlssuche, eine hilfreiche Funktion zum Suchen von Befehlen in der Benutzeroberfläche.

2.6.2 Die Größenänderungen

2.6.2.1 Laden der angepassten Arbeitsdatei

 Öffnen

 **Öffnen** / Bauteildatei von der Buch-DVD / **OK**

2.6.2.2 Der Größenveränderungsregler

Der Größenveränderungsregler und alle anderen Befehle zum Verändern der Größe befinden sich rechts unten im Anwendungsfenster. Einige Befehle befinden sich außerdem auf der Registerkarte **Ansicht** unter der Gruppe **Ausrichten**.

Die Tastenkürzel für den Größenveränderungsregler und die Befehle zur Größenveränderung sind nachstehend beschrieben.

Dynamische Größenveränderung 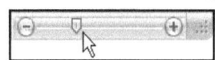	Verschieben Sie den Regler nach rechts zum Vergrößern oder nach links zum Verkleinern.
	Halten Sie für die dynamische Vergrößerung die Plusschaltfläche gedrückt (2).
	Halten Sie für die dynamische Verkleinerung die Minusschaltfläche gedrückt (1).
Inkrementale Größenveränderung 	Klicken Sie auf die rechte Seite der Reglerlinie, um eine Vergrößerung um einen Schritt und auf die linke Seite der Reglerlinie, um eine Verkleinerung um einen Schritt durchzuführen.
	Klicken Sie auf die Plusschaltfläche, um eine Vergrößerung um einen Schritt durchzuführen (2).
	Klicken Sie auf die Minusschaltfläche, um eine Verkleinerung um einen Schritt durchzuführen (1).

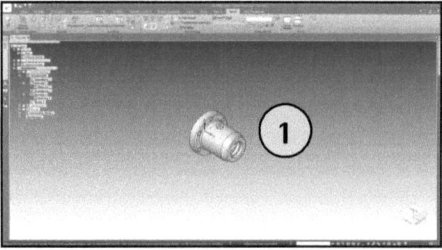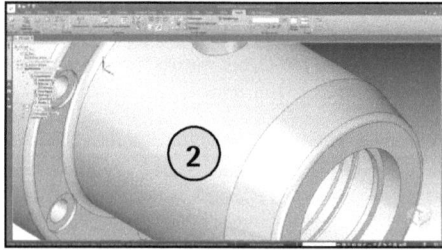

2.6.3 Ansichtsvergrößerungen, Statusleiste

2.6.3.1 Ausschnittvergrößerung

Ausschnittvergrößerung (rechts unten im **Anwendungsfenster**)
Klicken Sie auf die linke obere Ecke des Ausschnitts, den Sie vergrößern möchten (3).
Klicken Sie auf die untere rechte Ecke des gewünschten Ausschnitts (4).

Ausschnitts-Vergrößerung

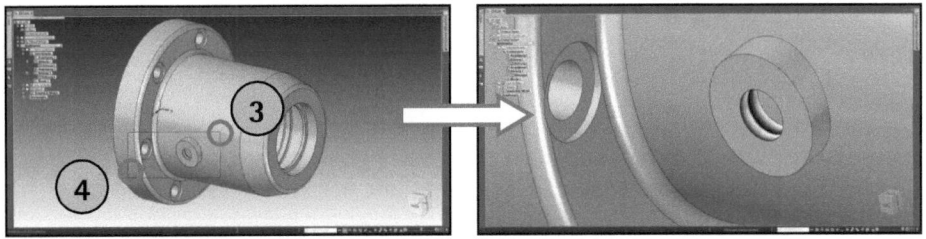

2.6.3.2 Ansicht einpassen

Einpassen (rechts unten im **Anwendungsfenster**)
Das Modell wird auf eine komplette Ansicht großgezogen (5, 6).

Einpassen

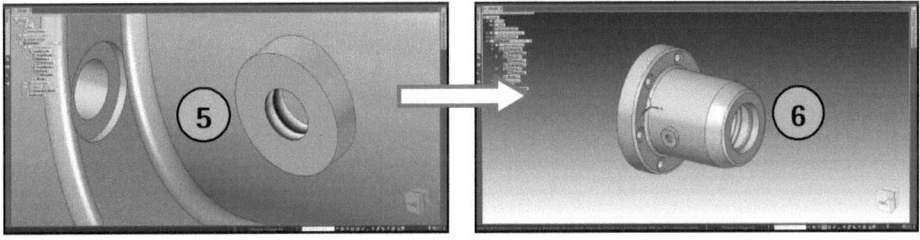

2.6.3.3 Ansichtsgröße verändern

Größe verändern (rechts unten im **Anwendungsfenster**)
Drehen Sie das Mausrad vorwärts, um die Ansicht an der aktuellen Mauszeigerposition zu verkleinern (7).
Drehen Sie das Mausrad rückwärts, um die Ansicht an der aktuellen Mauszeigerposition zu vergrößern (8).

Größe verändern

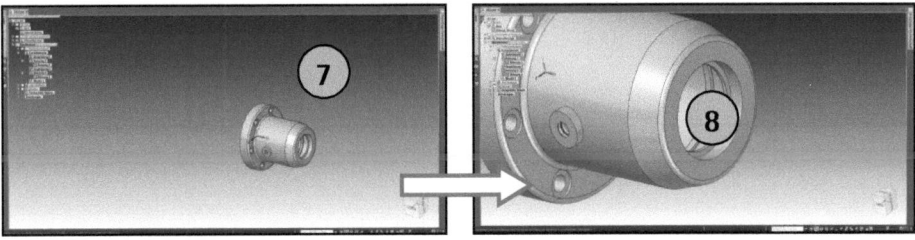

Diese Ansichtsgrößen-Veränderung lässt sich auch ohne aufgerufenen Befehl durch Drehen des **Mausrades** auslösen.

2.6.3.4 Ausschnitt verschieben

Ausschnitt
verschieben

Ausschnitt verschieben (rechts unten im **Anwendungsfenster**)

Bei gedrückter Maustaste können Sie die Ansicht dynamisch verschieben
(9, 10).

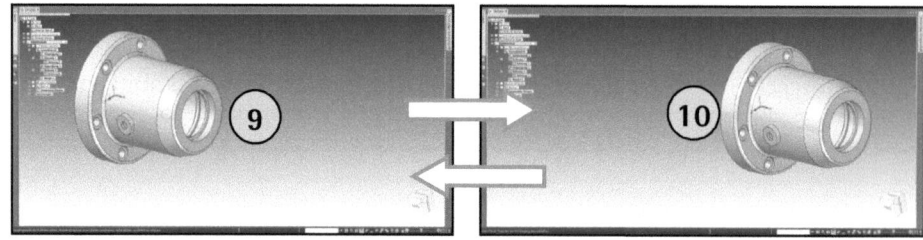

Diese Ausschnitts-Verschiebung lässt sich auch ohne aufgerufenen Befehl durch
gleichzeitiges Drücken des **Mausrad-Schalters** und der **SHIFT**-Taste auslösen.

2.6.3.5 Ausschnitts-Vergrößerung

Ziehen Sie bei gedrückter **ALT**-Taste und der **Mausrad**-Taste, um einen rechteckigen Ausschnitt zu erzeugen (11).
Die Ansicht wird dann auf Rechteck-Größe gezogen (12).

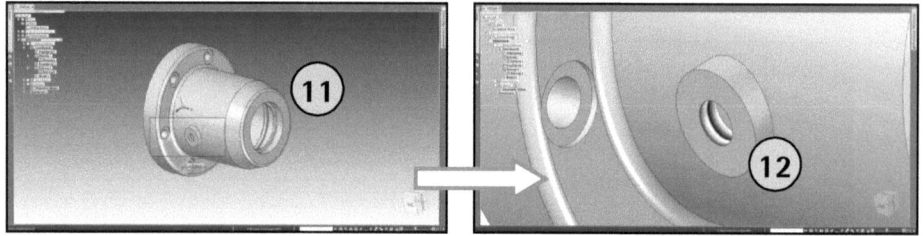

2.6.3.6 Modell um die Achsen drehen

Drehen

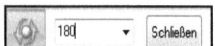

Drehen (rechts unten im **Anwendungsfenster**)

Im Mittelpunkt der Ansicht wird ein Rotationswerkzeug angezeigt.
Klicken Sie auf den Ursprung des Rotationswerkzeugs, wenn Sie frei um
den Mittelpunkt der Ansicht drehen möchten.
Klicken Sie auf eine Z-Achse des Rotationswerkzeugs, um den Rotationsfo-
kus zu bestimmen (13). Geben Sie in die Befehlszeile **90°** ein (14).

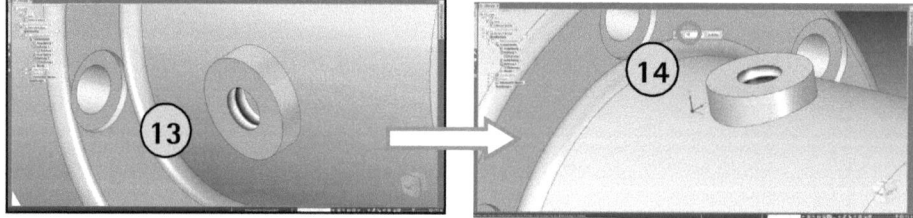

Sie können die Ansicht außerdem **Drehen**, indem Sie das **Mausrad** drücken und
Ziehen.

2.6.4 Um Teilfläche drehen, Vorbemerkungen

Dieser Befehl dreht eine Ansicht um eine ausgewählte Teilfläche. Wenn Sie eine Teilfläche wählen, wird am Auswahlpunkt das Rotationswerkzeug angezeigt.

Das Rotationswerkzeug besteht aus zwei linearen Achsen, mit deren Hilfe Sie die Ansicht drehen können. Sie können beispielsweise die senkrecht zur Teilfläche verlaufende Achse auswählen und den Mauszeiger ziehen, um die Ansicht zu drehen. Sie können jedoch auch einen genauen Wert in die Befehlsleiste eingeben.

Sie können das Rotationswerkzeug neu positionieren, indem Sie das kugelförmige Element auswählen, um das Werkzeug auszublenden und anschließend auf eine andere Teilfläche klicken, um das Rotationswerkzeug dort zu positionieren.

2.6.4.1 Um Teilfläche drehen, Statusleiste

Um Teilfläche drehen

Um Teilfläche drehen (rechts unten im **Anwendungsfenster**)

Klicken Sie auf die Teilfläche, um welche die Drehung erfolgen soll (15). Auf der Teilfläche wird daraufhin das Rotationswerkzeug angezeigt.

Drehen Sie die Ansicht, indem Sie den unteren Ring des Steuerrades mit der Maus bewegen (16).

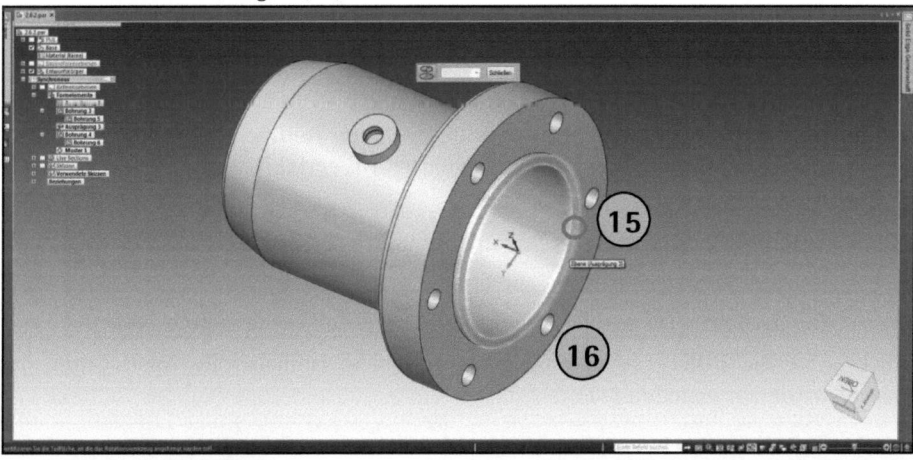

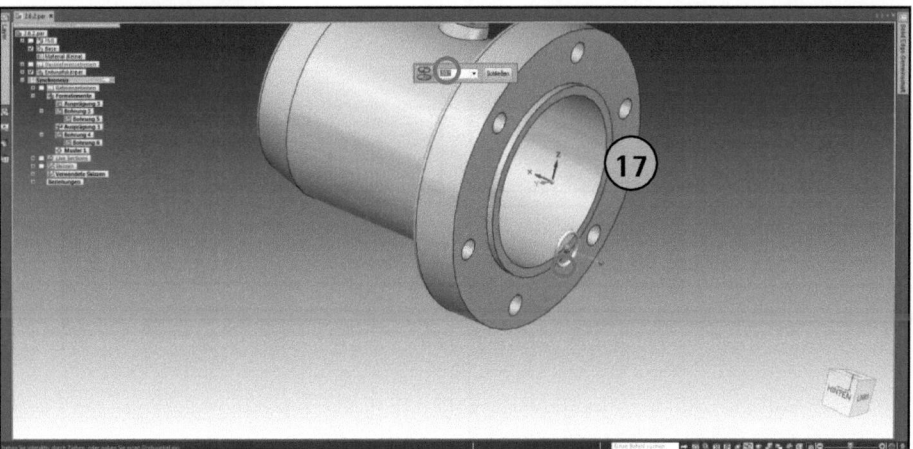

Der gewünschte Drehwinkel kann auch mit Tastatureingabe in das Befehlsfenster eingegeben werden (17).

2.7 Ansichtsänderungen und Projektionen

2.7.1 Ansichtsänderungen über die Statusleiste

2.7.1.1 Vorherige Ansicht wieder herstellen, Statusleiste

Vorherige Ansicht

Ansichtsveränderungen können mit dieser Funktion wieder zurückgesetzt werden (13, 14).

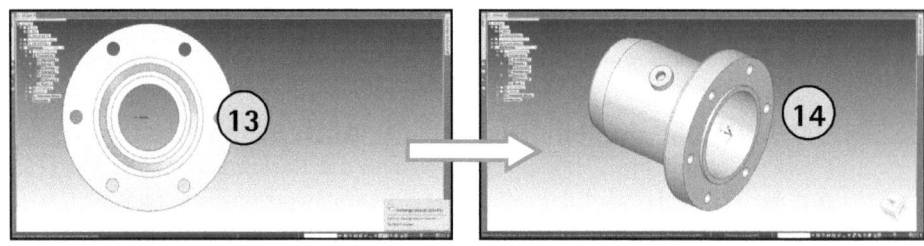

2.7.1.2 Teilfläche ansehen, Statusleiste

Der Befehl legt die Ansichtsausrichtung anhand einer planaren Teilfläche oder Referenzebene fest.

Die Ansicht wird so gedreht, dass die ausgewählte Teilfläche senkrecht zur Ansichtsrichtung und parallel zum Computerbildschirm verläuft.

Teilfläche ansehen

Teilfläche ansehen (rechts unten im **Anwendungsfenster**)

Klicken Sie auf eine Teilfläche (15).

Die Ansicht wird parallel zur ausgewählten Teilfläche erstellt (16).

Drücken Sie die **POS1**-Taste, um die ursprüngliche isometrische Ausrichtung der Ansicht wiederherzustellen (17).

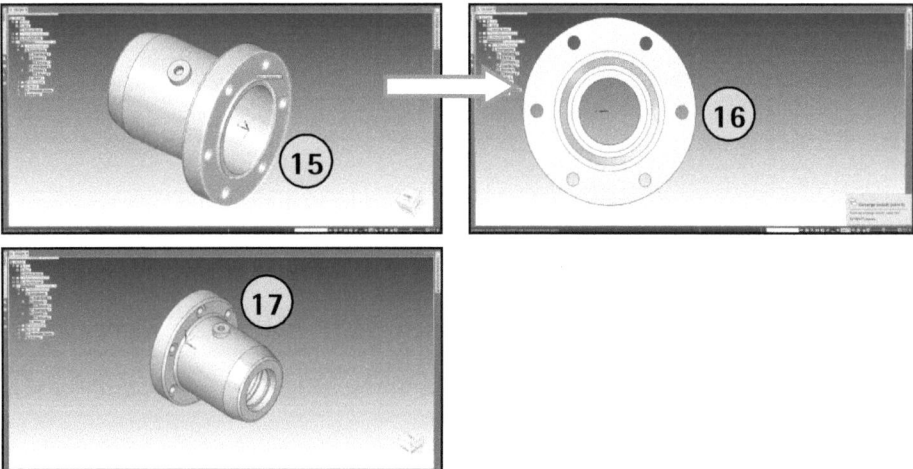

2.7.1.3 Drehen einer Ansicht über Ansichtsausrichtungen, Statusleiste

 Ansichtsausrichtung

Ansichts-
ausrichtung

Wählen Sie die entsprechende Ansicht, die dynamische Darstellung vereinfacht die Auswahl.

Die Darstellungen zeigen folgende Ansichtsausrichtungen:
Orthorhombische Ansicht (18), **Tetragonale Ansicht** (19), **Draufsicht** (20) und **Rechte Ansicht** (21).

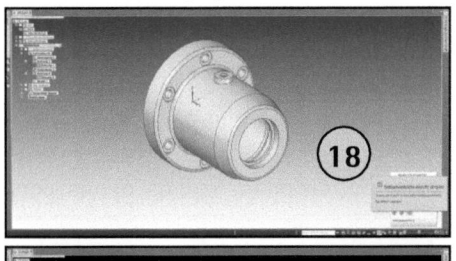
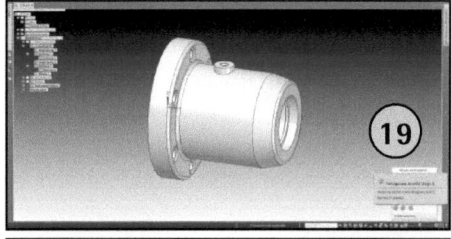
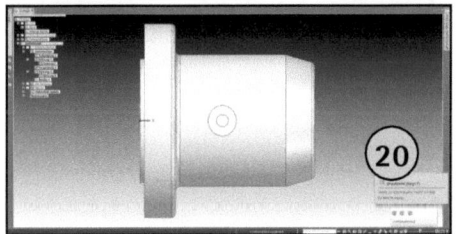
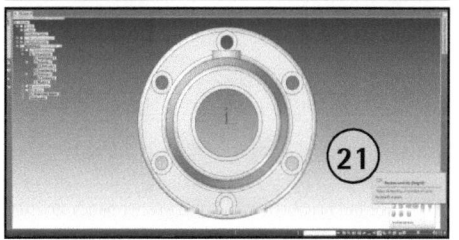

2.7.2 Ansichtsänderungen über den Vorschauwürfel

Der **Vorschauwürfel** als Steuerelement ändert die Ausrichtung der Modellansicht gemäß Ihrem Klicken auf dem Würfel (22). Lageänderung der Ansicht erfolgt über das Drehungssymbol (23).

Das **Home**-Symbol setzt die Ansicht auf die standardmäßige isometrische Ausrichtung zurück.

2.7.2.1 Drehen einer Ansicht über den Vorschauwürfel „Oben" mit „Drehung"

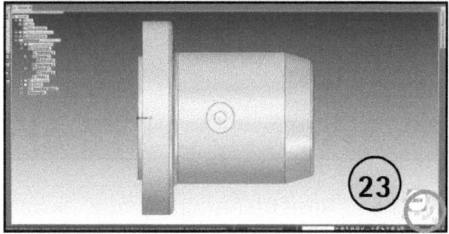

2.7.2.2 Drehen einer Ansicht über den Vorschauwürfel „Rechts" mit „Drehung"

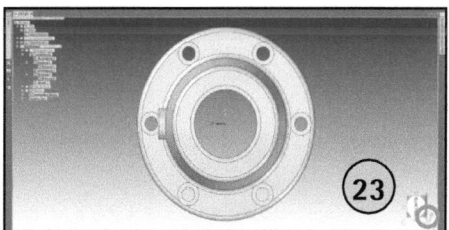

Ansichts-
format-
Vorlagen

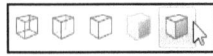

Drahtmodell

Sichtbare
Kanten

Sichtbare
und verd.
Kanten

Schattiert

Schattiert
mit sichtb.
Kanten

2.7.3   Ansichtsformatvorlagen, Statusleiste

Zeigt eine Live-Galerie an, damit Sie die Ansichtsformatvorlage des Modells wechseln können. Wenn Sie den Mauszeiger auf eine Ansichtsformatvorlage stellen, wird das Modell auf diese Ansichtsformatvorlageneinstellung aktualisiert. Klicken Sie auf die Ansichtsformatvorlage, um Sie dem Modell zuzuweisen.

2.7.3.1   Ansichtsformatvorlage „Drahtmodell"

Der Anzeigemodus stellt die Anzeige im aktiven Fenster auf Drahtmodell ein (24).
Die Anzeige wird automatisch mit der von Ihnen ausgewählten Vorlage aktualisiert.

2.7.3.2   Ansichtsformatvorlage „Sichtbare Kanten"

Der Anzeigemodus legt die Anzeige im aktiven Fenster auf **Sichtbare Kanten** fest (25).
Die Anzeige wird automatisch mit der von Ihnen ausgewählten Vorlage aktualisiert.

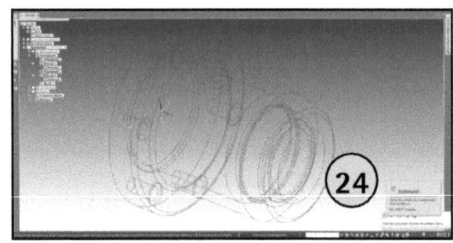

2.7.3.3   Ansichtsformatvorlage „Sichtbare und verdeckte Kanten"

Der Anzeigemodus zeigt sichtbare und verdeckte Kanten im aktiven Fenster an (26).
Die Anzeige wird automatisch mit der von Ihnen ausgewählten Vorlage aktualisiert.

2.7.3.4   Ansichtsformatvorlage „Schattiert"

Der Anzeigemodus legt die Anzeige im aktiven Fenster auf **Schattiert** fest (27).
Die Anzeige wird automatisch mit der von Ihnen ausgewählten Vorlage aktualisiert.

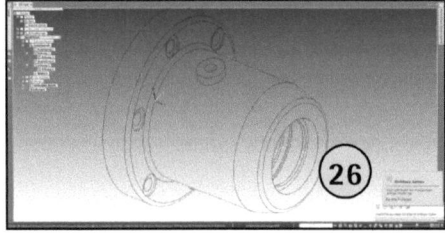

2.7.3.5   Ansichtsformatvorlage „Schattiert mit sichtbaren Kanten"

Der Anzeigemodus legt die Anzeige im aktiven Fenster auf
Schattiert mit sichtbaren Kanten fest (28).
Die Anzeige wird automatisch mit der von Ihnen ausgewählten Vorlage aktualisiert.

2.7.4 Ansichtsüberschreibungen

Die folgenden **Formatvorlagen** der Bauteil-Vorlagendatei sind in der Erstellung im Kapitel **13** beschrieben.

2.7.4.1 Standardvorgabe „Default"

Die Standardvorgabe **Default** verwendet die, im Dialogfeld **Ansichtsformatvorlagen**, definierten Einstellungen für die Ansicht.

> **Fallender Schatten, Schattiert mit sichtbaren Kanten, Bildschärfe 2, Einfarbige Kanten, Bodenschatten** (29).
>
> Weitere Anpassungen entsprechend der folgenden Darstellung (30-33).

Format-
vorlage

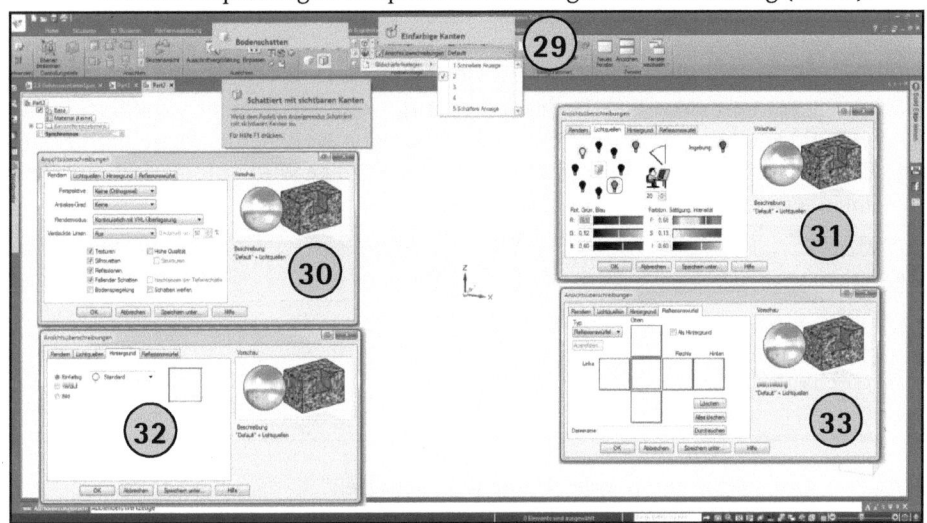

2.7.4.2 Formatvorlage „High Quality"

Die angepasste Formatvorlage **High Quality** verwendet die, im Dialogfeld **Ansichtsformatvorlagen**, definierten Einstellungen für die Ansicht.

> **Fallender Schatten, Schattiert mit sichtbaren Kanten, Bildschärfe 5, Einfarbige Kanten, Hohe Qualität** (34).
>
> Weitere Anpassungen entsprechend der folgenden Darstellung (35, 36, 37):

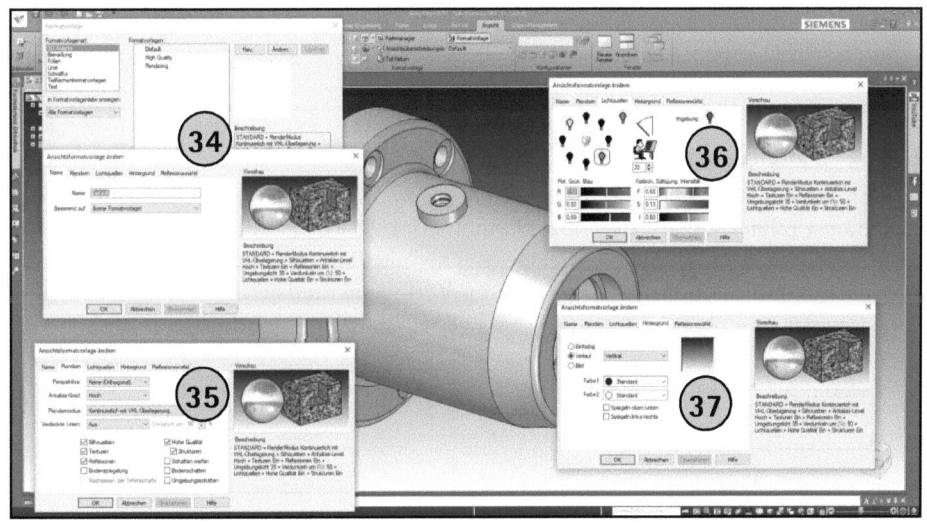

Boden-
schatten

2.7.4.3 Ansichtsformatvorlage „Bodenschatten"

Wählen Sie die Formatvorlage **Bodenschatten** wenn Sie in einer schattierten Ansicht einen Schatten unter einem Teil oder einer Baugruppe anzeigen wollen (37).
Die Anzeige wird automatisch mit der von Ihnen ausgewählten Vorlage aktualisiert.

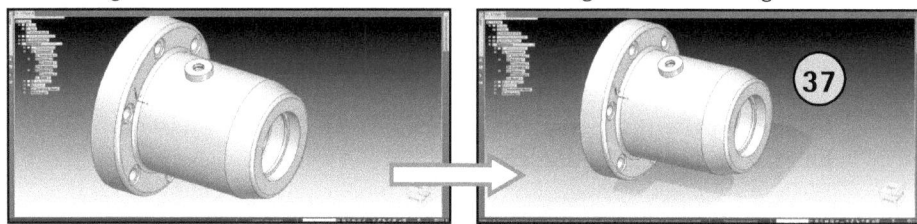

Boden-
spiegelung

2.7.4.4 Ansichtsformatvorlage „Bodenspiegelung"

Wählen Sie die Formatvorlage **Bodenspiegelung** wenn Sie in einer schattierten Ansicht eine Bodenspiegelung unter einem Teil anzeigen wollen, die Darstellung zeigt
eine Einstellung beider Formatvorlagen (38). Die Anzeige wird automatisch mit der
von Ihnen ausgewählten Vorlage aktualisiert.

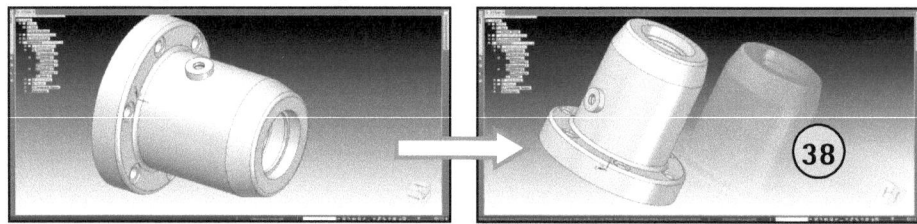

2.7.4.5 Ansichtsformatvorlage „Umgebungsschatten"

Wählen Sie die neue Formatvorlage **Umgebungsschatten** diese Option verbessert
die Qualität der Schattierung am Modell. Das Modell zeigt stufenweise Schattenkan-
ten an und hat eine realistischere Darstellung (39). Die Anzeige wird automatisch
mit der von Ihnen ausgewählten Vorlage aktualisiert.

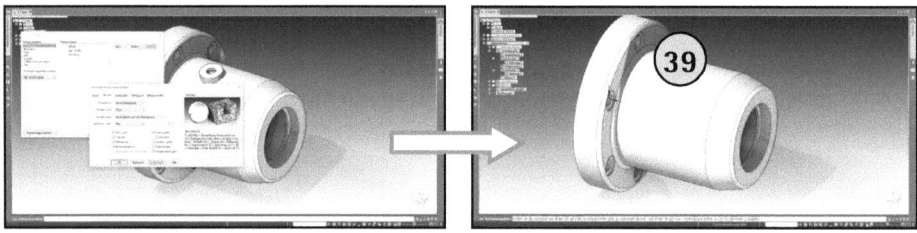

Perspektive

2.7.4.6 Anzeigemodus „Perspektive"

Wählen Sie die Formatvorlage **Perspektive** wenn Sie eine räumliche Perspektive
darstellen wollen (40). Mit der Tastenkombination **STRG**-Taste+**UMSCHALT**-
Taste+**Mausrad** können Sie den Perspektivenwinkel ändern. Die Anzeige wird automatisch mit der von Ihnen ausgewählten Vorlage aktualisiert.

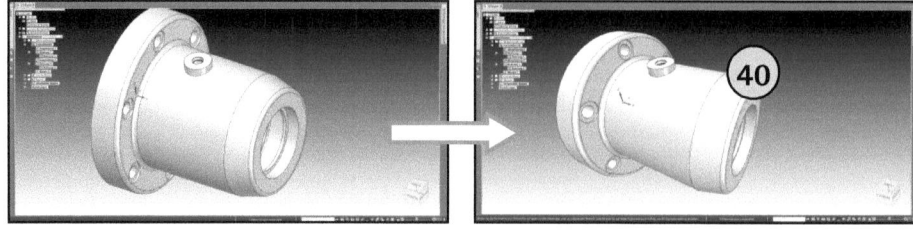

2.8 Farb- und Material-Zuweisungen

2.8.1 Farbzuweisungen für Bauteile

2.8.1.1 Farbzuweisungen für Bauteile, Material

 Teil färben (Multifunktionsleiste **Ansicht**)

Klick in das Feld **Auswählen**, Auswahl **Körper** (1)

Klick in das Feld **Formatvorlage**, Auswahl **Gold** (Beispiel) (2)

Model anklicken, Färbung wird vergeben (3) / **Schließen**

 Teil färben

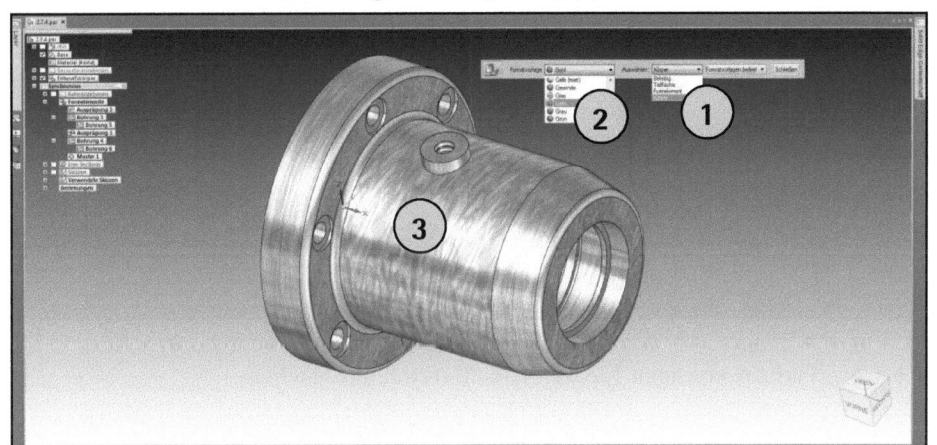

2.8.1.2 Farbzuweisungen für Bauteile, Farbe

 Teil färben (Multifunktionsleiste **Ansicht**)

Klick in das Feld **Auswählen**, Auswahl **Körper** (4)

Klick in das Feld **Formatvorlage**, Auswahl **Grün** (Beispiel) (5)

Model anklicken, Färbung wird vergeben (6) / **Schließen**

 Teil färben

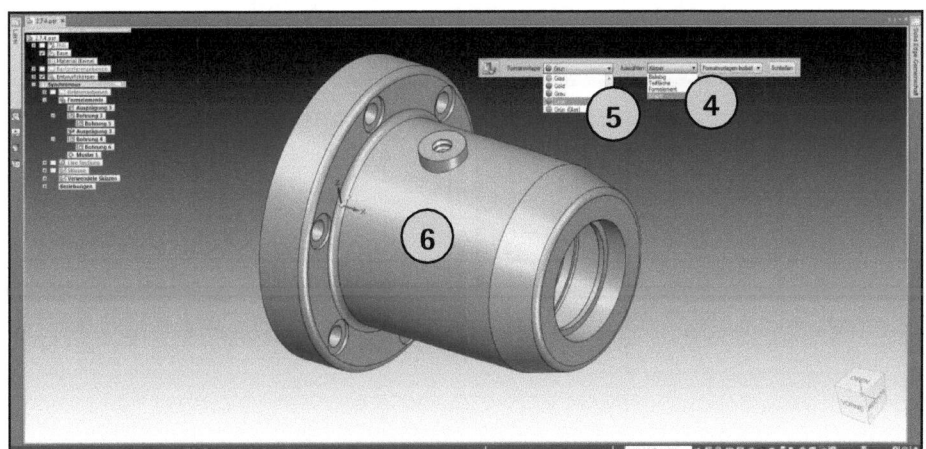

2.8.1.3 Farbzuweisungen für Bauteile, Flächen

 Teil färben

 Teil färben (Multifunktionsleiste **Ansicht**)
Klick in das Feld **Auswählen**, Auswahl **Teilfläche** (7)
Klick in das Feld **Formatvorlage**, Auswahl **Rot** (Beispiel) (8)
Teilflächen anklicken, Färbung wird vergeben (9) / **Schließen**

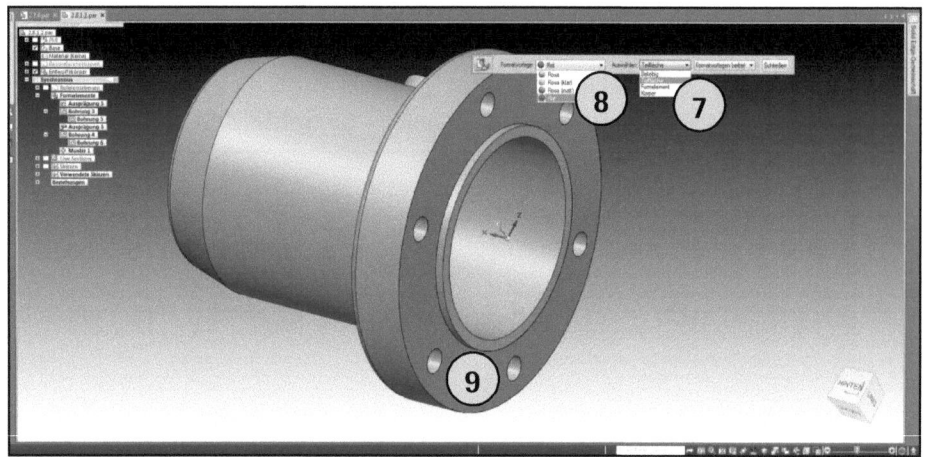

2.8.1.4 Farbzuweisungen für Bauteile, Material auf Flächen

 Teil färben

 Teil färben (Multifunktionsleiste **Ansicht**)
Klick in das Feld **Auswählen**, Auswahl **Körper**
Klick in das Feld **Formatvorlage**, Auswahl **Stahlguss**
Model anklicken, Färbung wird vergeben (10) / **Schließen**

 Teil färben

 Teil färben (Multifunktionsleiste **Ansicht**)
Klick in das Feld **Auswählen**, Auswahl **Teilfläche**
Klick in das Feld **Formatvorlage**, Auswahl **Chrom**
Teilflächen anklicken, Färbung wird vergeben (11) / **Schließen**

2.8.2 Materialzuweisungen über Materialtabelle, für Bauteile

2.8.2.1 Materialzuweisungen über Solid-Edge-Materialtabelle, Vorbemerkungen

Die **Materialtabelle** von Solid Edge unterstützt mehrere Materialbibliotheken. Sie können ein Material einem Teil zuweisen und das Material und seine mechanischen Eigenschaften definieren. Diese Eigenschaften werden beim Berechnen der physischen Eigenschaften eines Teils oder einer Baugruppe verwendet.

2.8.2.2 Materialzuweisungen über Solid Edge-Materialtabelle, Ausführung

* Weisen Sie dem **Gehäuse** über die Funktion **Materialtabelle**, aus dem Register **Materials-DIN/unlegierter Baustahl**, das Material mit der Werkstoffnummer **1.0552**, DIN-Material **G260** zu (12).

 Material-
tabelle

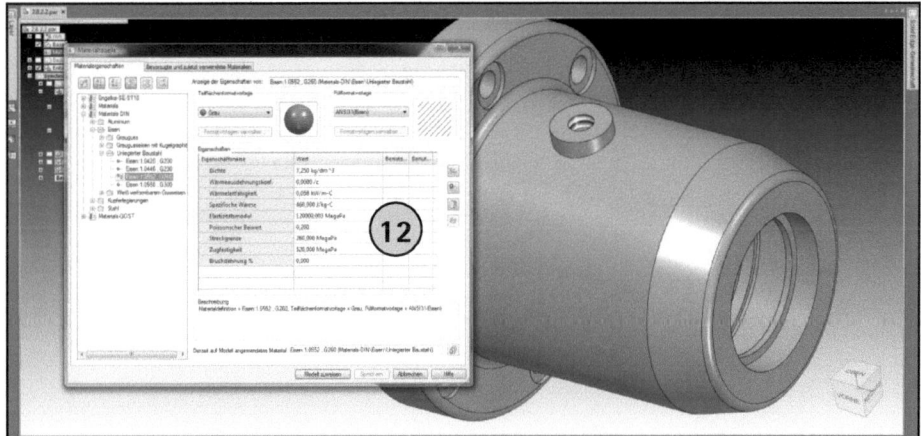

2.8.2.3 Materialzuweisungen über eigene Materialtabelle, Ausführung

* Weisen Sie dem **Gehäuse** über die Funktion **Materialtabelle**, aus dem Register **SE2019-Engelke/Stahl-Guss**, das Material mit der Werkstoffnummer **1.7225**, DIN-Material **GS42CrMo4LV** zu (13).

 Material-
tabelle

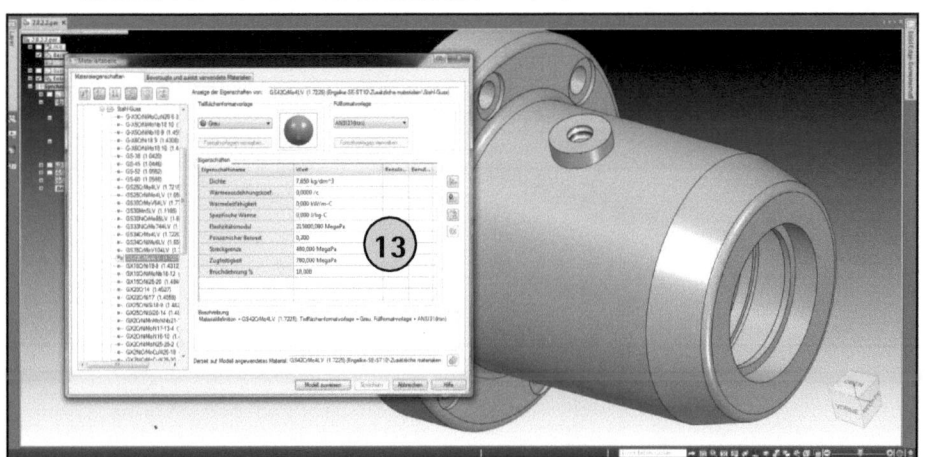

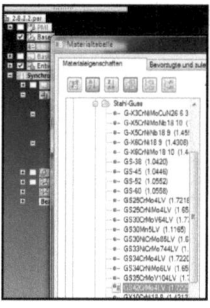

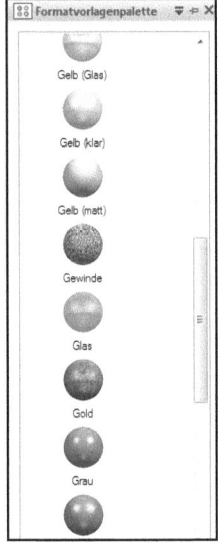

2.8.3 Farbzuweisungen über die Formatvorlagenpalette, für Baugruppen

2.8.3.1 Materialzuweisungen über „Formatvorlagenpalette", Vorbemerkungen

Die **Formatvorlagenpalette** ist ein Element des Registerkarten-Sets für andockbare Fenster in der Assembly-Umgebung.

Sie können ein Materialfarbmuster aus der **Formatvorlagenpalette** auf Teile und Formelemente im Baugruppenmodell ziehen. Der lokalisierte Körper wird hervorgehoben dargestellt, um darauf hinzuweisen, dass die Materialfarbe zugewiesen wird.

2.8.3.2 Materialzuweisungen über „Formatvorlagenpalette", Ausführung

- Weisen Sie der Baugruppe, über die Formatvorlagenpalette, die Teilformatvorlage **Gold** (13), durch Ziehen des Symbols auf das Bauteil, zu (14).

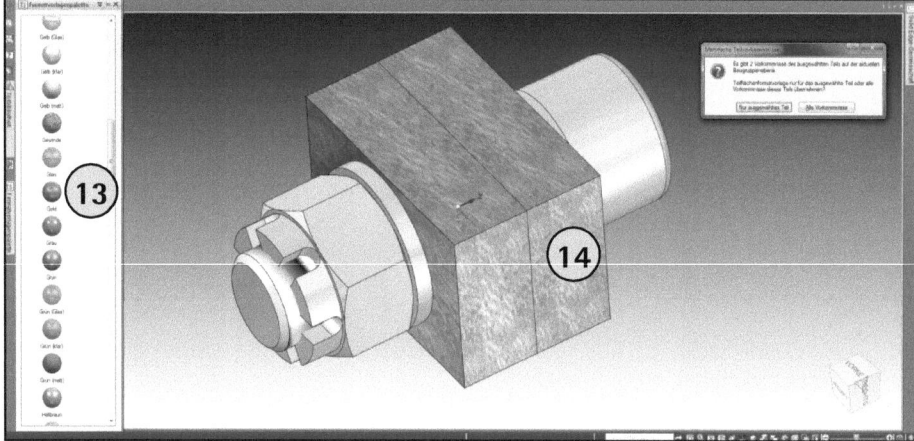

2.8.3.3 Materialzuweisungen über „Formatvorlagenpalette", Zuweisung löschen oder ändern

- Aktivieren Sie das zu ändernde Bauteil der Baugruppe durch Klicken.
- Wählen Sie das Register **Ansicht** aus der Multifunktionsleiste.
- Öffnen Sie den Auswahlkasten **Teilflächen überschreiben**.
- Weisen Sie die Teilformatvorlage **Keine**, oder eine andere Auswahl, zu (15).

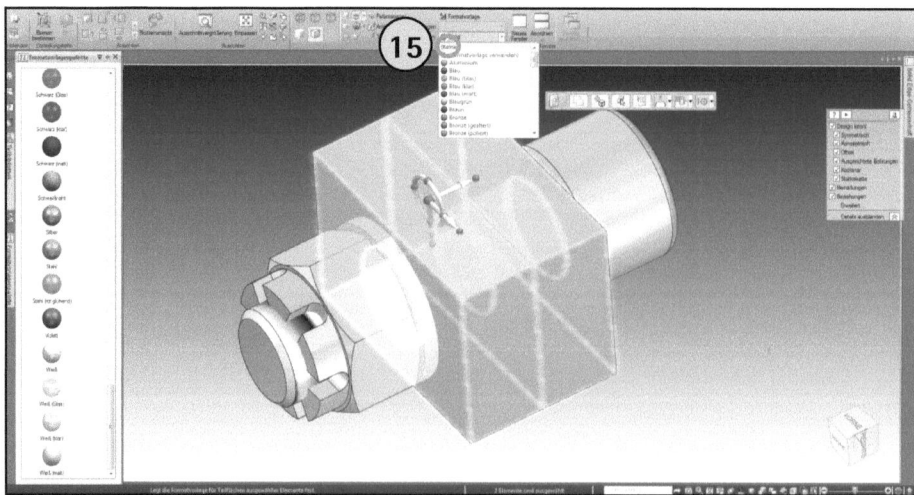

3

Siemens
Solid Edge 2019
Synchronous Technology

Geometrische
Grundlagen

3 Geometrische Grundlagen

3.1 Bemaßungen, eine Übersicht

Mit Bemaßungen können Sie Wertbeschriftungen zu 3D PMI-Modellen oder 2D-Konstruktionsgeometrie hinzufügen, indem Sie Merkmale wie Größe, Position und Ausrichtung von Elementen messen. Sie können z.B. die Länge einer Linie, den Abstand zwischen Punkten oder den Winkel messen, den eine Linie mit der horizontalen oder vertikalen Ebene bildet. Bemaßungen sind mit ihren 3D-Modell- oder 2D-Bezugselementen verknüpft, damit Entwürfe leicht geändert werden können. Solid Edge enthält ein vollständiges Sortiment an Bemaßungsfunktionen zum Dokumentieren von Teilen, Baugruppen und Zeichnungen.

3.1.1 Parametrische Bemaßungen

Bei parametrischen Bemaßungen wird die Größe der Geometrie angepasst, wenn Sie den Bemaßungswert ändern. Sie haben beim Skizzieren freie Hand, ohne sich über die korrekte Größe der Geometrie Gedanken zu machen. Wenn Sie eine Skizzenbemaßung bearbeiten, passt sich deren Position beim Aktualisieren der Skizziergeometrie an. Wenn Sie die Ansicht Ihrer Skizze drehen, richten sich die Bemaßungen neu aus, sodass sie problemlos gelesen werden können. Parametrische Bemaßungen können so definiert werden, dass Parameterwerte, Parameternamen oder Ausdrücke angezeigt werden.

Beim Skizzieren wird die Größe der Geometrie automatisch berechnet. Wenn die Größe Ihren Anforderungen entspricht, können Sie diese übernehmen. Normalerweise fügen Sie jedoch zum Festlegen der korrekten Größe Bemaßungen hinzu. Sie können die Geometrie grob skizzieren und daraus ein Element erstellen. Später können Sie zum Bearbeiten der Skizze zu dieser zurückkehren und Bemaßungen hinzufügen, um die Größe des Elements präzise zu bestimmen.

Ein wesentlicher Vorteil parametrischer Bemaßungen liegt darin, dass Sie diese steuern können. Sie können Bemaßungen mit Parametern in einer Tabellenkalkulation festlegen, Bemaßungen über Gleichungen steuern, um Proportionen zwischen geometrischen Elementen beizubehalten, oder Bemaßungen als konstante Werte definieren.

Falls eine Bemaßung die Skizze überbestimmt, können Sie die Bemaßung akzeptieren oder löschen. Wenn Sie die Bemaßung akzeptieren, wird sie als Referenzparameter gespeichert. Der Wert steht in der Skizze in Klammern und wird bei Änderung der getriebenen Bemaßungen entsprechend aktualisiert.

Es können nur herkömmliche Bemaßungen bearbeitet werden. Bei überbestimmten Skizzen müssen Sie unter Umständen zunächst andere Bemaßungen in getriebene Referenzparameter konvertieren oder einige Bemaßungen bzw. Abhängigkeiten entfernen, bevor Sie getriebene Bemaßungen in normale Bemaßungen umwandeln können.

Der Befehl **SmartDimension** fügt einer Skizze Bemaßungen hinzu. Bemaßungen steuern die Größe eines Bauteils. Sie können als numerische Konstanten, als Variablen in einer Gleichung oder in Parameterdateien ausgedrückt werden.

3.1.2 Skizzenbemaßungen, Beispiele

Zum Platzieren von Bemaßungen können Sie in Solid Edge folgende Befehle verwenden:

 SmartDimension, Befehl

 Abstand zwischen, Befehl

 Durchmesser-Bemaßung, Befehl

 Radius-Bemaßung, Befehl

 Winkel zwischen, Befehl

 Symmetrischer Durchmesser, Befehl

Koordinatenbemaßung, Befehl

Winkelkoordinatenbemaßung, Befehl

Fase, Befehl

Eine lineare Bemaßung gibt die Länge einer Linie oder den Abstand zwischen zwei Punkten oder Elementen an. Sie können lineare Bemaßungen mit den Befehlen **Koordinate**, **Abstand zwischen**, **SmartDimension** und **Symmetrischer Durchmesser** platzieren.

Eine Winkelbemaßung gibt den Winkel einer Linie, den Bogenwinkel eines Bogens oder den Winkel zwischen zwei oder mehr Linien oder Punkten an. Sie können Winkelbemaßungen mit den Befehlen **Winkel zwischen** und **SmartDimension** platzieren.

Eine Radiusbemaßung gibt den Radius von Elementen wie Bögen, Kreisen, Ellipsen oder Kurven an. Sie können eine Radiusbemaßung mit dem Befehl **SmartDimension** platzieren.

Eine Durchmesser-Bemaßung misst den Durchmesser eines Kreises. Sie können eine Durchmesser-Bemaßung mit dem Befehl **SmartDimension** platzieren.

Lernsituation I

Skizzenbemaßungen

- SmartDimension
- Abstand zwischen
- Durchmesser-Bemaßung
- Radius-Bemaßung
- Winkel zwischen
- Symmetrischer Durchmesser

3.2 Skizzenbemaßungen, Beispiele eintragen

3.2.1 Lineare Bemaßungen, „SmartDimension" oder „Abstand zwischen"

Platziert eine lineare Bemaßung, die den Abstand zwischen Elementen oder Eigenpunkten misst. Lineare Bemaßungen können in gestapelten oder verketteten Bemaßungsgruppen platziert werden. Sie können lineare Bemaßungen auch zu bereits vorhandenen linearen Bemaßungsgruppen hinzufügen.

Smart-Dimension

Abstand zwischen

 SmartDimension (Multifunktionsleiste **Home**)

 Abstand zwischen (Multifunktionsleiste **Home**)

Klicken Sie auf eine Linie (1) oder einen Eigenpunkt einer Begrenzung (2), um das Ursprungselement zu identifizieren.

Klicken Sie auf die Linie oder den Eigenpunkt Mittelpunkt (3, 4), dessen

Abstand Sie messen wollen (**Abstand zwischen**).

Bewegen Sie den Mauszeiger auf die Stelle, an der die Bemaßung platziert werden soll. Die Bemaßung folgt dabei der Mauszeigerbewegung.

Klicken Sie, um die Bemaßung zu platzieren (5).

Geben Sie, bei Bedarf, das entsprechende Maß ein (6).

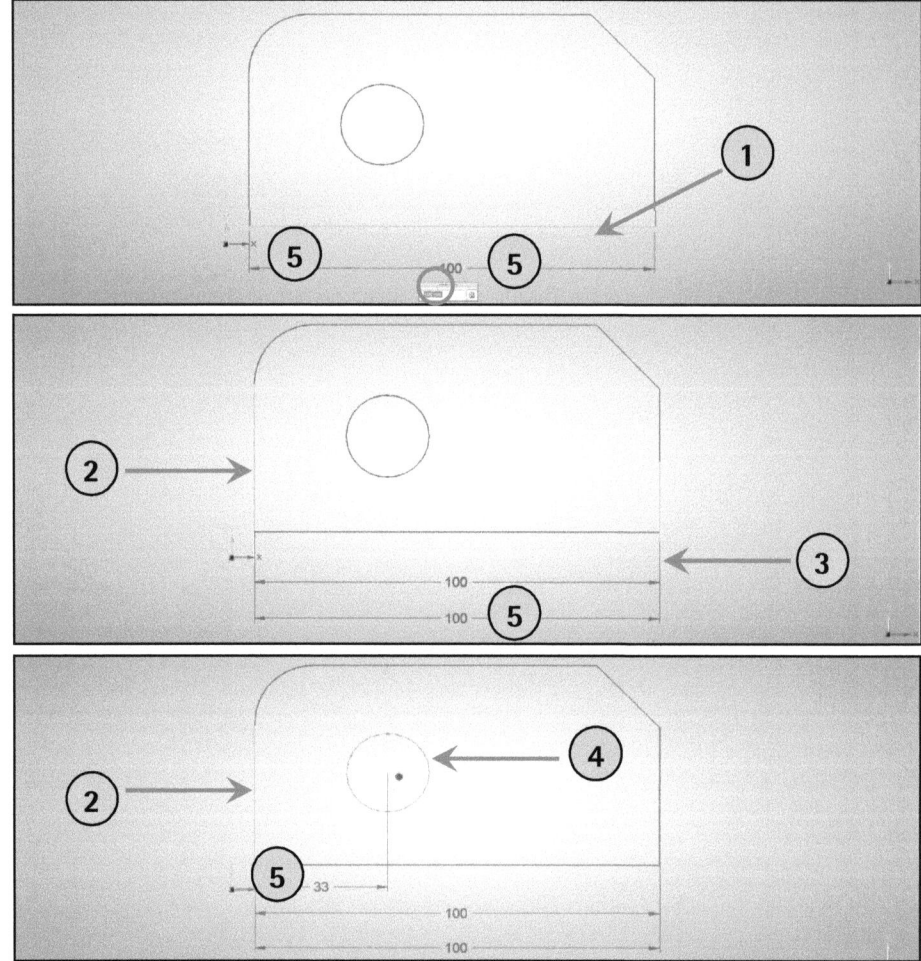

3.2.2 Durchmesser Bemaßung mit „SmartDimension"

SmartDimension (Multifunktionsleiste **Home**)

Klicken Sie auf den Kreis, die Durchmesser-Bemaßung wird dynamisch angezeigt.

Platzieren Sie die Bemaßung durch Klicken (6).

Bevor Sie zum Platzieren der Bemaßung klicken, können Sie diese von einer Durchmesser- zu einer Radiusbemaßung umschalten, indem Sie die Taste **D** drücken (7).

Sie können außerdem folgende Schaltflächen der Befehlsleiste **SmartDimension** verwenden, um zwischen einer Durchmesser- und einer Radiusbemaßung hin und her zu schalten (8, 9).

Smart-
Dimension

Radius-
bemaßung

Durchmesser-
bemaßung

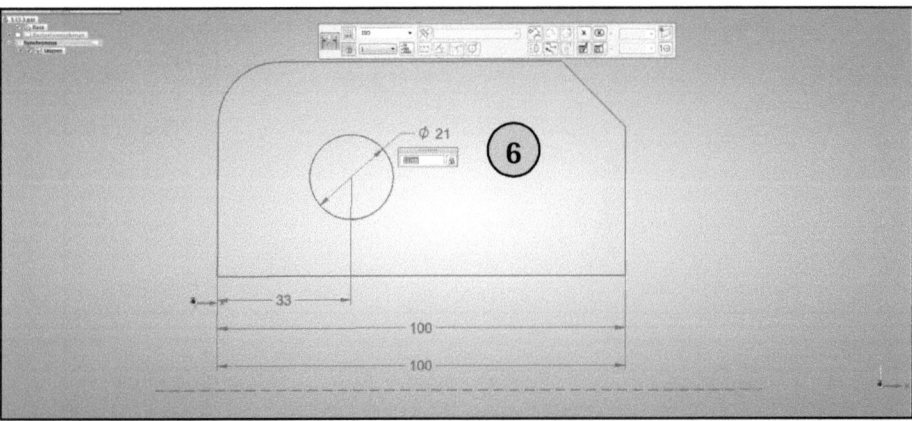

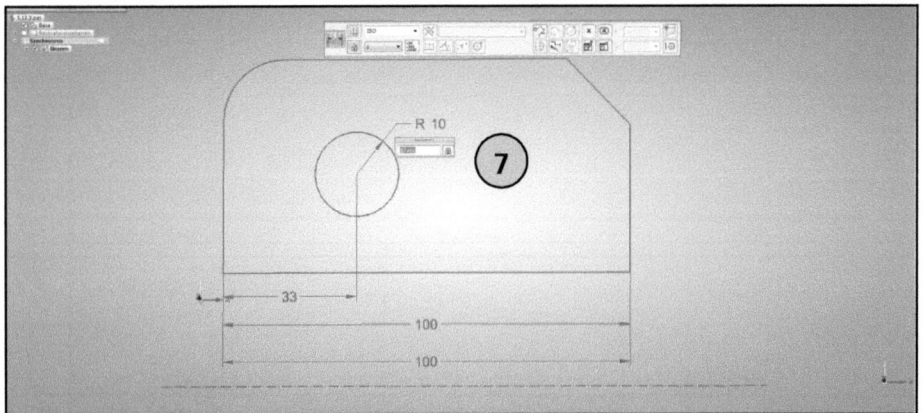

3.2.3 Winkel Bemaßungen, „SmartDimension" oder „Abstand zwischen"

Smart-
Dimension

Winkel
zwischen

Maximal /
Minimal

 SmartDimension (Multifunktionsleiste **Home**)

Winkel zwischen (Multifunktionsleiste **Home**)
Klicken Sie auf eine Linie um das Ursprungselement zu identifizieren.
Klicken Sie auf die Linie dessen Winkel Sie messen wollen

(**Winkel zwischen**).
Klicken Sie, um die Bemaßung zu platzieren.
Bei Winkelbemaßungen können Sie zum Platzieren der Bemaßung die Option **Maximal-Minimal** in der Befehlsleiste **Bemaßen** verwenden (10).
Bei ausgeschalteter Option können Sie die Maße in einem von vier Quadranten platzieren (11).
Platzieren Sie die Bemaßung durch Klicken.

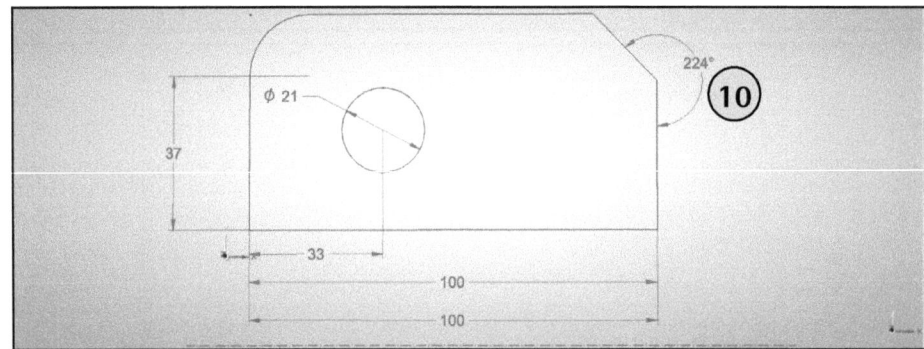

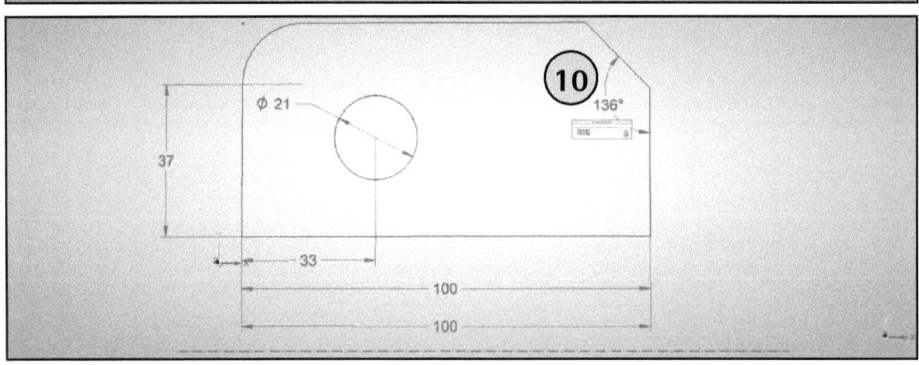

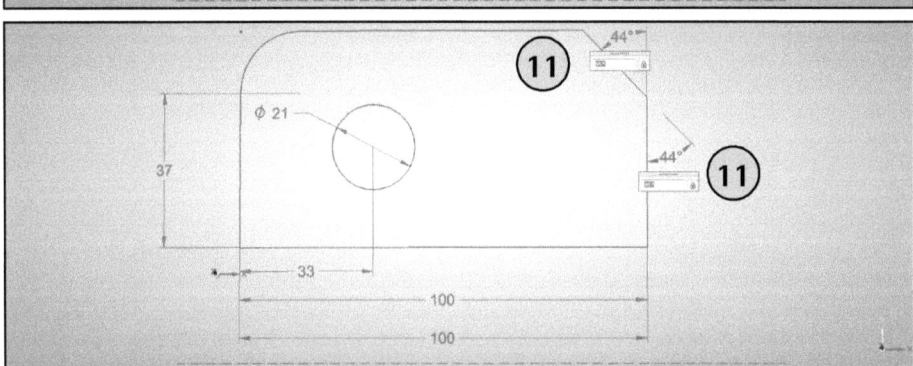

3.2.4 Bemaßungen zwischen Punkten „Abstand zwischen"

 Abstand zwischen (Multifunktionsleiste **Home**)

Klicken Sie auf einen Endpunkt um das Ursprungselement zu identifizieren (Eigenpunkt anzeigen lassen) (12).

Klicken Sie auf den Endpunkt dessen Abstand Sie messen wollen. (Eigenpunkt anzeigen lassen) (13).

Platzieren Sie die Bemaßung durch Klicken (14).

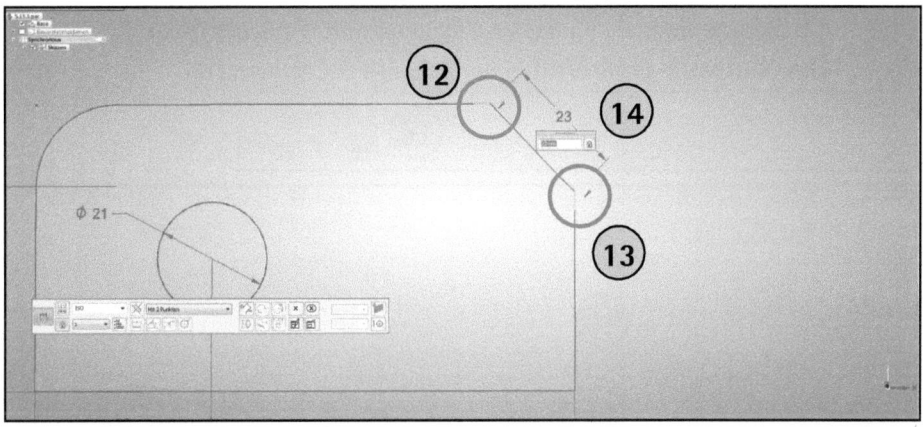

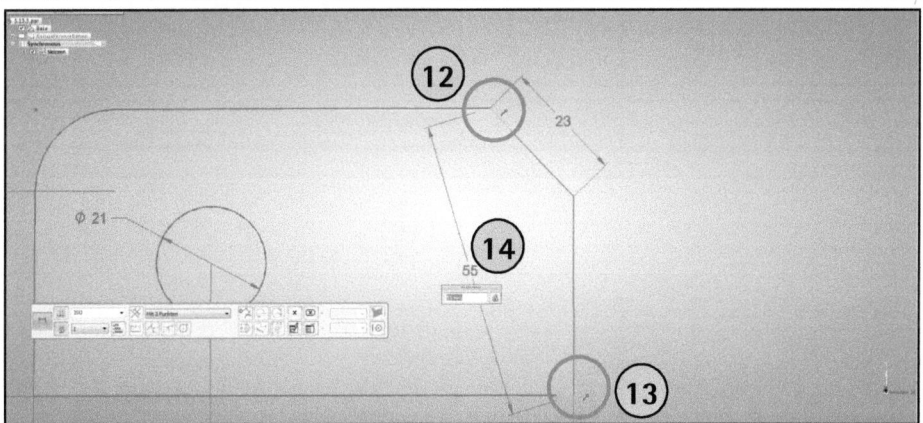

3.2.5 Symmetrische Durchmesser-Bemaßung

Symmetrischer
Durchmesser

Symmetrischer Durchmesser (Multifunktionsleiste **Home**)

Klicken Sie auf eine Linie (Mittellinie) (15) einer Begrenzung, um das Ursprungselement zu identifizieren.

Klicken Sie auf die Linie (16), dessen Abstand Sie messen wollen.

Platzieren Sie die Bemaßung durch Klicken (17).

Durchmesser
Halb / Voll

Durchmesser Halb/Voll

Sie können die Darstellung der Bemaßung mit der Schaltfläche

Durchmesser Halb/Voll in der Befehlsleiste steuern (18).

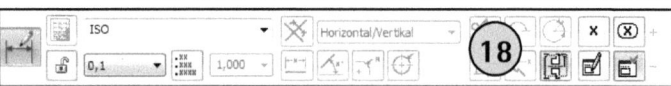

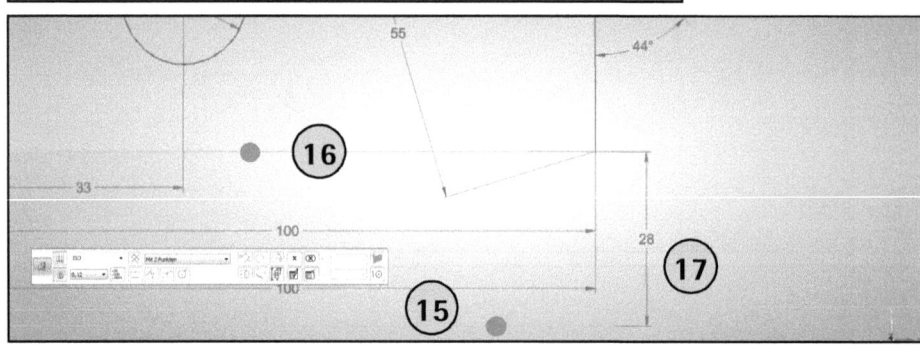

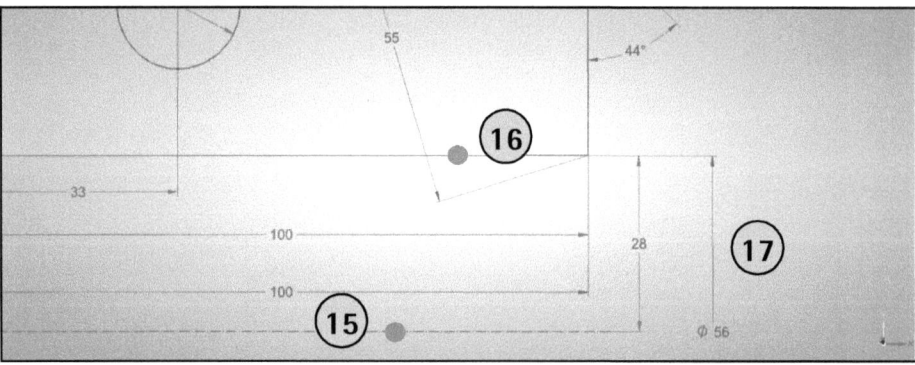

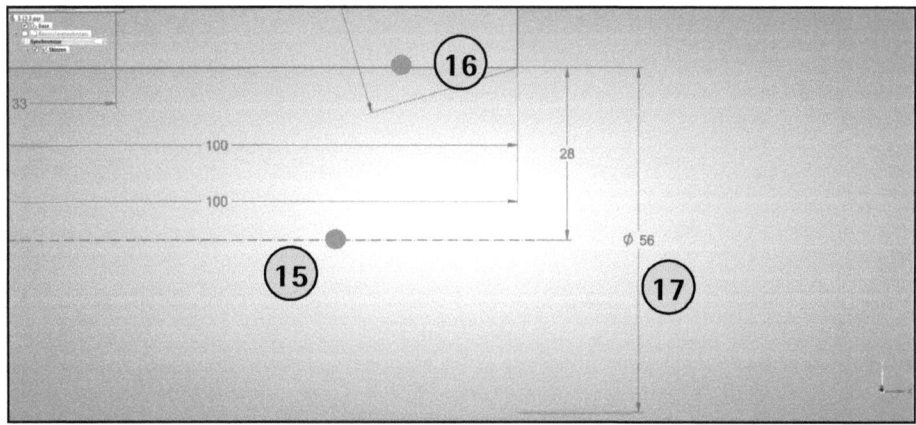

Lernsituation II

IntelliSketch, geometrische Beziehungen,
Eigenpunkte

- Eigenpunkt „Schnittpunkt“
- Eigenpunkte mit Tastatur, Tasten C, E und M
- Bogenwinkel im Quadranten fixieren

3.3 IntelliSketch, geometrische Beziehungen, Eigenpunkte, eine Übersicht

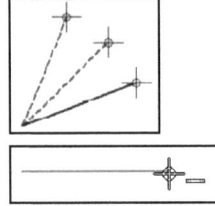

3.3.1 IntelliSketch, eine Einführung

IntelliSketch ist ein dynamisches Zeichenwerkzeug zum Entwurf und zur Bearbeitung von Elementen, die Funktion ermöglicht es während des Entwurfs bestimmte Merkmale zu spezifizieren und so Präzisionszeichnungen zu erstellen.

Sie können beispielsweise beim Zeichnen einer Linie mit IntelliSketch bestimmen, dass die Linie vertikal oder horizontal, parallel oder senkrecht zu einer anderen Linie oder tangential zu einem Kreis verlaufen soll. Sie können einen Bogen als mit dem Endpunkt einer vorhandenen Linie verbunden, Kreise als konzentrisch, Linien als tangential zu Kreisen festlegen und vieles mehr.

IntelliSketch platziert beim Zeichnen von neuen 2D-Elementen Bemaßungen und geometrische Beziehungen. Sie können den Befehl **Beziehungsassistent** verwenden, um an vorhandenen Profilelementen automatisch Bemaßungen und Beziehungen zu platzieren.

IntelliSketch folgt den Mauszeigerbewegungen und erstellt eine dynamische, temporäre Anzeige des Elements, das Sie zeichnen. Diese temporäre Anzeige stellt dar, wie das Element aussieht, wenn Sie an der aktuellen Mausposition klicken.

IntelliSketch gibt Ihnen weitere Informationen über das Element, das Sie zeichnen, indem es Beziehungen zwischen dem temporären, dynamischen Element und den folgenden erkennt und darstellt:

> Andere Elemente der Zeichnung,
>
> horizontale und vertikale Ausrichtungen,
>
> der Ursprung des Elements, das Sie zeichnen.

Wenn **IntelliSketch** eine Beziehung erkennt, wird ein Symbol für die betreffende Beziehung am Mauszeiger angezeigt. Wenn Sie den Mauszeiger bewegen, aktualisiert IntelliSketch das Symbol, um die neuen Beziehungen anzuzeigen.

Wenn Sie klicken, während ein Beziehungsanzeiger eingeblendet wird, wird dem Element die angezeigte Beziehung zugewiesen. Wird also beispielsweise beim Klicken für den Endpunkt einer Linie das Symbol für die horizontale Beziehung angezeigt, wird die Linie horizontal platziert.

3.3.2 Funktionsweise von IntelliSketch

Auf der Registerkarte **Beziehungen** des Dialogfelds **IntelliSketch** können Sie die Beziehungstypen festlegen, die von IntelliSketch erkannt werden sollen. IntelliSketch kann eine oder zwei Beziehungen gleichzeitig erkennen. Wenn IntelliSketch zwei Beziehungen erkennt, werden beide Beziehungsanzeiger am Mauszeiger eingeblendet.

IntelliSketch Optionen (Multifunktionsleiste **Skizzieren**)

Legen Sie auf der Registerkarte **Beziehungen** des Dialogfelds **IntelliSketch** die Beziehungen fest, die beim Zeichnen erkannt werden soll.

Wählen Sie einen Zeichenbefehl.

Zum Suchen von IntelliSketch-Beziehungen bewegen Sie den Mauszeiger auf dem Zeichenblatt.

Klicken Sie, wenn IntelliSketch eine Beziehung erkennt, die Sie für das Element verwenden möchten, das Sie zeichnen. Wenn Sie klicken, während am Mauszeiger ein IntelliSketch-Beziehungsanzeiger angezeigt ist, wird die entsprechende Beziehung in der Zeichnung zugewiesen.

  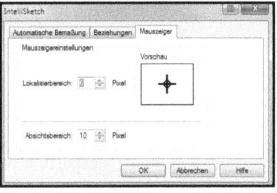

Automatische Bemaßung   Beziehungen   Mausanzeige

3.3.2.1 IntelliSketch-Lokalisierbereich

Der Mauszeiger braucht sich nicht in einer exakten Position zu befinden, damit IntelliSketch eine Beziehung erkennt. Beziehungen zwischen den Elementen werden erkannt, sobald sie sich innerhalb des Lokalisierbereichs des Mauszeigers befinden. Dieser Bereich wird durch einen Kreis im das Fadenkreuz oder am Ende des Mauszeigerpfeils angezeigt. Die Größe des Lokalisierbereichs kann mit dem Befehl **IntelliSketch** im Menü **Extras** eingestellt werden.

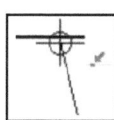

3.3.2.2 Ausrichtungsanzeiger

IntelliSketch blendet temporär eine gestrichelte Linie ein, die anzeigt, wann die Mauszeigerposition horizontal oder vertikal mit einem Eigenpunkt eines Elements ausgerichtet ist.

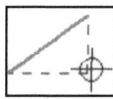

3.3.2.3 Unendliche Elemente

IntelliSketch interpretiert die Beziehung Punkt auf Element für Linien und Kreisbögen als Beziehungen zwischen unendlichen Elementen. Im folgenden Beispiel erkennt IntelliSketch eine Punkt-auf-Element- Beziehung, wenn sich der Mauszeiger unmittelbar über dem Element befindet und auch, wenn er vom Element weg bewegt wird.

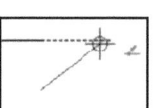

3.3.2.4 Mittelpunkte

IntelliSketch zeigt am Mittelpunkt eines Bogens oder eines Kreises ein Symbol an, um das Lokalisieren dieses Eigenpunkts zu erleichtern.

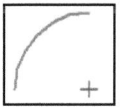

3.3.1 Auswählen und Fangen von Eigenpunkten

Sie können die Eigenpunkt-Fanfunktionen beim Erstellen von Profilen, Skizzen und Zeichnungen sowie beim Verschieben von Teilflächen und Definieren der Abmaße von Formelementen verwenden. Sie können Tastenkürzel und QuickPick verwenden, um Eigenpunkte und Schnittpunkte zu fangen. Auf diese Weise werden die Punktkoordinaten als Eingabe für den gegenwärtigen Befehl zugewiesen. Sie können die Tastenkürzel in folgenden Fällen einsetzen:

Beim Erstellen von Punkten, Bögen, Kurven, Kreisen und Ellipsen.

Beim Bemaßen der Entfernung oder des Winkels zwischen Elementen.

Beim Hinzufügen vieler Arten von Beschriftungen.

Beim Definieren von Mustern.

Beim Definieren der Abmaße bei der Formelementerstellung.

Beim Definieren von Positionen beim Verschieben ausgewählter Modellteilflächen.

3.3.1.1 Verfügbare Optionen für Eigenpunkte

Ermöglicht die Auswahl eines beliebigen Eigenpunkts.

Ermöglicht die Auswahl eines x-, y- oder z-Punkts im freien Raum.

Ermöglicht die Auswahl eines Endpunkts.

Ermöglicht die Auswahl eines Mittenpunkts.

Ermöglicht die Auswahl des Mittelpunkts von Kreisen oder Bögen.

Ermöglicht die Auswahl eines Silhouettenpunktes.

Ermöglicht die Auswahl eines Bearbeitungspunkts auf der Kurve.

3.3.1.2 Fangen von Punkten, Tastatureingabe

Sie können beim Zeichnen und Manipulieren von 2D-Elementen mit QuickPick Tastenkombinationen verwenden, um Eigenpunkte und Schnittpunkte zu fangen. Auf diese Weise werden auch die Punktkoordinaten als Eingabe für den gegenwärtigen Befehl zugewiesen.

Sie können die Tastenkürzel auch mit den Befehlen **Verbinden**, **Verschieben**, **Spiegeln**, **Drehen**, **Skalieren** und **Strecken** zum Manipulieren von 2D-Elementen verwenden.

Wenn Sie das Element, das Sie fangen wollen mit dem Mauszeiger hervorgehoben haben, können Sie zum Fangen von Punkten auf eine der folgenden Tasten drücken:

Mittenpunkte - Taste **M**, Schnittpunkte - Taste **I**, Mittelpunkte - Taste **C** und Endpunkte - Taste **E**.

Die für die Befehle verwendeten Tasten ergeben den Begriff **MICE**.

3.3.2 Eigenpunkte fangen, eine Auswahl

3.3.2.1 Eigenpunkt „Schnittpunkt"

Wenn ein geeigneter Schnittpunkt vorhanden ist, werden die Punktkoordinaten dieses Punktes automatisch dem gegenwärtigen Befehl zugewiesen.

 Linie (Multifunktionsleiste **Home**)

 Linie

Berühren Sie die beiden Außenlinien, über gestrichelte Linien wird der Schnittpunkt als Linienstartpunkt einer neuen Linie generiert (1).

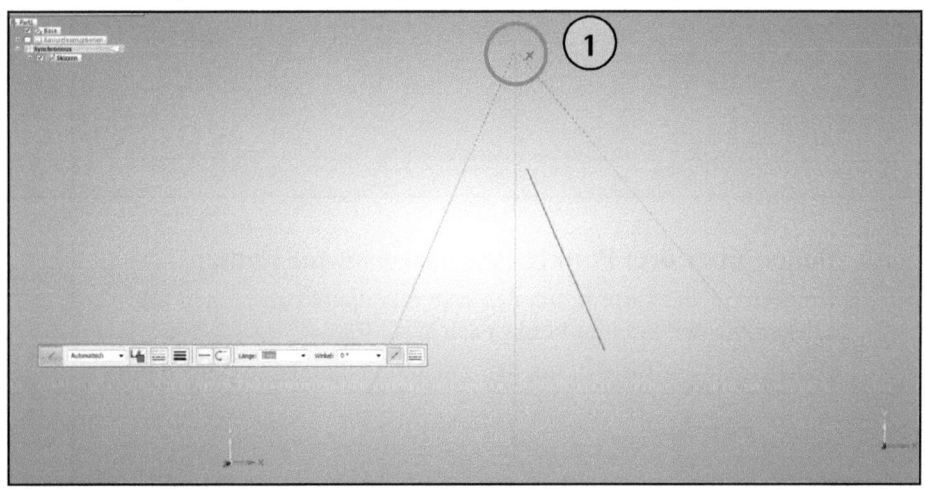

3.3.2.2 Eigenpunkte mit Tastatur

Sie können die Tasten **C**, **E** und **M** zum Fangen bestimmter Eigenpunkte verwenden.

 Kreis über Mittelpunkt (Multifunktionsleiste **Home**)

 Kreis über Mittelpunkt

Berühren Sie die dargestellte Linie, drücken Sie die Taste **M**, der Kreis wird auf dem Linienmittelpunkt gesetzt (2).

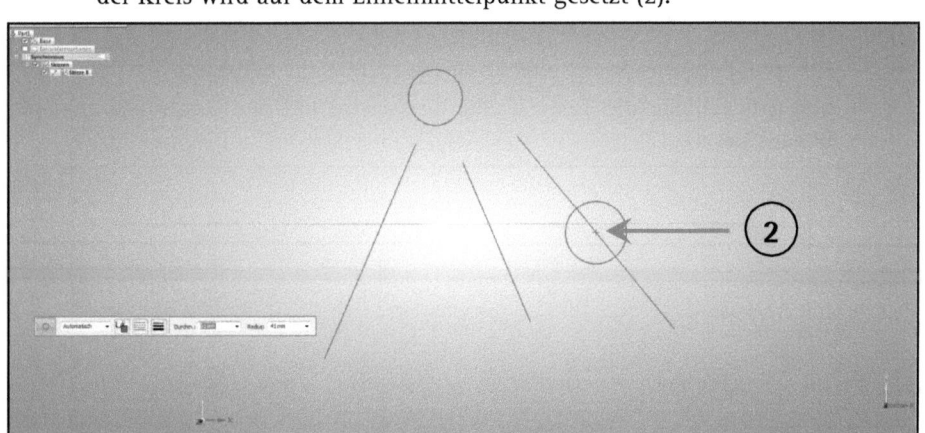

Kreis über
Mittelpunkt

Kreis über Mittelpunkt (Multifunktionsleiste **Home**)

Um den Endpunkt einer Linie, eines Bogens oder einer Kurve zu fangen, lokalisieren das Ende des Elements und drücken Sie die Taste **E**, der Kreis wird auf dem Linienendpunkt gesetzt (3).

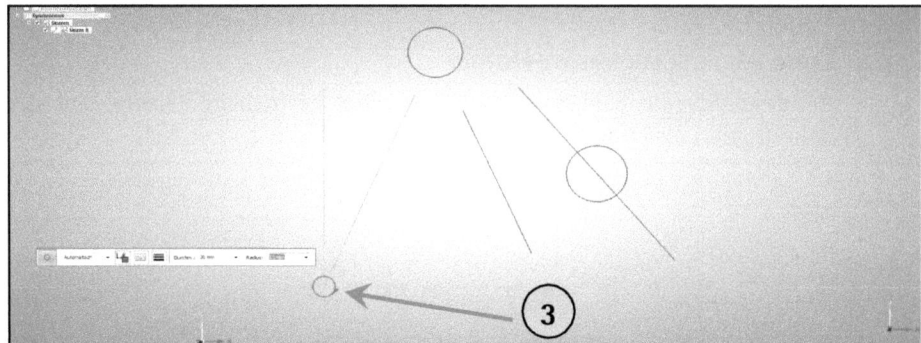

Bügen über
drei Punkte

Bogen über drei Punkte (Multifunktionsleiste **Home**)

Drücken Sie die Taste **E**, um den ersten Endpunkt zu fangen (4).
Klicken Sie den zweiten Punkt nach Wahl (5).

Drücken Sie die Taste **E**, um den zweiten Endpunkt zu fangen (6).

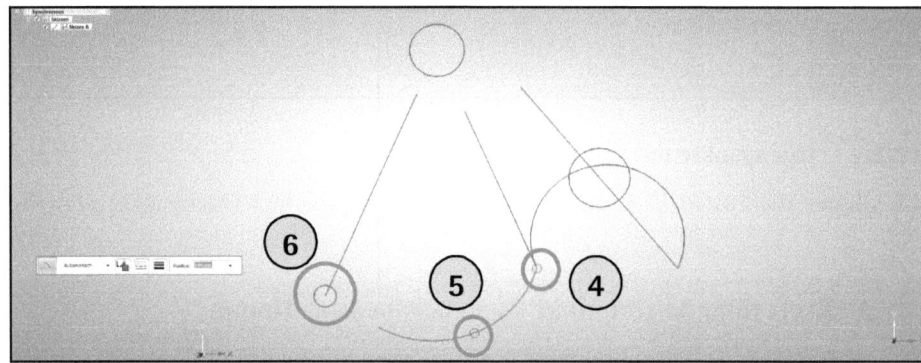

Kreis über
Mittelpunkt

Kreis über Mittelpunkt (Multifunktionsleiste **Home**)

Um den Zentrumspunkt eines Bogens zu fangen, berühren Sie den Bogen und drücken Sie die Taste **C**, der Kreis wird auf den Zentrumspunkt des Bogens gesetzt (7).

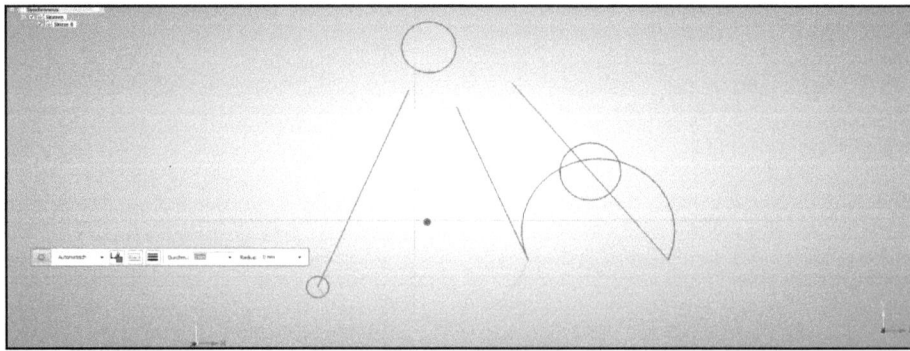

3.3.2.3 Bogenwinkel im Quadranten fixieren

Wenn Sie Bogen tangential oder senkrecht zu einem Element zeichnen, wird der Bogenwinkel an Quadrantenpunkten bei Winkeln von 0, 90, 180 und 270 Grad fixiert. Auf diese Weise brauchen Sie bei diesen Winkeln in der Befehlsleiste keinen Wert für den Bogenwinkel eingeben.

Es wird temporär eine gestrichelte Linie eingeblendet, die vom Bogenendpunkt bis zur Mittellinie des Bogens verläuft, um Ihnen mitzuteilen, dass der Bogen einen Quadranten bildet.

 Tangentbogen (Multifunktionsleiste **Home**)

 Tangentbogen

Klicken Sie den Linienendpunkt (1) und ziehen den Bogen über die gezeigten Quadranten **90°** (2), **180°** (3) und **270°** (4).

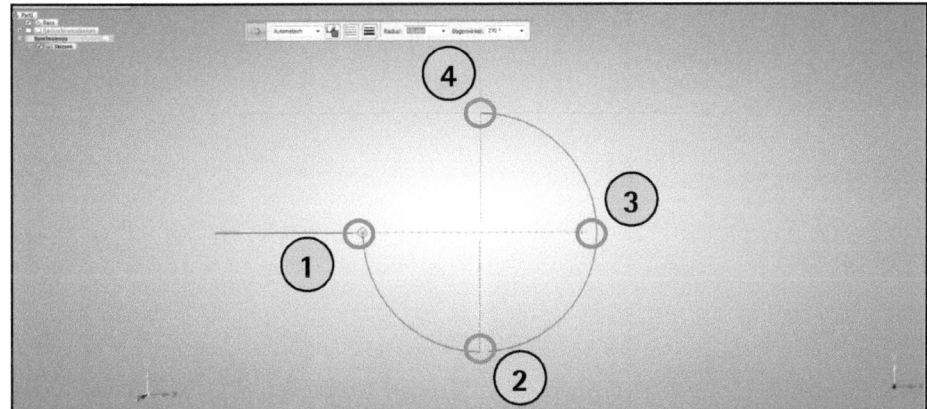

Lernsituation III

Geometrische Beziehungen

- geometrischen Beziehung, Rechtwinkligkeit
- geometrischen Beziehung, Tangential
- geometrischen Beziehung, Gleichwertigkeit
- geometrischen Beziehung, Konzentrisch
- geometrischen Beziehung, Parallel
- geometrischen Beziehung, Verbinden
- geometrischen Beziehung, Horizontal / Vertikal
- geometrischen Beziehung, Symmetrisch
- geometrischen Beziehung, Kollinear

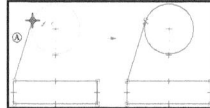

3.4 Geometriebeziehungen, Beispiele

3.4.1 Dynamisches Zeichnen

Während Sie zeichnen, liefert Ihnen die Software eine temporäre, dynamische Anzeige des Elements, an dem Sie gerade arbeiten (A). Mit Hilfe dieser Anzeige können Sie erkennen, wie die Elemente aussehen, wenn Sie an der aktuellen Mauszeigerposition klicken.

Die in der Befehlsleiste eingegebenen Werte werden ständig bei jeder Mauszeigerverschiebung aktualisiert, bis das gezeichnete Element durch einen abschließenden Punkt vollständig definiert wird. Sie erhalten damit ständiges Feedback über Größe, Form, Position und andere Merkmale des Elements, das Sie gerade zeichnen.

Wenn Sie einen Wert in der Befehlsleiste eingeben und damit fixieren, ist der dynamischen Anzeige des Elements, das Sie gerade zeichnen, entnehmbar, dass der Wert gesperrt ist. Wenn Sie zum Beispiel die Länge einer Linie fixieren, ändert sich die Länge der dynamisch dargestellten Linie nicht, wenn Sie den Winkel mit dem Mauszeiger festlegen. Wenn Sie einen Wert freigeben und dadurch wieder dynamisch machen möchten, können Sie den Wert im Feld löschen, indem Sie auf das Feld doppelklicken und die **Rücktaste** oder die **Entf-**Taste drücken.

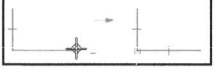

Während Sie zeichnen, liefert Ihnen Solid Edge eine temporäre, dynamische Anzeige des Elements, an dem Sie gerade arbeiten. Mit Hilfe dieser Anzeige können Sie erkennen, wie die Elemente aussehen, wenn Sie an der aktuellen Mauszeigerposition klicken.

3.4.1.1 Funktionsweise von geometrischen Beziehungen, „Rechtwinkligkeit"

Elemente ohne Beziehung können auf verschiedene Weise verschoben oder verändert werden. Gibt es beispielsweise keine Beziehung zwischen zwei Linien (1), so kann jede dieser Linien ohne Auswirkung auf die andere verschoben oder geändert werden.

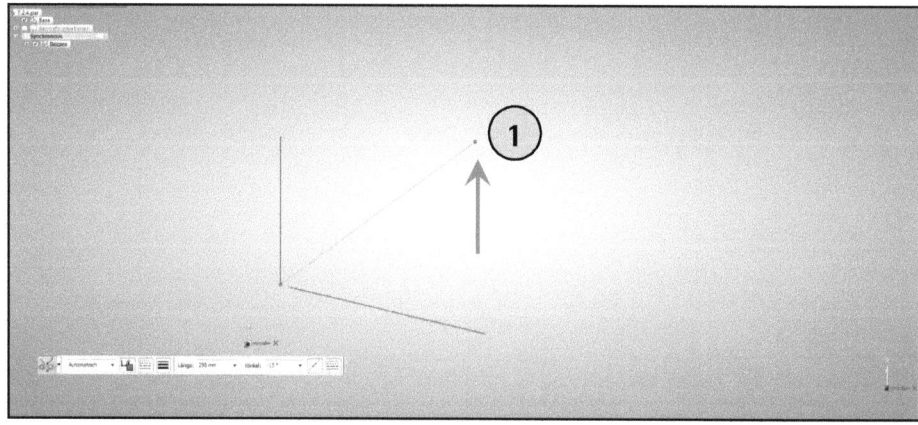

Sobald Sie eine senkrechte Beziehung zwischen den beiden Linien zuweisen (2, 3, 4), bleiben die Linien bei Verschiebung einer der Linien senkrecht (5).

Beziehung
Senkrecht

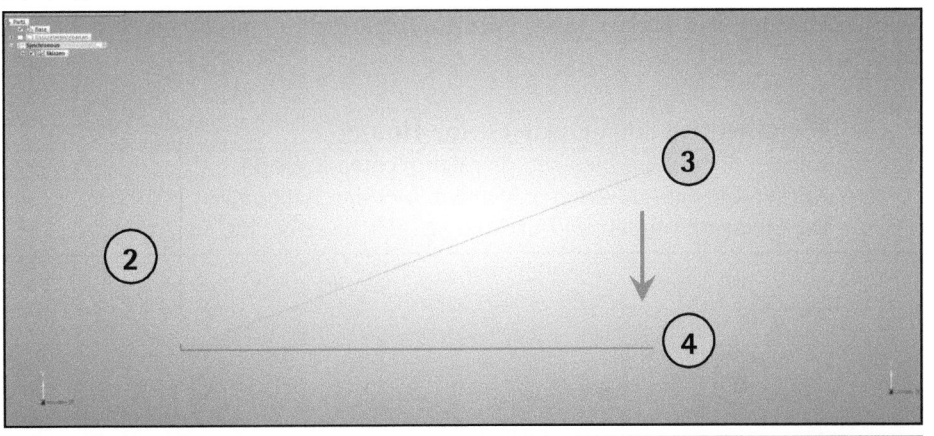

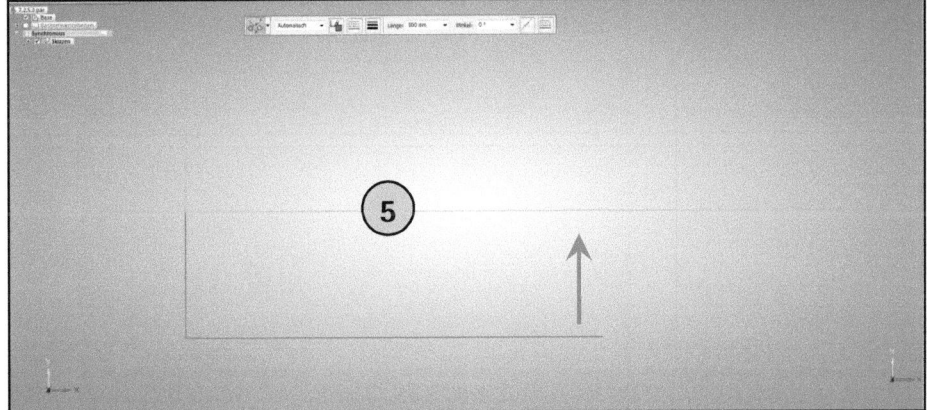

3.4.1.2 Funktionsweise von geometrischen Beziehungen, „Tangential"

Sobald Sie eine tangentiale Beziehung zwischen der Linie und dem Kreis zuweisen (6), bleibt diese Beziehung erhalten, wenn eines der Elemente verändert wird (7).

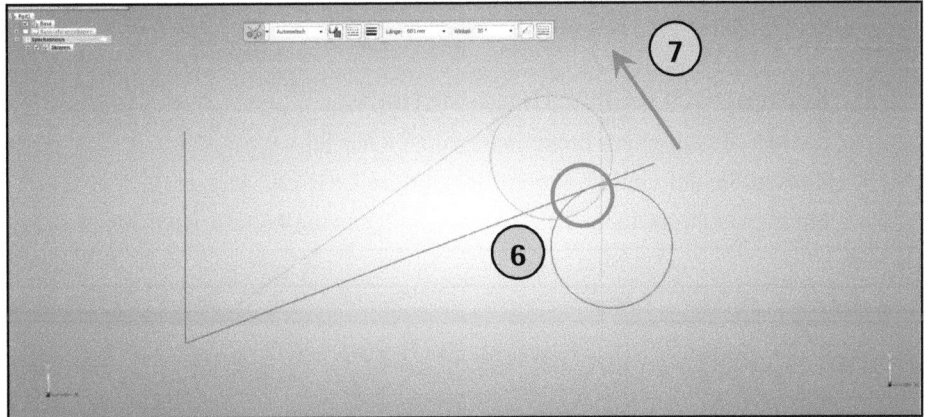

3.4.1.3 Funktionsweise von geometrischen Beziehungen, „Gleichwertigkeit"

Diese geometrische Beziehung gleicht Elemente an. Sie können die Gleichwertig-keitsbeziehungen den Längen von Linien und den Radien von Bögen und Kreisen zuweisen.

 Gleichwertig

Gleichwertig (Multifunktionsleiste **Home**)

Klicken Sie auf ein Element, hier den rechten Kreis (8).
Klicken Sie auf ein weiteres Element, hier den linken Kreis (9).
Die Elemente werden im Durchmesser gleichwertig (10).

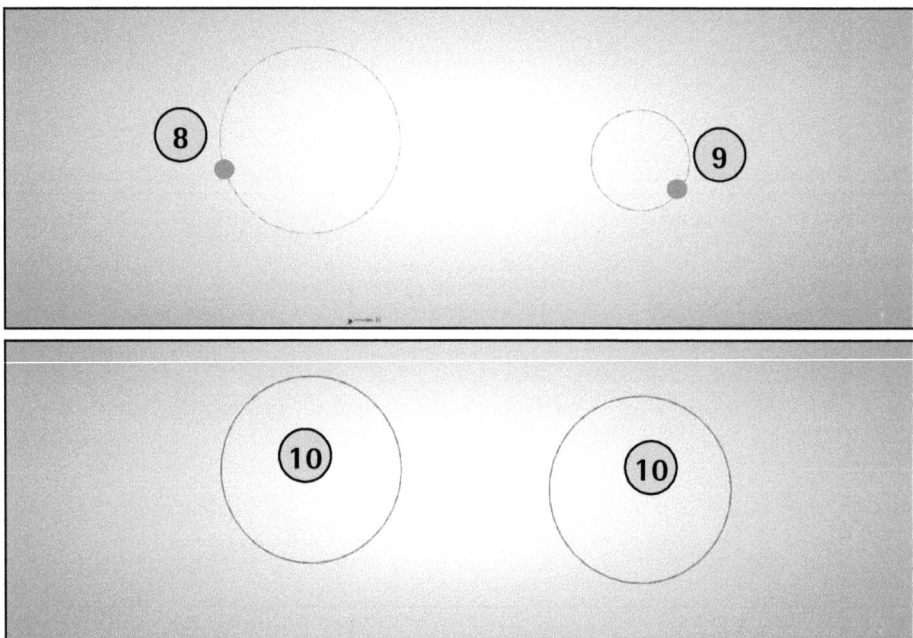

3.4.1.4 Funktionsweise von geometrischen Beziehungen, „Konzentrisch"

Diese geometrische Beziehung legt einen Bogen oder Kreis als konzentrisch mit ei-nem anderen Bogen oder Kreis fest.

 Konzentrisch

Konzentrisch (Multifunktionsleiste **Home**)

Klicken Sie auf einen Bogen oder einen Kreis (8)

Klicken Sie auf einen weiteren Bogen oder Kreis (9).

Ein Element verschiebt sich, so dass die Elemente konzentrisch werden (11).

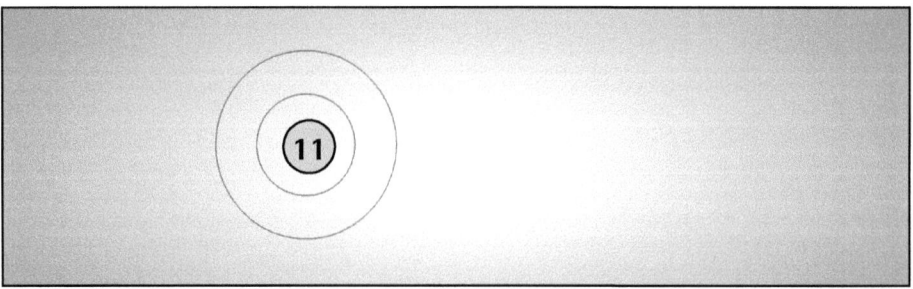

3.4.1.5 Funktionsweise von geometrischen Beziehungen, „Parallel"

Diese geometrische Beziehung legt zwei Linien auf dieselbe Winkelausrichtung.

 Parallel (Multifunktionsleiste **Home**)
Klicken Sie auf eine Linie (12), klicken Sie auf eine weitere Linie (13).
Eine Linie verschiebt sich, so dass beide Linien parallel werden (14).

 Parallel

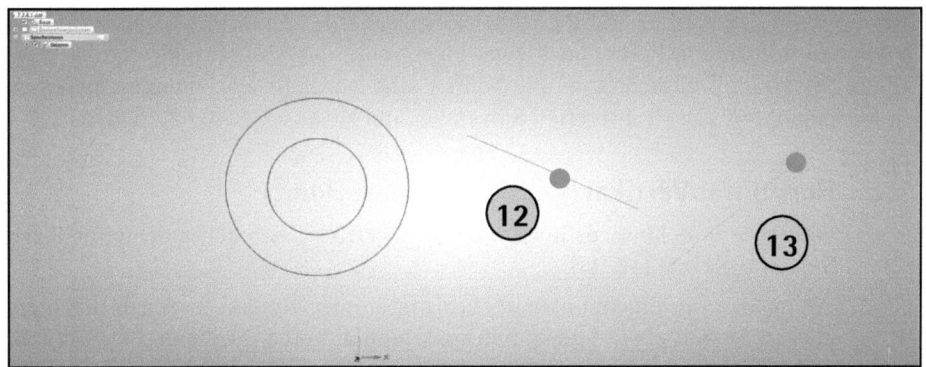

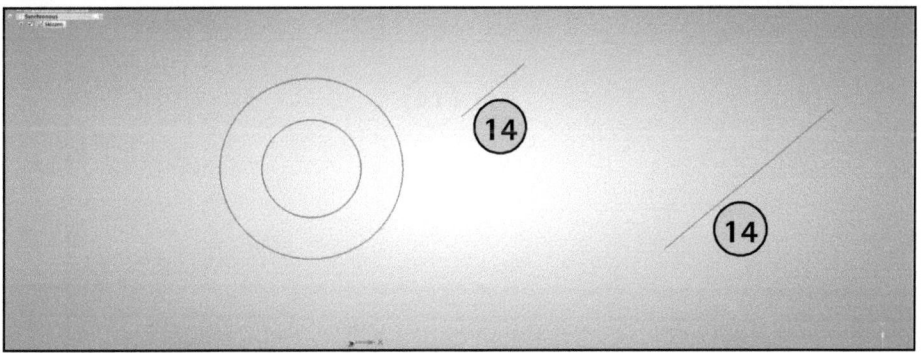

3.4.1.6 Funktionsweise von geometrischen Beziehungen, „Verbinden"

Diese geometrische Beziehung verbindet den Eigenpunkt eines Elements mit einem anderen Element oder Elementeigenpunkt.

 Verbinden (Multifunktionsleiste **Home**)
Klicken Sie auf einen Eigenpunkt eines Elements (12)
Klicken Sie auf ein weiteres Element (13).
Ein Element verschiebt sich, so dass beide Elemente miteinander verbunden werden (15).

 Verbinden

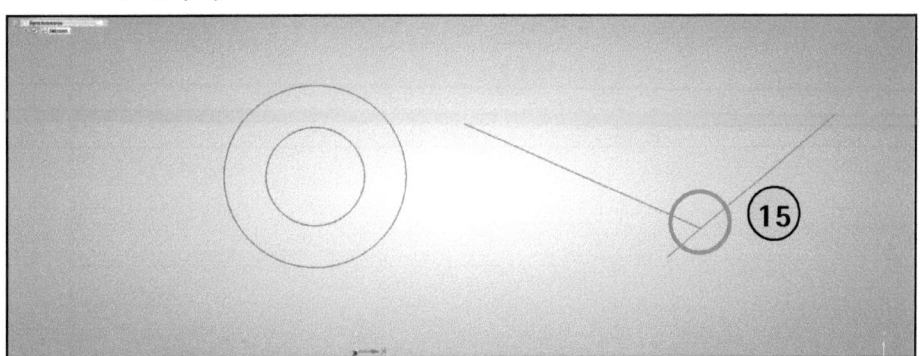

3.4.1.7 Funktionsweise von geometrischen Beziehungen, Horizontal/Vertikal

Diese geometrische Beziehung richtet eine Linie horizontal oder vertikal aus.

Eine Beziehung kann auch dazu dienen, die physikalischen Merkmale eines einzelnen Elements zu erhalten. Sie können beispielsweise eine Linie als horizontal festlegen. Die Linie bleibt auch dann horizontal, wenn Sie ihre Position oder Länge ändern.

Sie können mit diesem Befehl auch zwei Eigenpunkte horizontal oder vertikal ausrichten. Sie können zum Beispiel horizontale und vertikale Beziehungen zwischen den Mittelpunkten von Profilkreisen anwenden, um sie ausgerichtet zu halten.

 Horizontal/Vertikal (Multifunktionsleiste **Home**)

Wenn Sie eine Linie als horizontal oder vertikal festlegen möchten, klicken Sie auf die Linie (16, 17).

Wenn Sie zwei Eigenpunkte als horizontal oder vertikal festlegen möchten, klicken Sie auf einen Eigenpunkt und dann auf einen weiteren Eigenpunkt.

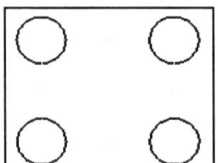

Horizontal / Vertikal

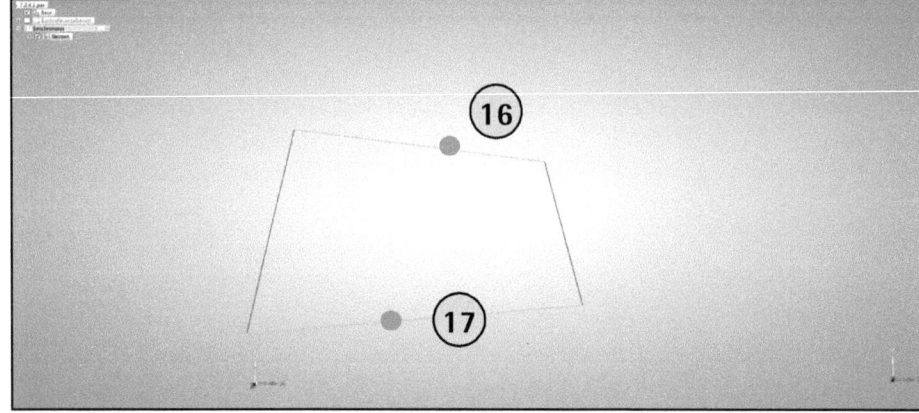

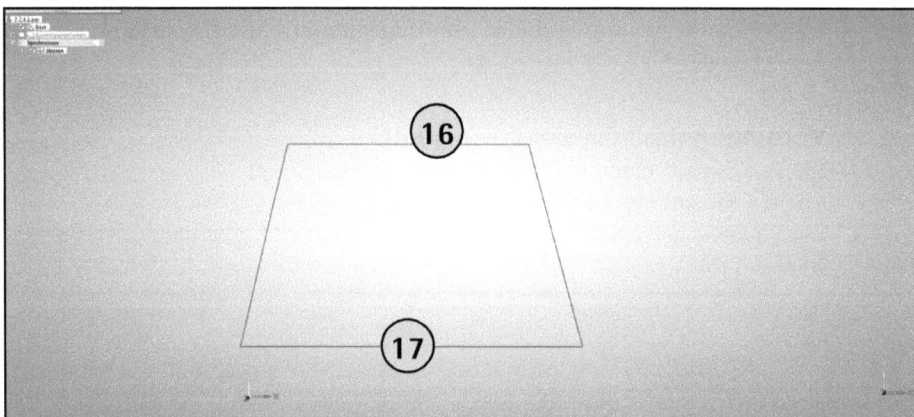

3.4.1.8 Funktionsweise von geometrischen Beziehungen, „Symmetrisch"

Diese geometrische Beziehung legt Elemente als symmetrisch um eine Achse fest. Die Beziehung erhält Eigenschaften der Elemente auf beiden Seiten der Achse, wie die Größe oder Position, bei.

In sequentielle Profilen und Skizzen können Sie mit dem Befehl **Symmetrieachse** eine Linie als Symmetrieachse aktivieren, bevor Sie den Befehl auswählen.

Symmetrisch (Multifunktionsleiste **Home**)

 Symmetrisch

> Klicken Sie auf eine vorhandene Linie, die Sie als Achse verwenden wollen (18).
>
> Klicken Sie auf das erste Element, das symmetrisch um die Achse angelegt werden soll. (19)
>
> Klicken Sie auf ein anderes Element, das symmetrisch um die Achse angelegt werden soll (20).
>
> Die beiden Elemente werden symmetrisch um die Achse angelegt (21).

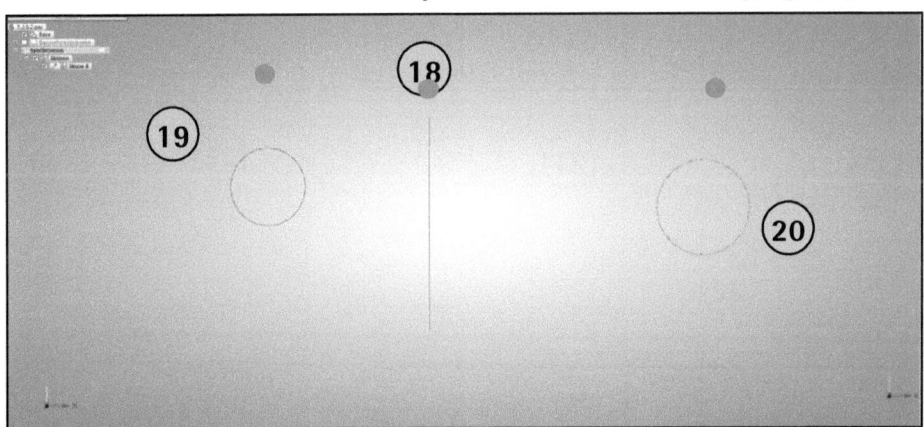

3.4.1.9 Kombination von geometrischen Beziehungen, „Kollinear" und „Verbinden"

In der Geometrie nennt man Punkte, die auf einer Geraden liegen, **kollinear**, diese geometrische Beziehung legt zwei Linien als kollinear fest.

 Kollinear

 Kollinear (Multifunktionsleiste **Home**)

Klicken Sie auf eine Linie (21) und dann auf eine weitere Linie (22). Eine Linie verschiebt sich und ordnet sich der anderen kollinear zu (23). Verfahren Sie mit der zweiten Linie entsprechend.

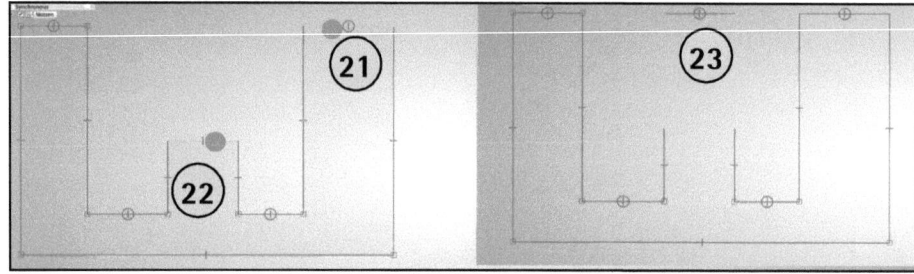

 Verbinden

Verbinden (Multifunktionsleiste **Home**)

Klicken Sie auf einen Eigenpunkt eines Elements (24)

Klicken Sie auf ein weiteres Element (25).

Ein Element verschiebt sich, so dass beide Elemente miteinander verbunden werden (26).

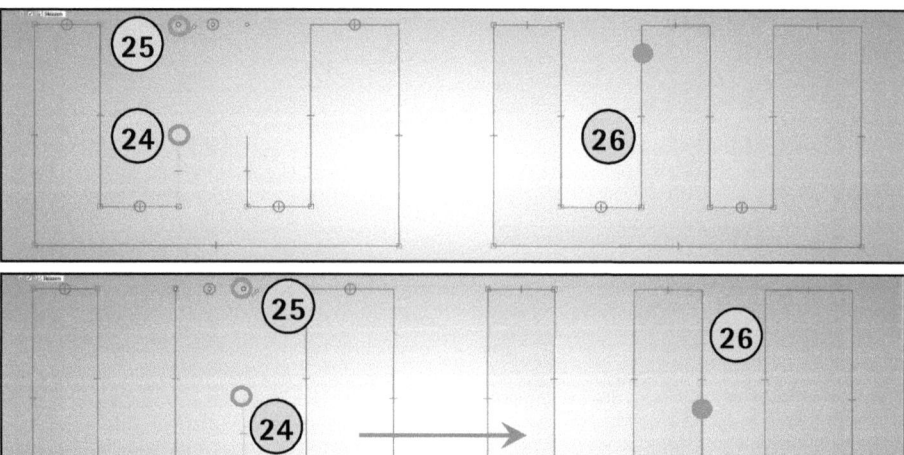

Lernsituation IV

Referenzebenen

Beschreibung:

Eine Referenzebene ist eine ebene Fläche, die gewöhnlich zum Zeichnen von 2D-Skizzen im 3D-Raum verwendet wird. Obwohl die Größe der Referenzebene theoretisch unendlich ist, wird sie in einer fixierten Größe dargestellt, um die Auswahl und Visualisierung zu vereinfachen.

Solid Edge unterscheidet zwei verschiedene Arten von Referenzebenen, die Basisreferenzebenen und die globale Referenzebenen.

3.5 Grundlagen für Basiskonstruktionen, Ebenen

3.5.1 Referenzebenen, Grundlagen

Eine Referenzebene ist eine ebene Fläche, die gewöhnlich zum Zeichnen von 2D-Skizzen im 3D-Raum verwendet wird. Obwohl die Größe der Referenzebene theoretisch unendlich ist, wird sie in einer fixierten Größe dargestellt, um die Auswahl und Visualisierung zu vereinfachen.

Solid Edge unterscheidet zwei verschiedene Arten von Referenzebenen, die Basisreferenzebenen und die globale Referenzebenen.

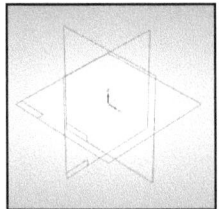

3.5.1.1 Basisreferenzebenen

Als Basisreferenzebenen werden die drei orthogonalen Referenzebenen bezeichnet, die sich am Ursprung eines neuen Teil- oder Baugruppendokuments befinden. Sie legen die Hauptebenen **Oben (XY)**, **Rechts (YZ)** und **Vorn (XZ)** fest.

Sie können die Basisreferenzebenen verwenden, um skizzenbasierte Formelemente zu konstruieren, weiterhin um ein Teil in einer Baugruppe zu positionieren oder um die x-Achse für eine neue Referenzebene festzulegen, die Sie mit einer Teilfläche definieren. Sie können diese Referenzebenen einzeln ein- und ausblenden oder als Gruppe im PathFinder

In einem **Synchronous**-Modell sind die Basisreferenzebenen standardmäßig ausgeblendet. Der bevorzugte Arbeitsablauf zum Erstellen neuer Teile beginnt gewöhnlich damit, auf einer der Hauptebenen des Basiskoordinatensystems zu zeichnen.

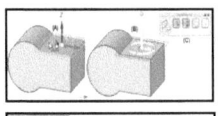

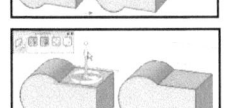

3.5.1.2 Globale oder lokale Referenzebenen

Beim Erstellen lokaler und globaler Referenzebenen, geben Sie die Ausrichtung und Position der neuen Referenzebene relativ zu einer vorhandene Referenzebene oder einer planaren Teilfläche eines Teils an.

Sie können in seitlich gezeigten Beispiel festlegen, dass die neue Referenzebene koinzident zu einer Teilfläche verläuft. Nach dem Erstellen der neuen koinzidenten Referenzebene werden auf der neuen Referenzebene das Steuerrad und die Befehlsleiste **Verschieben** eingeblendet, damit Sie die Referenzebene gegebenenfalls an eine neue Position verschieben können.

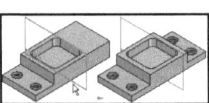

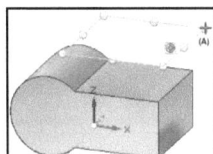

Sie können globale Referenzebenen außerdem verwenden, um komplexe Formelemente wie Übergangsformelemente zu erstellen, die mehrere Skizzen erfordern oder um Teile in Baugruppen zu positionieren. Sie können globale Referenzebenen einzeln ein- und ausblenden.

Eine wichtige Funktion der globalen Referenzebenen ist die Anlegung als Spiegelebene für Formelemente.

Sie können die Größe einer globalen Referenzebene dynamisch ändern, indem Sie an den Ziehpunkten der Referenzebene ziehen, die sich an den End- und Mittelpunkten der Referenzebene befinden. Die Ziehpunkte einer globalen Referenzebene werden eingeblendet, wenn Sie eine globale Referenzebene auswählen und auf den Befehl **Größe anpassen** in der Befehlsleiste klicken.

3.5.1.3 Koinzidente Ebene

Diese Funktion erstellt eine neue Referenzebene, die koinzident zu einer ausgewählten Teilfläche oder einer vorhandenen Referenzebene ist. Wenn Sie eine neue Referenzebene basierend auf einer vorhandenen Referenzebene erstellen, stimmt die Ausrichtung der X-Achse der neuen Referenzebene mit der Ausrichtung der X-Achse der vorhandenen Referenzebene überein.

Koinzidente
Ebene

Wenn Sie eine neue Referenzebene basierend auf einer planaren Teilfläche erstellen, wird automatisch anhand der linearen Kante der Teilfläche eine temporäre Ausrichtung der X-Achse für die neue Referenzebene definiert.

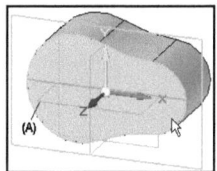

Sie können die automatisch zugewiesene X-Achsenausrichtung akzeptieren oder Tastenkürzel verwenden, um eine neue Ausrichtung festzulegen. Falls die von Ihnen ausgewählte Teilfläche keine linearen Kanten enthält, wird die Ausrichtung der X-Achse der neuen Referenzebene anhand einer der Standardreferenzebenen definiert. Nach dem Erstellen der neuen koinzidenten Referenzebene wird auf der neuen Referenzebene das Steuerrad eingeblendet, für den Fall, dass Sie die Referenzebene auf eine neue Position verschieben wollen.

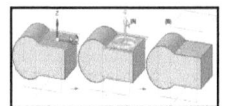

Tastenkombinationen für die Ausrichtung der **X**-Achse:

Taste **N**:

Drehen entgegen dem Uhrzeigersinn zur nächsten linearen Kante.

Taste **B**:

Zurückkehren zur vorherigen linearen Kante

Taste **P**:

Solid Edge wählt automatisch eine der schneidenden Basisreferenzebenen. Wenn Sie eine andere Basisreferenzebene benutzen wollen, drücken Sie die Taste erneut.

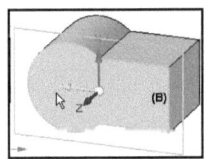

Taste **T**:

Legt die Ausrichtung der X-Achse auf die gegenüberliegende Seite der aktuellen linearen Kante

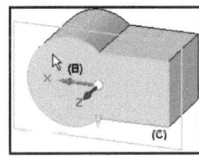

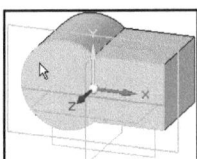

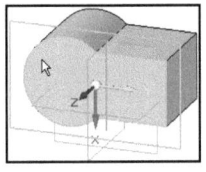

Taste **P**:

Mit dieser Taste wird die normale Richtung der Referenzebene umgedreht, wodurch die Ausrichtung der X-Achse geändert wird.

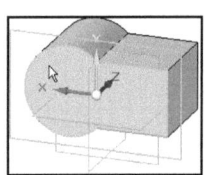

3.5.1.4 Tangentenebene

Beim Konstruieren einer tangentialen Referenzebene zu einer Fläche, bei der es sich nicht um einen Zylinder oder einen Kegel handelt, müssen Sie einen Eigenpunkt auf der Fläche auswählen, der Sie die Referenzebene anhängen wollen. Der Eigenpunkt kann von einem Element stammen, das zum Konstruieren der Fläche verwendet wurde oder von einem Element, das auf die Fläche projiziert wurde.

Die Teilflächentypen **Kegel**, **Kugel**, **Ring** und **BSpline**-Fläche sind zum Konstruieren einer Tangentenreferenzebene gültig.

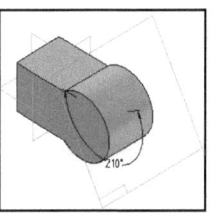

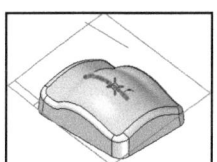

3.5.2 Koinzidente Referenzebene, mit Maßeingabe, erzeugen

3.5.2.1 Grundkörper erzeugen

 Öffnen

 Speichern unter

 Öffnen / Bauteildatei von der Buch-DVD / **OK**

 Speichern unter / Namen nach Wahl eingeben / **Speichern**

3.5.2.2 Koinzidente Referenzebene, mit Maßeingabe, die Erstellung

 Koinzidente Ebene

 Koinzidente Referenzebene (Multifunktionsleiste **Home**)

Wählen Sie die vordere Fläche des Würfels wie abgebildet aus (1).

Richten Sie den Pfeil des **Steuerrades** auf den Würfel (2).

Schieben Sie in den Zylinder in Pfeilrichtung um **50** mm. (3).
Bestätigen Sie die Änderung durch Klicken (4).

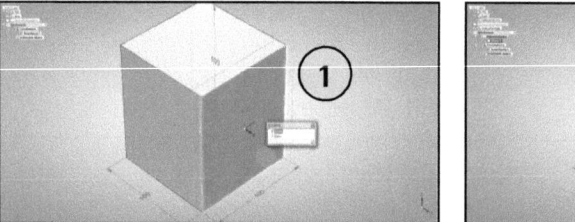
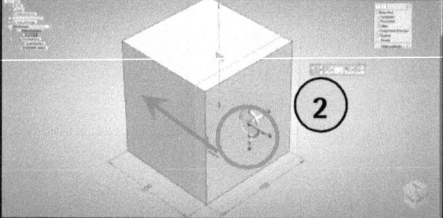

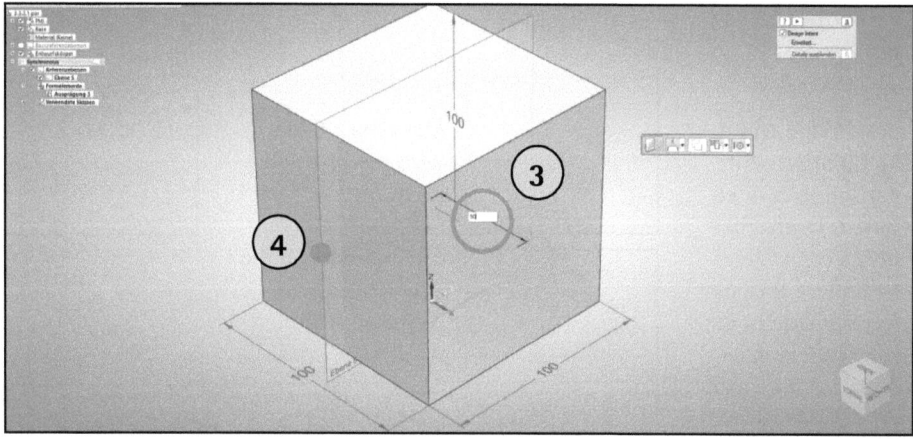

3.5.2.3 Datensicherung

 Speichern unter

 Speichern unter / Namen nach Wahl eingeben / **Speichern**

3.5.3 Koinzidente Referenzebene, mit Eigenpunkt „Mitte", erzeugen

3.5.3.1 Grundkörper erzeugen

 Öffnen / Bauteildatei von der Buch-DVD / **OK**

 Öffnen

 Speichern unter / Namen nach Wahl eingeben / **Speichern**

 Speichern unter

3.5.3.2 Koinzidente Referenzebene, mit Eigenpunkt „Mitte", die Erstellung

 Koinzidente Referenzebene (Multifunktionsleiste **Home**)
Wählen Sie die vordere Fläche des Würfels wie abgebildet aus (1).

Richten Sie den Pfeil des **Steuerrades** auf den Würfel (2).

Taste **K** drücken um einen Punkt auf einer Kante zu lokalisieren (3).

Taste **M** drücken um den Mittelpunkt der Würfelkante für die koinzidente Referenzebene automatisch wählen zu lassen (4).
Bestätigen Sie die Änderung durch Klicken (5).

 Koinzidente Ebene

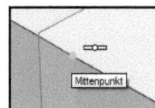

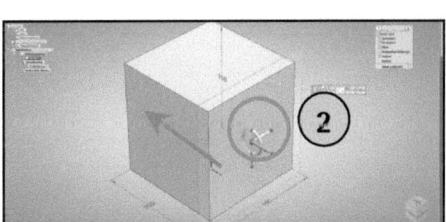

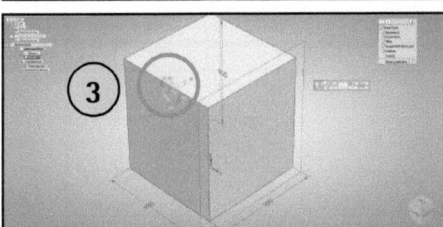

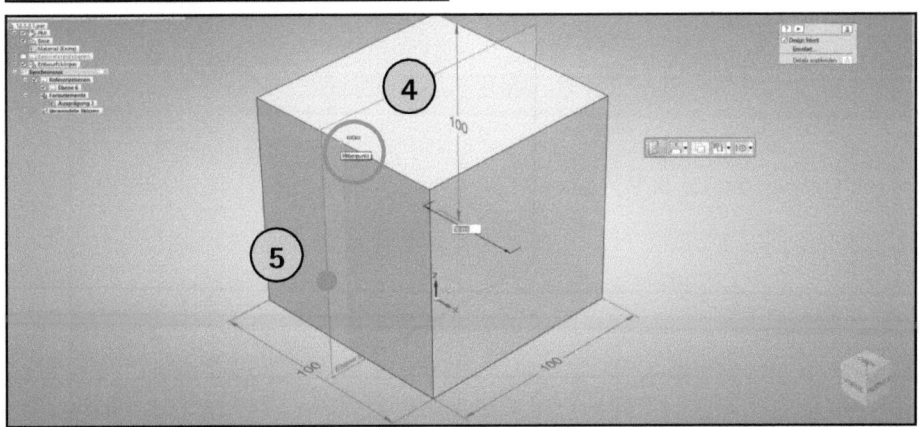

3.5.3.3 Datensicherung

 Speichern unter / Namen nach Wahl eingeben / **Speichern**

 Speichern unter

3.5.4 Koinzidente Referenzebene, mit Drehung erzeugen

3.5.4.1 Grundkörper erzeugen

 Öffnen

 Speichern unter

 Koinzidente Ebene

Öffnen / Bauteildatei von der Buch-DVD / **OK**

Speichern unter / Namen nach Wahl eingeben / **Speichern**

3.5.4.2 Koinzidente Referenzebene, mit Drehung, die Erstellung

Koinzidente Referenzebene (Multifunktionsleiste **Home**)
Wählen Sie die vordere Fläche des Würfels wie abgebildet aus (1).

Schieben Sie das **Steuerrad** auf die Mitte der unteren Würfelkante (2, 3).
Klicken Sie auf den Ring des Steuerrades (4)
die Fläche kann nun um die Hauptachse gedreht werden.

Drehen Sie die Flächen einseitig um **30°** (5).
Bestätigen Sie die Änderung durch Klicken (6).

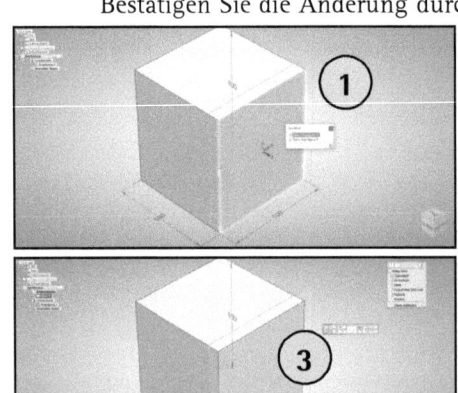
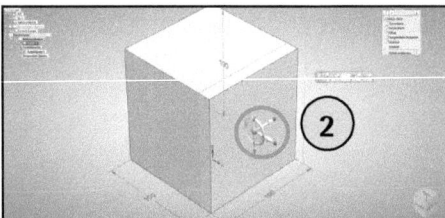
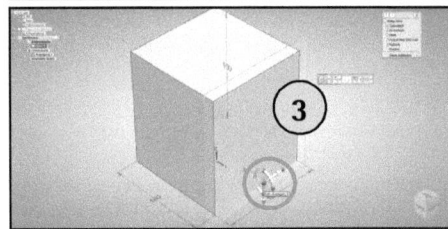
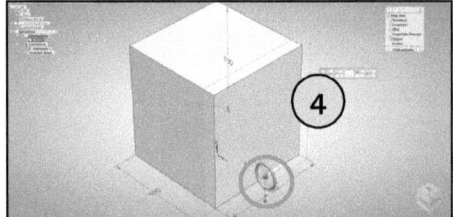
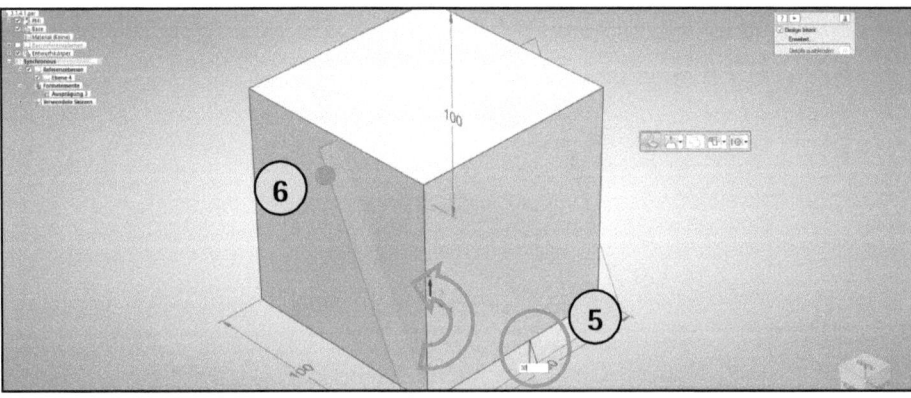

3.5.4.3 Datensicherung

 Speichern unter

Speichern unter / Namen nach Wahl eingeben / **Speichern**

3.5.5 Referenzebene, „Über drei Punkte", erzeugen

3.5.5.1 Grundkörper erzeugen

 Öffnen / Bauteildatei von der Buch-DVD / **OK**

 Speichern unter / Namen nach Wahl eingeben / **Speichern**

3.5.5.2 Referenzebene, „Über drei Punkte", die Erstellung

 Über drei Punkte (Multifunktionsleiste **Home**)

Wählen Sie einen **Vertexpunkt**, um den Ursprung der Referenzebene zu definieren (1).

Wählen Sie einen zweiten **Vertexpunkt**, um die positive x-Achse der Referenzebene festzulegen (2).

Wählen Sie einen dritten **Vertexpunkt**, um die positive y-Richtung der Referenzebene festzulegen (3).
Bestätigen Sie die Änderung durch Klicken (4).

 Öffnen

 Speichern unter

 Über drei Punkte

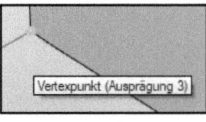

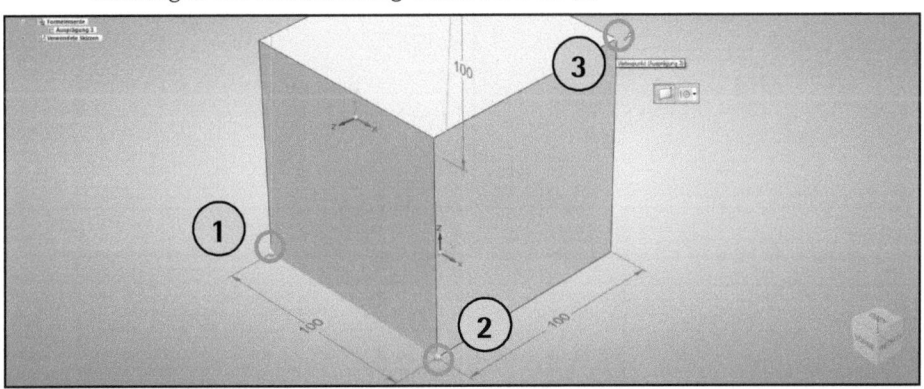

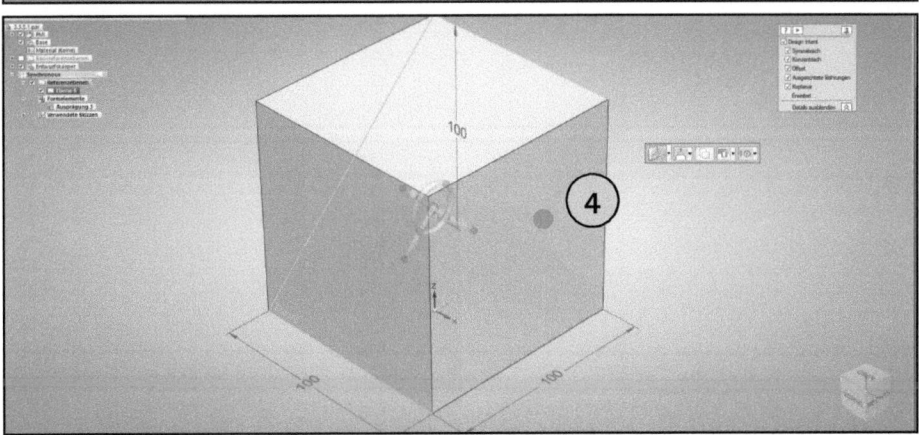

3.5.5.3 Datensicherung

 Speichern unter / Namen nach Wahl eingeben / **Speichern**

3.5.6 Tangentiale Referenzebene erzeugen

3.5.6.1 Grundkörper erzeugen

 Öffnen

 Speichern unter

 Tangenten ebene

 Öffnen / Bauteildatei von der Buch-DVD / **OK**

 Speichern unter / Namen nach Wahl eingeben / **Speichern**

3.5.6.2 Tangentiale Referenzebene erzeugen

 Tangentenebene (Multifunktionsleiste **Home**)

Wählen Sie die zylindrische Außenform an (1).

Wenn Sie einen Zylinder oder Kegel auswählen, zeigt der Befehl eine dynamische Darstellung der neuen Referenzebene an. Wenn Sie den Mauszeiger bewegen, dreht sich die neue Ebene um die ausgewählte Teilfläche.

Geben Sie im Feld **Winkel** den Winkelwert **90°** ein (2).

Bestätigen Sie die Änderung durch Klicken (3).

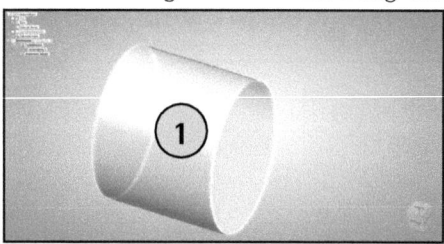

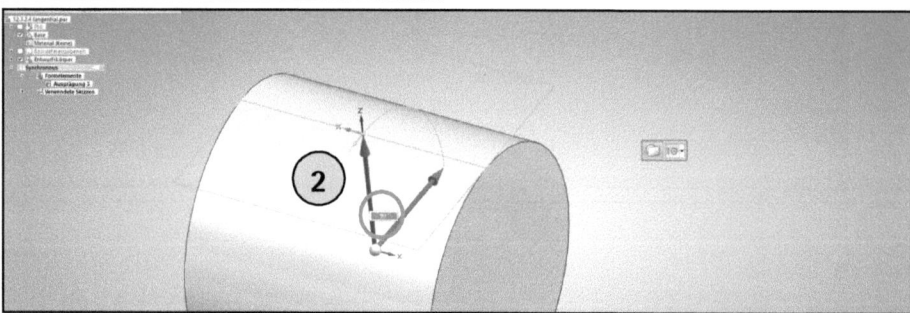

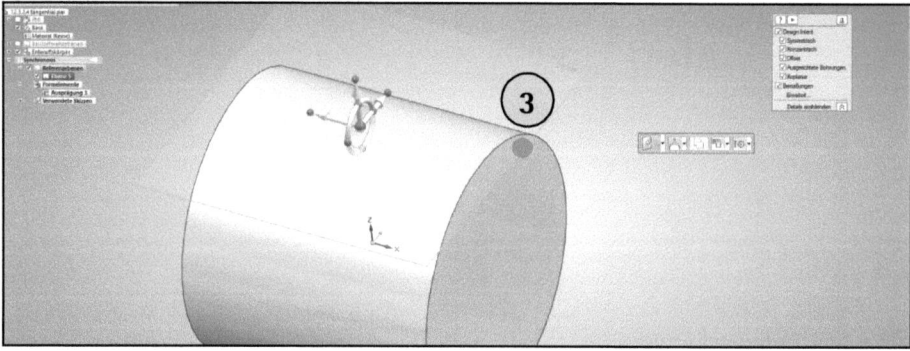

3.5.6.3 Datensicherung

 Speichern unter

 Speichern unter / Namen nach Wahl eingeben / **Speichern**

4

Siemens
Solid Edge 2019
Synchronous Technology

3D-Volumenkörper, Grundkörper

4   Solid Edge 2019, 3D-Volumen, Grundkörper

4.1   Eine Einführung

Solid Edge 2019® besteht aus mehreren Komponenten, die als Umgebungen bezeichnet werden. Diese Umgebungen wurden speziell dafür geschaffen, einzelne Teile, Blechteile, Baugruppen und Detailzeichnungen zu erstellen. In der Solid Edge 2019® Bauteil-Umgebung können Sie ein Basisformelement konstruieren und es dann mit weiteren Formelementen wie Ausprägungen, Ausschnitten und Bohrungen modifizieren um ein vollständiges Volumenmodell zu erhalten.

In Solid Edge 2019® verwenden Sie zum Modellieren von Teilen folgenden grundlegenden Arbeitsablauf:

- **Modellanforderungen identifizieren**
- **Modellkonzepts auf Grundlage der ermittelten Anforderungen erstellen**
- **Modell auf Grundlage der Konzepte entwickeln**
- **Modell analysieren.**
- **Prototyp erstellen.**
- **Modell konstruieren.**
- **Modell bearbeiten, falls erforderlich.**

4.2   Grundlagen für die Konstruktion

4.2.1   Skizzen

Die Erstellung eines Modells beginnt normalerweise mit einer Skizze. Auf Grundlage der Skizze können Features erstellt werden. Ein Modell enthält meist mindestens eine Skizze und mindestens ein Feature. Eine Skizze ist ein 2D-Profil oder ein Querschnitt. Zur Erstellung einer 2D-Skizze verwenden Sie eine Ebene oder eine ebene Fläche. Außer 2D-Skizzen können Sie auch 3D-Skizzen erstellen, die neben den X- und Y-Achsen auch noch eine Z-Achse enthalten.

In vielen Fällen beginnen Sie die Skizze im Ursprung, der als Anker für eine Skizze dient. Häufig wird eine Mittellinie durch den Ursprung skizziert und dient zur Erstellung der Rotation. Eine Mittellinie ist in einer Skizze zwar nicht immer erforderlich, sie trägt jedoch zur Herstellung der Symmetrie bei. Eine Mittellinie kann auch verwendet werden, um eine Spiegelbeziehung anzuwenden und um gleiche und symmetrische Beziehungen zwischen Skizzenelementen zu erstellen. Symmetrie ist ein wichtiges Werkzeug zur schnellen Erstellung achsensymmetrischer Modelle. Skizzen können voll definiert, unterdefiniert oder überdefiniert sein. In einer voll definierten Skizze sind alle Linien und Kurven in der Skizze sowie ihre Positionen durch Bemaßungen oder Beziehungen oder beide beschrieben. Skizzen müssen nicht voll definiert sein, damit sie zur Erstellung von Features verwendet werden können. Sie sollten Skizzen jedoch voll definieren, um Ihren Entwurfsplan beizubehalten. Sie können die unterdefinierten Elemente einer Skizze anzeigen, um festzustellen, welche Bemaßungen oder Beziehungen noch hinzugefügt werden müssen, damit die Skizze voll definiert ist. Anhand der farblichen Hinweise können Sie feststellen, ob eine Skizze unterdefiniert ist.

4.2.2 Ebenen

Ebenen können in Teil- oder Baugruppendokumenten erstellt werden. Sie können mit Skizzierwerkzeugen wie Linie oder Rechteck auf Ebenen skizzieren und die Ebenen verwenden, um eine Schnittansicht eines Modells zu erstellen. In einigen Modellen wirkt sich die Ebene, auf der Sie skizzieren lediglich auf die Darstellung des Modells in der isometrischen Ansicht aus.

In anderen Fällen lassen sich Modelle effizienter erstellen, wenn Sie gleich anfangs die richtige Skizzierebene auswählen. Wählen Sie eine Ebene, auf der skizziert werden soll. Die Standardebenen sind Ausrichtung nach vorne, oben und rechts. Ebenen können auch neu hinzugefügt und nach Bedarf platziert werden.

Eine Referenzebene ist eine ebene Fläche, die gewöhnlich zum Zeichnen von 2D-Skizzen im 3D-Raum verwendet wird. Obwohl die Größe der Referenzebene theoretisch unendlich ist, wird sie in einer fixierten Größe dargestellt, um die Auswahl und Visualisierung zu vereinfachen.

4.2.3 Bemaßungen (PMI)

Produkt- und Fertigungsinformationen, kurz PMI, bestehen aus dem 3D-Modell hinzugefügten Bemaßungen und Beschriftungen, die beim Prüfungs- und Fertigungsprozess verwendet werden können.

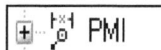

Bei der Synchronous Modellierung stellen PMI-Bemaßungen außerdem ein wichtiges Werkzeug zur Konstruktionsänderung dar. Durch die Bearbeitung von Bemaßungswerten können Sie Änderungen am Modell vornehmen. Sie können Bemaßungen sperren und entsperren, um zu steuern, wie damit verbundene Modellteilflächen sich bei der Bearbeitung von Bemaßungswerten verhalten. Sie können außerdem die Richtung steuern, in der Bemaßungsänderungen angewendet werden. Auf diese Weise wird der Vorgang zum Konstruieren, Testen und Aktualisieren wesentlich vereinfacht.

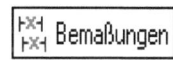

Die Solid Edge-Anwendung **PMI** kombiniert die Funktionalität zum Hinzufügung von Bemaßungen und Beschriftungen, zum Generieren vollständig gerenderter 3D-Ansichten mit 3D-Schnittansichten, Zeichnungsformatierung und Veröffentlichung von Informationen.

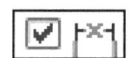

Die Kontrollkästchen vor den im PathFinder aufgelisteten PMI-Elementen, schalten die einzelnen Elemente ein und aus. Jede Gruppe mit Bemaßungen und Beschriftungen verfügt außerdem über ein Kontextmenü mit den Befehlen **Einblenden**, **Ausblenden**, **Alle einblenden** und **Alle ausblenden**.

4.2.4 Geometrische Beziehungen

Geometrische Beziehungen legen die Ausrichtung eines Elements in Bezug auf ein anderes Element oder eine Referenzebene fest.
Geometrische Beziehungen steuern, wie sich eine Skizze verändert, wenn sie bearbeitet wird. Die geometrischen Beziehungen werden durch **IntelliSketch** während des Zeichnens platziert und angezeigt.
Nachdem Sie die Skizze fertig gestellt haben, können Sie mit den verschiedenen Beziehungsbefehlen sowie dem Beziehungsassistenten geometrische Beziehungen zuweisen.

Lernsituation V

Grundkörper „Quader" mit „Extrusion"

- Skizzenfunktion „Rechteck über Mitte"
- Skizzenfunktion „Rechteck"
- Linienkonstruktion, mit Maßeintragungen
- Formelementfunktion „Quader"

Beschreibung:

Ein dreidimensionaler Körper mit sechs paarweise parallelen Flächen heißt Parallelepiped, unabhängig von der Rechtwinkligkeit. Somit ist jeder Quader ein rechtwinkliges Parallelepiped.

Unter einem Parallelepiped versteht man einen geometrischen Körper, der von sechs paarweise kongruenten (deckungsgleichen) in parallelen Ebenen liegenden Parallelogrammen begrenzt wird

Jeder Quader ist ein Prisma mit rechteckiger Grundfläche.

Ein Quader ist ein Körper mit sechs rechteckigen Flächen, deren Winkel alle rechte Winkel sind, acht rechtwinkeligen Ecken hat und zwölf Kanten, von denen jeweils vier gleiche Längen besitzen und zueinander parallel sind.

Extrusion bezeichnet in der Geometrie eine Dimensionserhöhung eines Elementes durch Parallelverschieben im Raum. Durch Extrusion einer Fläche erhält man einen Körper mit dem Querschnitt der Fläche, durch Extrusion eines Polygons entsteht ein Prisma.

4.3 Grundkörper „Quader" über Rechteckfläche und Extrusion

4.3.1 Quader über Rechteckfläche und Extrusion, Vorbemerkungen

Die Lernsituation I beschreibt die grundsätzliche Erstellung des ersten Grundkörpers Quader über eine Rechteckfläche auf dem eingerichteten 3D-Arbeitsbereich, XZ-Arbeitsebene, und wird mit der Hilfe der Modellfunktion **Extrusion** ausgetragen wird. Die Geometriedaten, Maße für Länge und Breite der Rechteckbasis, werden während der Skizzenkonstruktion frei ohne Vorgabe definiert, der Skizzen-Konstruktionsbefehl ist **Rechteck über Mitte**.

Die Erstellung der verwendeten Vorlagendatei **SE2019-Engelke.par** wird in dem Kapitel 12, **Installation und Voreinstellungen**, beschrieben.

4.3.2 Quader über Rechteckfläche und Extrusion, Solid Edge starten

 Starten Sie **Solid Edge 2019**

 Anwendungs-Schaltfläche

 Neu / Vorlagendatei **SE2019-Engelke.par**

 Start Solid Edge 2019

 Anwendungs Schaltfläche

 Neu

4.3.3 Ein Quader über Extrusion, der Eingabeverlauf für die Basisskizze

Viele Befehle in Solid Edge verwenden für die Platzierung von Geometrie im 3D-Modellbereich eine 2D-Ebene. Wenn Sie beispielsweise 2D-Skizzenelemente wie Linien, Bögen und Kreise zeichnen, befinden sich diese 2D-Elemente auf einer Koordinatensystemebene, Referenzebene oder einer planaren Teilfläche des Modells. Diese 2D-Ebene wird als Skizzenebene bezeichnet. Es steht jeweils nur eine Skizzenebene zur Verfügung.

4.3.3.1 Auswahl der Referenzebene über Quickpick

 QuickPick

Wenn Sie den Mauszeiger über die in der Abbildung gezeigte Stelle bewegen und einen Moment anhalten, sehen Sie, dass sich das Zeigersymbol ändert, um die Verfügbarkeit mehrerer Auswahlmöglichkeiten anzuzeigen. Klicken Sie auf die rechte Maustaste, damit **QuickPick** eingeblendet wird. Wenn Sie den Mauszeiger über die verschiedenen Einträge in **QuickPick** bewegen sehen Sie, dass die verschiedenen Hauptebenen des Koordinatensystems im Grafikfenster hervorgehoben werden. Mit **QuickPick** können Sie jedes gewünschte Element schnell und problemlos auswählen, wenn mehrere Auswahlmöglichkeiten verfügbar sind. Positionieren Sie den Mauszeiger in **QuickPick** auf den Eintrag, der die Hauptebene **Oben** (XY-Hauptebene) hervorhebt und klicken diesen an.

 QuickPick-Symbol

4.3.3.2 Sperren der Skizzenebene

Es gibt zwei Methoden, um die Eingabe auf der Skizzenebene zu sperren bzw. zu fixieren:

Automatische Sperrung:

Hierbei wird die Skizzenebene vom aktiven Befehl automatisch gesperrt und entsperrt, wenn Sie den Befehl neu starten oder einen anderen Befehl aufrufen.

Manuelle Sperrung (Funktionstaste **F3**):

Hierbei sperren Sie die Skizzenebene und entsperren diese später selbst.

Durch das Sperren der Skizzenebene wird das Zeichnen auf mehreren Referenzebenen oder planaren Teilflächen erleichtert und beschleunigt.

Wenn Sie einen Befehl aufrufen, der eine Skizzenebene verwendet und anschließend den Mauszeiger auf eine Referenzebene oder planare Teilfläche stellen, wird die entsprechende Ebene oder Teilfläche hervorgehoben. Eine Kante der Ebene wird markiert, um die x-Achse der aktuellen Skizzenebene anzuzeigen. Die am Mauszeiger eingeblendeten Ausrichtungslinien richten sich auf die unter dem Mauszeiger befindliche Ebene aus. Es wird außerdem ein Sperrsymbol eingeblendet, für den Fall, dass Sie die Skizzenebene manuell sperren wollen.

4.3.4 Ein Quader über Extrusion, der Eingabeverlauf für die Basisskizze

4.3.4.1 Ein Rechteck über Mitte als Basisskizze

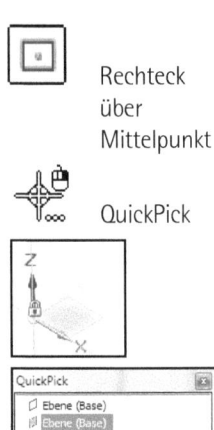

Rechteck über Mittelpunkt

QuickPick

Rechteck über Mittelpunkt (Multifunktionsleiste **Home**)

Legen Sie den Mauszeiger auf den Schnittpunkt der Achsen (1).
Klicken Sie die rechte Maustaste.
Wählen Sie aus der Kontextbox die Ebene die eine gelbgefärbte Rechteckfläche auf **XY-Ebene** darstellt (2).
Klicken Sie den Schnittpunkt der Achsen um die Mitte des Rechtecks (3) zu definieren.
Klicken Sie, um eine Ecke des Rechtecks (4) zu definieren,
die Maße, ca. **100** x **60** mm, sind in der Befehlsleiste ersichtlich (5).

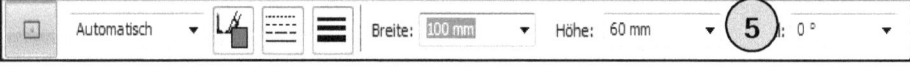

Schließen Sie die Erstellung des Rechtecks mit der **ESC**-Taste.

Das Rechteck wird als schattiertes Element angezeigt (6), da die Linien des Rechtecks einen geschlossenen Bereich definieren. 2D-Elemente, die einen geschlossenen Bereich bilden, werden in Solid Edge Synchronous Technology als Skizzenbereiche bezeichnet. Skizzenbereiche werden zum Erstellen von Volumenformelementen verwendet.

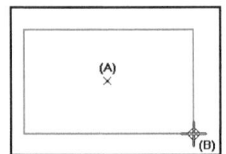

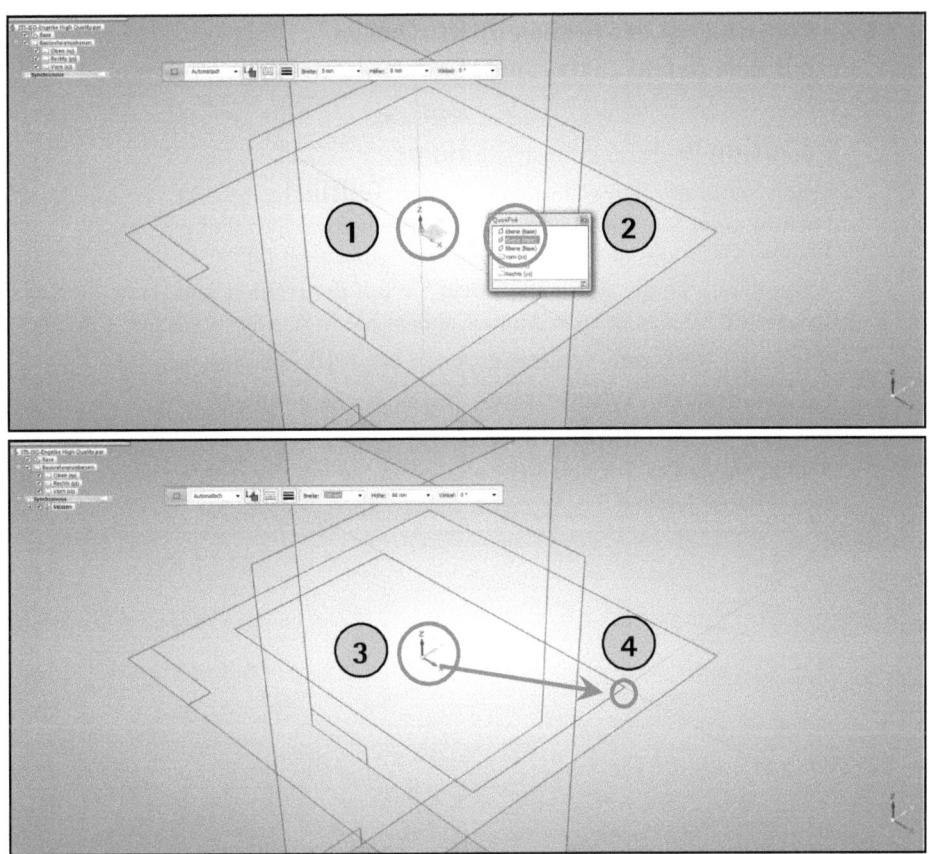

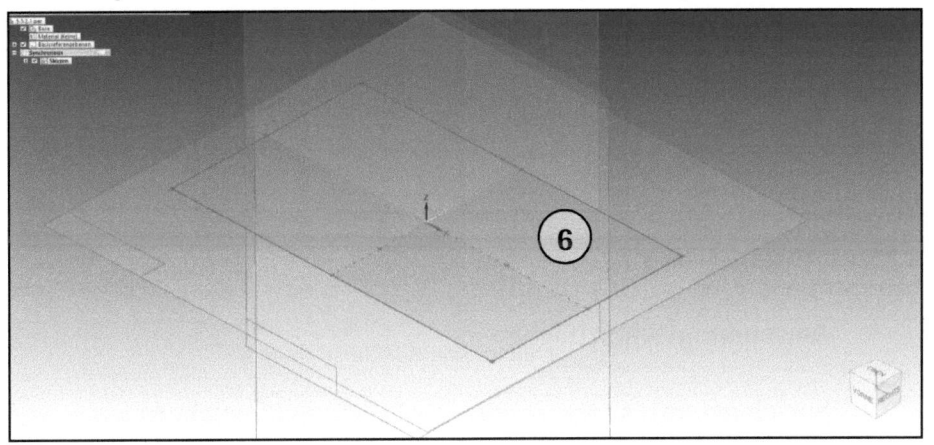

4.3.4.2 Datensicherung

Für die weitere Bearbeitung ist es nötig, die fertige Rechteckfläche als Datensatz zu speichern.

 Anwendungsschaltfläche

 Speichern unter / Namen nach Wahl eingeben / **Speichern**

 Anwendungs fläche

 Speichern unter

4.3.5 Konstruieren des Grundkörpers „Quader" mit dem Befehl „Extrusion", Standarderstellung

 Extrusion

Extrusion (Multifunktionsleiste **Home**)

Legen Sie in der Befehlsleiste die Option **Teilfläche** fest (7).
Positionieren Sie den Mauszeiger innerhalb eines Skizzenbereichs.
Klicken Sie, wenn der Bereich hervorgehoben wird (8).
Akzeptieren Sie die Auswahl, indem Sie mit der rechten Maustaste klicken.
Definieren Sie das präzise Abmaß, indem Sie in das dynamischen Eingabefeld in der Nähe Ihres Mauszeigers den Wert **40** mm eingeben (9),

Extrusionsoption **Symmetrisch** (10) in der Befehlsleiste.
Drücken Sie die **Eingabetaste**.
Schließen Sie das Formelement ab, indem Sie mit der rechten Maustaste im freien Raum klicken.

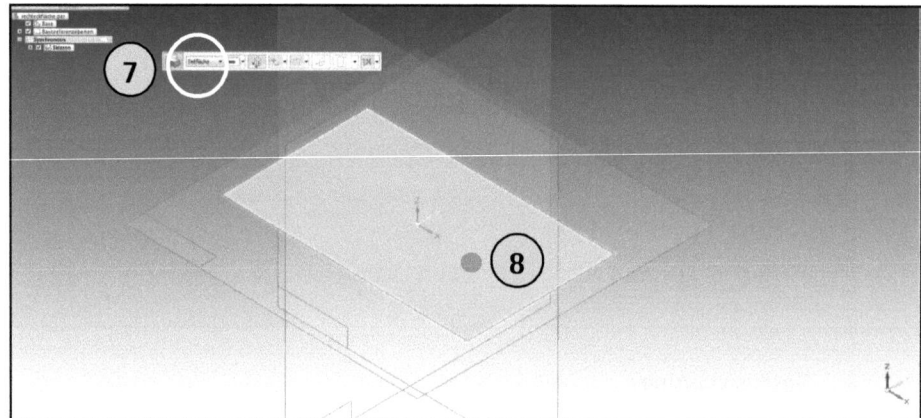

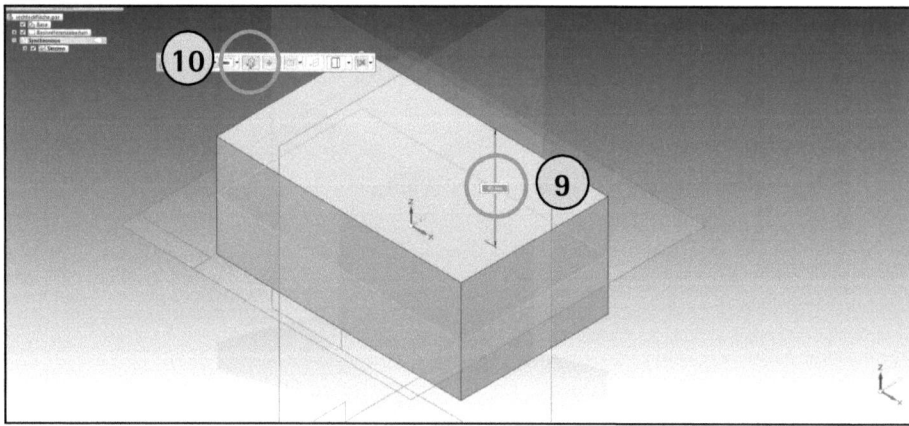

4.3.5.1 Datensicherung

 Anwendungs-fläche

 Speichern unter

Anwendungsschaltfläche

Speichern unter / Namen nach Wahl eingeben / **Speichern**

4.3.6 Konstruieren des Grundkörpers „Quader" mit dem Auswahlwerkzeug

Sie können sowohl Synchronous-Extrusions- als auch Rotationsformelemente mit dem Auswahlwerkzeug konstruieren. Sie können auf das Auswahlwerkzeug über den Befehl **Auswählen** auf der Registerkarte **Home** zugreifen.

Nachdem Sie ein gültiges Skizzenelement gezeichnet haben, können Sie das Auswahlwerkzeug verwenden, um schnell ein Extrusions- oder Rotationsformelement zu erstellen, das anhand der Mauszeigerposition oder den von Ihnen eingestellten Optionen Material hinzufügt oder entfernt.

4.3.6.1 Öffnen der Bauteildatei

Öffnen / Bauteildatei aus dem vorherigen Unterkapitel / **OK**

 Öffnen

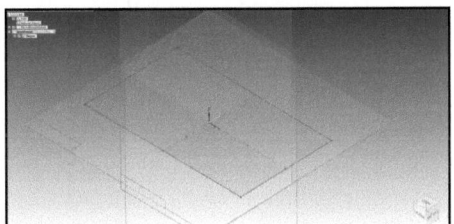

4.3.6.2 Die Extrusion über die Auswahlfunktion

Auswählen(Multifunktionsleiste **Home**)

Achten Sie auf das gezeigte Symbol **Extrusion** (1).
Klicken Sie in die gezeichnete Rechteckfläche (2).
Akzeptieren Sie die Auswahl mit einem Klick auf die rechte Maustaste.
Das Ausprägungswerkzeug wird durch eine Kugel und zwei Pfeile, die normal zur Fläche stehen, dargestellt (3).
Positionieren Sie den Mauszeiger über den Extrusionsziehpunkt.
Klicken Sie auf die linke Maustaste, wenn der Extrusionsziehpunkt hervorgehoben erscheint (4).
Bewegen Sie den Mauszeiger über und unter die Skizze, um zu sehen, dass das Formelement dynamisch anhand der Bewegung des Mauszeigers gezeichnet wird.
Positionieren Sie den Mauszeiger unterhalb der Skizze, geben Sie im dynamischen Eingabefeld **40** mm (5) ein.

Drücken Sie die **Eingabetaste**, um das Abmaß des Formelements zu definieren,

Extrusionsoption **Symmetrisch** (6) in der Befehlsleiste.

Auswählen

Extrusion

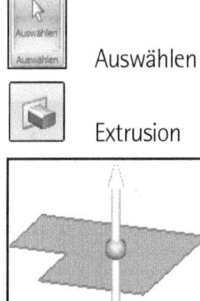

Schließen Sie das Formelement ab, indem Sie mit der rechten Maustaste im freien Raum klicken.

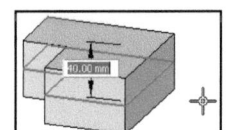

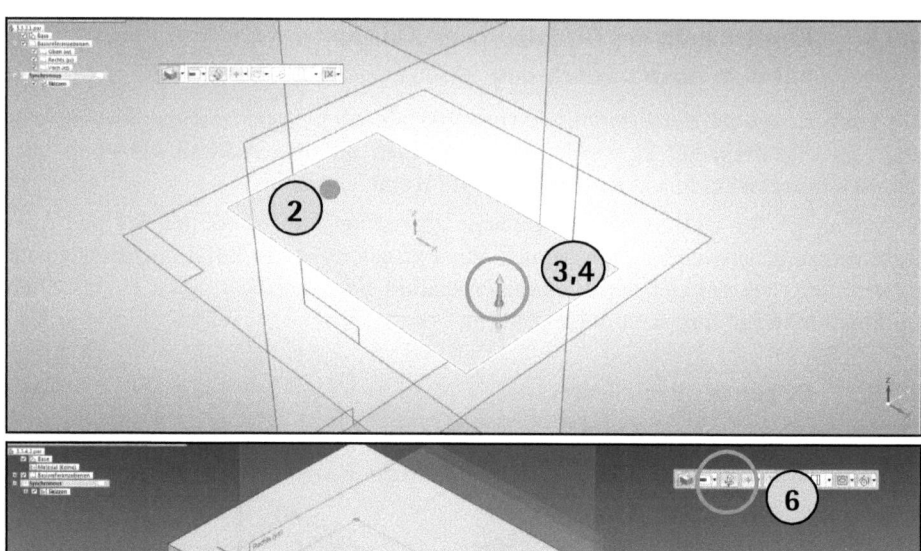

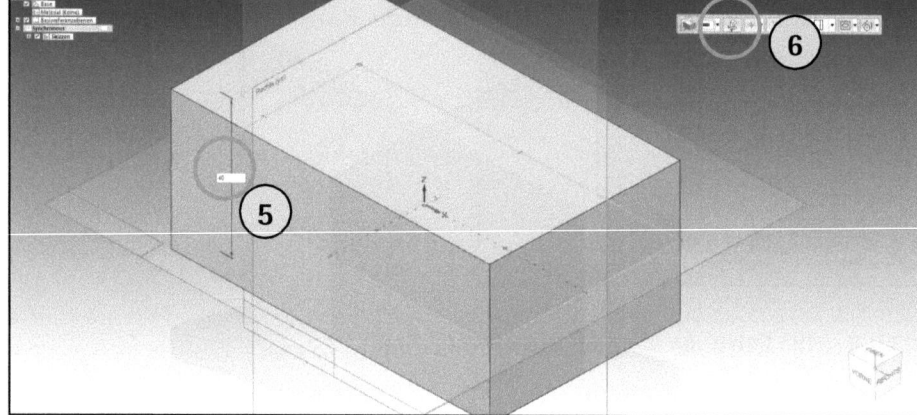

4.3.6.3   Datensicherung

Anwendungsschaltfläche

Speichern unter / Namen nach Wahl eingeben / **Speichern**

Anwen-
dungs-
fläche

Speichern
unter

4.4 Grundkörper „Quader" über Extrusion mit Maßeintragung

4.4.1 Maßeintragungen, PMI

4.4.1.1 Vorbemerkungen

Produkt- und Fertigungsinformationen (kurz **PMI**) bestehen aus dem 3D-Modell hinzugefügten Bemaßungen und Beschriftungen, die beim Prüfungs- und Fertigungsprozess verwendet werden können. Bei der Synchronous-und sequentiellen Modellierung stellen PMI-Bemaßungen außerdem ein wichtiges Werkzeug zur Konstruktionsänderung dar. Durch die Bearbeitung von Bemaßungswerten können Sie Änderungen am Modell vornehmen. Sie können Bemaßungen sperren und entsperren, um zu steuern, wie damit verbundene Modellteilflächen sich bei der Bearbeitung von Bemaßungswerten verhalten. Sie können außerdem die Richtung steuern, in der Bemaßungsänderungen angewendet werden. Auf diese Weise wird der Vorgang zum Konstruieren, Testen und Aktualisieren wesentlich vereinfacht.

4.4.1.2 Erstellen von PMI-Elementen

An Modellgeometrie platzierte Beschriftungen und Bemaßungen sind **PMI**-Elemente Sie werden auf zwei verschiedene Weisen erstellt:

- Wenn Sie eine Skizze zum Konstruieren eines Formelements verwenden, werden die in der Skizze platzierten Bemaßungen an die entsprechenden Kanten des Volumenkörpers übernommen. Diese übernommenen Bemaßungen werden zu dreidimensionalen PMI-Bemaßungen.
- Sie können Bemaßungen und Beschriftungen jederzeit direkt an Modellkanten platzieren, indem Sie einen Befehl in der Multifunktionsleiste verwenden. Im Zusatz hierzu, sind alle PMI-Funktionen für den einfachen Zugriff auf der Registerkarte PMI gruppiert.

4.4.1.3 Farbcodes für PMI-Bemaßungen

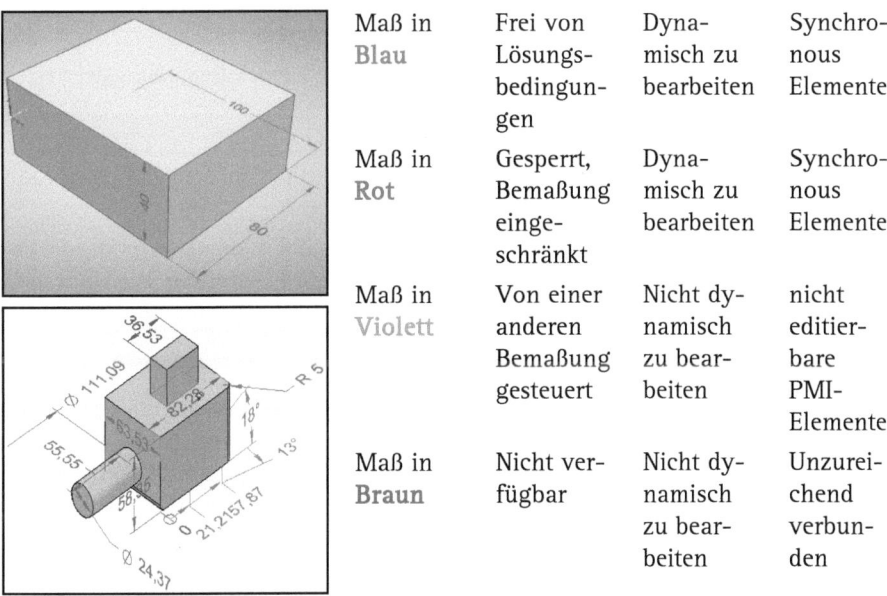

	Maß in **Blau**	Frei von Lösungsbedingungen	Dynamisch zu bearbeiten	Synchronous Elemente
	Maß in **Rot**	Gesperrt, Bemaßung eingeschränkt	Dynamisch zu bearbeiten	Synchronous Elemente
	Maß in **Violett**	Von einer anderen Bemaßung gesteuert	Nicht dynamisch zu bearbeiten	nicht editierbare PMI-Elemente
	Maß in **Braun**	Nicht verfügbar	Nicht dynamisch zu bearbeiten	Unzureichend verbunden

4.4.1.4 Gesperrte und nicht gesperrte PMI-Bemaßungen

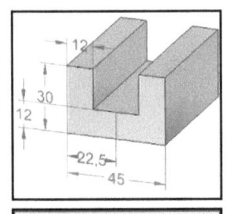

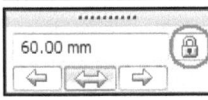

In Synchronous-Modellen können Sie PMI-Bemaßungen zum Ändern des Modells verwenden. Sie steuern die Auswirkung von Modelländerungen, indem Sie bestimmen, ob die Bemaßung einer Modellkante gesperrt oder nicht gesperrt sein soll, und indem Sie die Richtung der Änderung angeben. Bei einer nicht gesperrten Bemaßung ändert sich der Bemaßungswert, wenn mit der bemaßten Kante verbundene Teilflächen verändert werden.

Die Standardfarbe einer nicht gesperrten Bemaßung ist Blau.

Bei einer gesperrten Bemaßung bleibt der Bemaßungswert erhalten, wenn eine verbundene Teilfläche verschoben oder deren Größe verändert wird. Eine Bemaßung muss gesperrt sein, bevor eine Formel oder Variablenregel auf die Bemaßung angewendet werden kann. Eine gesperrte Bemaßung ist im **PathFinder** durch das **Schloss-Symbol** gekennzeichnet. Sie können einzelne Bemaßungen beim Ändern des Modells nach Bedarf sperren und entsperren. Verwenden Sie die Schaltfläche **Sperren** im Feld zum Bearbeiten des Bemaßungswertes, um eine Bemaßung von nicht gesperrt zu gesperrt zu ändern. In Synchronous-Modellen muss eine PMI-Bemaßung gesperrt sein, bevor eine Formel darauf angewendet oder die Bemaßung in einer Formel verwendet werden kann. Ebenso können Sie eine Bemaßung nicht entsperren, die von einer Formel gesteuert wird oder innerhalb der Formel einer anderen Bemaßung oder einer Variablen verwendet wird.

Die Standardfarbe einer gesperrten Bemaßung ist Rot.

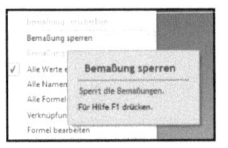

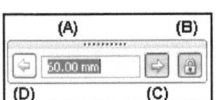

Die Änderung der Bemaßung von **Nicht gesperrt** (Blau) (1) auf **Gesperrt** (Rot) (2) erfolgt über das Klicken mit der rechten Maustaste auf die **Bemaßung** und wählen **Bemaßung sperren** im Kontextmenü.

4.4.1.5 Dialogfeld zum Bearbeiten des Bemaßungswertes

Das Eingabefeld (A) dient zur Eingabe oder Änderung eines Bemaßungswertes, indem Sie folgendermaßen vorgehen:

- Geben Sie einen Wert in das Feld ein.
- Wenn Ihre Maus über ein Rad verfügt, können Sie den Bemaßungswert auch ändern, indem Sie das Mausrad drehen.

Wenn Sie die **Tabulatortaste** drücken, wird der Wert übernommen und das Dialogfeld bleibt geöffnet. Wenn Sie die **Eingabetaste** drücken, wird der Wert übernommen und das Dialogfeld geschlossen.

Das Feld **Sperre** (B) sperrt oder entsperrt die Bemaßung, Sie können eine Bemaßung nur dann sperren, wenn alle Variablen, von denen sie abhängig ist, auch gesperrt werden. Die Richtungspfeile (C, D) legen die Richtung fest, in der die Bearbeitung des Bemaßungswertes vorgenommen werden soll. Die Standardrichtung wird durch die hervorgehobene Pfeilschaltfläche angezeigt. Die festgelegte Änderung kann auch symmetrisch sein, außerdem können Sie die Richtung mit den Bemaßungsrichtungsanzeigern festlegen, die sich an der Bemaßungslinie befinden.

4.4.1.6 Bearbeitungsmauszeiger für PMI-Bemaßungen

Wenn Sie den Auswahlmauszeiger über eine Bemaßung bewegen, wird angezeigt, welcher Typ von Operation zur Verfügung steht, wenn Sie an dieser Position klicken.

 Der Mauszeiger befindet sich über dem Bemaßungstext zum Bearbeiten des Bemaßungswertes.

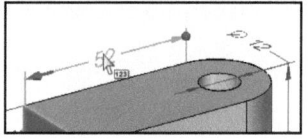

 Der Mauszeiger befindet sich über einem Bemaßungsendsymbol damit lässt sich das Endsymbol innerhalb oder außerhalb der Verlängerungslinien ziehen.

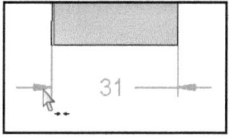

 Mauszeiger befindet sich über einer Bemaßungs- oder Verlängerungslinie zum Ändern der Bemaßungseigenschaften.

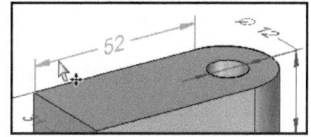

4.4.1.7 Steuerungen zum Bearbeiten des Bemaßungswertes

Der Ziehpunkt zum Bearbeiten der Bemaßung besteht aus folgenden Steuerungen, mit denen Sie Bemaßungswerte ändern können

Dialogfeld zum Bearbeiten des Bemaßungswertes Bemaßungsrichtungsanzeiger.

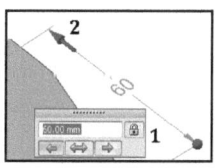

Beim Bearbeiten eines Bemaßungswertes, werden an den Enden der Bemaßungslinie ein 3D-Pfeil und eine 3D-Kugel als Endsymbole angezeigt. Diese zeigen an, auf welcher Seite des Modells die Änderung übernommen wird.

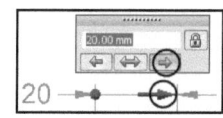

- Das **3D-Pfeilendsymbol** kennzeichnet die **bewegliche** Seite.

- Das **3D-Kugelendsymbol** kennzeichnet die **stationäre** Seite.

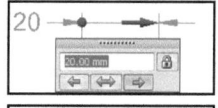

Bei einer symmetrischen Bemaßungsänderung werden beide 3D-Pfeilendsymbole angezeigt. Sie können die Bearbeitungsrichtung ändern, indem Sie die 3D-Endsymbole verwenden oder die Pfeilschaltflächen im Dialogfeld zum Bearbeiten des Bemaßungswertes.

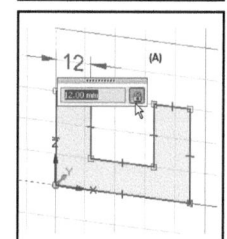

Die im Ziehpunkt zum Bearbeiten der Bemaßung angezeigten Steuerungen hängen davon ab, ob Sie eine Modellbemaßung, eine Skizzenbemaßung oder eine Zeichnungsbemaßung ändern. Beim Bearbeiten eines PMI-Modellbemaßungswertes, werden am Ziehpunkt Richtungssteuerungen und eine Bemaßungssperre angezeigt.

Mit dieser Steuerung können Sie die Richtung festlegen, in der die Modelländerung erfolgen soll sowie die indirekte Änderung einer Bemaßung verhindern.

In einem Synchronous-Modell enthält der Ziehpunkt zum Bearbeiten von Bemaßungen für 2D-Skizzengeometrie keine Richtungspfeile.

Skizzenbemaßungen werden immer als gesperrte Bemaßungen (A) platziert, damit Sie den Wert beim Skizzieren anpassen können. Beim Bearbeiten einer Skizzenbemaßung, können Sie diese in eine nicht gesperrte Bemaßung ändern.

4.4.2 Ein Quader über Extrusion, der Eingabeverlauf für die Basisskizze

4.4.2.1 Ein Quader über Extrusion, Vorbemerkungen

Die Lernsituation beschreibt die grundsätzliche Erstellung eines weiteren Grundkörpers **Quader**, über eine Rechteckfläche der mit Hilfe der Modellfunktion **Extrusion** ausgetragen wird.

Die Geometriedaten, Maße für Länge und Breite der Rechteckbasis, werden während der Skizzenkonstruktion über den Bemaßungsbefehl **Smartdimension** definiert, der Skizzen-Konstruktionsbefehl ist **Rechteck über drei Punkte**.

4.4.2.2 Ein Quader über Extrusion, der Eingabeverlauf für die Basisskizze

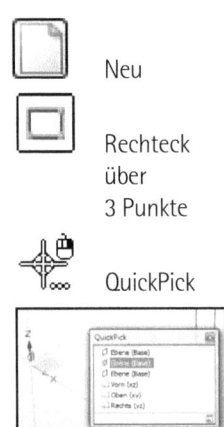

Neu

Rechteck über 3 Punkte

QuickPick

 Neu / Vorlagendatei **SE2019-Engelke.par**

 Rechteck über 3 Punkte (Multifunktionsleiste **Home**)

 QuickPick

Legen Sie den Mauszeiger auf den Schnittpunkt der Achsen.

Klicken Sie die rechte Maustaste.

Wählen Sie aus der Kontextbox die Ebene die eine gelbgefärbte Rechteckfläche auf **XY-Ebene** darstellt.

Klicken Sie den Schnittpunkt der Achsen als Startpunkt des Rechtecks an (1) dann:

Breite ziehen auf ca. **101** mm (2), Höhe **0** mm, Winkel **0**°.

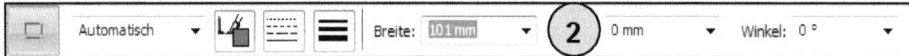

Höhe ziehen auf ca. **79** mm (3), Winkel **0**°.

Schließen Sie das Formelement ab, indem Sie mit der rechten Maustaste im freien Raum klicken.

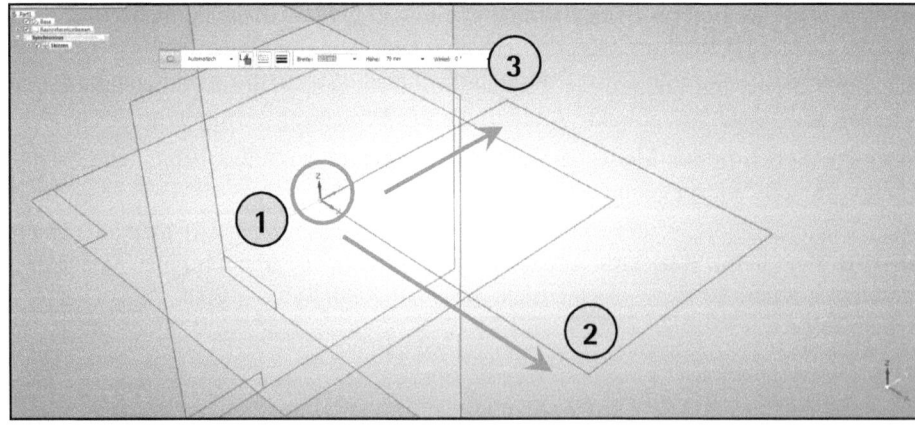

4.4.3 Grundkörper „Quader" über Extrusion, mit Maßeintragungen für die Basisskizze

4.4.3.1 Bemaßung der Höhenkante

SmartDimension (Multifunktionsleiste **Home**)

Smart
Dimension

Die Befehlsleiste mit verschiedenen Optionen erscheint auf der Arbeitsebene.

Positionieren Sie den Mauszeiger über die rechte Höhenkante des Skizzenrechtecks.

Klicken Sie, um diese auszuwählen, sobald diese Kante hervorgehoben erscheint (4).

Positionieren Sie den Mauszeiger auf die rechte Seite des Rechtecks und klicken Sie, um die Bemaßung zu platzieren (5).

Schließen Sie die Maßeintragung mit der **ESC**-Taste ab.

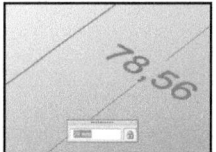

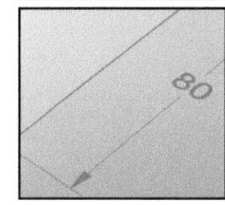

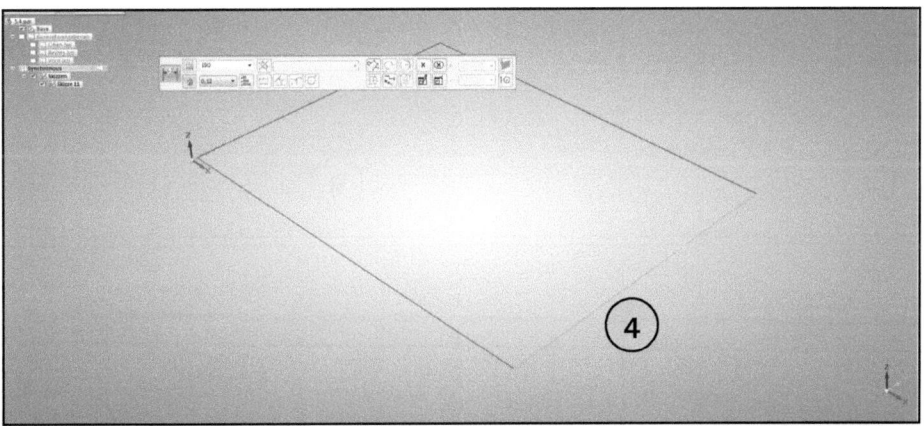

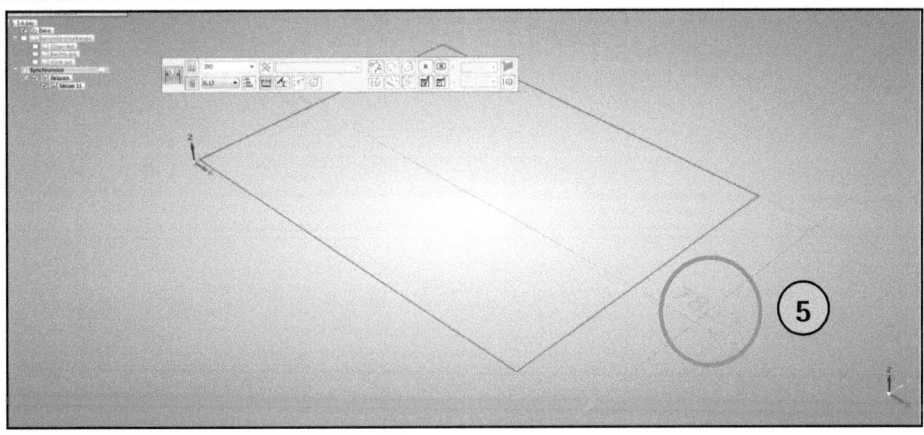

4.4.3.2 Bemaßungsänderung

Die Änderung der Bemaßung von **Nicht gesperrt** (Blau) (1) auf **Gesperrt** (Rot) (2) erfolgt über das Klicken mit der rechten Maustaste auf die **Bemaßung** und wählen **Bemaßung sperren** im Kontextmenü.

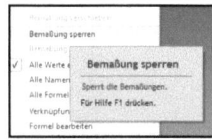

- Positionieren Sie den Mauszeiger über den oben abgebildeten Bemaßungstext. Wenn der Bemaßungstext hervorgehoben wird, klicken Sie, um ihn auszuwählen. Das Eingabedialogfeld für den Bemaßungswert wird eingeblendet (6).
- Aktivieren Sie die Option **2. Bearbeitungsrichtung** (7).
- Geben Sie den Wert **80** mm (8) ein und drücken Sie die **Eingabetaste**.
- Die Rechteckhöhe wird auf dieses Maß korrigiert (9).

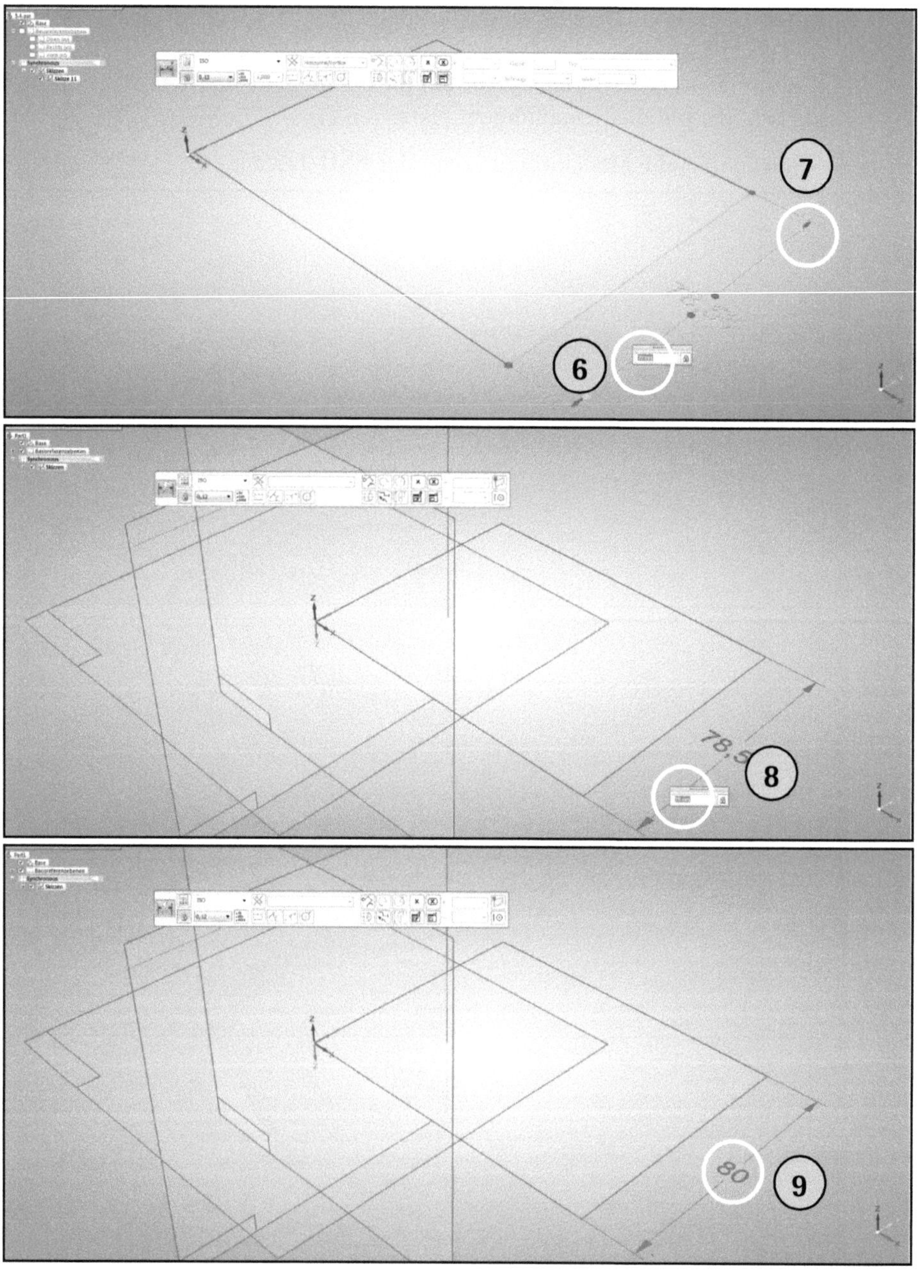

4.4.3.3 Bemaßung der Breitenkante

Verfahren Sie mit der Maßzuweisung für die Breitenkante entsprechend der vorherigen Erklärungen (10).

Verändern Sie die Maßvorgabe auf den Wert **100** mm (11).

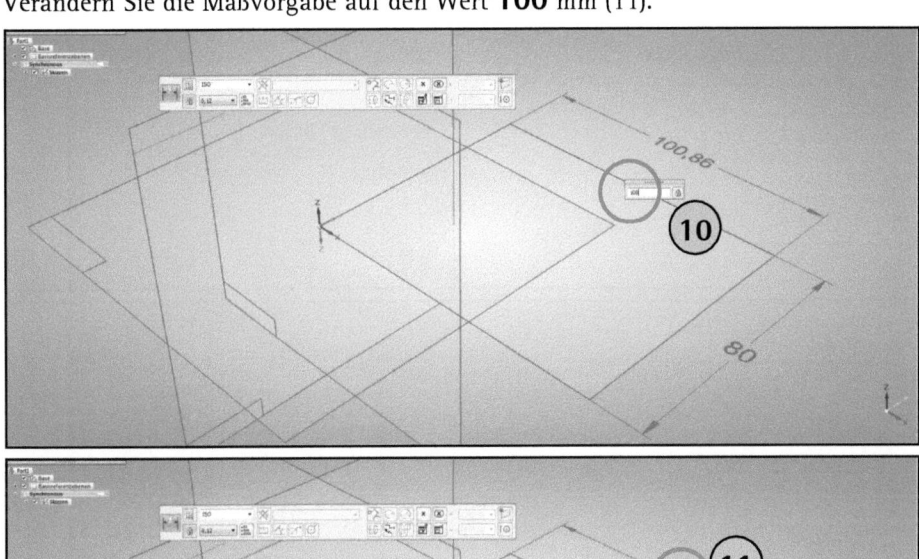

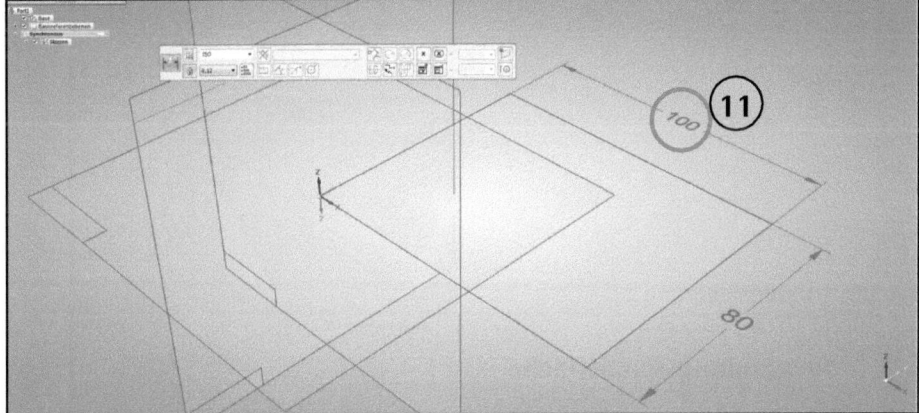

4.4.3.4 Die Extrusion über die Auswahlfunktion

Auswählen(Multifunktionsleiste **Home**)

Achten Sie auf das gezeigte Symbol **Extrusion**.
Klicken Sie in die gezeichnete Rechteckfläche (12) und akzeptieren Sie die Auswahl mit einem Klick auf die rechte Maustaste.
Klicken Sie auf die linke Maustaste, wenn der Extrusionsziehpunkt hervorgehoben erscheint (12).

Geben Sie im dynamischen Eingabefeld **40** mm (13) ein.

Aktivieren Sie die Extrusionsoption **Symmetrisch** (14).

Drücken Sie die **Eingabetaste**

Extrusion

Schließen Sie das Formelement ab, indem Sie mit der rechten Maustaste im freien Raum klicken.

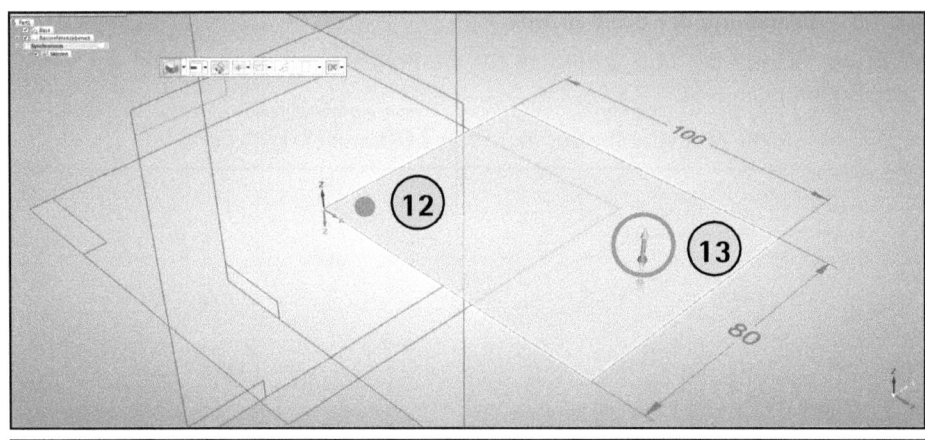

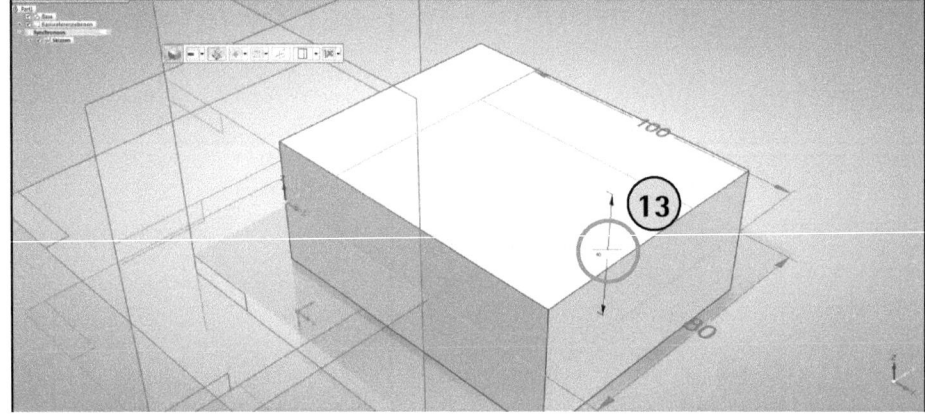

4.4.3.5 Datensicherung

Anwen-
dungs-
fläche

Speichern
unter

 Anwendungsschaltfläche

 Speichern unter / Namen nach Wahl eingeben / **Speichern**

4.5 Grundkörper „Quader", mit Linienkonstruktion, über Extrusion

4.5.1 Grundkörper „Quader", mit Linienkonstruktion, über „Extrusion", Vorbemerkungen

Die Lernsituation beschreibt die grundsätzliche Erstellung eines weiteren Grundkörpers **Quader**, über eine Rechteckfläche aus Linien, der mit Hilfe der Modellfunktion **Extrusion** ausgetragen wird. Die Geometriedaten, Maße für Länge und Breite der Rechteckbasis, werden während der Skizzenkonstruktion über die Koordinateneingabe definiert, der Skizzen- Konstruktionsbefehl ist **Linie**.

4.5.2 Ein Rechteck aus Linien als Basis für den Quader

Neu / Vorlagendatei **SE2019-Engelke.par** / **OK**

Linie (Multifunktionsleiste **Home**)

QuickPick / Ebene **Oben (XY)**

Achsenkreuz Mittelpunkt klicken (1)

Länge Eingabe **80** mm / **Tabulator**-Taste / Winkel **0°** (2)

Länge Eingabe **60** mm / **Tabulator**-Taste / Winkel **90°** (3)

Länge Eingabe **80** mm / **Tabulator**-Taste / Winkel **–180°** (4)

Länge Eingabe **60** mm / **Tabulator**-Taste / Winkel **–90°** (5)

Schließen Sie die Maßeintragung mit der **ESC**-Taste ab.

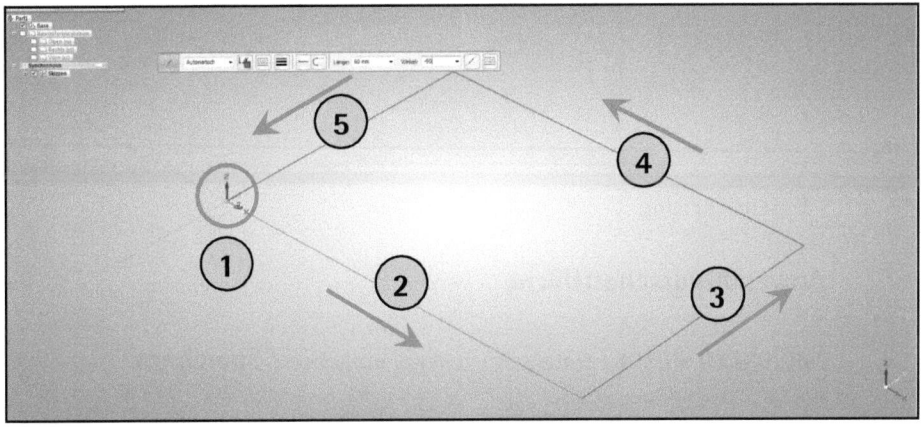

Anwendungs-Schaltfläche

Neu

Linie

QuickPick

Auswählen

Extrusion

4.5.3 Die Extrusion über die Auswahlfunktion

Auswählen (Multifunktionsleiste **Home**)

Achten Sie auf das gezeigte Symbol **Extrusion**.

Klicken Sie in die gezeichnete Rechteckfläche (6) und akzeptieren Sie die Auswahl mit einem Klick auf die rechte Maustaste.

Klicken Sie auf die linke Maustaste, wenn der Extrusionsziehpunkt hervorgehoben erscheint (7).

Geben Sie im dynamischen Eingabefeld **40** mm (8) ein.

Wählen Sie die Extrusionsoption **Symmetrisch** (9).

Drücken Sie die **Eingabetaste**

Schließen Sie das Formelement ab, indem Sie mit der rechten Maustaste im freien Raum klicken.

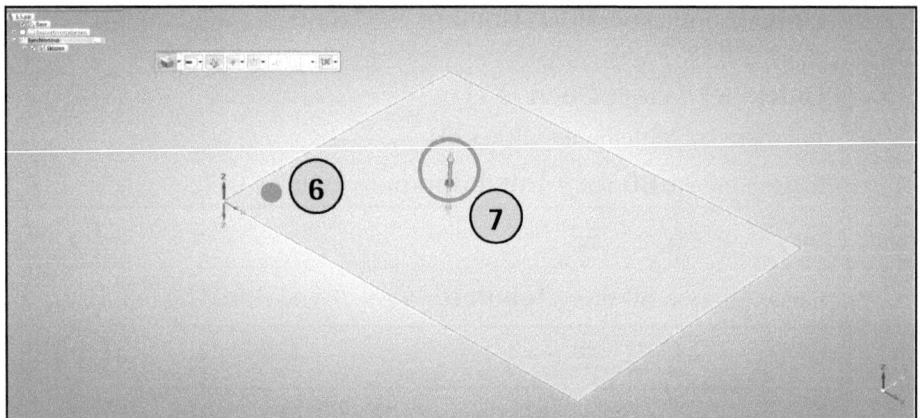

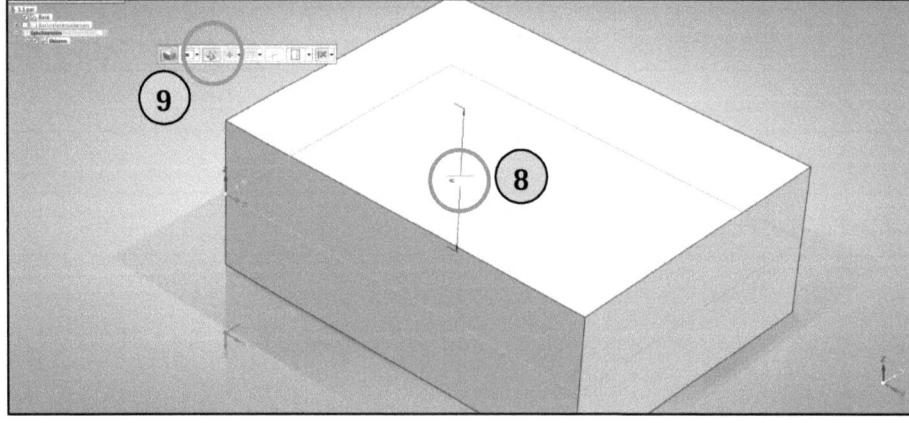

Anwendungsfläche

Speichern unter

4.5.3.1 Datensicherung

Anwendungsschaltfläche

Speichern unter / Namen nach Wahl eingeben / **Speichern**

4.6 Grundkörper „Quader", über die Formelementfunktion „Quader"

4.6.1 Grundkörper „Quader", über die Formelementfunktion „Quader", Vorbemerkungen

Verwenden Sie den Befehl **Quader**, um eine rechteckige/quadratische Box zu erstellen. Die PMI-Bemaßungen werden automatisch platziert, damit Synchronous-Bearbeitungen am Formelement möglich sind. Sie können ändern, wie das **Rechteck** definiert ist. Statt den Mittelpunkt des Rechtecks festzulegen, können Sie es aus zwei oder drei Punkten erstellen. Halten Sie die **Umschalt**-Taste gedrückt, um einen quadratischen Kasten zu erstellen.

4.6.2 Öffnen der eigenen Vorlagendatei

 Anwendungsschaltfläche

 Neu / Vorlagendatei **SE2019-Engelke.par** / **OK**

4.6.3 Grundkörper „Quader", über die Formelementfunktion „Quader", die Erstellung

 Quader (Multifunktionsleiste **Home**)

Option Auswahltyp **über Mitte**, Extrusionsoption **Symmetrisch**
Legen Sie den Mauszeiger auf den Schnittpunkt der Achsen.
Klicken Sie die rechte Maustaste.
Wählen Sie aus der Kontextbox die Ebene die eine gelbgefärbte Rechteckfläche auf **XY-Ebene** darstellt.
Klicken Sie den Schnittpunkt der Achsen um die Mitte des Rechtecks (1) zu definieren.
Klicken Sie, um eine Ecke des Rechtecks (2) zu definieren,
die Maße, ca. **125** x **110** mm, sind in der Befehlsleiste ersichtlich (3, 4).
Ziehen Sie die Quaderhöhe auf **60** mm Mitte (5).
Schließen Sie die Erstellung mit der **ESC**-Taste.

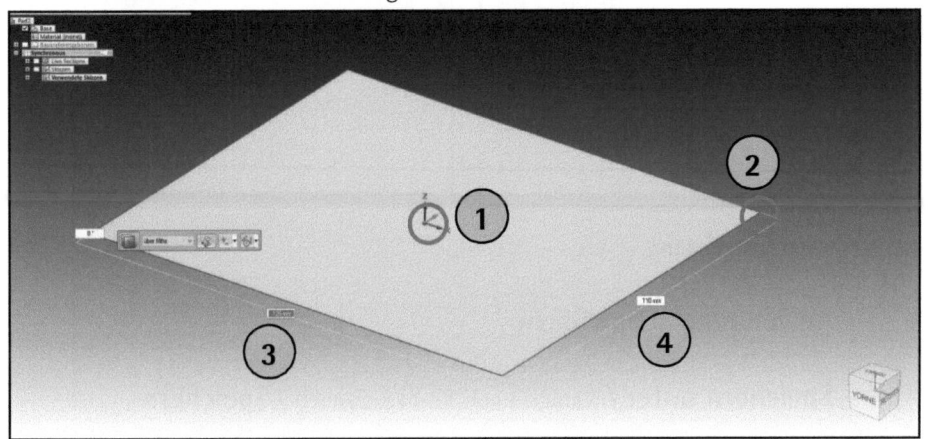

Anwendungs-Schaltfläche

Neu

Quader

QuickPick

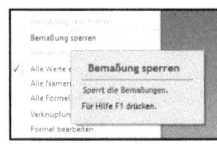

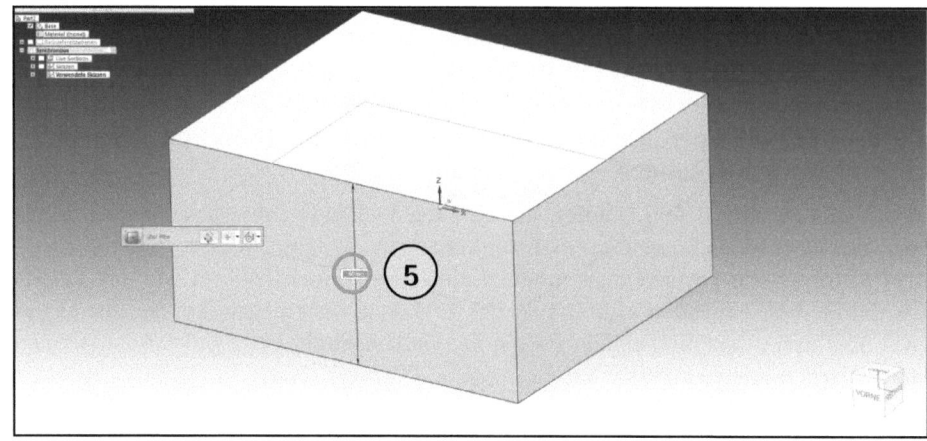

4.6.3.1 Bemaßungsänderung

Die Änderung der Bemaßung von **Nicht gesperrt** (Blau) (1) auf **Gesperrt** (Rot) (2) erfolgt über das Klicken mit der rechten Maustaste auf die **Bemaßung** und wählen **Bemaßung sperren** im Kontextmenü (6).

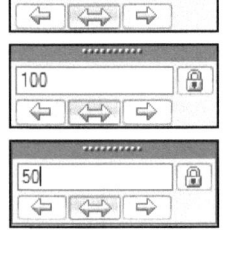

- Positionieren Sie den Mauszeiger über den oben abgebildeten Bemaßungstext. Wenn der Bemaßungstext hervorgehoben wird, klicken Sie, um ihn auszuwählen. Das Eingabedialogfeld für den Bemaßungswert wird eingeblendet:
- Geben Sie den Wert **100** mm ein und drücken Sie die **Eingabetaste**.
- Die Rechteckhöhe wird auf dieses Maß korrigiert (7).
- Verfahren Sie mit der Maßzuweisung für die Breitenkante entsprechend. Verändern Sie die Maßvorgabe auf den Wert **100** mm (8).
- Verfahren Sie mit der Maßzuweisung für die Breitenkante entsprechend. Verändern Sie die Maßvorgabe auf den Wert **50** mm (9).

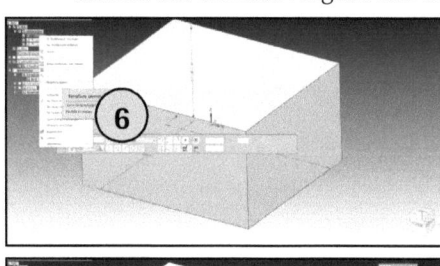

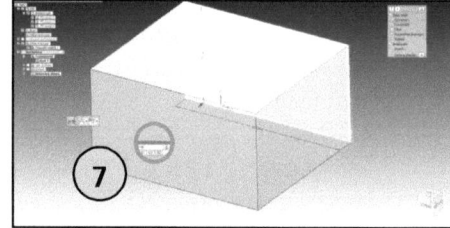

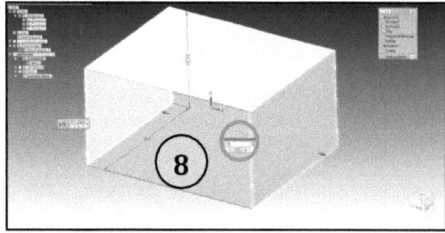

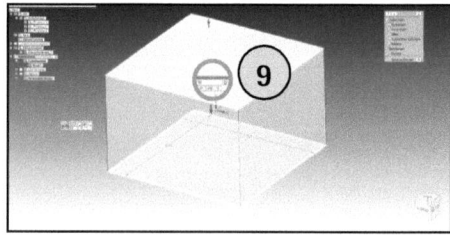

4.6.3.2 Datensicherung

 Anwendungs-fläche

 Speichern unter

 Anwendungsschaltfläche

Speichern unter / Namen nach Wahl eingeben / **Speichern**

5

Siemens
Solid Edge 2019
Synchronous Technology

Geometrische
Grundkörper

5 Geometrische Grundkörper

5.1 Geometrische Grundkörper und Solid Edge

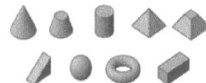

5.1.1 Erstellen von 3D-Volumengrundkörpern

3D-Volumenkörperobjekte können von einfachen Grundkörpern oder von extrudierten, gesweepten, gedrehten oder erhabenen Profilen ausgehen. Sie können diese mithilfe von booleschen Operationen kombinieren, außerdem können Sie verschiedene einfache 3D-Formen mit Volumen-Grundbefehlen erstellen.

Sie können 3D-Volumenkörper auch durch Vorgänge wie Extrudieren, Drehen oder Sweeping geschlossener 2D-Objekte erstellen. In der Abbildung wird die gleiche geschlossene 2D-Polylinie an einem Pfad entlang geführt, um eine Achse gedreht und in eine angegebene Richtung extrudiert.

Durch die Kombination von 3D-Volumenkörpern mit Booleschen Operationen wie Vereinigung, Differenz und Schnittmenge können Sie einen zusammengesetzten Volumenkörper erstellen.

5.1.2 Erstellen von Volumenkörpern aus 2D-Geometrie

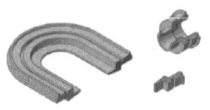

Sie können Flächen und 3D-Volumenkörper durch Extrusion, Sweeping, Anheben und Rotation konstruieren

Wenn Sie eine Extrusion, eine Drehung, ein Sweeping oder eine Erhebung aus Kurven erstellen, können Sie sowohl Volumenkörper als auch Flächen erstellen.

Offene Kurven erstellen immer Flächen, aber geschlossene Kurven können je nach bestimmten Einstellungen entweder Volumenkörper oder Flächen generieren.

5.1.3 Volumenkörper auf der Grundlage anderer Objekte

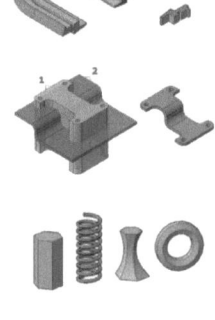

Sie können auch 3D-Volumenkörper aus 2D-Geometrie oder anderen 3D-Objekten erstellen. Zum Beispiel können 3D-Volumenkörper auch auf der Extrusion einer 2D-Form entlang eines angegebenen Pfades im 3D-Raum beruhen.

Die folgenden Methoden sind verfügbar:

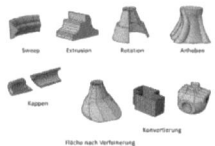

Sweeping: Dehnt ein 2D-Objekt entlang eines Pfads aus.
Extrusion: Dehnt die Form eines 2D-Objekts in lotrechter Richtung in den 3D-Bereich aus.
Rotation: Sweept ein 2D-Objekt um eine Achse.
Anheben: Dehnt die Konturen einer Form zwischen einem oder mehreren offenen oder geschlossenen Objekten.
Kappen: Teilt ein Volumenkörperobjekt in zwei separate 3D-Objekte.
Flächen zu einem Volumenkörper formen: Konvertiert und stutzt eine Gruppe von Flächen, die eine dichte Fläche einschließen, in einen Volumenkörper.
Konvertierung: Konvertiert Netzobjekte und planare Objekte mit der Objekthöhe zu Volumenkörpern und Oberflächen

Lernsituation VI

Geometrischer Grundkörper

- Geometrischer Grundkörper „Würfel"
- Geometrischer Grundkörper „Zylinder"
- Geometrischer Grundkörper „Kugel"
  und Kugelkalotte
- Geometrischer Grundkörper „Kegel"
  und Kegelstumpf
- Geometrischer Grundkörper „Torus"
- Geometrischer Grundkörper
  „Rotationsellipsoid"
- Geometrischer Grundkörper
  „Pyramide und Pyramidenstumpf"

5.2 Geometrischer Grundkörper „Würfel"

5.2.1 Geometrischer Grundkörper „Würfel", geometrische Beschreibung

Der Würfel (von lat. cubus „Würfel") ist einer der fünf platonischen Körper, genauer ein dreidimensionales) Polyeder (Vielflächner) mit sechs kongruenten Quadraten als Begrenzungsflächen, zwölf gleich langen Kanten und acht Ecken, in denen jeweils drei Begrenzungsflächen zusammentreffen.

Der Würfel ist ein spezielles, dreidimensionales, Parallelepiped, ein spezieller, gleichseitiger, Quader sowie ein spezielles gerades quadratisches Prisma. Die Größe eines Würfels wird bereits durch die Angabe der Kantenlänge festgelegt. Wegen seiner hohen Symmetrie, alle Ecken, Kanten und Seiten sind untereinander gleichartig, ist der Würfel ein reguläres Polytop und ist punktsymmetrisch zum Mittelpunkt.

5.2.2 Ein Würfel über „Rechteck" und „Extrusion"

5.2.2.1 Erstellung der Basisskizze

 Anwendungsschaltfläche

 Neu / Vorlagendatei **SE2019-Engelke.par** / **OK**

 Rechteck über Mittelpunkt (Multifunktionsleiste **Home**)

Legen Sie den Mauszeiger auf den Schnittpunkt der Achsen.

Klicken Sie die rechte Maustaste.

Wählen Sie aus der Kontextbox die Ebene die eine gelbgefärbte Rechteckfläche auf **XY-Ebene** darstellt.

Klicken Sie den Schnittpunkt der Achsen um die Mitte des Rechtecks (1) zu definieren.

Eingabe mit **Tastatur** in die bezeichneten Felder, ohne Mausbetätigung (2):

Breite **100** mm / **Tabulator**-Taste (3)

Höhe **100** mm / **Tabulator**-Taste (4)

Winkel **0°** (5)

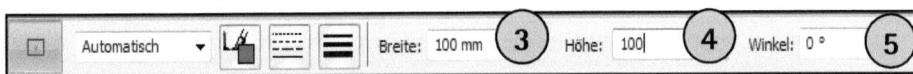

Schließen Sie die Maßeintragung mit der **ESC**-Taste ab.

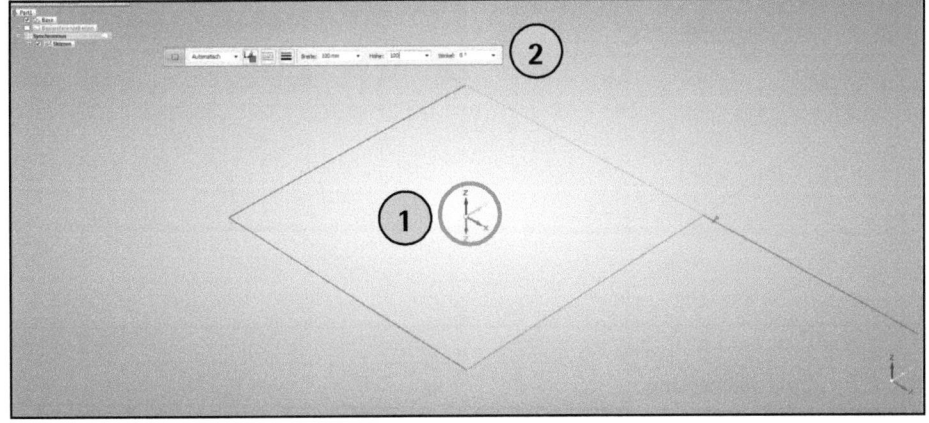

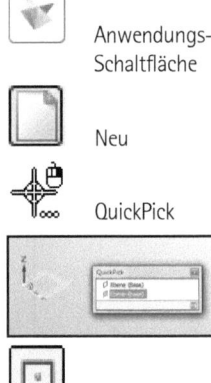
Anwendungs-
Schaltfläche

Neu

QuickPick

Rechteck über
Mittelpunkt

5.2.2.2 Erstellung der Würfel-Extrusion

Auswählen

Extrusion

Auswählen (Multifunktionsleiste Home)

Achten Sie auf das gezeigte Symbol **Extrusion** (6).

Klicken Sie in die gezeichnete Rechteckfläche (7) und akzeptieren Sie die Auswahl mit einem Klick auf die rechte Maustaste.

Klicken Sie den Ziehpunkt auf **Richtung 1**, Zugrichtung **Oben** (8). Wechseln Sie die Extrusionsoption durch Anklicken oder mit der

Umschalt-Taste auf **nicht symmetrisches Abmaß** (9).

Geben Sie im dynamischen Eingabefeld **100** mm (10) ein.

Drücken Sie die **Eingabetaste**.

Schließen Sie das Formelement ab, indem Sie mit der rechten Maustaste im freien Raum klicken (11).

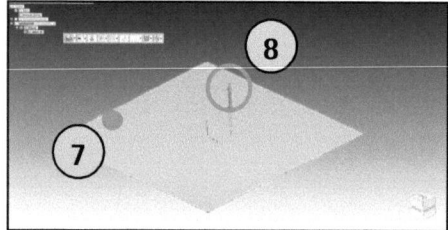
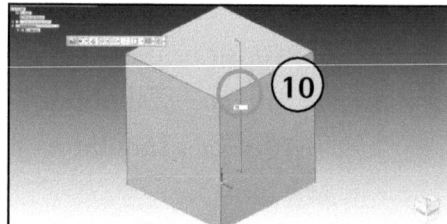

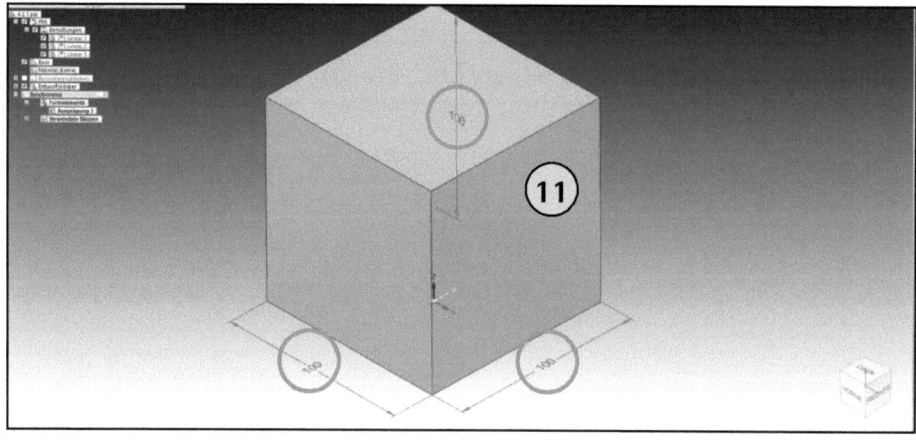

5.2.2.3 Datensicherung

Speichern unter

Speichern unter / Namen nach Wahl eingeben / **Speichern**

5.2.3 Ein Würfel über das Formelement „Quader"

5.2.3.1 Öffnen der eigenen Vorlagendatei

Anwendungsschaltfläche

Neu / Vorlagendatei **SE2019-Engelke.par** / **OK**

5.2.3.2 Grundkörper „Würfel", über die Formelementfunktion „Quader", die Erstellung

Quader (Multifunktionsleiste **Home**)

Option Auswahltyp **über Mitte**,

Extrusionsoption **nicht symmetrisches Abmaß**

Legen Sie den Mauszeiger auf den Schnittpunkt der Achsen.

Klicken Sie die rechte Maustaste.

Wählen Sie aus der Kontextbox die Ebene die eine gelbgefärbte Rechteckfläche auf **XY-Ebene** darstellt.

Klicken Sie den Schnittpunkt der Achsen um die Mitte des Rechtecks (1) zu definieren.

Eingabe mit **Tastatur** in die bezeichneten Felder, ohne Mausbetätigung:

Breite **100** mm / **Tabulator**-Taste, Länge **100** mm / **Tabulator**-Taste,

Winkel **0°** (2).

(die **Umschalt**-Taste kann gedrückt werden, um ein Quadrat zu erstellen)

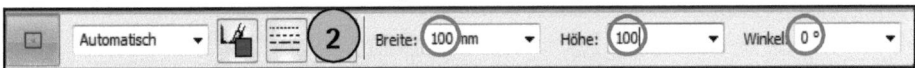

Ziehen Sie die Quaderhöhe auf **100** mm Mitte (3).

Schließen Sie die Erstellung mit der **ESC**-Taste (4).

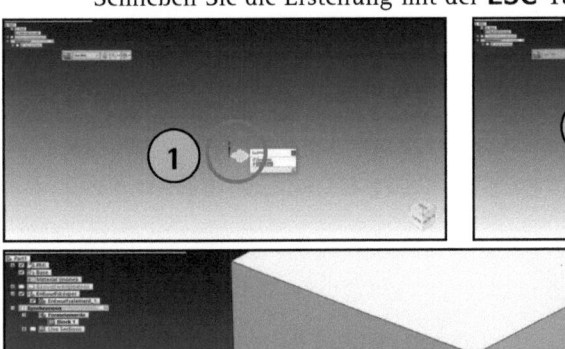

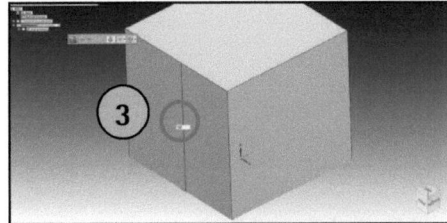

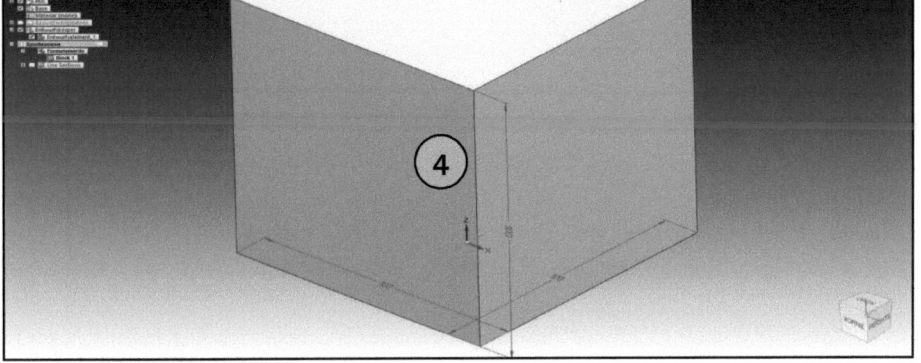

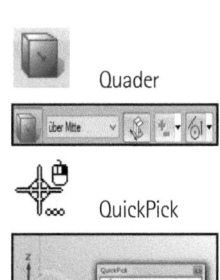

Anwendungs-
Schaltfläche

Neu

Quader

QuickPick

5.3 Geometrischer Grundkörper „Zylinder"

5.3.1 Geometrischer Grundkörper „Zylinder", geometrische Beschreibung

Ein endlicher Zylinder (von Rollen, Wälzen') ist laut der allgemeinen Definition von zwei parallelen, ebenen Flächen, Grund- und Deckfläche, und einer Mantel- bzw. Zylinderfläche, die von parallelen Geraden gebildet wird, begrenzt. Sind die Geraden senkrecht zu Grund- und Deckfläche, spricht man von einem geraden Zylinder. Die Höhe des Zylinders ist gegeben durch den Abstand der beiden Ebenen, in denen Grund- und Deckfläche liegen. Wenn in der Geometrie von einem Zylinder die Rede ist, handelt es sich häufig um einen geraden Kreiszylinder.

5.4 Geometrischer Grundkörper „Zylinder"

5.4.1 Grundkörper „Zylinder" über „Kreis mit Mittelpunkt" und „Extrusion"

Das Durchmessermaß für den Kreis wird während der Skizzenkonstruktion frei ohne Vorgabe definiert, der Skizzen-Konstruktionsbefehl ist **Kreis mit Mittelpunkt**.

5.4.1.1 Erstellung der Basisskizze

 Anwendungsschaltfläche

 Neu / Vorlagendatei **SE2019-Engelke.par** / **OK**

 Kreis über Mittelpunkt (Multifunktionsleiste **Home**)
Legen Sie den Mauszeiger auf den Schnittpunkt der Achsen.
Wählen Sie aus der Kontextbox die Ebene die eine gelbgefärbte Rechteckfläche auf **ZY-Ebene** darstellt.
Klicken Sie den Schnittpunkt der Achsen um die Mitte des Kreises (1) zu definieren.
Ziehen Sie den Radius mit der Maus, ca. **18** mm, Fixierung durch Klicken.
Schließen Sie die Kreiserstellung mit der **ESC**-Taste ab (2, 3).

 Anwendungs-Schaltfläche

 Neu

Kreis über Mittelpunkt

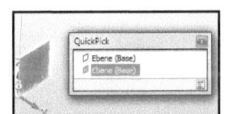 QuickPick

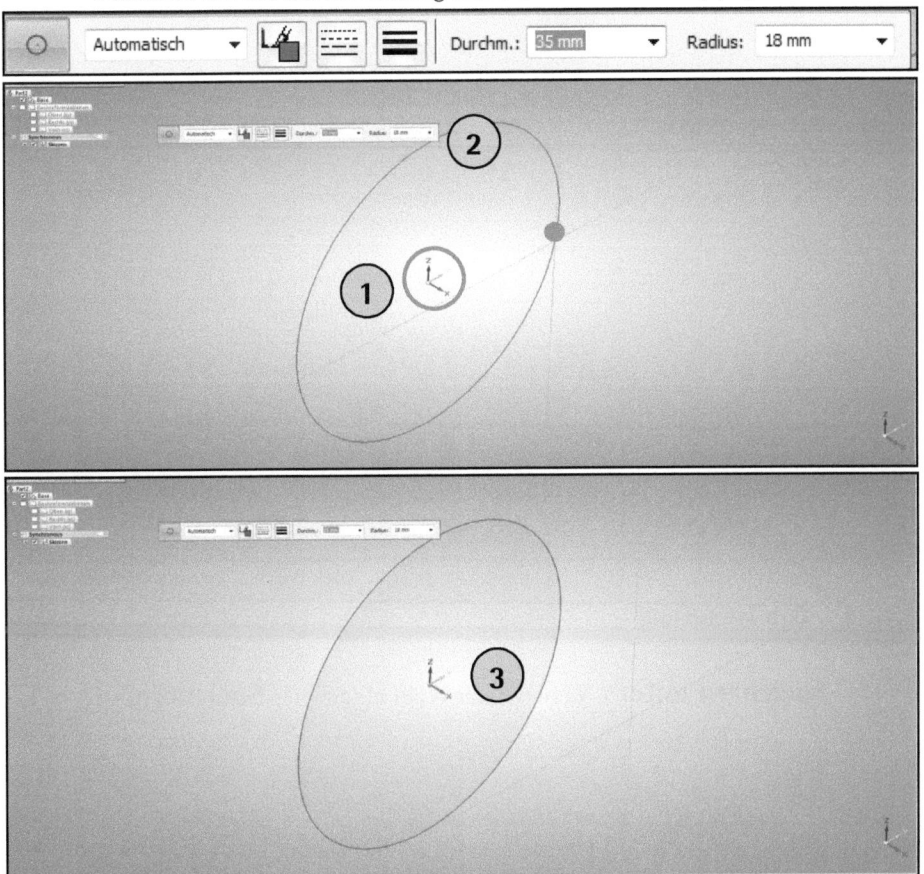

5.4.1.2   Extrusions-Erstellung des liegenden Zylinders

Auswählen

Auswählen (Multifunktionsleiste **Home**)

Achten Sie auf das gezeigte Symbol **Extrusion**.

Klicken Sie in die gezeichnete Kreisfläche und akzeptieren Sie die Auswahl mit einem Klick auf die rechte Maustaste.

Klicken Sie auf die linke Maustaste, wenn der Extrusionsziehpunkt hervorgehoben erscheint, Extrusionsoption **Symmetrisch**.

Geben Sie im dynamischen Eingabefeld **35** mm (4) ein, drücken Sie die **Eingabetaste**.

Schließen Sie das Formelement ab, indem Sie mit der rechten Maustaste im freien Raum klicken (5).

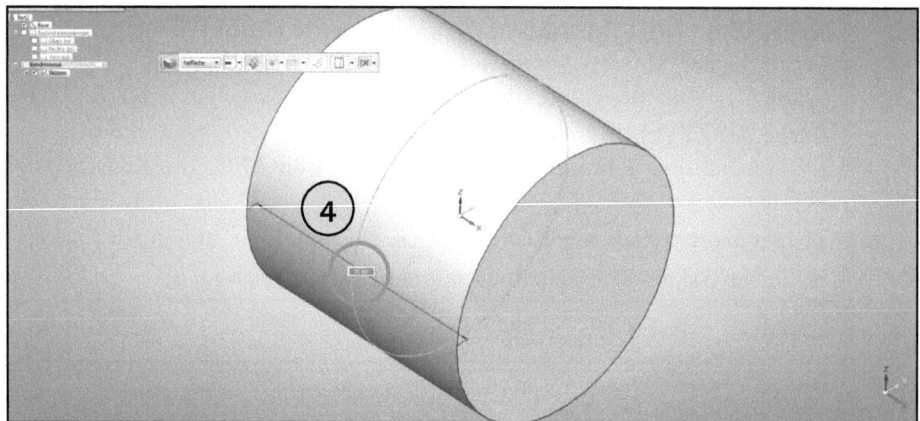

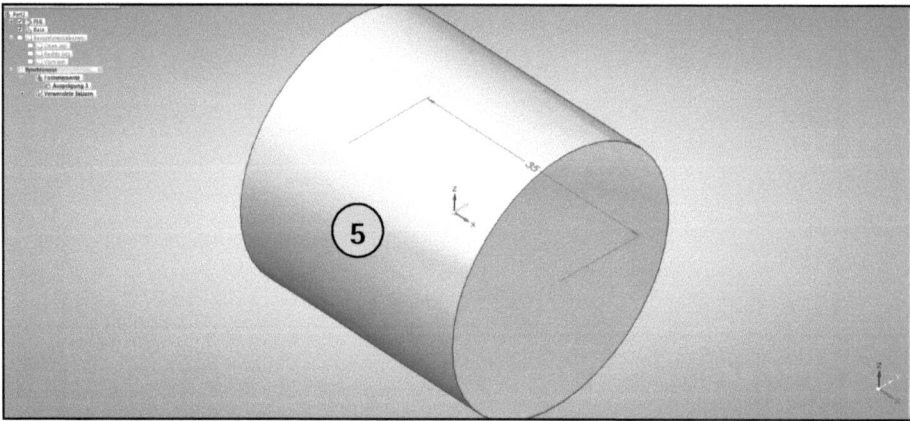

5.4.1.3   Datensicherung

Speichern
unter

Speichern unter / Namen nach Wahl eingeben / **Speichern**

5.4.2 Grundkörper „Zylinder" über das Formelement „Zylinder"

5.4.2.1 Öffnen der eigenen Vorlagendatei

 Anwendungsschaltfläche

 Neu / Vorlagendatei **SE2019-Engelke.par** / **OK**

5.4.2.2 Grundkörper „Zylinder", über die Formelementfunktion „Zylinder", die Erstellung

 Zylinder (Multifunktionsleiste **Home**)

Extrusionsoption **nicht symmetrisches Abmaß**

Legen Sie den Mauszeiger auf den Schnittpunkt der Achsen.

Klicken Sie die rechte Maustaste.

Wählen Sie aus der Kontextbox die Ebene die eine gelbgefärbte Rechteckfläche auf **XY-Ebene** darstellt.

Klicken Sie den Schnittpunkt der Achsen um die Mitte des Kreises (1) zu definieren.

Eingabe mit **Tastatur** in die bezeichneten Felder, ohne Mausbetätigung:

Durchmesser **100** mm (2).

Ziehen Sie die Zylinderhöhe auf **50** mm (3).

Schließen Sie die Erstellung mit der **ESC**-Taste.

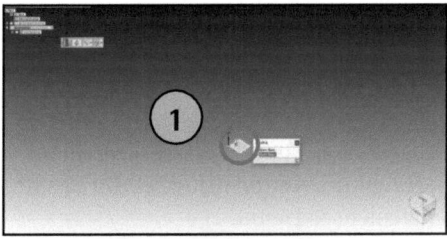
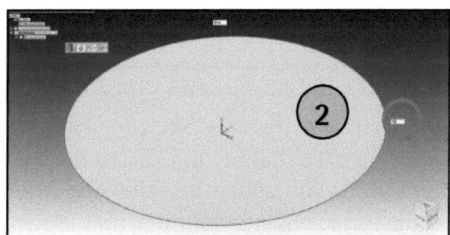
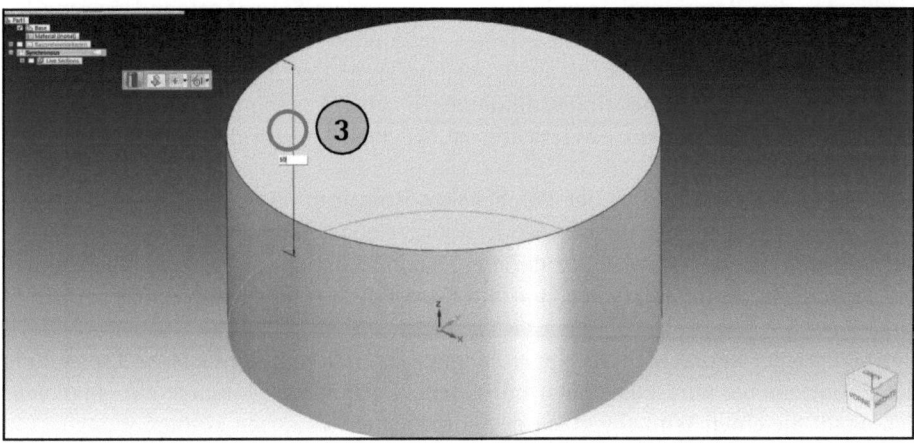

5.4.2.3 Datensicherung

 Speichern unter / Namen nach Wahl eingeben / **Speichern**

Anwendungs-
Schaltfläche

Neu

Zylinder

QuickPick

Speichern
unter

5.4.3 Grundkörper „Zylinder" über Rotation einer Rechteckfläche

5.4.3.1 Grundkörper „Zylinder" über Rotation einer Rechteckfläche, Vorbemerkungen

Diese Lernsituation beschreibt die grundsätzliche Erstellung eines Grundkörpers Zylinder, der über eine skizzierte Rechteckfläche linear auf dem eingerichteten 3D-Arbeitsbereich, XZ-Arbeitsebenen mit Hilfe der Modellfunktion **Rotation** ausgetragen wird. Die Rotationsfläche für den Zylinder wird während der Skizzenkonstruktion definiert die maßliche Definition geschieht über **SmartDimension**. Der Skizzen- Konstruktionsbefehl ist **Rechteck über drei Punkte**.

Rotationskörper werden in der Geometrie Körper genannt, die durch Rotation einer in einer Ebene liegenden erzeugenden Fläche um eine in derselben Ebene liegende, aber die Fläche nicht schneidende Rotationsachse gebildet wird.

Der einfachste Rotationskörper ist der Zylinder, der durch die Rotation eines Rechtecks gebildet wird. Auch Körper wie Kugel, Kegel und Torus zählen zu den Rotationskörpern.

In der Umgebung **Synchronous** verwenden Sie zum Konstruieren von Rotationsformelementen das Auswahlwerkzeug. Wenn Sie einen Skizzenbereich auswählen, werden standardmäßig die Befehlsleiste Extrusion und der Extrusionsziehpunkt eingeblendet.

Sie können auf den Ursprung des Extrusionsziehpunktes klicken und ihn zu einem linearen Skizzenelement ziehen, das die Rotationsachse definiert. Der Extrusionsziehpunkt wechselt zum Rotationsziehpunkt.

Die Befehlsleiste wird mit den Optionen zum Konstruieren von Rotationsformelementen aktualisiert und der Rotationsziehpunkt wird eingeblendet.

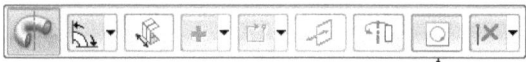

Zur Konstruktion eines Rotationsformelements ziehen Sie zuerst den Rotationsziehpunkt auf ein lineares Skizzenelement, eine Modellkante oder die Mitte einer zylindrischen Teilfläche, um die Achse zu definieren, um die die Skizze gedreht werden soll. Im folgenden Beispiel sind der Skizzenbereich, der den Querschnitt des Rotationsformelements definiert und das Achsenelement getrennt.

Sie können den Rotationsziehpunkt verschieben, indem Sie auf seinen Ursprung (A) klicken, wodurch er mit dem Mauszeiger verbunden wird. Sie können den Ziehpunkt jetzt über dem Achsenelement positionieren. Der Rotationsziehpunkt fängt jedes lineare Element und nimmt automatisch seine Ausrichtung an. Sobald er mit dem gewünschten Element ausgerichtet ist, klicken Sie, um die Ziehpunktposition zu akzeptieren.

Sie können die Optionen in der Befehlsleiste **Rotation** verwenden, um ein Rotationselement geringer oder gleich 360 Grad zu erstellen. Nachdem Sie die gewünschten Optionen in der Befehlsleiste definiert haben, können Sie auf das Ringelement des Rotationsziehpunkts klicken, um die Konstruktion des Formelements einzuleiten.

Der Mauszeiger ändert sich zu einem Fadenkreuz und eine dynamische Darstellung des Formelements wird zusammen mit einem dynamischen Eingabefeld eingeblendet, damit Sie einen Winkelwert für das Formelement eingeben können.

Verwenden Sie die Option **Live Section** erstellen in der Befehlsleiste, um nach Fertigstellung des Formelements eine **Live Section** zu erstellen. Die Option ist standardmäßig aktiviert. Alle Skizzenbemaßungen werden in die **Live Section** übernommen.

5.4.3.2 Grundkörper Zylinder über Rotation, der Eingabeverlauf für die Rechteck-Basisskizze

 Anwendungsschaltfläche

 Neu / Vorlagendatei **SE2019-Engelke.par** / **OK**

 Rechteck über 3 Punkte (Multifunktionsleiste **Home**)

 QuickPick

Legen Sie den Mauszeiger auf den Schnittpunkt der Achsen.
Klicken Sie die rechte Maustaste.
Wählen Sie aus der Kontextbox die Ebene die eine gelbgefärbte Rechteck-
fläche auf **YZ-Ebene** darstellt.
Klicken Sie den Schnittpunkt der Achsen als Startpunkt des Rechtecks an
(1) dann:

Eingabe mit Tastatur in die bezeichneten Felder, ohne Mausbetätigung:

Breite **60** mm / **Tabulator**-Taste (2)

Höhe **100** mm / **Tabulator**-Taste (3) / Winkel **0°** (4)

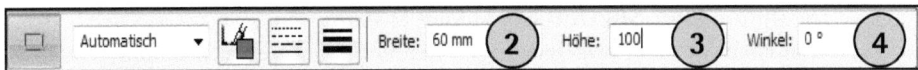

Schließen Sie das Formelement ab, indem Sie mit der rechten Maustaste im
freien Raum klicken (5).

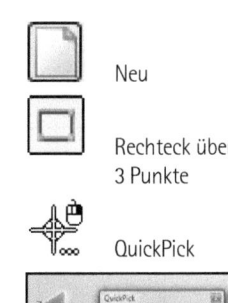

Neu

Rechteck über
3 Punkte

QuickPick

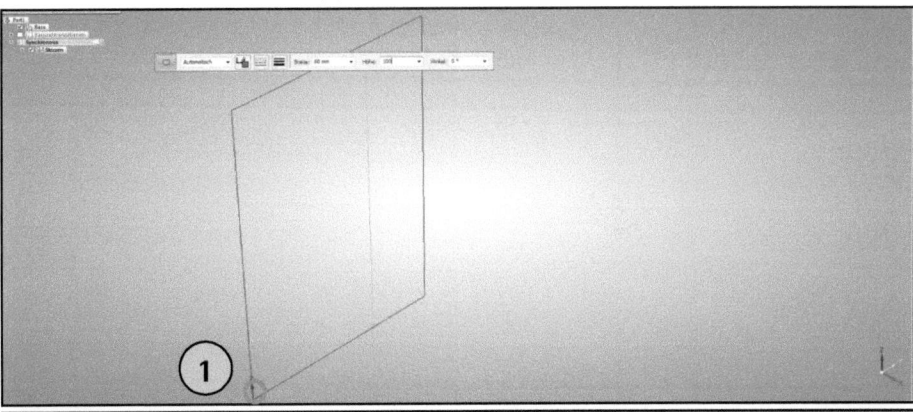

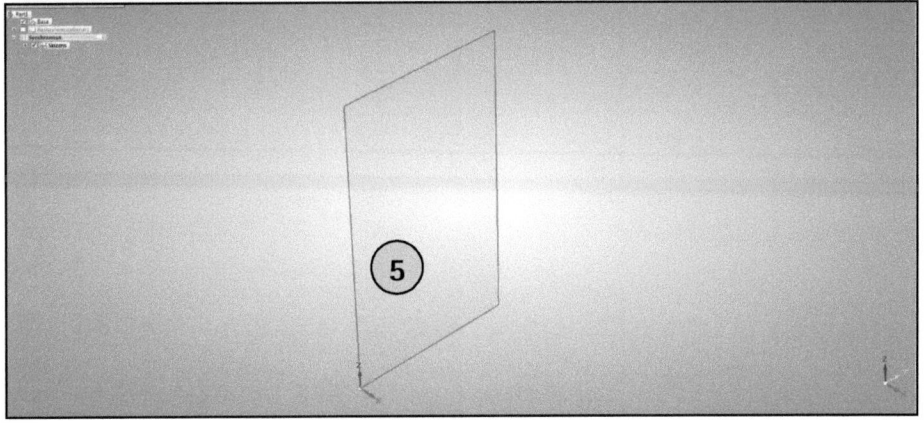

5.4.3.3 Rotationserstellung des stehenden Zylinders

Auswählen

Rotation

Rotation

Rotations-
Ziehpunkt

Vollkreis
360°

Auswählen (Multifunktionsleiste Home)

Klicken Sie in die gezeichnete Rechtfläche (6) und akzeptieren Sie die Auswahl mit einem Klick auf die rechte Maustaste.

Klicken Sie in der Befehlsleiste die Option **Rotationausprägung** (7).

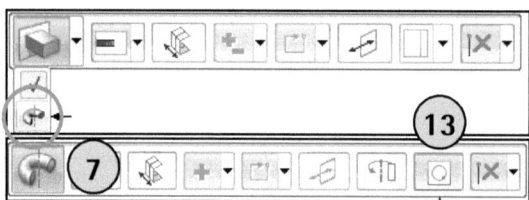

Stellen Sie den Mauszeiger auf den Ursprung des Rotationsziehpunktes und klicken Sie, um ihn auszuwählen. (8)

Ziehen Sie den Rotationsziehpunkt (9) auf das Skizzenelement, das Sie als Rotationsachse verwenden wollen und klicken Sie (10).

Klicken Sie auf den Ring des Rotationsziehelements (11).

Wählen Sie aus der Befehlsleiste die Rotationsoption **360°** (12).

Die Option **Live Section** ist aktiviert (13).

Schließen Sie das Formelement ab, indem Sie mit der rechten Maustaste im freien Raum klicken.

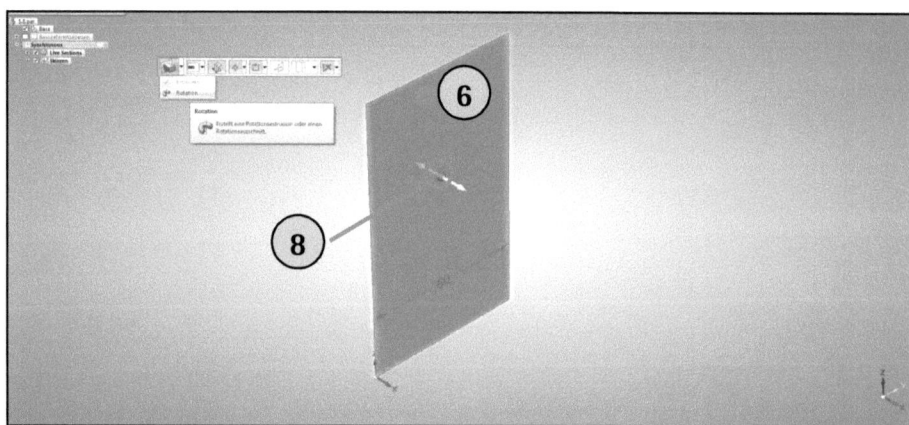

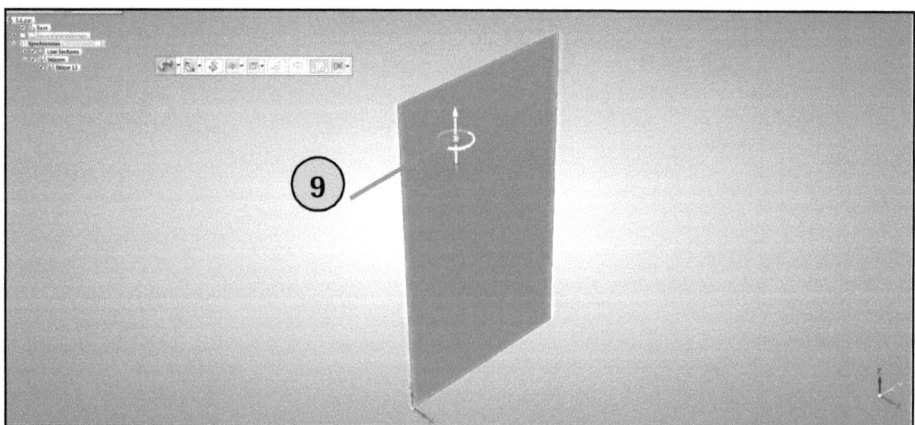

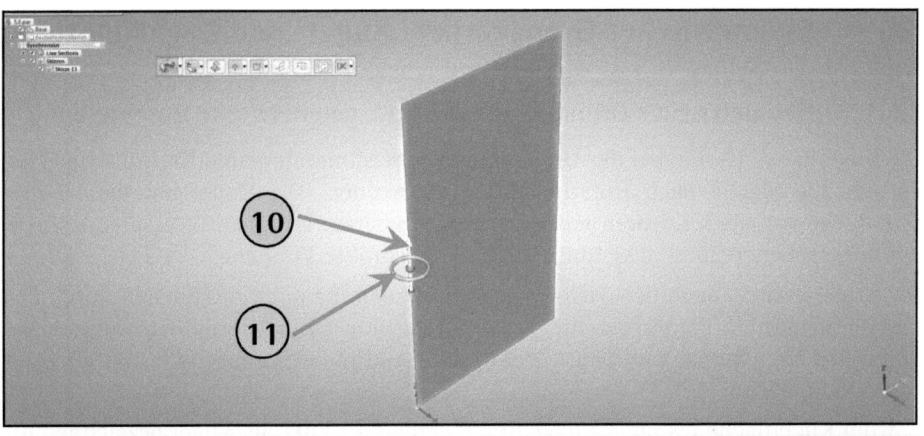

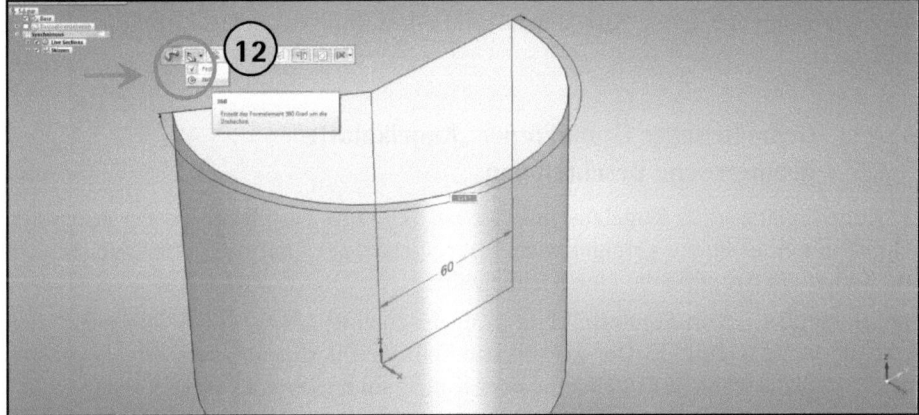

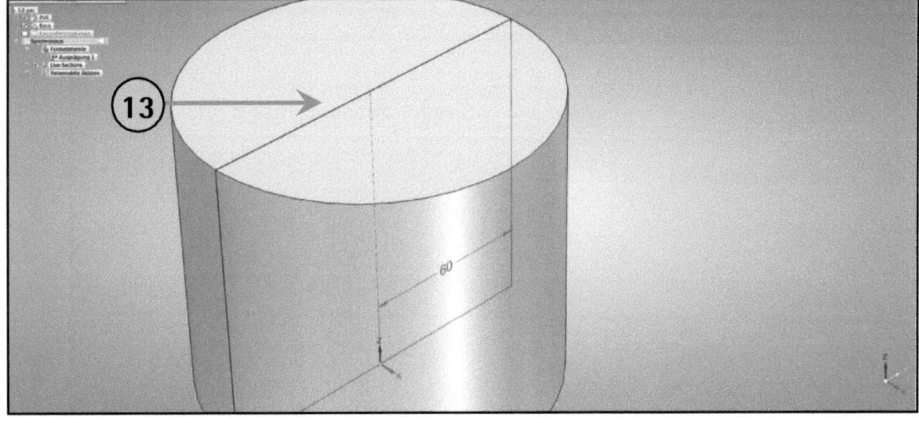

5.4.3.4 Datensicherung

 Speichern unter / Namen nach Wahl eingeben / **Speichern**

 Speichern unter

5.5 Geometrischer Grundkörper „Kugel" und Kugelkalotte

5.5.1 Geometrischer Grundkörper „Kugel", geometrische Beschreibung

Die Kugelfläche ist die, bei der Drehung einer Kreislinie um einen Kreisdurchmesser, entstehende Fläche auch Rotationsfläche zu nennen. Die Kugel hat die kleinste Oberfläche von allen Körpern mit einem vorgegebenen Volumen. Von allen Körpern mit vorgegebener Oberfläche umschließt sie das größte Volumen.

Die Kugel besitzt unendlich viele Symmetrieebenen, nämlich die Ebenen durch den Kugelmittelpunkt. Ferner ist die Kugel drehsymmetrisch bezüglich jeder Achse durch den Mittelpunkt und jedes Drehwinkels und punktsymmetrisch bezüglich ihres Mittelpunktes.

Sowohl Kugelfläche als auch Kugelkörper werden oft kurz als Kugel bezeichnet, die Vereinigungsmenge einer Kugelfläche und ihres Inneren heißt Kugelkörper oder Vollkugel.

5.5.2 Geometrischer Grundkörper „Kugelkalotte", geometrische Beschreibung

Ein Kugelsegment oder Kugelabschnitt ist ein Teil eines Kugelkörpers, der durch den Schnitt mit einer Ebene gebildet wird. Ein Kugelsegment hat die Form einer Kuppel und besitzt als Grundfläche eine Kreisscheibe.

Eine Halbkugel ist ein Sonderfall eines Kugelsegments, bei der die Schnittebene den Kugelmittelpunkt enthält. Der gekrümmte Teil der Oberfläche eines Kugelsegments wird Kugelkalotte, auch Kugelkappe oder Kugelhaube genannt.

5.5.3 Grundkörper „Kugel" über Rotation einer halben Kreisfläche

Die Lernsituation beschreibt die grundsätzliche Erstellung eines Grundkörpers **Kugel**, der über eine skizzierte Kreisfläche mit Hilfe der Funktion **Rotation** ausgetragen wird. Die Rotationsfläche für die Kugel wird während der Skizzenkonstruktion definiert. Der Skizzen-Konstruktionsbefehl ist **Kreis über Mitte**.

5.5.3.1 Die Kreisfläche, der Eingabeverlauf

Neu / Vorlagendatei **SE2019-Engelke.par** / **OK**

Kreis über Mittelpunkt (Multifunktionsleiste **Home**)
Wählen Sie die **XY-Ebene**
Klicken Sie den Schnittpunkt der Achsen um die Mitte des Kreises zu definieren.

Ziehen Sie den **Radius** mit der Maus, ca. **50** mm, Fixierung durch Klicken. Schließen Sie das Formelement ab, indem Sie mit der rechten Maustaste im freien Raum klicken (1).

Neu

Kreis über Mittelpunkt

QuickPick

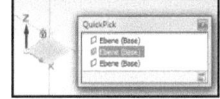

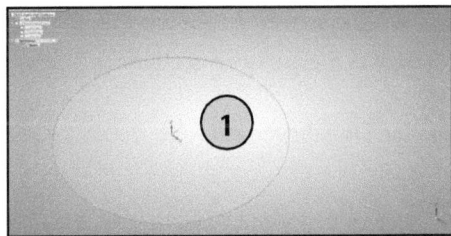

5.5.3.2 Halbierungshilfslinie eintragen, der Eingabeverlauf

Linie (Multifunktionsleiste **Home**)
Berühren Sie mit der Maus den Achsenschnittpunkt (2), achten Sie auf die erscheinende gestrichelte Projektionslinie.

Klicken Sie den **Quadranten** des Kreises (3).

Ziehen Sie die **Linie** zum gegenüber liegenden **Quadranten** und klicken den entsprechenden Punkt (4).

Klicken Sie zum Abschluss in den freien Raum.

Linie

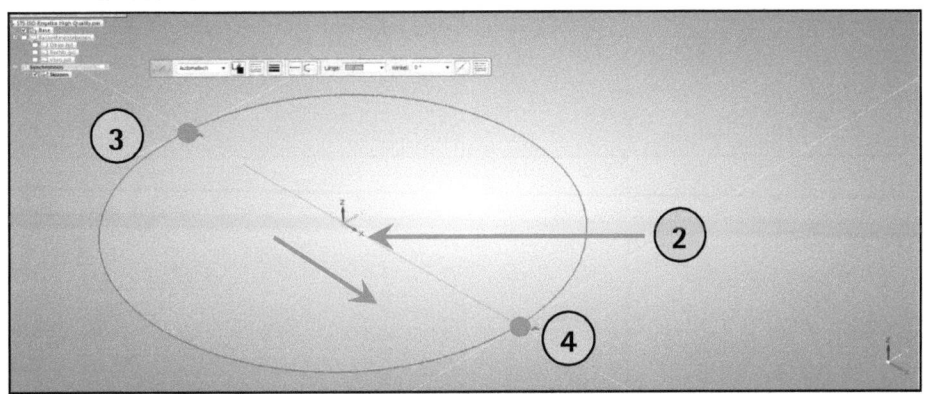

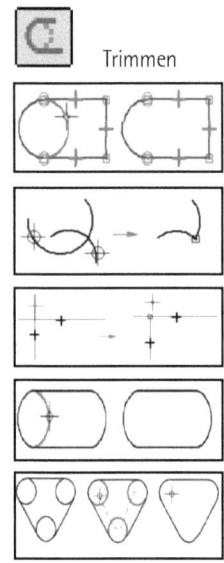

Trimmen

5.5.3.3 Kreisfläche auf die Hälfte trimmen, Elementänderung „Trimmen", Vorbemerkungen

Solid Edge enthält Befehle, mit denen Sie Elemente trimmen, verlängern oder teilen können. Mit dem Befehl **Trimmen** wird ein Element am Schnittpunkt mit einem anderen Element getrimmt.

Um den Befehl zu verwenden, klicken Sie auf das zu trimmende Teil. Wenn Sie mehrere Elemente gleichzeitig trimmen möchten, ziehen Sie den Mauszeiger über die Elemente. Wenn Sie die Maustaste loslassen, werden alle Elemente getrimmt.

Sie müssen die Skizzenebene sperren, bevor Sie die Methode zum Ziehen in der Umgebung **Synchronous** verwenden können. Hierzu wählen Sie die Skizze im PathFinder aus und verwenden anschließend den Befehl **Skizzenebene sperren** im Kontextmenü.

Um eine Vorschau des Trimmvorgangs zu erhalten, ziehen Sie den Mauszeiger über die Elemente, bevor Sie klicken. Solid Edge hebt den Teil des Elements hervor, der beim Klicken getrimmt wird.

Wenn Sie ein Element trimmen, das sich mit keinem anderen Element schneidet, trimmt der Befehl das ganze Element, d.h. das Element wird gelöscht.

Elemente können vom ausgewählten Element getrimmt werden, indem Sie die mit gedrückter **STRG**-Taste auf das Element klicken, das Sie trimmen wollen.

5.5.3.4 Kreisfläche auf die Hälfte trimmen, der Eingabeverlauf

Trimmen

Trimmen (Multifunktionsleiste **Home**)

Wählen Sie den zu trimmenden Kreisbereich (5).

Die Kreislinie wird an der Halbierungslinie getrimmt.

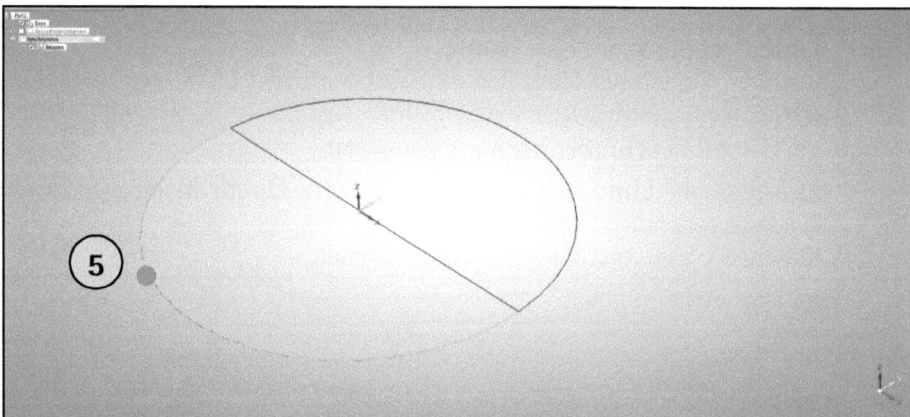

5.5.3.5 Rotationserstellung der Kugel

Auswählen (Multifunktionsleiste **Home**)

Klicken Sie in die erstellte Halbkreisfläche und akzeptieren Sie die Auswahl mit einem Klick auf die rechte Maustaste (6).

Klicken Sie in der Befehlsleiste die Option **Rotationausprägung**.

Stellen Sie den Mauszeiger auf den Ursprung des Rotationsziehpunktes und klicken Sie, um ihn auszuwählen.

Ziehen Sie den Rotationsziehpunkt auf das Skizzenelement, das Sie als Rotationsachse verwenden wollen und klicken Sie (7).

Klicken Sie auf den Ring des Rotationsziehelements.

Wählen Sie aus der Befehlsleiste die Rotationsoption **360°** (8).

Die Option **Live Section** ist aktiviert.

Schließen Sie das Formelement ab, indem Sie mit der rechten Maustaste im freien Raum klicken.

 Auswählen

 Rotation

 Rotation

 Rotations-Ziehpunkt

 Vollkreis 360°

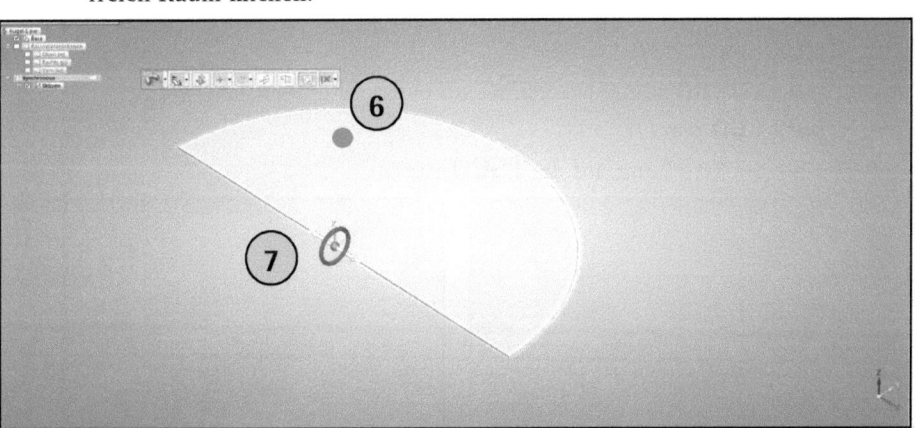

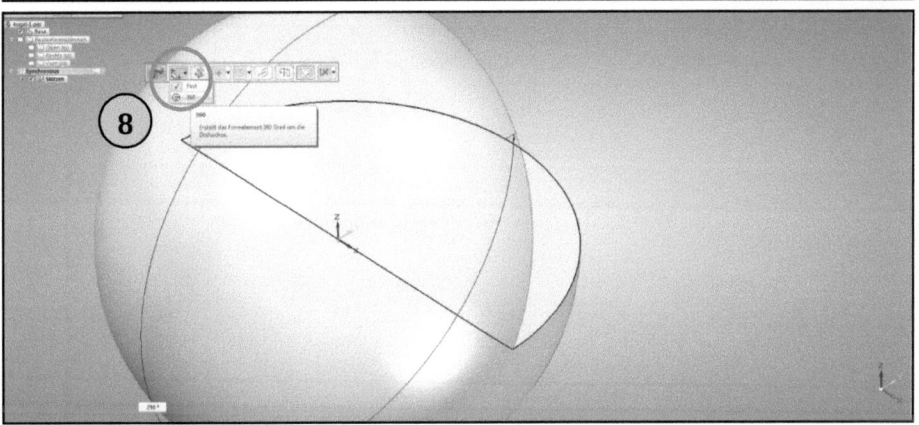

5.5.3.6 Datensicherung

Speichern unter / Namen nach Wahl eingeben / **Speichern**

 Speichern unter

5.5.4 Grundkörper „Kugel" über das Formelement „Kugel"

5.5.4.1 Öffnen der eigenen Vorlagendatei

Anwendungs-
Schaltfläche

Anwendungsschaltfläche

Neu

Neu / Vorlagendatei **SE2019-Engelke.par** / OK

5.5.4.2 Grundkörper „Kugel", über die Formelementfunktion „Kugel", die Erstellung

Kugel

Kugel (Multifunktionsleiste **Home**)
Legen Sie den Mauszeiger auf den Schnittpunkt der Achsen.
Klicken Sie die rechte Maustaste.

QuickPick

Wählen Sie aus der Kontextbox die Ebene die eine gelbgefärbte Rechteckfläche auf **XY-Ebene** darstellt.
Klicken Sie den Schnittpunkt der Achsen um die Mitte des Kreises (1) zu definieren.

Eingabe mit **Tastatur** in die bezeichneten Felder, ohne Mausbetätigung:

Radius **60** mm (2).

Schließen Sie die Erstellung mit der **ESC**-Taste (3).

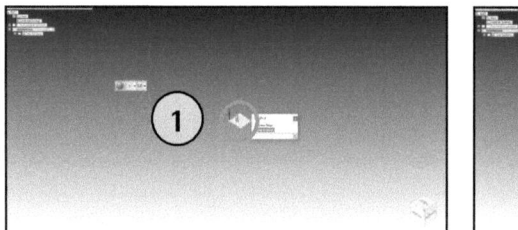
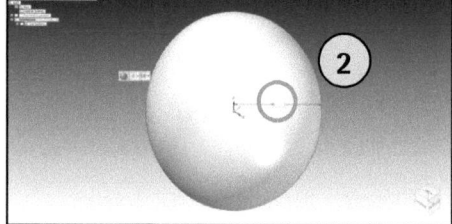
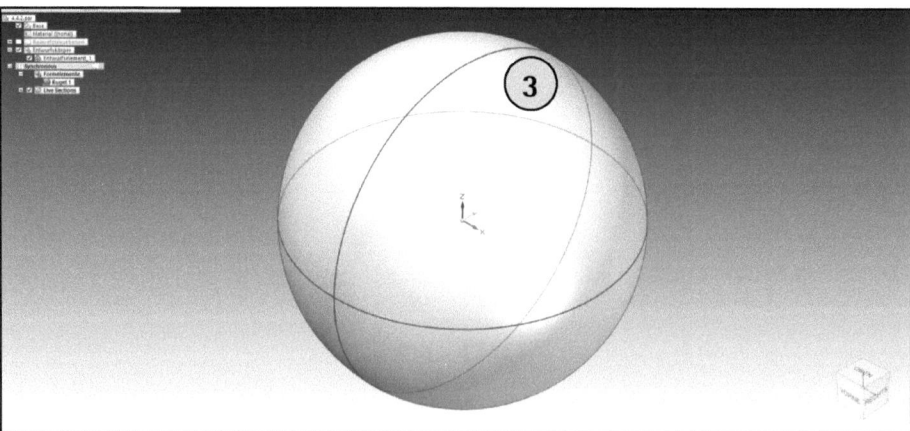

5.5.4.3 Datensicherung

Speichern
unter

Speichern unter / Namen nach Wahl eingeben / **Speichern**

5.5.5 Grundkörper „Kugelkalotte", angenähert über „Extrusion" mit Option „Wölbung"

5.5.5.1 Kugelkalotte über „Extrusion" mit Option „Wölbung", Vorbemerkungen

Mit den Befehlen **Extrusion** und **Fläche** (Extrusion) können Sie einen Formschräge-winkel oder eine Wölbung zu den Teilflächen des Formelements zuweisen, die durch Skizzenelemente definiert werden.

Sie definieren die Formschräge- oder Wölbungseigenschaften für ein Formelement mit Hilfe des Schritts **Behandlung** in der Befehlsleiste. Sie können die Optionen **Keine Behandlung** (3), **Formschräge** (4) und **Wölbung** (5) im Schritt **Behandlung** verwenden, um festzulegen, welche Behandlungsoption Sie verwenden wollen.

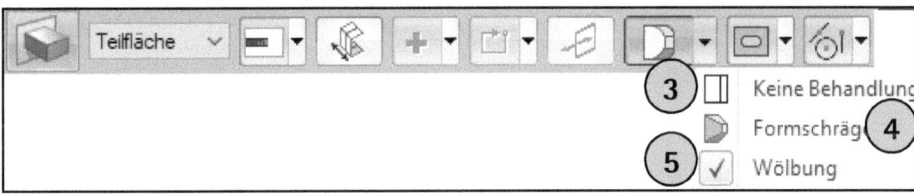

Wenn Sie die Option **Formschräge** in der Befehlsleiste wählen, werden der Befehls-leiste Optionen hinzugefügt, damit Sie den gewünschten Winkel und die Richtung für die Formschräge definieren können. Sie können die Schaltfläche **Umdrehen** in der Befehlsleiste verwenden, um die gewünschte Formschräge-Richtung zu definie-ren. Neben dem Formelement wird eine Grafik eingeblendet, um Ihnen bei der Zu-weisung der Formschräge zu helfen.

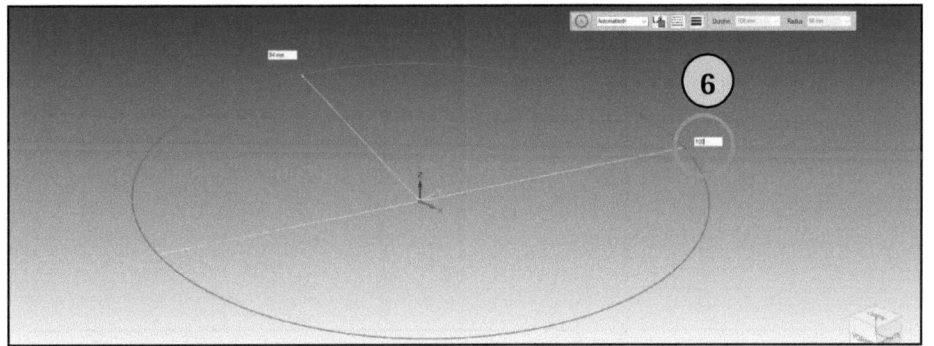

5.5.5.2 Die Kreisfläche, der Eingabeverlauf

Neu / Vorlagendatei **SE2019-Engelke.par** / **OK**

Neu

Kreis über Mittelpunkt (Multifunktionsleiste **Home**)

Wählen Sie die **XY-Ebene**

Klicken Sie den Schnittpunkt der Achsen um die Mitte des Kreises zu defi-nieren.

Ziehen Sie den **Radius** mit der Maus, ca. **50** mm,

Fixierung durch Tastatureingabe **50** mm.

Schließen Sie das Formelement ab, indem Sie mit der rechten Maustaste im freien Raum klicken (6).

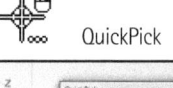
Kreis über Mittelpunkt

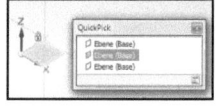
QuickPick

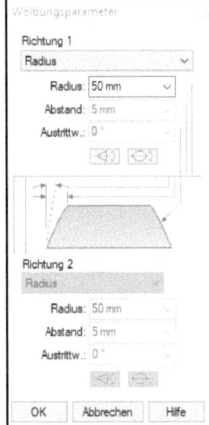

Extrusion

Keine Behandlung
Formschräge
✓ Wölbung

Wölbungsparameter

Richtung 1
Radius

Radius: 50 mm
Abstand: 5 mm
Austrittw.: 0 °

Richtung 2
Radius

Radius: 50 mm
Abstand: 5 mm
Austrittw.: 0 °

OK   Abbrechen   Hilfe

5.5.5.3 Grundkörper „Kugelkalotte", angenähert, über Extrusion mit Wölbung

Extrusion (Multifunktionsleiste **Home**)

Legen Sie in der Befehlsleiste die Option **Teilfläche** fest.

Positionieren Sie den Mauszeiger innerhalb eines Skizzenbereichs.

Klicken Sie, wenn der Bereich hervorgehoben wird (6).

Akzeptieren Sie die Auswahl, indem Sie mit der rechten Maustaste klicken.

Wählen Sie im Feld **Behandlung** die Option **Wölbung** (7),

Radius **50** mm(8).

Definieren Sie das präzise Abmaß, indem Sie in das dynamischen Eingabefeld in der Nähe Ihres Mauszeigers den Wert **49,99** mm eingeben (9)

(die Eingabe der vollen Höhe von **50** mm ergibt eine Fehlermeldung, deshalb angenähert)

Drücken Sie die **Eingabetaste**.

Schließen Sie das Formelement ab, indem Sie mit der rechten Maustaste im freien Raum klicken.

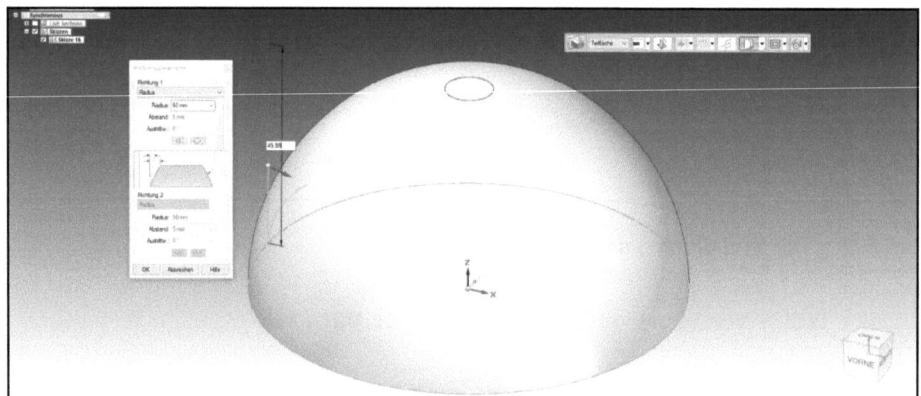

5.5.5.4 Datensicherung

Speichern
unter

Speichern unter / Namen nach Wahl eingeben / **Speichern**

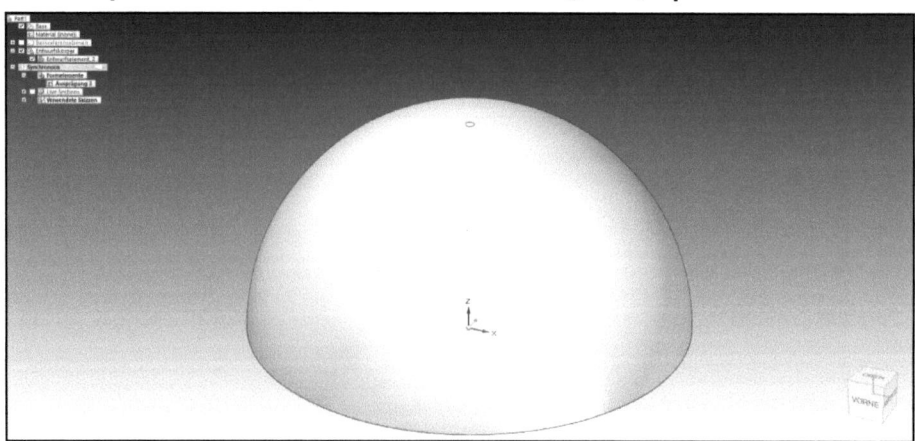

5.6 Geometrischer Grundkörper „Kegel" und „Kegelstumpf"

5.6.1 Geometrischer Grundkörper „Kegel" und Kegelstumpf, geometrische Beschreibung

5.6.1.1 Geometrischer Grundkörper „Kegel", geometrische Beschreibung

Ein Kegel ist ein geometrischer Körper, der entsteht, wenn man alle Punkte eines in einer Ebene liegenden, begrenzten runden Flächenstücks geradlinig mit einer Spitze außerhalb der Ebene verbindet. Das Flächenstück nennt man Grundfläche, deren Begrenzungslinie die Leitkurve und den Punkt die Spitze oder den Scheitel des Kegels.

Der Abstand zwischen Spitze und Grundfläche ist die Höhe des Kegels, die Verbindungsstrecken der Spitze mit der Leitkurve heißen Mantellinien, ihre Vereinigung bildet den Kegelmantel oder die Mantelfläche.

Wenn in der Geometrie von einem Kegel gesprochen wird, ist häufig der Spezialfall des geraden Kreiskegels gemeint. Vor allem in der Technik wird für den Drehkegel auch das Wort Konus (von lat. conus) verwendet.

5.6.1.2 Geometrischer Grundkörper „Kegelstumpf", geometrische Beschreibung

Der Kegelstumpf ist in der Geometrie die Bezeichnung für einen speziellen Rotationskörper. Ein Kegelstumpf entsteht dadurch, dass man von einem geraden Kreiskegel parallel zur Grundfläche einen kleineren Kegel abschneidet. Dieser kleinere Kegel wird als Ergänzungskegel des Kegelstumpfs bezeichnet

Unter der Höhe des Kegelstumpfs versteht man den Abstand von Grund- und Deckfläche.

5.6.2 Ein Kegel über Rotation einer Dreiecksfläche aus Linien

Die Lernsituation beschreibt die grundsätzliche Erstellung eines Grundkörpers **Kegel**, der über eine skizzierte Dreiecksfläche mit Hilfe der Funktion **Rotation** ausgetragen wird. Die Rotationsfläche für den Kegel wird während der Skizzenkonstruktion maßlich über **SmartDimension** definiert. Der Skizzen-Konstruktionsbefehl ist **Linie**.

5.6.2.1 Eine Dreiecksfläche, der Eingabeverlauf für die Basisskizze

Neu	**Neu** / Vorlagendatei **SE2019-Engelke.par** / **OK**
Linie	**Linie** (Multifunktionsleiste **Home**)
QuickPick	**QuickPick**

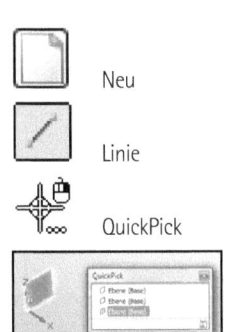

Wählen Sie die **YZ-Ebene**

Klicken Sie den Schnittpunkt der Achsen als Startpunkt an (1).

Linienende: Länge Eingabe **80** mm / **Tabulator**-Taste / Winkel **90°**.

Ziehen Sie weiter eine schräge Linie, bevor Sie den Endpunkt klicken, berühren Sie den Achsenschnittpunkt, eine gestrichelte Linie zeigt die Deckungsgleichheit auf der **Y-**Achse an, klicken sie diesen Punkt (2).

Schließen Sie mit einer dritten Linie, Schnittpunkt sorgfältig beachten, die Dreiecksfläche (3).

Schließen Sie das Formelement ab, indem Sie mit der rechten Maustaste im freien Raum klicken (4).

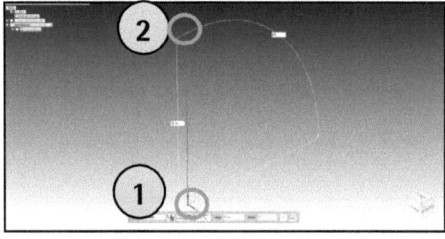
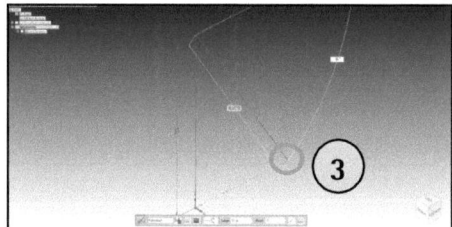

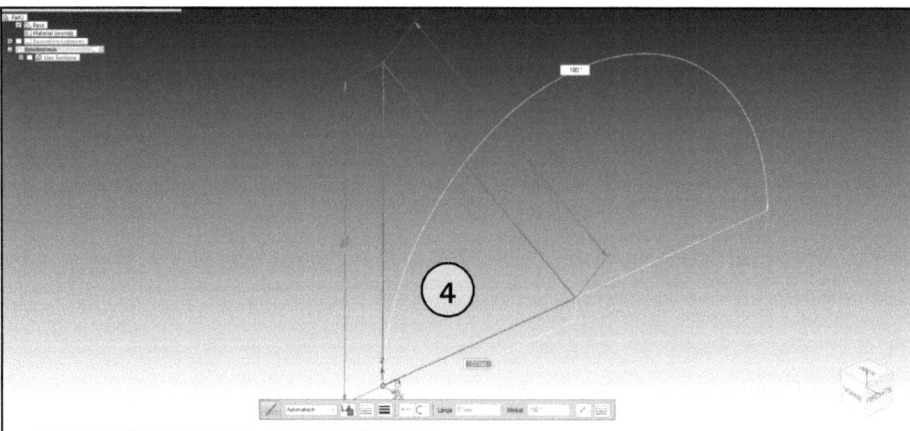

5.6.2.2 Die Dreiecksfläche, maßliche Anpassung

Smart
Dimension

Für die maßliche Anpassung der Dreiecksfläche ist die Umwandlung der Bemaßungsart nötig.

Die Änderung der Bemaßung von **Nicht gesperrt** (Blau) (1) auf **Gesperrt** (Rot) (2) erfolgt über das Klicken mit der rechten Maustaste auf die **Bemaßung** und wählen **Bemaßung sperren** im Kontextmenü.

- Maßeintrag Dreiecksseite (Rot) anwählen und über Kontextmenü

  Bemaßung entsperren (Blau) (5).

- Maßeintrag Grundseite Dreieck (Blau) anwählen und über Kontextmenü

  Bemaßung sperren (Rot) (6).

- Positionieren Sie den Mauszeiger über den oben abgebildeten Bemaßungstext. Wenn der Bemaßungstext hervorgehoben wird, klicken Sie, um ihn auszuwählen. Das Eingabedialogfeld für den Bemaßungswert wird eingeblendet.

  Geben Sie den Wert **40** mm ein und drücken Sie die **Eingabetaste**.

  Die Grundseitenlänge wird auf dieses Maß korrigiert (7).

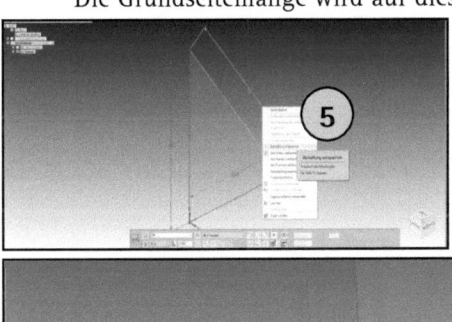
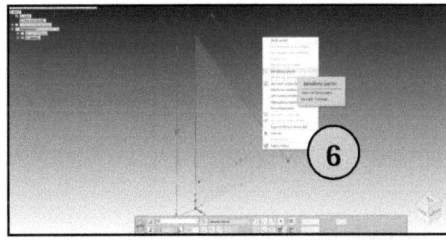

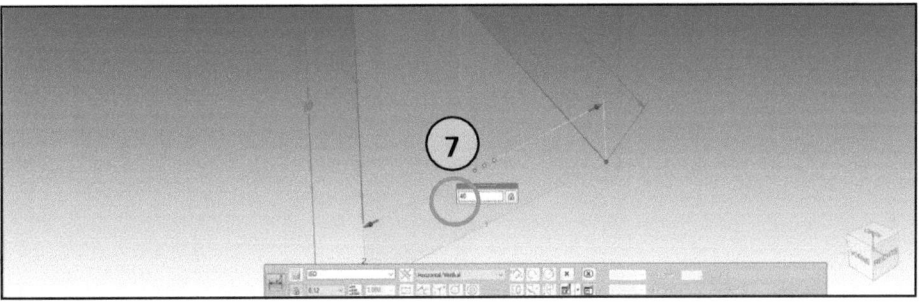

5.6.2.3 Rotationserstellung des stehenden Kegels

Auswählen (Multifunktionsleiste **Home**)

Klicken Sie in die gezeichnete Dreiecksfläche (8) und akzeptieren Sie die Auswahl mit einem Klick auf die rechte Maustaste.

Klicken Sie in der Befehlsleiste die Option **Rotationausprägung** (9).

Stellen Sie den Mauszeiger auf den Ursprung des Rotationsziehpunktes und klicken Sie, um ihn auszuwählen (10, 11).

Ziehen Sie den Rotationsziehpunkt auf das Skizzenelement, das Sie als Rotationsachse verwenden wollen und klicken Sie (12).

Klicken Sie auf den Ring des Rotationsziehelements (13).

Wählen Sie aus der Befehlsleiste die Rotationsoption **360°** (14).

Schließen Sie das Formelement ab, indem Sie mit der rechten Maustaste im freien Raum klicken (15).

Auswählen

Rotation

Rotation

Rotations-
Ziehpunkt

Vollkreis
360°

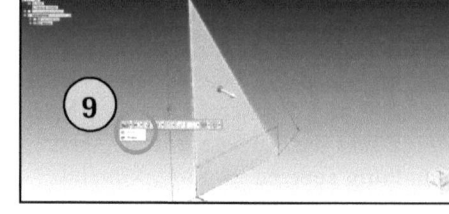

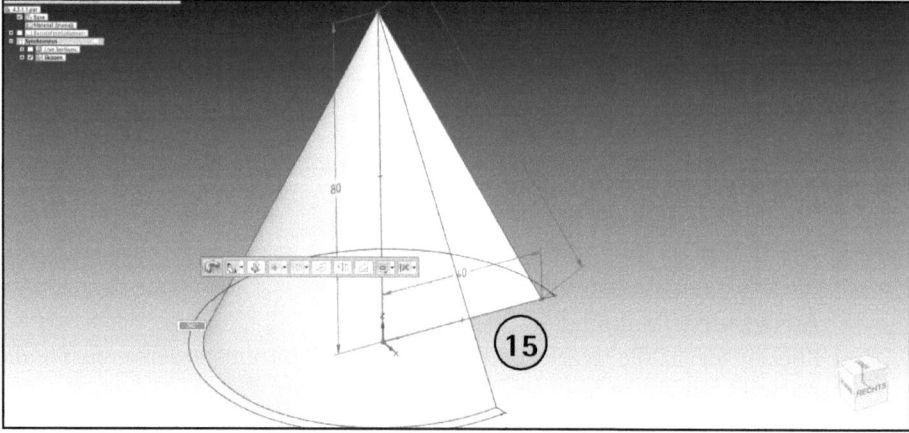

Speichern
unter

5.6.2.4   Datensicherung

Speichern unter / Namen nach Wahl eingeben / **Speichern**

5.6.3 Grundkörper „Kegelstumpf" aus einer Kreisfläche mit „Extrusion" und Option „Formschräge"

Die Lernsituation beschreibt die grundsätzliche Erstellung eines Grundkörpers **Kegelstumpf**, der über eine skizzierte Kreisfläche mit Hilfe der Funktion **Extrusion**, Option **Formschräge** ausgetragen wird.

Der Skizzen-Konstruktionsbefehl ist **Kreis über Mitte**.

5.6.3.1 Kegelform über Extrusion mit Formschräge, Vorbemerkungen

Mit den Befehlen **Extrusion** und **Fläche** (Extrusion) können Sie einen Formschräge-winkel oder eine Wölbung zu den Teilflächen des Formelements zuweisen, die durch Skizzenelemente definiert werden.

Sie definieren die Formschräge- oder Wölbungseigenschaften für ein Formelement mit Hilfe des Schritts **Behandlung** in der Befehlsleiste. Sie können die Optionen **Keine Behandlung** (1), **Formschräge** (2) und **Wölbung** (3) im Schritt **Behandlung** verwenden, um festzulegen, welche Behandlungsoption Sie verwenden wollen.

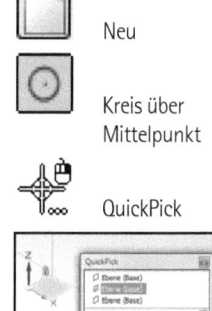

Wenn Sie die Option **Formschräge** in der Befehlsleiste wählen, werden der Befehls-leiste Optionen hinzugefügt, damit Sie den gewünschten Winkel und die Richtung für die Formschräge definieren können. Sie können die Schaltfläche **Umdrehen** in der Befehlsleiste verwenden, um die gewünschte Formschräge-Richtung zu definie-ren. Neben dem Formelement wird eine Grafik eingeblendet, um Ihnen bei der Zu-weisung der Formschräge zu helfen.

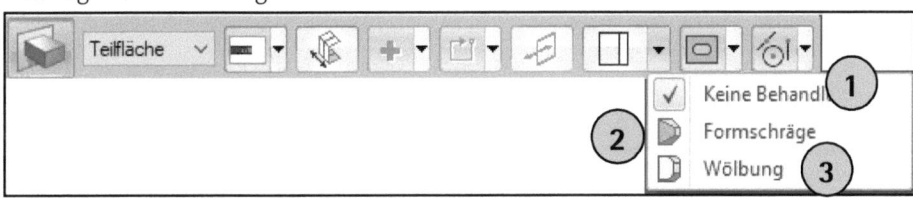

5.6.3.2 „Kreis über Mitte", der Eingabeverlauf

 Neu / Vorlagendatei **SE2019-Engelke.par** / **OK**

 Kreis über Mittelpunkt (Multifunktionsleiste **Home**)
Legen Sie den Mauszeiger auf den Schnittpunkt der Achsen.
Wählen Sie aus der Kontextbox die Ebene die eine gelbgefärbte Rechteck-fläche auf **XY-Ebene** darstellt.
Klicken Sie den Schnittpunkt der Achsen um die Mitte des Kreises (4) zu definieren.

Ziehen Sie den Radius mit der Maus, ca. **50** mm, Fixierung durch Klicken.

Schließen Sie die Kreiserstellung mit der **ESC**-Taste ab (5).

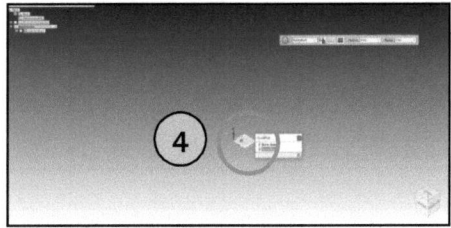 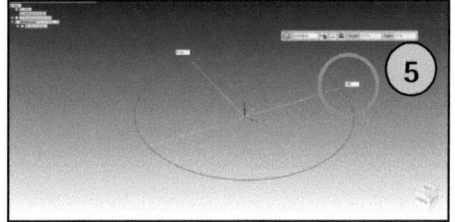

5.6.3.3 Pyramidenform über Extrusion mit Formschräge, Vorbemerkungen

Extrusion

- ✓ Keine Behandlung
- Formschräge
- Wölbung

Extrusion (Multifunktionsleiste **Home**)

Legen Sie in der Befehlsleiste die Option **Teilfläche** fest.

Positionieren Sie den Mauszeiger innerhalb eines Skizzenbereichs.

Klicken Sie, wenn der Bereich hervorgehoben wird (6).

Akzeptieren Sie die Auswahl, indem Sie mit der rechten Maustaste klicken.

Wählen Sie im Feld **Behandlung** die Option **Formschräge** (7),

Winkel **15°** (8).

Definieren Sie das präzise Abmaß, indem Sie in das dynamischen Eingabefeld in der Nähe Ihres Mauszeigers den Wert **75** mm eingeben (9),

Extrusionsoption **nicht symmetrisches Abmaß** (10).

Drücken Sie die **Eingabetaste**.

Schließen Sie das Formelement ab, indem Sie mit der rechten Maustaste im freien Raum klicken.

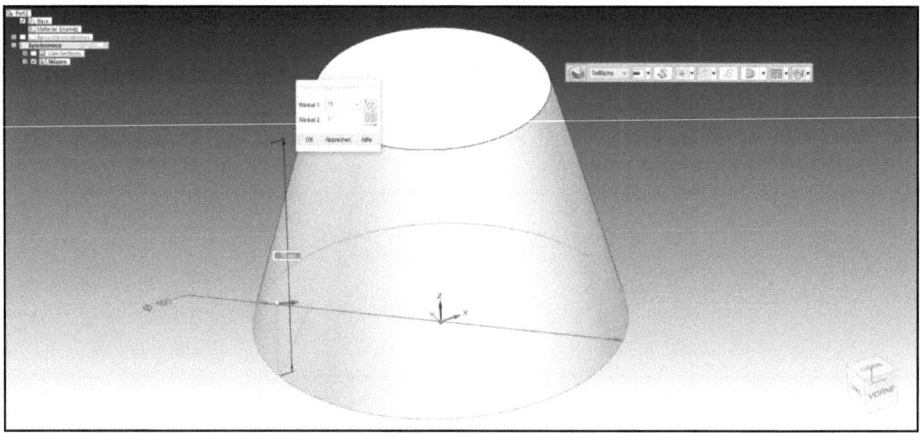

5.6.3.4 Datensicherung

Speichern unter

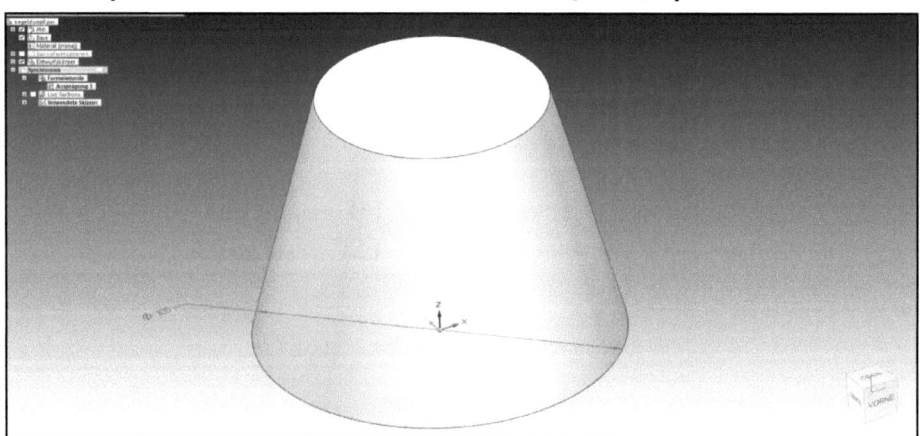

Speichern unter / Namen nach Wahl eingeben / **Speichern**

5.6.4 Grundkörper Kegel über „Extrusion" und Option „Formschräge"

 Neu / Vorlagendatei **SE2019-Engelke.par** / **OK**

 Neu

 Kreis über Mittelpunkt (Multifunktionsleiste **Home**)

 Kreis über Mittelpunkt

Legen Sie den Mauszeiger auf den Schnittpunkt der Achsen. Wählen Sie aus der Kontextbox die Ebene die eine gelbgefärbte Rechteckfläche auf **XY-Ebene** darstellt. Klicken Sie den Schnittpunkt der Achsen um die Mitte des Kreises (1) zu definieren.

 QuickPick

Ziehen Sie den Radius mit der Maus, ca. **50** mm, Fixierung durch Klicken.

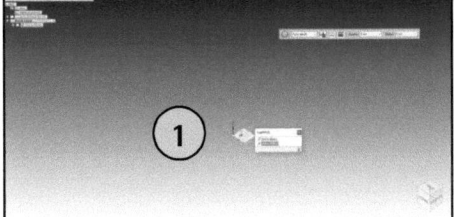 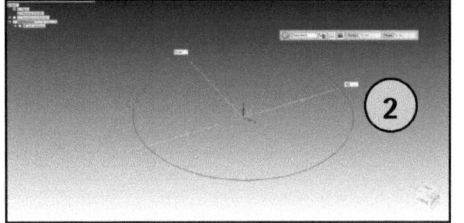

 Extrusion (Multifunktionsleiste **Home**)

 Extrusion

Legen Sie in der Befehlsleiste die Option **Teilfläche** fest.
Positionieren Sie den Mauszeiger innerhalb eines Skizzenbereichs.
Klicken Sie, wenn der Bereich hervorgehoben wird.
Akzeptieren Sie die Auswahl, indem Sie mit der rechten Maustaste klicken.

Wählen Sie im Feld **Behandlung** die Option **Formschräge**,
Winkel **45°** (3).

Extrusionsoption **nicht symmetrisches Abmaß**.
Ziehen Sie die Höhe bis sich eine Spitze bildet (4).

Drücken Sie die **Eingabetaste**.
Schließen Sie das Formelement ab, indem Sie mit der rechten Maustaste im freien Raum klicken.

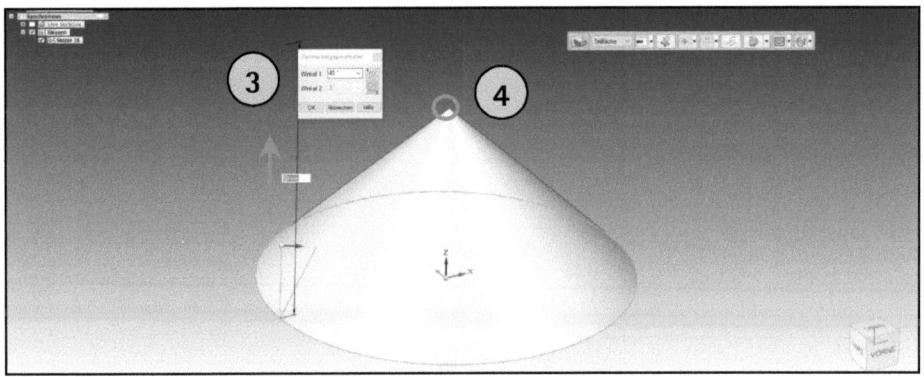

5.6.4.1 Datensicherung

 Speichern unter / Namen nach Wahl eingeben / **Speichern**

 Speichern unter

5.7 Geometrischer Grundkörper „Torus"

5.7.1 Geometrischer Grundkörper „Torus", geometrische Beschreibung

Der Torus ist eine spezielle Dreh- und Rohrfläche, oder auch schlauchringförmiger mathematischer Körper, der durch Drehung eines Kreises um eine in seiner Ebene liegende, ihn nicht schneidende Achse entsteht. Je nach der Lage zur Drehachse tritt der Torus in den Formen Ringtorus, Dorntorus oder Spindeltorus auf. Der Torus heißt in der Mathematik auch Ringkörper oder Kreiswulst.

5.7.2 Grundkörper „Torus" über „Rotation" einer Kreisfläche

Die Lernsituation beschreibt die grundsätzliche Erstellung eines Grundkörpers **Torus**, der über eine skizzierte Kreisfläche mit Hilfe der Modellfunktion **Rotation** ausgetragen wird. Die Rotationsfläche für den **Torus** wird während der Skizzenkonstruktion über **SmartDimension** definiert.
Der Skizzen-Konstruktionsbefehl ist **Kreis über Mitte**.

5.7.2.1 Eine Kreisfläche mit Rotationsachse, der Eingabeverlauf

 Neu / Vorlagendatei **SE2019-Engelke.par**

 Kreis über Mittelpunkt (Multifunktionsleiste **Home**)

Wählen Sie die **YZ-Ebene**
Klicken Sie den Schnittpunkt der Achsen um die Mitte des Kreises zu definieren.

Ziehen Sie den Radius mit der Maus, ca. **15** mm, Fixierung durch Klicken.
Schließen Sie das Formelement ab, indem Sie mit der rechten Maustaste im freien Raum klicken (1).

 Linie (Multifunktionsleiste **Home**)

Wählen Sie die **YZ-Ebene**
Klicken Sie den Schnittpunkt der Achsen als Startpunkt der ersten Linie an (1).
Linienende: Länge Eingabe **70** mm / **Tabulator**-Taste / Winkel **90°** (2).

 SmartDimension (Multifunktionsleiste **Home**)

Tragen Sie die gezeigten Maße an, Bemaßungsart **Gesperrt** (3).
(Maßänderungen ändern Geometriegröße und Lage).
Schließen Sie das Formelement ab, indem Sie mit der rechten Maustaste im freien Raum klicken (3).

 Neu

 Kreis über Mittelpunkt

 QuickPick

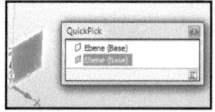

 Linie

 Smart Dimension

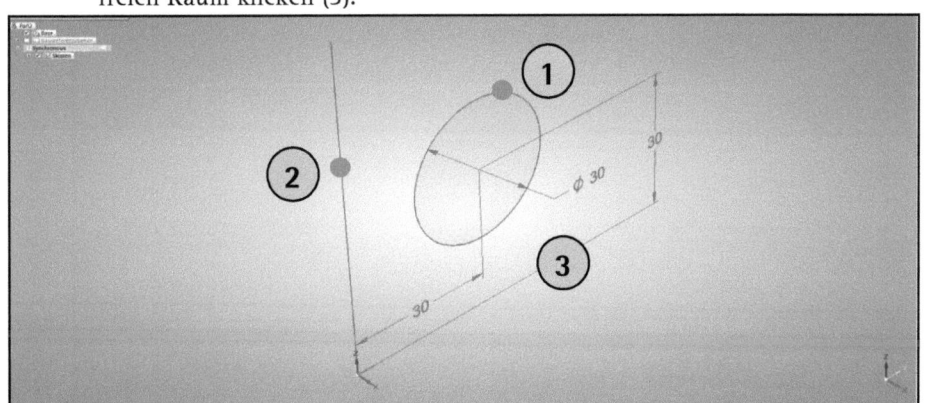

5.7.2.2 Rotation der stehenden Kreisfläche

Auswählen

Rotation

Rotation

Rotations-
Ziehpunkt

Auswählen (Multifunktionsleiste **Home**)

Klicken Sie in die gezeichnete Kreisfläche und akzeptieren Sie die Auswahl mit einem Klick auf die rechte Maustaste (4).

Klicken Sie in der Befehlsleiste die Option **Rotationausprägung** (5).

Stellen Sie den Mauszeiger auf den Ursprung des Rotationsziehpunktes und klicken Sie, um ihn auszuwählen.

Ziehen Sie den Rotationsziehpunkt auf das Skizzenelement, das Sie als Rotationsachse verwenden wollen und klicken Sie (6).

Klicken Sie auf den Ring des Rotationsziehelements.

Wählen Sie aus der Befehlsleiste die Rotationsoption **360°** (7).

Schließen Sie das Formelement ab, indem Sie mit der rechten Maustaste im freien Raum klicken (8).

Vollkreis
360°

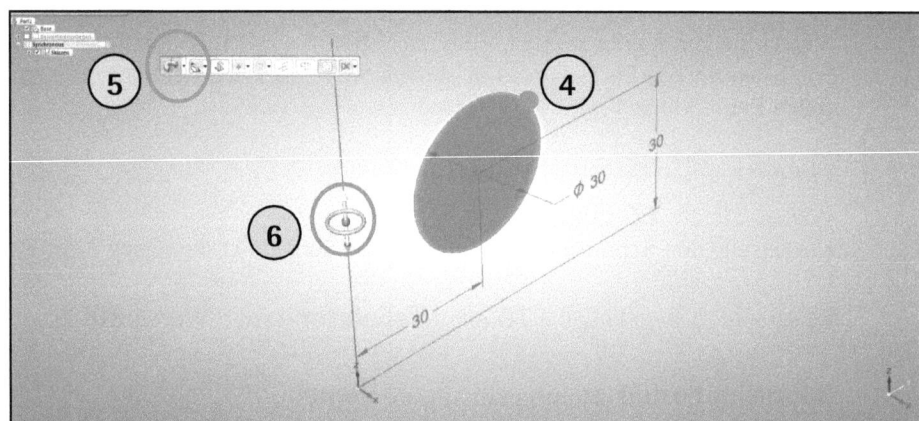

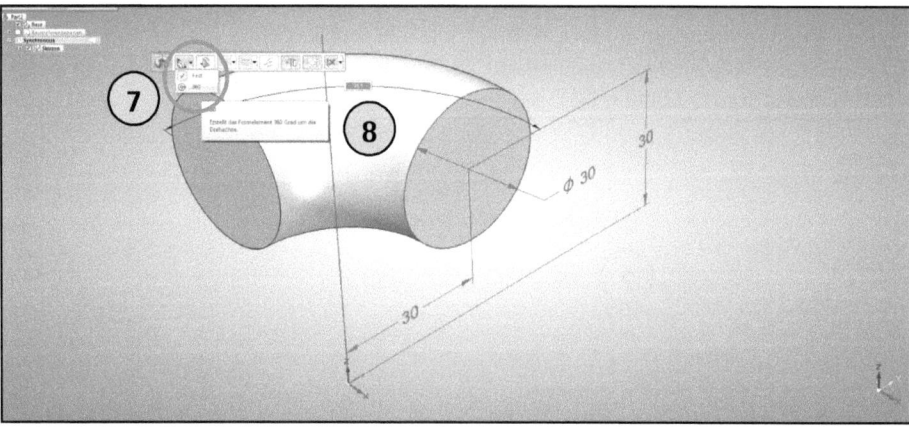

5.7.2.3 Datensicherung

Speichern unter / Namen nach Wahl eingeben / **Speichern**

Speichern
unter

5.8 Geometrischer Grundkörper „Rotationsellipsoid"

5.8.1 Geometrischer Grundkörper „Rotationsellipsoid", geometrische Beschreibung

Ein Rotationsellipsoid ist ein Ellipsoid, das durch die Drehung einer Ellipse um eine ihrer Achsen entsteht. Im Gegensatz zu einem allgemeinen Ellipsoid sind zwei Achsen gleich lang.

Man unterscheidet dabei je nach Länge der Drehachse das verlängerte Ellipsoid bei Rotation um die große Halbachse das abgeplattete Ellipsoid bei Rotation um die kleine Halbachse.

5.8.2 Grundkörper „Rotationellipsoid aus einer halben Ellipsenfläche

Die Lernsituation beschreibt die grundsätzliche Erstellung eines Grundkörpers **Rotationsellipsoid**, der über eine skizzierte Ellipsenfläche mit Hilfe der Modellfunktion **Rotation** ausgetragen wird. Die Rotationsfläche für das Rotationsellipsoid wird während der Skizzenkonstruktion definiert.

Der Skizzen-Konstruktionsbefehl ist **Ellipse über Mitte**.

5.8.2.1 Die halbe Ellipsenfläche, der Eingabeverlauf

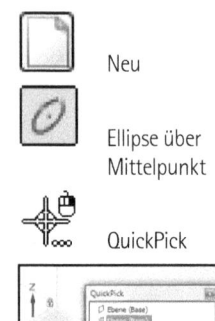

Neu

Ellipse über Mittelpunkt

QuickPick

Neu / Vorlagendatei **SE2019-Engelke.par**

Ellipse über Mittelpunkt (Multifunktionsleiste **Home**)

Wählen Sie die **XY-Ebene**

Klicken Sie den Schnittpunkt der Achsen um die Mitte der Ellipse zu definieren (1)

Klicken Sie dort, wo die Hauptachse enden soll, damit definieren Sie die Länge der Hauptachse, Länge ca. **100** mm (2).

Klicken Sie auf einer Seite der Hauptachse auf eine Position, damit definieren Sie die Nebenachse, Länge ca. **50** mm (3).

Schließen Sie das Formelement ab, indem Sie mit der rechten Maustaste im freien Raum klicken.

Linie

Linie (Multifunktionsleiste **Home**)

Berühren Sie mit der Maus den Achsenschnittpunkt (4), achten Sie auf die erscheinende gestrichelte Projektionslinie, klicken Sie den Quadranten des Kreises (5).

Ziehen Sie die Linie zum gegenüber liegenden Quadranten und klicken den entsprechenden Punkt (6). Klicken Sie zum Abschluss in den freien Raum.

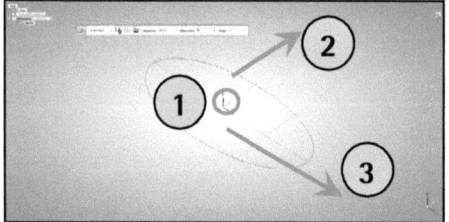 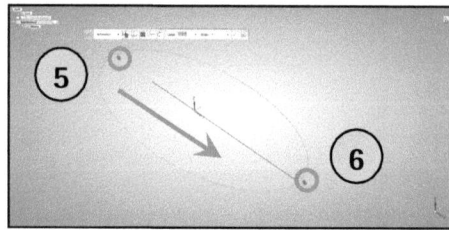

Trimmen

Trimmen (Multifunktionsleiste **Home**)

Wählen Sie den zu trimmenden Ellipsenbereich. (7)

Die Ellipsenlinie wird an der Halbierungslinie getrimmt (8).

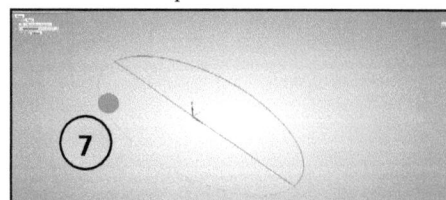 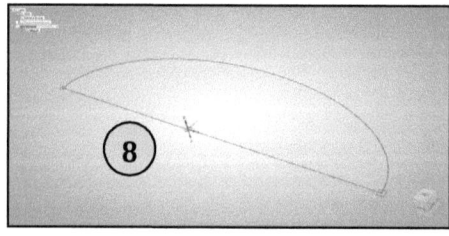

5.8.2.2 Rotationserstellung des Rotationsellipsoid

Auswählen (Multifunktionsleiste **Home**)

Klicken Sie in die erstellte Halbellipsenfläche und akzeptieren Sie die Auswahl mit einem Klick auf die rechte Maustaste (9).

Klicken Sie in der Befehlsleiste die Option **Rotationausprägung** (10).

Stellen Sie den Mauszeiger auf den Ursprung des Rotationsziehpunktes und klicken Sie, um ihn auszuwählen.

Ziehen Sie den Rotationsziehpunkt auf das Skizzenelement, das Sie als Rotationsachse verwenden wollen und klicken Sie.

Klicken Sie auf den Ring des Rotationsziehelements (11).

Wählen Sie aus der Befehlsleiste die Rotationsoption **360°** (12).

Schließen Sie das Formelement ab, indem Sie mit der rechten Maustaste im freien Raum klicken (13).

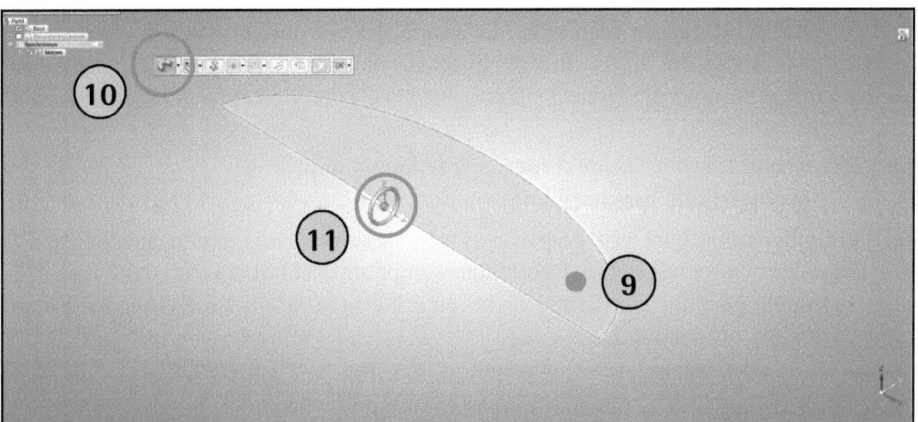

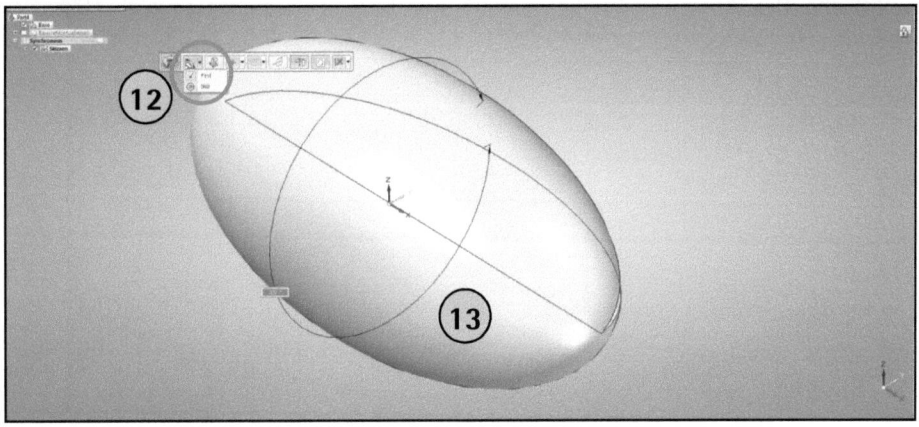

5.8.2.3 Datensicherung

Speichern unter / Namen nach Wahl eingeben / **Speichern**

 Auswählen

 Rotation

 Rotation

 Rotations-
Ziehpunkt

 Vollkreis
360°

Speichern
unter

5.9 Geometrischer Grundkörper „Pyramide" und Pyramidenstumpf

5.9.1.1 Geometrischer Grundkörper „Pyramide", geometrische Beschreibung

Die **Pyramide** ist ein geometrischer Körper, genauer ein Polyeder, dessen Grundfläche ein Polygon ist und dessen Seitenflächen Dreiecke sind, die einerseits dem Polygon benachbart sind und die sich andererseits in einem Punkt, der sogenannten Spitze der Pyramide, treffen. Das Polygon heißt auch Grundfläche der Pyramide. Die Dreiecke bilden zusammen die Mantelfläche der Pyramide.

Von einem ausgezeichneten Punkt, der Pyramidenspitze, geht ein Strahlenbüschel aus, dessen Strahlen eine Ebene in den Eckpunkten der Grundfläche der Pyramide schneiden. Mit vier Strahlen einer bestimmten Neigung im Raum erhält man beispielsweise eine quadratische Grundfläche und bildet so die Quadratpyramide. Man kann die Konstruktion auch mit einer beliebigen Grundfläche eines Vielecks der Ebene beginnen und einen Punkt außerhalb dieser Ebene wählen, der dann die Pyramidenspitze wird. Indem man jeden Eckpunkt der Grundfläche mit der Spitze verbindet, entsteht das erwähnte Strahlenbüschel. Die Punkte jeder einzelnen Grundflächenkante sind über die Dreiecksfläche mit der Pyramidenspitze verbunden.

5.9.1.2 Geometrischer Grundkörper „Pyramidenstumpf", geometrische Beschreibung

Ein Pyramidenstumpf ist ein Begriff aus der Geometrie, der einen speziellen Typ von Polyedern beschreibt. Ein Pyramidenstumpf entsteht dadurch, dass man von einer Pyramide parallel zur Grundfläche eine kleinere, ähnliche Pyramide (Ergänzungspyramide) abschneidet.

Die beiden parallelen Flächen eines Pyramidenstumpfes sind zueinander ähnlich. Die größere dieser beiden Flächen bezeichnet man als Grundfläche, die kleinere als Deckfläche. Den Abstand zwischen Grund- und Deckfläche nennt man die Höhe des Pyramidenstumpfes.

5.9.2 Grundkörper „Pyramidenstumpf" aus einer Rechteckfläche

Die Lernsituation beschreibt die grundsätzliche Erstellung eines Grundkörpers **Pyramide**, der über eine skizzierte Rechteckfläche mit Hilfe der Funktion **Extrusion**, Option **Formschräge** ausgetragen wird.

Der Skizzen-Konstruktionsbefehl ist **Rechteck über Mitte**.

5.9.2.1 „Rechteck über Mitte", der Eingabeverlauf

 Neu / Vorlagendatei **SE2019-Engelke.par** / **OK**

 Rechteck über Mittelpunkt (Multifunktionsleiste **Home**)
Klicken Sie auf den Schnittpunkt der Achsen und wählen Sie die gelbgefärbte Rechteckfläche auf **XY-Ebene** um die Mitte des Rechtecks (1) zu definieren.

Klicken Sie die Maße, des Rechtecks auf ca. **120 x 120** mm (2).

 Neu

 Rechteck über Mittelpunkt

 QuickPick

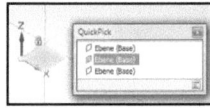

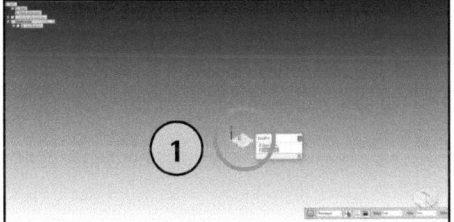

5.9.2.2 Pyramidenform über Extrusion mit Formschräge, Vorbemerkungen

Mit den Befehlen **Extrusion** und **Fläche** (Extrusion) können Sie einen Formschrägewinkel oder eine Wölbung zu den Teilflächen des Formelements zuweisen, die durch Skizzenelemente definiert werden.

Sie definieren die Formschräge- oder Wölbungseigenschaften für ein Formelement mit Hilfe des Schritts **Behandlung** in der Befehlsleiste. Sie können die Optionen **Keine Behandlung** (3), **Formschräge** (4) und **Wölbung** (5) im Schritt **Behandlung** verwenden, um festzulegen, welche Behandlungsoption Sie verwenden wollen.

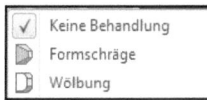

Wenn Sie die Option **Formschräge** in der Befehlsleiste wählen, werden der Befehlsleiste Optionen hinzugefügt, damit Sie den gewünschten Winkel und die Richtung für die Formschräge definieren können. Sie können die Schaltfläche **Umdrehen** in der Befehlsleiste verwenden, um die gewünschte Formschräge-Richtung zu definieren. Neben dem Formelement wird eine Grafik eingeblendet, um Ihnen bei der Zuweisung der Formschräge zu helfen.

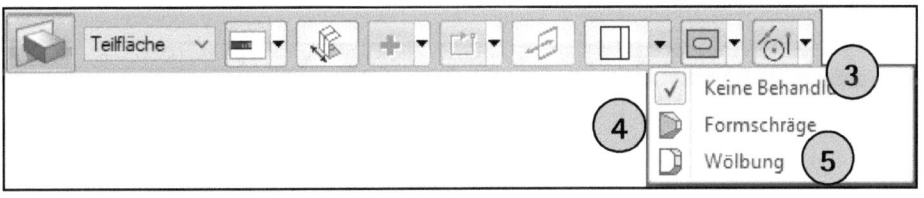

Extrusion

✓	Keine Behandlung
	Formschräge
	Wölbung

5.9.2.3 Pyramidenform über Extrusion mit Formschräge, Vorbemerkungen

Extrusion (Multifunktionsleiste Home)

Legen Sie in der Befehlsleiste die Option **Teilfläche** fest.
Positionieren Sie den Mauszeiger innerhalb eines Skizzenbereichs.
Klicken Sie, wenn der Bereich hervorgehoben wird (6).
Akzeptieren Sie die Auswahl, indem Sie mit der rechten Maustaste klicken.
Wählen Sie im Feld **Behandlung** die Option **Formschräge** (7),
Winkel **15°** (8).
Definieren Sie das präzise Abmaß, indem Sie in das dynamischen Eingabefeld in der Nähe Ihres Mauszeigers den Wert **75** mm eingeben (9),
Extrusionsoption **nicht symmetrisches Abmaß** (10).
Drücken Sie die **Eingabetaste**.
Schließen Sie das Formelement ab, indem Sie mit der rechten Maustaste im freien Raum klicken.

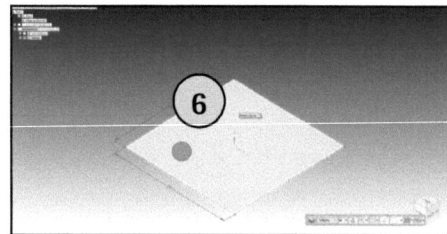

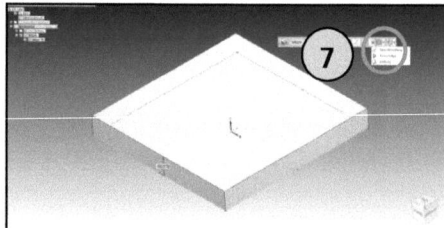

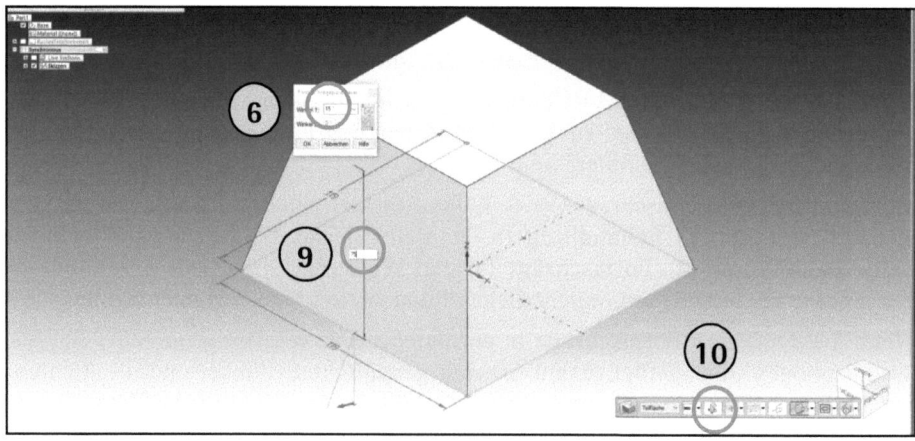

5.9.2.4 Datensicherung

Speichern
unter

Speichern unter / Namen nach Wahl eingeben / Speichern

5.9.3 Grundkörper Pyramide
über „Extrusion" und Option „Formschräge"

 Neu / Vorlagendatei **SE2019-Engelke.par** / **OK**

 Rechteck über Mittelpunkt (Multifunktionsleiste **Home**)
Klicken Sie auf den Schnittpunkt der Achsen und wählen Sie die gelbgefärbte Rechteckfläche auf **XY-Ebene** um die Mitte des Rechtecks (1) zu
definieren.

Klicken Sie die Maße, des Rechtecks auf ca. **120 x 120** mm (2).

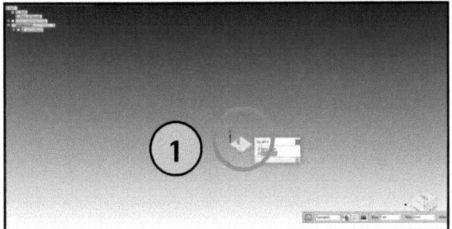
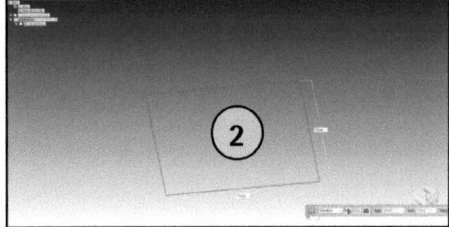

 Extrusion (Multifunktionsleiste **Home**)
Legen Sie in der Befehlsleiste die Option **Teilfläche** fest.
Positionieren Sie den Mauszeiger innerhalb eines Skizzenbereichs.
Klicken Sie, wenn der Bereich hervorgehoben wird (6).
Akzeptieren Sie die Auswahl, indem Sie mit der rechten Maustaste klicken.

Wählen Sie im Feld **Behandlung** die Option **Formschräge**,
Winkel **45°** (3).

Extrusionsoption **nicht symmetrisches Abmaß**.
Ziehen Sie die Höhe bis sich eine Spitze bildet (4).

Drücken Sie die **Eingabetaste**.
Schließen Sie das Formelement ab, indem Sie mit der rechten Maustaste im
freien Raum klicken.

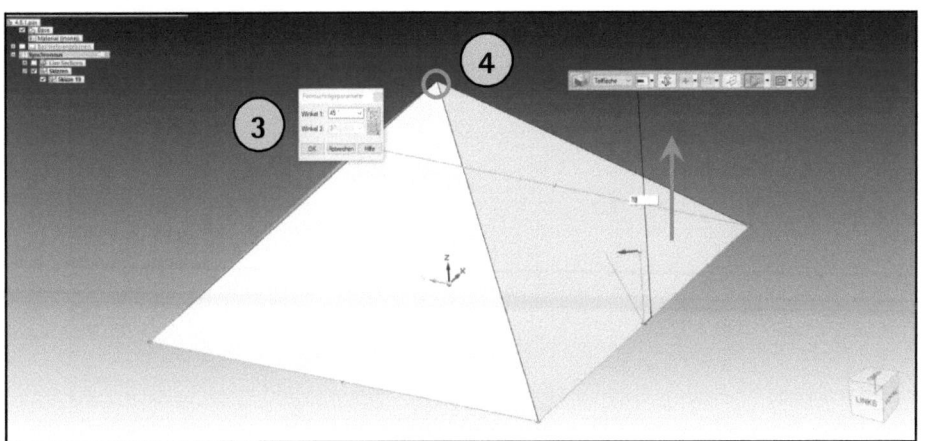

 Neu

 Rechteck über
Mittelpunkt

 QuickPick

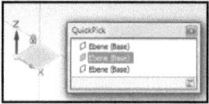

 Extrusion

✓	Keine Behandlung
▷	Formschräge
▷	Wölbung

6

Siemens
Solid Edge 2019
Synchronous Technology

Abgesetzte Zylinder, Wellenelemente

6 Abgesetzte Zylinder, Wellenelemente

6.1 Abgesetzter Zylinder über Skizze mit Maßangabe

6.1.1 Mit Gittern arbeiten

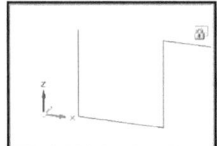

Das Gitter ist ein Werkzeug, das Ihnen das Zeichnen und Ändern von Elementen relativ zu bekannten Positionen im Arbeitsfenster erleichtert. Es zeigt eine Reihe sich überschneidender Linien oder Punkte sowie x- und y-Koordinaten an, mit deren Hilfe Sie 2D-Elemente präzise zeichnen können.

Sie können das Gitter mit allen Skizzen-, Bemaßungs- und Beschriftungsfunktionen verwenden. Es funktioniert auch mit IntelliSketch und dem Befehl „Auswählen".

Sie können die Gitterfunktion verwenden um Elemente an bekannten Positionen zeichnen, Elemente mit bekannten Abständen zueinander zeichnen undAusrichten von Bemaßungen und Beschriftungen, indem Sie Gitterpunkte oder Gitterlinien fangen.

Wenn Sie die Option Gitter anzeigen aktivieren, wird das Gitter beim Erstellen und Ändern von 2D-Elementen immer eingeblendet.

6.1.1.1 Gitter in der Umgebung „Synchronous"

Das Gitter steht zum Zeichnen und Bearbeiten von 2D-Elementen zur Verfügung sowie zum Hinzufügen von 2D-Bemaßungen und -Beschriftungen.

Die Sichtbarkeit des Gitters ist in der Draft-Umgebung und den Synchronous Modellierumgebungen unterschiedlich. In Draft ist das eingeschaltete Gitter immer sichtbar. Bei der Synchronous Modellierung ist das Gitter erst dann sichtbar, wenn Sie eine Skizzenebene sperren.

In der 3D-Umgebung zeigt das Gitter eine Reihe sich überschneidender Linien oder Punkte sowie Ausrichtungslinien an, die Sie beim horizontalen und vertikalen Zeichnen in Bezug auf Teilkanten und Modellteilflächen unterstützen. Mit den angezeigten x- und y-Koordinaten, die in Bezug zu einem Ursprungspunkt stehen, den Sie an einer beliebigen Stelle im Fenster positionieren können, unterstützt das Gitter Sie außerdem beim präzisen Zeichnen.

Beim Bewegen des Mauszeigers wird der horizontale und vertikale Abstand zwischen der Mauszeigerposition und dem Ursprungspunkt dynamisch angezeigt und aktualisiert.

6.1.2 Gitternetzoptionen

Der Befehl **Gitteroptionen** ruft das Dialogfeld **Gitteroptionen** auf, damit Sie folgende Einstellungen vornehmen können:

Gitter aktivieren oder deaktivieren.

Ausrichtungslinien ein- und ausschalten.

Gitter ein- und ausschalten.

Koordinatenanzeige aktivieren und deaktivieren.

Gittererscheinung, Linienfarbe sowie Haupt- und Nebenlinienabstand.

Der Aufruf erfolgt über die Multifunktionsleiste **Skizzieren** (1).

6.1.2.1 Gitteroptionen, Einstellungen

 Gitteroptionen (Multifunktionsleiste **Skizzieren**)

Gitter-
Optionen

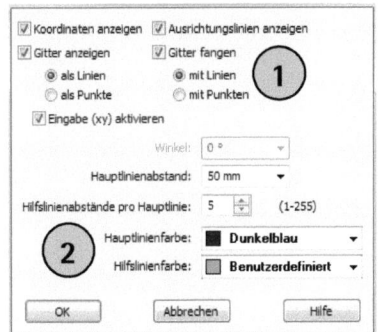

Einstellungen:

Koordinaten anzeigen

 Gitter anzeigen als Linien
Ausrichtungslinien anzeigen

 Gitter fangen mit Linien (1)

Hauptlinienabstand: **50** mm

Hilfslinienabstand: **5** mm

Hauptlinienfarbe: **Dunkelblau**

Hilfslinienfarbe: **Benutzer-
definiert** (2)

XY Die Aktivierung **Eingabe (xy)**
braucht nicht aktiviert werden.

6.1.2.2 Tastatureingabe für Gitterfunktionen

Beim Arbeiten mit Gittern können Sie folgende Tastenkürzel verwenden:

F8	Gitter an der aktuellen Mauszeigerposition neu positionieren.
F9	Gitter fangen ein- und ausschalten.
F12	Gitterursprungspunkt auf Null zurücksetzen.
ALT+X	Eingabefelder für x- und y-Koordinatenwerte mit dem Mauszeiger im Feld für den x-Wert anzeigen.
ALT+Y	Eingabefelder für x- und y-Koordinatenwerte mit dem Mauszeiger im Feld für den y-Wert anzeigen.

Lernsituation VII

Abgesetzter Zylinder
über eine Linienkonstruktion,
mit Maßeintragungen

Beschreibung:

Die Lernsituation beschreibt die grundsätzliche Erstellung abgesetzter Zylinder über eine Linienkonstruktion mit Maßeintragungen mit Hilfe der Modell-Funktion „Rotation" ausgetragen.

Die Geometriedaten, Maße für die Länge der Strecken, werden während der Skizzenkonstruktion definiert, der Konstruktionsbefehl ist „Linie" für die Skizze und „Rotation" für den Drehkörper.

6.2 Abgesetzter Zylinder über eine Linienkonstruktion, mit Maßeintragungen

6.2.1 Abgesetzter Zylinder über eine Linienkonstruktion, die Erstellung

6.2.1.1 Abgesetzter Zylinder, Geometrievorgaben

- Hauptzylinder mit Ø **40** mm
  Länge **40** mm.
- Aufgesetzter Zylinder,
  Ø **20** mm
  Länge **20** mm.

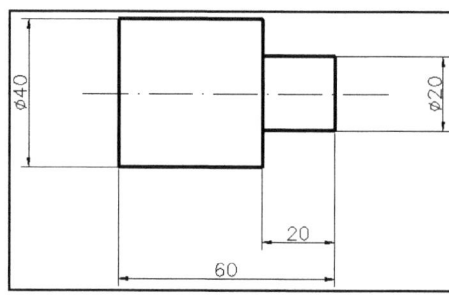

6.2.1.2 Eine geschlossene Rotationsfläche über Linien

Neu / Vorlagendatei **SE2019-Engelke.par** / OK

QuickPick / Ebene **Rechts (YZ)**, Achsenkreuz Mittelpunkt klicken

Linie (Multifunktionsleiste **Home** oder **Skizzieren**)

Bewegen Sie den Mauszeiger auf dem Blatt oder im Fenster. Die aktuellen x- und y-Koordinaten relativ zum Ursprung werden neben dem Mauszeiger angezeigt (2).
Klicken Sie, wenn sich der Mauszeiger an der Stelle befindet, an der die Linie beendet werden soll. Anzeige in der Befehlsleiste:

Linie 1 (1):

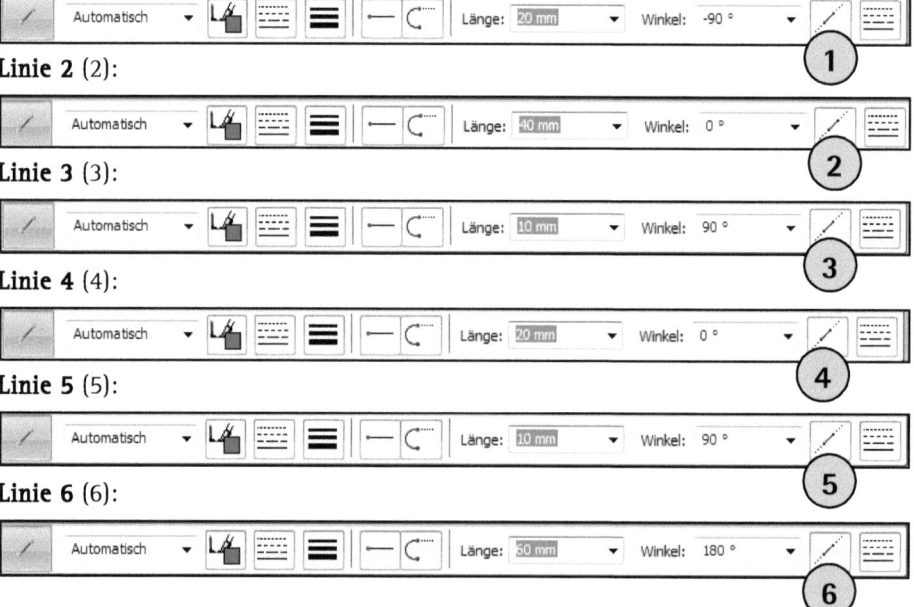

Linie 2 (2):

Linie 3 (3):

Linie 4 (4):

Linie 5 (5):

Linie 6 (6):

Neu

QuickPick

Linie

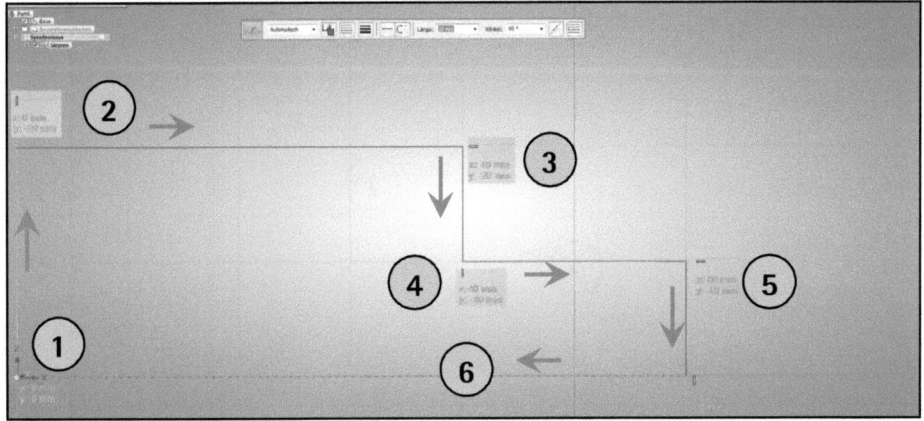

Schließen Sie die Erstellung der Rotationsfläche mit der **ESC**-Taste.

 SmartDimension (Multifunktionsleiste **Home**)
Tragen Sie die gezeigten Maße an.

 Smart
Dimension

6.2.1.3 Rotationserstellung der abgesetzten Welle

 Auswählen (Multifunktionsleiste **Home**)
Klicken Sie in die erstellte Halbkreisfläche und akzeptieren Sie die Auswahl mit einem Klick auf die rechte Maustaste (7).

Klicken Sie in der Befehlsleiste die Option **Rotationausprägung** (8).

Stellen Sie den Mauszeiger auf den Ursprung des Rotationsziehpunktes und klicken Sie, um ihn auszuwählen.
Ziehen Sie den Rotationsziehpunkt auf das Skizzenelement, das Sie als Rotationsachse verwenden wollen und klicken Sie (9).
Klicken Sie auf den Ring des Rotationsziehelements.

Wählen Sie aus der Befehlsleiste die Rotationsoption **360°**.

Die Option **Live Section** ist aktiviert.
Schließen Sie das Formelement ab, indem Sie mit der rechten Maustaste im freien Raum klicken (10).

 Auswählen

 Rotation

 Rotation

 Rotations-
Ziehpunkt

 Vollkreis
360°

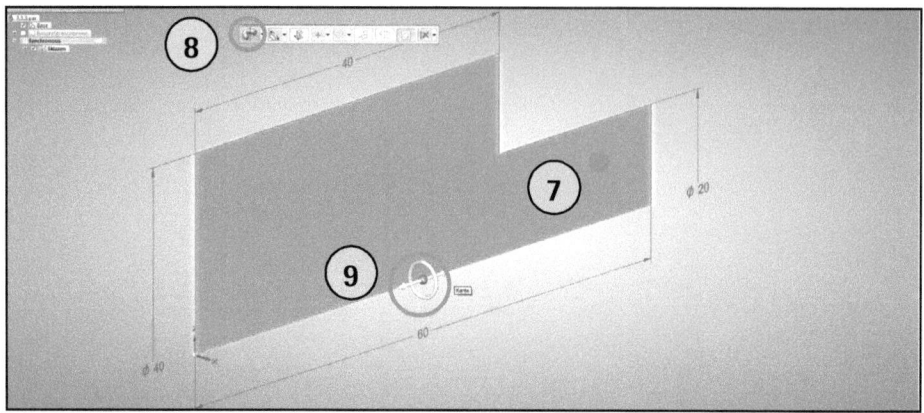

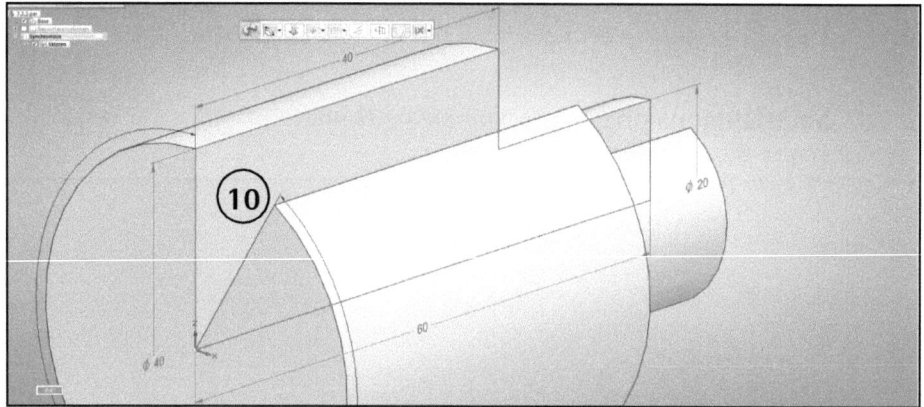

6.2.2 Farbzuweisungen für Bauteile, Material über „Teil färben"

6.2.2.1 Anpassen der Darstellung

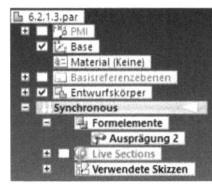

- Schalten Sie die Maßdarstellung über **PMI**-Deaktivierung im **Pathfinder** aus.
- Schalten Sie die **LiveSection** über Deaktivierung im **Pathfinder** aus (11).
- Ändern Sie die Formatvorlage **3D-Ansicht**, entsprechend der Darstellung, über:

  Multifunktionsleiste **Ansicht**/Register **Formatvorlage**/

  Funktion **Formatvorlage/3D-Ansicht**

  Einträge: **Textur**, **Schatten** und **Spiegelung** deaktiviert,

  Einträge: **Silhouetten**, **Reflexionen**, **hohe Qualität** und **Strukturen** aktiviert(12).

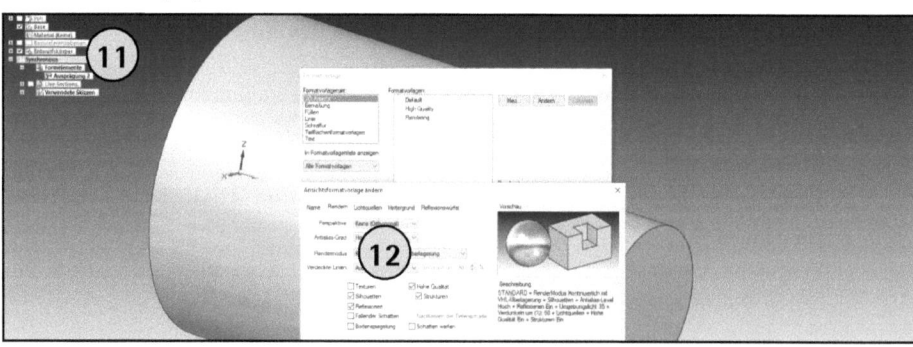

6.2.2.2 Materialzuweisung „Gold" über „Teil färben"

Teil färben (Multifunktionsleiste **Ansicht**)

Klick in das Feld **Auswählen**, Auswahl **Körper** (13)

Klick in das Feld **Formatvorlage**, Auswahl **Gold** (Beispiel) (14)

Model anklicken, Färbung wird vergeben (15) / **Schließen**

 Teil färben

6.2.2.3 Datensicherung

Speichern unter / Namen nach Wahl eingeben / **Speichern**

 Speichern unter

Lernsituation VIII

Abgesetzter Zylinder mit Innenbohrungen über Skizze, mit Maßeintragungen

Beschreibung:

Die Lernsituation beschreibt die grundsätzliche Erstellung abgesetzten Zylinders über eine Linienkonstruktion mit Maßeintragungen auf dem eingerichteten 3D-Arbeitsbereich, XZ-Arbeitsebene, mit Hilfe der Modell-Funktion „Rotation" ausgetragen.

Die Geometriedaten, Maße für die Länge der Strecken, werden während der Skizzenkonstruktion definiert, der Konstruktionsbefehl ist „Linie" für die Skizze und „Rotation" für den Drehkörper.

6.3 Abgesetzter Zylinder mit Innenbohrung, über Skizze, mit Maßangabe

6.3.1 Abgesetzter Zylinder mit Innenbohrung, die Erstellung

6.3.1.1 Abgesetzter Zylinder mit Innenbohrung, die Basisgeometrie

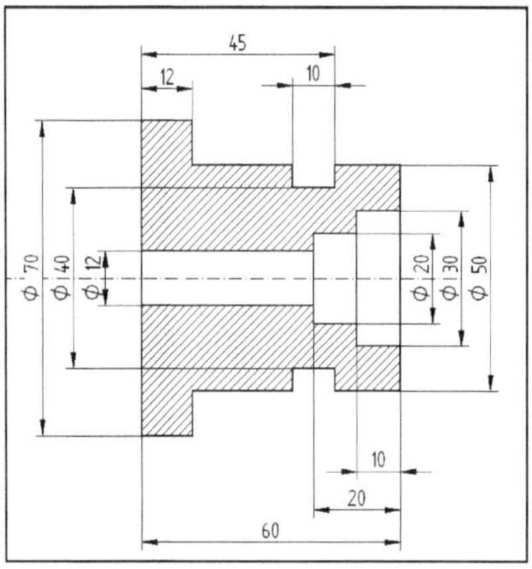

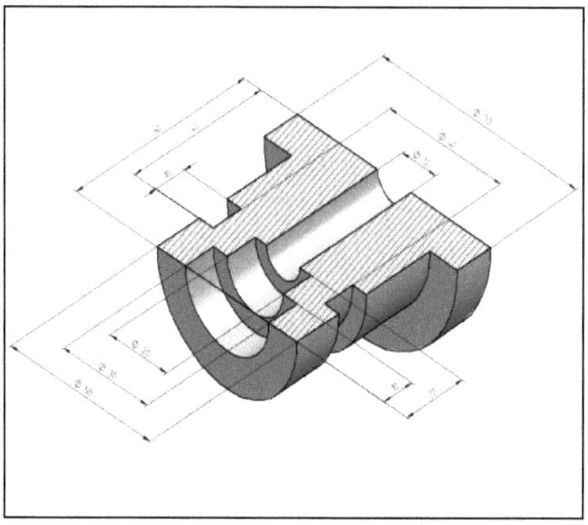

6.3.1.2 Eine geschlossene, äußere Rotationsfläche über Linien

Neu

QuickPick

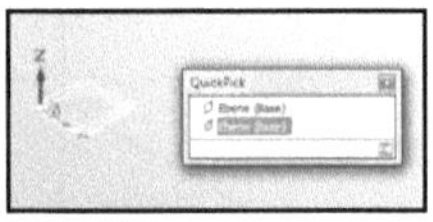

Linie

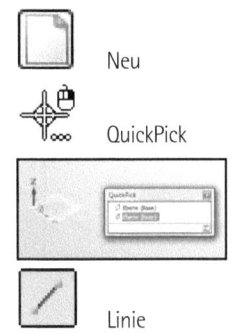

Neu / Vorlagendatei **SE2019-Engelke.par** / **OK**

QuickPick / Ebene **Oben (XY)**

Achsenkreuz Mittelpunkt klicken

Linie (Multifunktionsleiste **Home** oder **Skizzieren**)

Linie 1 (1):

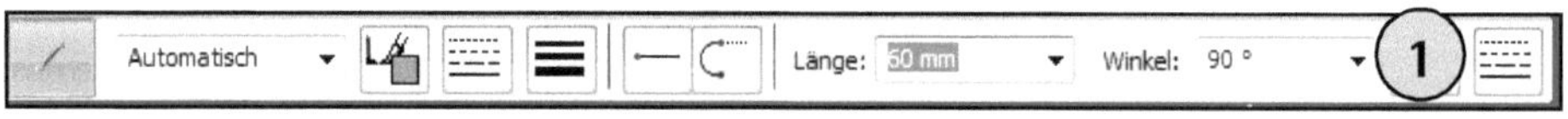

Linie 2 (2):

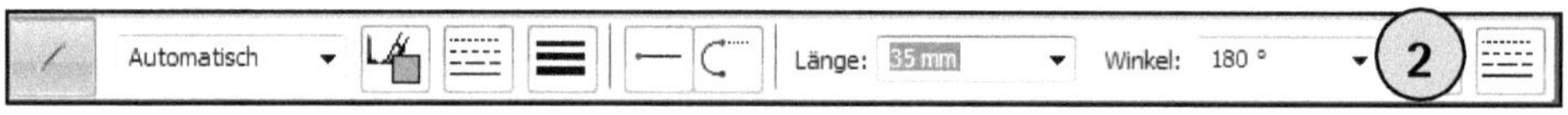

Linie 3 (3):

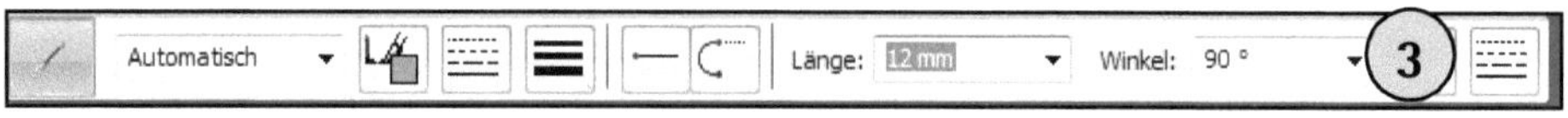

Linie 4 (4):

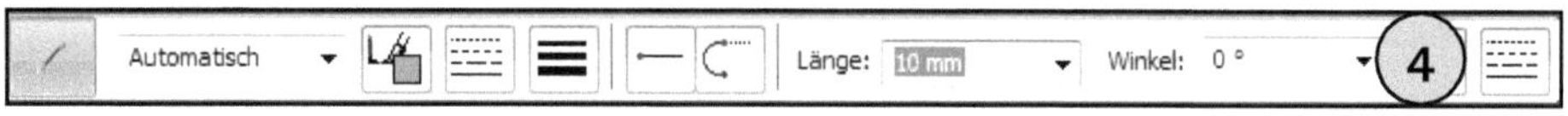

Linie 5 (5):

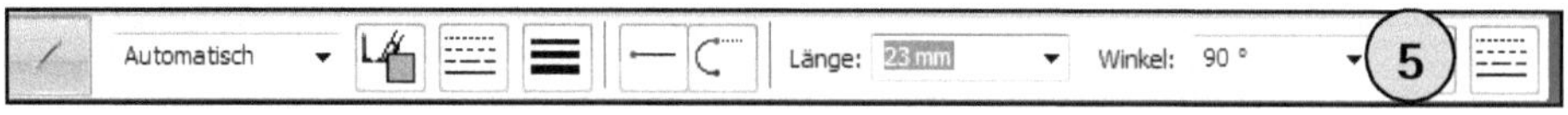

Linie 6 (6):

| / | Automatisch ▾ | ⬙ | ⬚ | ≡ | — ⌒ | Länge: 5 mm ▾ | Winkel: 0 ° ▾ | ⑥ | ⬚ |

Linie 7 (7):

| / | Automatisch ▾ | ⬙ | ⬚ | ≡ | — ⌒ | Länge: 10 mm ▾ | Winkel: 90 ° ▾ | ⑦ | ⬚ |

Linie 8 (8):

| / | Automatisch ▾ | ⬙ | ⬚ | ≡ | — ⌒ | Länge: 5 mm ▾ | Winkel: 180 ° ▾ | ⑧ | ⬚ |

Linie 9 (9):

| / | Automatisch ▾ | ⬙ | ⬚ | ≡ | — ⌒ | Länge: 15 mm ▾ | Winkel: 90 ° ▾ | ⑨ | ⬚ |

Linie 10 (10):

| / | Automatisch ▾ | ⬙ | ⬚ | ≡ | — ⌒ | Länge: 25 mm ▾ | Winkel: 0 ° ▾ | ⑩ | ⬚ |

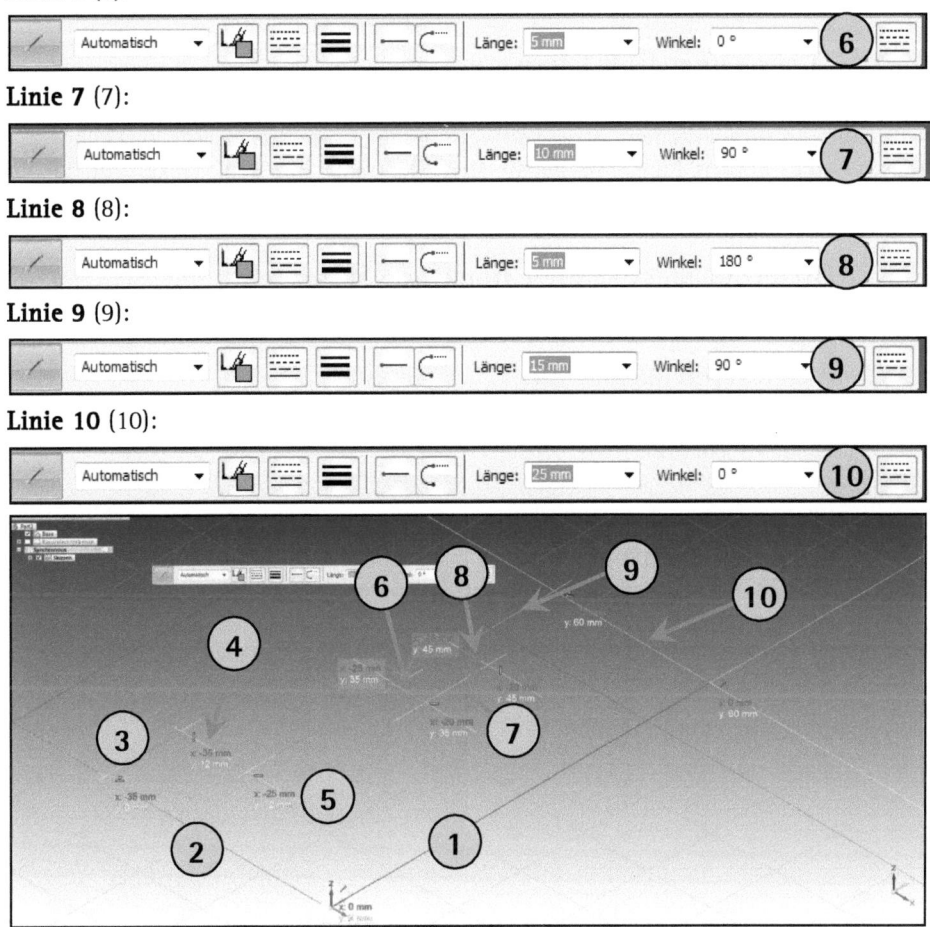

Schließen Sie die Erstellung der Rotationsfläche mit der **ESC-Taste**.

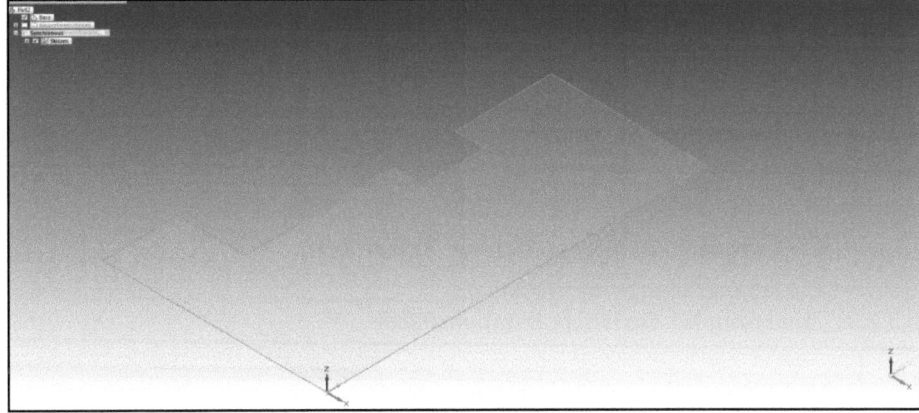

6.3.2   Eine geschlossene, innere Rotationsfläche über Offset und Linien

6.3.2.1   Linien-Offset der Rotationsachse

Der Befehl **Offset** zeichnet eine versetzte Kopie eines zweidimensionalen Elements oder eines kontinuierlichen Satzes von verbundenen zweidimensionalen Elementen. Dieser Befehl kopiert Elemente, behält aber Merkmale wie den Winkel von Linien und den Mittelpunkt von Bögen und Kreisen bei.

 Offset

 Akzeptieren

 Seite bestimmen

 Offset (Multifunktionsleiste **Home** oder **Skizzieren**)

Klicken Sie auf die Rotationsachse, die Sie versetzen möchten (11).

 Akzeptieren (Befehlsleiste)

Geben Sie in der Befehlsleiste den Offsetabstand **6** mm für die gewählten Elemente ein (12).

 Klicken Sie in der Befehlsleiste auf die Schaltfläche **Seite bestimmen**, und Auswahl **Einzeln**.

Klicken Sie, um die Richtung zu definieren, in der die Elemente versetzt werden sollen (13).

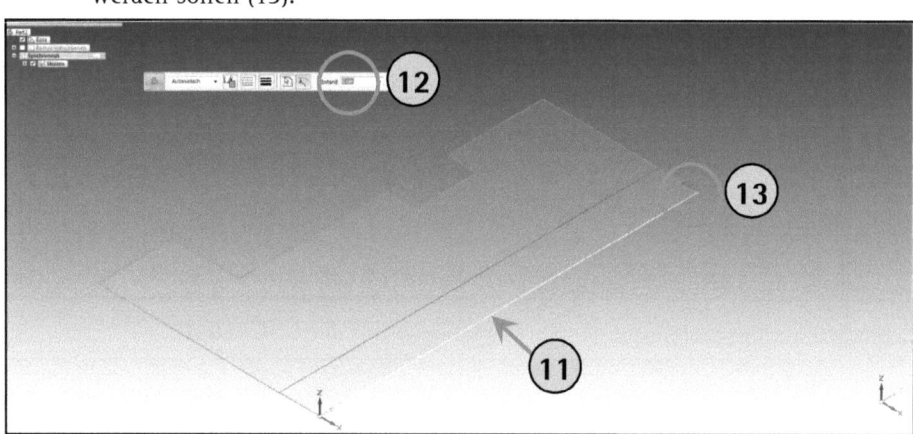

6.3.2.2   Linienstart mit XY-Eingabe

Aktivieren Sie:

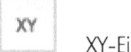 XY-Eingabe

 XY-Eingabe (Multifunktionsleiste **Skizzieren**)

6.3.2.3   Linienzug für die innere Rotationsfläche

Linie

 Linie (Multifunktionsleiste **Home** oder **Skizzieren**)

Geben Sie den Startpunkt für die Innenvolumen-Linie ein:

X: **6** mm / Y: **40** mm (14)

Erstellen Sie den weiteren Linienverlauf Linie **1** bis Linie **5**, entsprechend der gezeigten Befehlsleiste. Schließen Sie die Erstellung des Linienzugs für die innere Rotationsfläche mit der **ESC**-Taste.

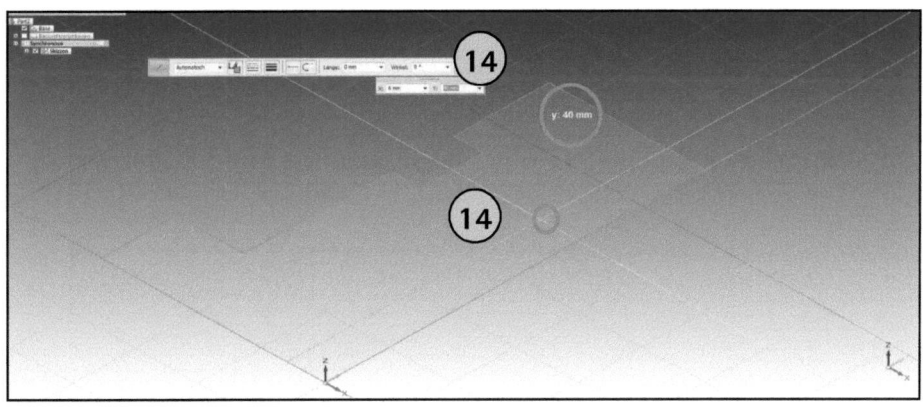

Linie 2 (15):

Linie 3 (16):

Linie 4 (17):

Linie 5 (18):

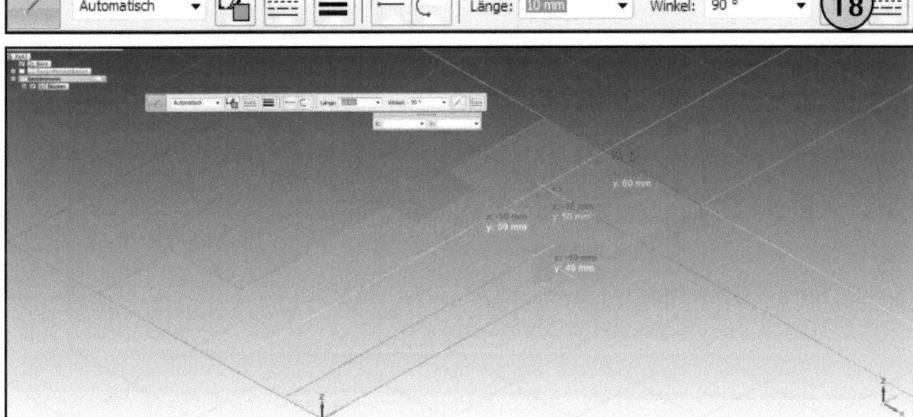

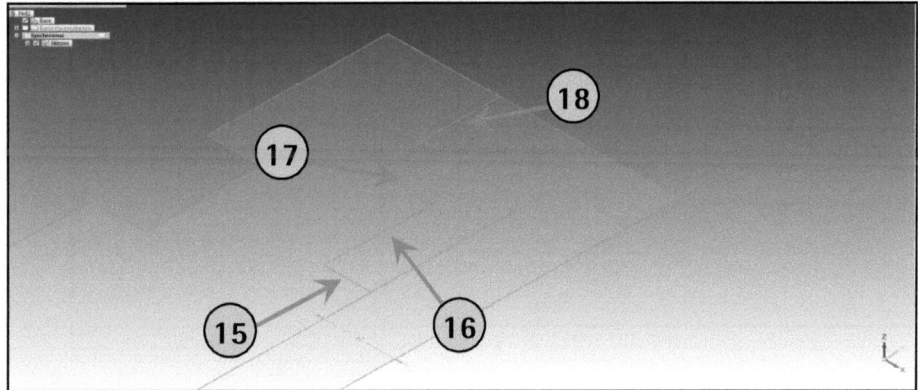

6.3.2.4 Bereinigung für die innere Rotationsfläche

 Trimmen

 Trimmen (Multifunktionsleiste **Home**)

Wählen Sie nacheinander die zu trimmenden Außenlinien. (19)
Die innere Rotationsfläche wird an der Konturlinie getrimmt (20).

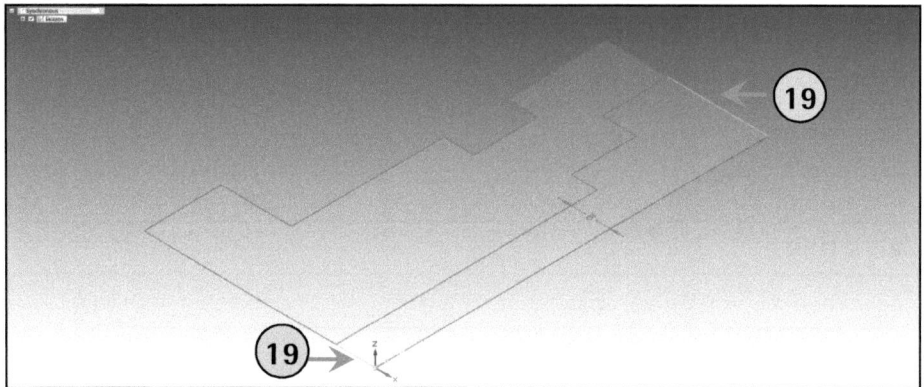

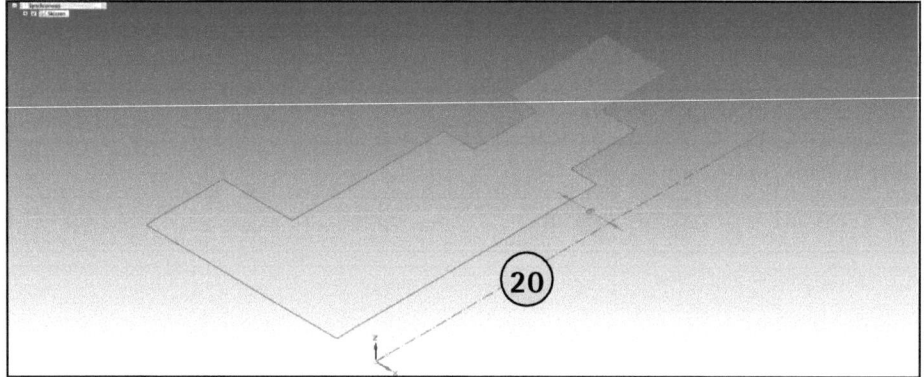

6.3.3 Maßeintragungen an der Rotationsfläche

 Smart-Dimension

 SmartDimension (Multifunktionsleiste **Home**)

Tragen Sie die gezeigten Maße an.

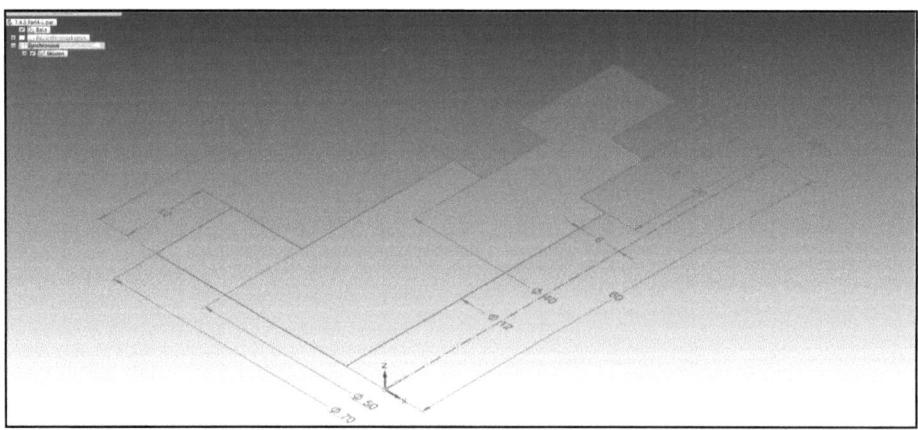

6.3.4 Rotationserstellung des abgesetzten Zylinders mit Innenbohrung

Auswählen (Multifunktionsleiste **Home**)

Klicken Sie in die erstellte Rotationsfläche und akzeptieren Sie die Auswahl mit einem Klick auf die rechte Maustaste (21).

Klicken Sie in der Befehlsleiste die Option **Rotationausprägung**.

Stellen Sie den Mauszeiger auf den Ursprung des Rotationsziehpunktes und klicken Sie, um ihn auszuwählen.

Ziehen Sie den Rotationsziehpunkt auf das Skizzenelement, das Sie als Rotationsachse verwenden wollen und klicken Sie (22).

Klicken Sie auf den Ring des Rotationsziehelements.

Wählen Sie aus der Befehlsleiste die Rotationsoption **360°** (23).

Die Option **Live Section** ist aktiviert.

Schließen Sie das Formelement ab, indem Sie mit der rechten Maustaste im freien Raum klicken (24).

 Auswählen

 Rotation

 Rotation

 Rotations-Ziehpunkt

Vollkreis 360°

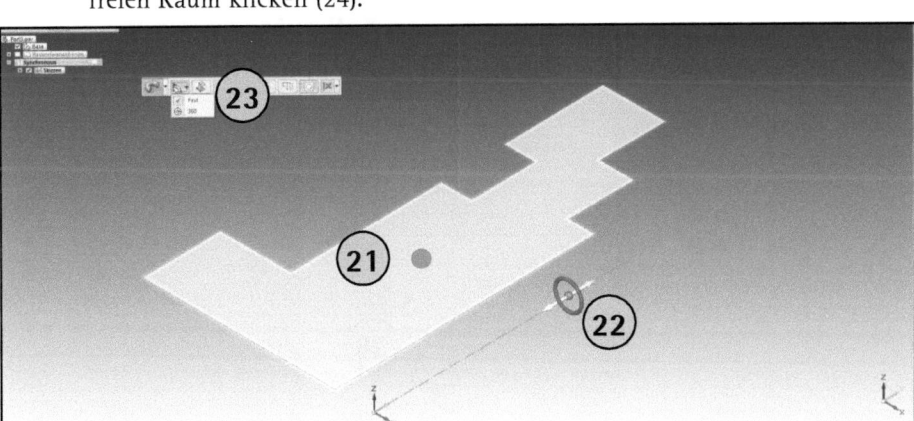

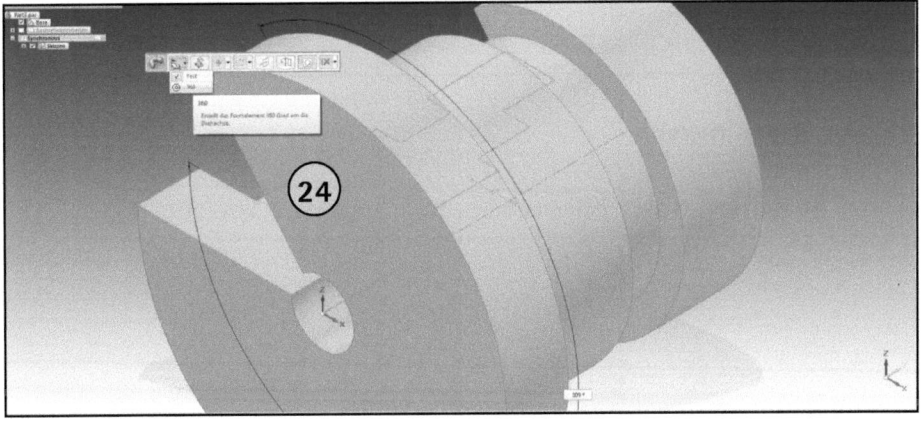

6.3.5 Materialzuweisungen über Materialtabelle, für Bauteile

6.3.5.1 Materialzuweisungen über Solid Edge-Materialtabelle, Vorbemerkungen

Die **Materialtabelle** von Solid Edge unterstützt mehrere Materialbibliotheken. Sie können ein Material einem Teil zuweisen und das Material und seine mechanischen Eigenschaften definieren. Diese Eigenschaften werden beim Berechnen der physischen Eigenschaften eines Teils oder einer Baugruppe verwendet.

6.3.5.2 Anpassen der Darstellung

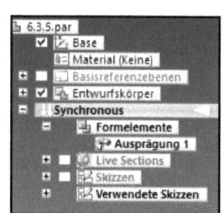

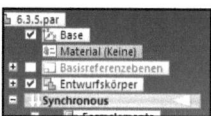

- Schalten Sie die Skizzendarstellung über Deaktivierung im **Pathfinder** aus.
- Schalten Sie die **LiveSection** über Deaktivierung im **Pathfinder** aus.

6.3.5.3 Materialzuweisungen über Solid Edge-Materialtabelle, Ausführung

- Aktivieren Sie, mit Doppelklick, den **Pathfinder**-Eintrag **Material** (25).
- Weisen Sie dem abgesetzten Zylinder mit Innenbohrung, über die Funktion **Materialtabelle**, das Material **Stahl-Nichtrostend** Werkstoffnummer **1.4401**, DIN-Material **X5CrNiMo17-12-2** aus der zusätzlichen Materialtabelle **SE2019-Engelke** zu (26).

Material-
tabelle

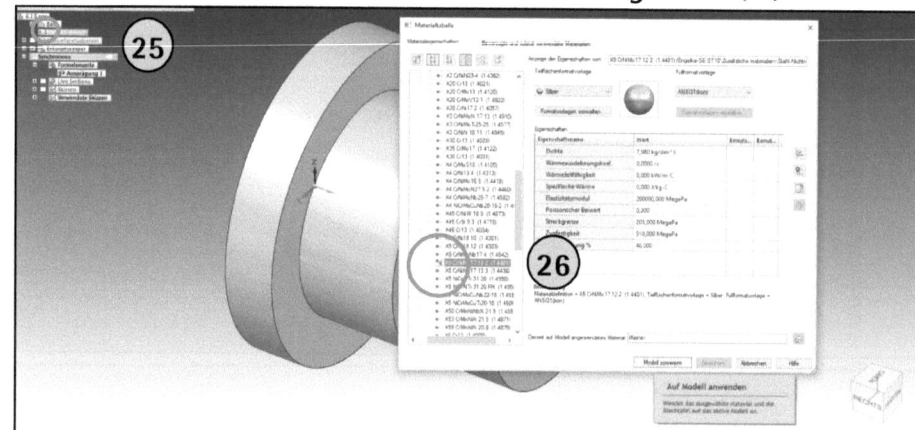

6.3.5.4 Datensicherung

Speichern unter / Namen nach Wahl eingeben / **Speichern**

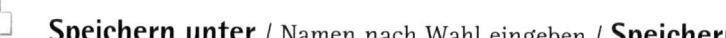

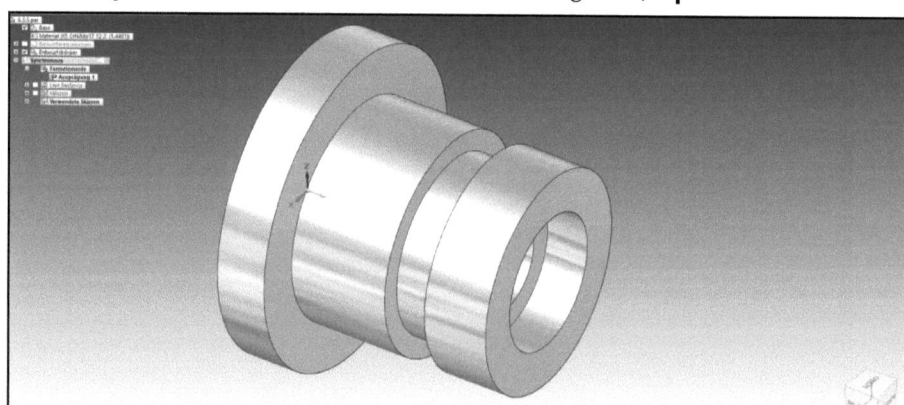

Speichern
unter

Lernsituation IX

Antriebswelle,
Bauteilerstellung über Grundkörper „Zylinder"

Beschreibung:

Die Lernsituation beschreibt die grundsätzliche Erstellung abgesetzter Zylinder mit dem Formelement „Zylinder".

Die Geometriedaten, Maße für die Länge der Strecken, werden während der Zylinderkonstruktion definiert.

6.4 Antriebswelle, Bauteilerstellung über Grundkörper „Zylinder"

6.4.1 Die Antriebswelle, Vorgaben für die Bauteilerstellung

6.4.1.1 Die Konstruktionsskizze für die Bauteilerstellung

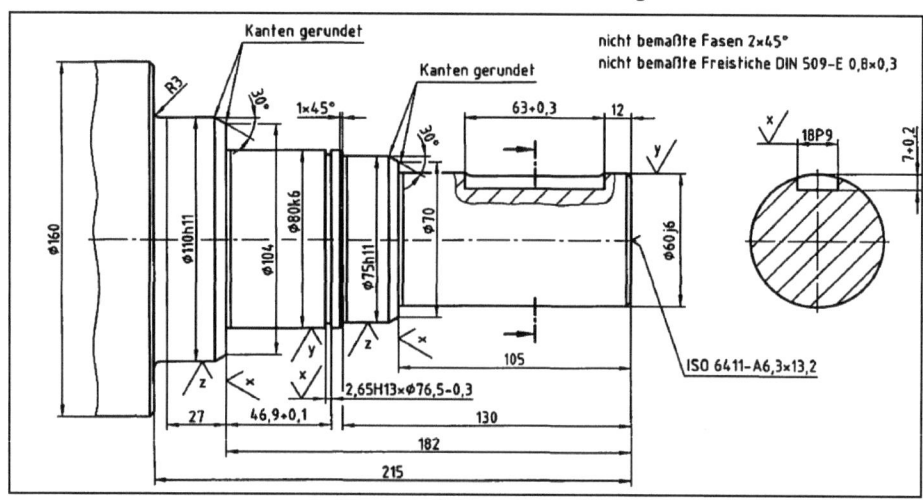

6.4.1.2 Antriebswelle, Geometrie-Vorgaben für die Bauteilerstellung

Der Grundkörper setzt sich aus mehreren Grundzylindern zusammen:

Zylinder 1: ⌀ **160** mm x **30** mm lang.
Zylinder 2: ⌀ **110** mm x **33** mm lang.
Zylinder 3: ⌀ **80** mm x **52** mm lang.
Zylinder 4: ⌀ **75** mm x **25** mm lang.
Zylinder 5: ⌀ **60** mm x **105** mm lang.

Rundungen und Fasen, die Nut für den Sicherungsring und die Passfedernut finden bei dieser Wellenkonstruktion keine Beachtung.

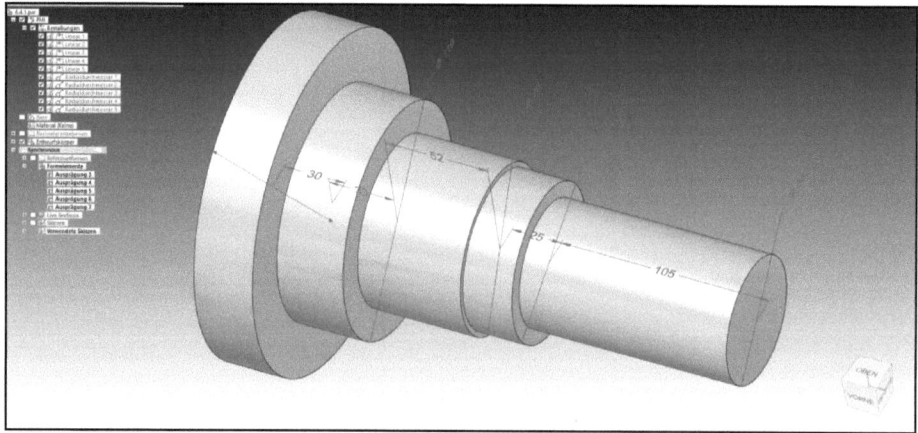

6.4.2 Die Antriebswelle, die Bauteilerstellung

6.4.2.1 Öffnen der eigenen Vorlagendatei

Anwendungsschaltfläche

Neu / Vorlagendatei **SE2019-Engelke.par** / **OK**

6.4.2.2 Grundkörper „Zylinder", über die Formelementfunktion „Zylinder", die Erstellung

Zylinder (Multifunktionsleiste **Home**)

Extrusionsoption **nicht symmetrisches Abmaß**

Legen Sie den Mauszeiger auf den Schnittpunkt der Achsen.

Klicken Sie die rechte Maustaste.

Wählen Sie aus der Kontextbox die Ebene die eine gelbgefärbte Rechteckfläche auf **YZ-Ebene** darstellt.

Sperren Sie, mit der Funktionstaste **F3**, diese Ebene (1).

Klicken Sie den Schnittpunkt der Achsen um die Mitte des Kreises (2) zu definieren.

Eingabe mit **Tastatur** in die bezeichneten Felder, ohne Mausbetätigung:

Durchmesser **160** mm (3).

Ziehen Sie die Zylinderhöhe auf **30** mm (4).

Schließen Sie die Erstellung mit der **ESC**-Taste (5).

Anwendungs-Schaltfläche

Neu

Zylinder

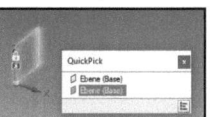

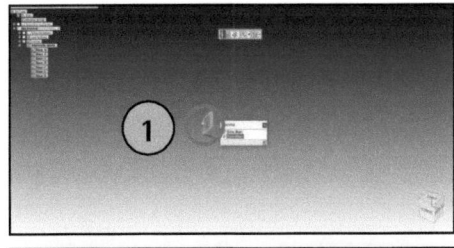

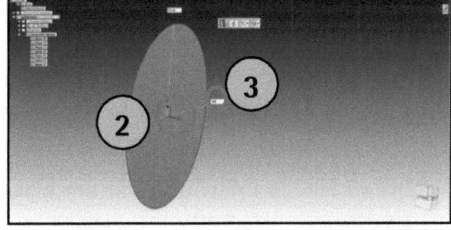

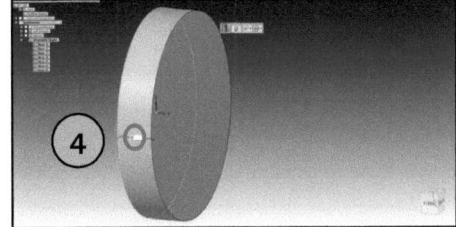

Zylinder

Zylinder (Multifunktionsleiste **Home**)

Sperren Sie, mit der Funktionstaste **F3**, diese Ebene (6).
Klicken Sie den Mittelpunkt dieser Zylinderfläche um die Mitte des Kreises zu definieren (7).

Eingabe mit **Tastatur** in die bezeichneten Felder, ohne Mausbetätigung:

Durchmesser **110** mm (8) / Zylinderhöhe auf **33** mm ziehen (9).

Schließen Sie die Erstellung mit der **ESC**-Taste (10).

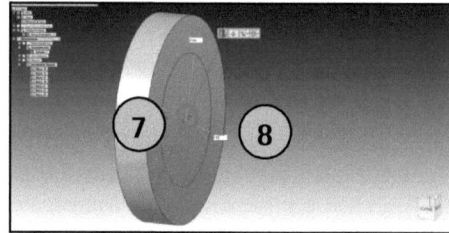
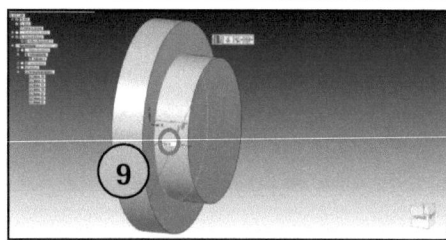

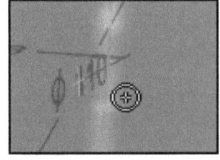
Zylinder

Zylinder (Multifunktionsleiste **Home**)

Sperren Sie, mit der Funktionstaste **F3**, diese Ebene (11).
Klicken Sie den Mittelpunkt dieser Zylinderfläche um die Mitte des Kreises zu definieren (12).

Eingabe mit **Tastatur** in die bezeichneten Felder, ohne Mausbetätigung:

Durchmesser **80** mm (13) / Zylinderhöhe auf **52** mm ziehen (14).

Schließen Sie die Erstellung mit der **ESC**-Taste (15).

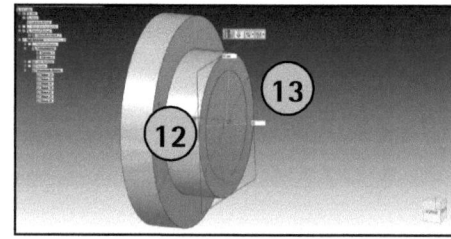
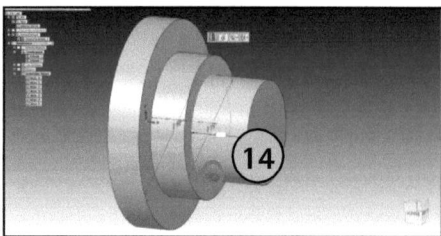
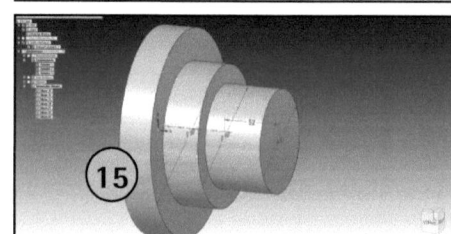

Zylinder (Multifunktionsleiste **Home**)

Zylinder

Sperren Sie, mit der Funktionstaste **F3**, diese Ebene (16).
Klicken Sie den Mittelpunkt dieser Zylinderfläche um die Mitte des Kreises zu definieren (17).

Eingabe mit **Tastatur** in die bezeichneten Felder, ohne Mausbetätigung:

Durchmesser **75** mm (18) / Zylinderhöhe auf **25** mm ziehen (19).

Schließen Sie die Erstellung mit der **ESC**-Taste (20).

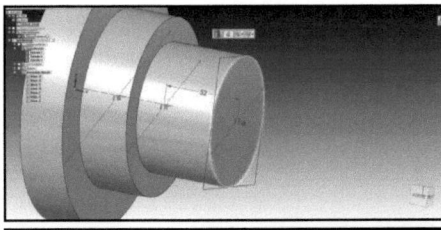 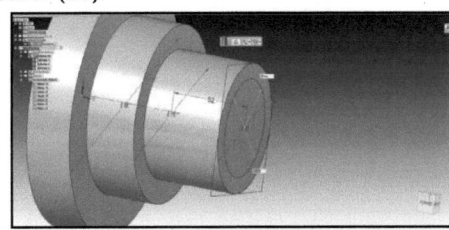

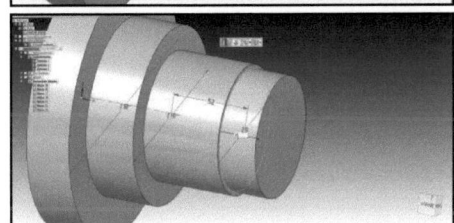 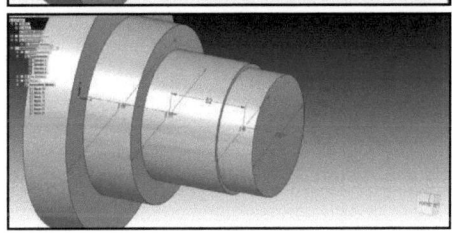

 Zylinder (Multifunktionsleiste **Home**)

Zylinder

Sperren Sie, mit der Funktionstaste **F3**, diese Ebene (21).
Klicken Sie den Mittelpunkt dieser Zylinderfläche um die Mitte des Kreises zu definieren (22).

Eingabe mit **Tastatur** in die bezeichneten Felder, ohne Mausbetätigung:

Durchmesser **60** mm (23) / Zylinderhöhe auf **105** mm ziehen (24).

Schließen Sie die Erstellung mit der **ESC**-Taste (25).

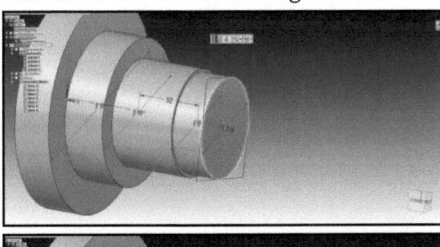 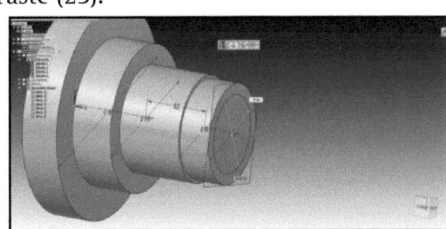

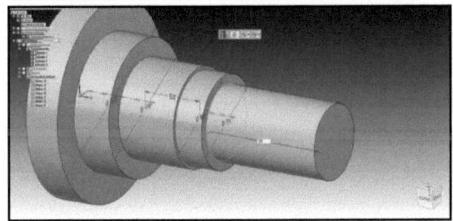 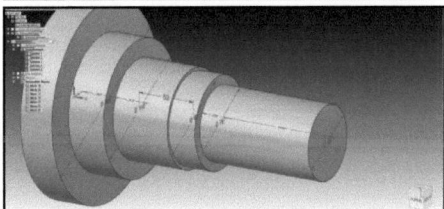

Speichern
unter

Material-
tabelle

6.4.2.3 Materialzuweisungen über Solid Edge-Materialtabelle, Ausführung

- Aktivieren Sie, mit Doppelklick, den **Pathfinder**-Eintrag **Material** (26).
- Weisen Sie der Antriebswelle, über die Funktion **Materialtabelle**, das Material **Stahl-Nichtrostend** Werkstoffnummer **1.4301**, DIN-Material **X5 CrNi18 10** aus der zusätzlichen Materialtabelle **SE2019-Engelke** zu (27).

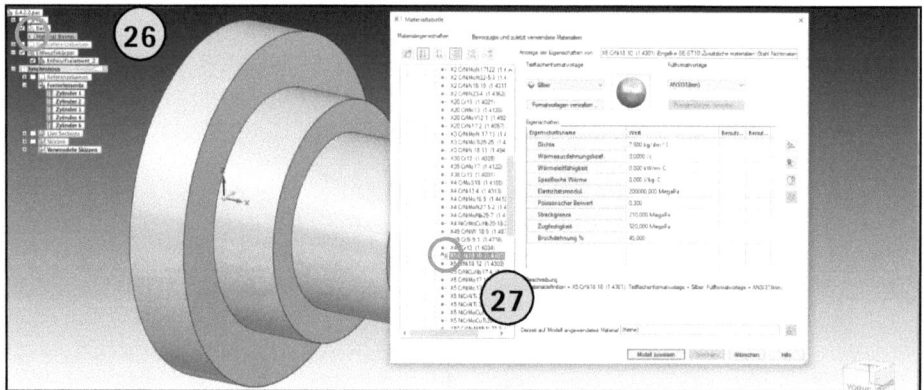

Speichern
unter

6.4.2.4 Datensicherung

Speichern unter / Namen nach Wahl eingeben / **Speichern**

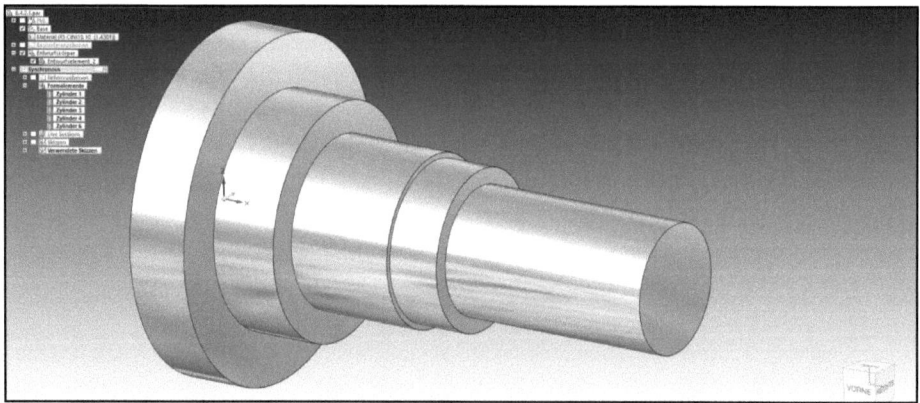

Lernsituation X

Antriebswelle,
Erstellung mit dem Wellen-Assistenten

Beschreibung:

Die Lernsituation beschreibt die grundsätzliche Erstellung einer Antriebswelle mit dem Wellen-Assistenten, einem in Solid Edge integrierten Erstellungsprogramm für Wellen.

Die Geometriedaten werden als Parameter in die Dialogfelder des Assistenten eingegeben und als Baugruppe und Bauteil automatisch generiert.

6.5 Antriebswelle, Bauteilerstellung über den Wellen-Assistenten

6.5.1 Die Konstruktionsassistenten „Engineering Reference"

6.5.1.1 Vorbemerkungen

Engineering Reference, die Konstruktionsassistenten, bieten eine Zusammenfassung des gesamten Wissens und sämtlicher Berechnungsformeln für die im KonstruktionsAssistenten enthaltenen Generatoren und Konstruktionsberechnungen. **Engineering Reference** ist eine wichtige Komponente der funktionellen Konstruktion. Er unterstützt Sie bei der Berechnung von Konstruktionen und Entscheidungen, sodass Sie Normkomponenten ermitteln und normbasierte Geometrie erstellen können.

Die Befehle im Konstruktions-Assistenten vereinfachen das Konstruktionsverfahren. Sie automatisieren die Auswahl und Geometrieerstellung, optimieren durch den Abgleich mit Konstruktionsanforderungen die Qualität der Erstkonstruktion und verbessern durch die Auswahl gleicher Komponenten für gleiche Aufgaben die Standardisierung. **Engineering Reference** stellt einen Satz Generatoren und Berechnungen zur Verfügung, mit denen mechanisch einwandfreie Komponenten automatisch durch Eingabe einfacher oder detaillierter mechanischer Attribute erstellt werden können.

Um Komponenten mit den Generatoren und Berechnungen des Konstruktions-Assistenten einzufügen, arbeiten Sie in der Baugruppen- oder Schweißumgebung. Klicken Sie auf der Multifunktionsleiste auf die Registerkarte **Extras / Engineering Reference**. Die verfügbaren Generator- und Berechnungsbefehle werden angezeigt. Generatoren und Berechnungen werden nach funktionalen Bereichen zusammengefasst, wie zum Beispiel alle Schweißkomponenten.

Sie verwenden Komponenten-Generatoren, um gewünschte Komponenten zu entwerfen. Sie können auch Berechnungen durchführen. Sie können die folgenden Engineering Reference -Generatoren verwenden:

Wellen-Assistent (Shaft Designer), **Nocken-Assistent** (Cam Designer), **Stirnrad-Assistent** (Spur Gear Designer), **Kegelrad- Assistent** (Bevel Gear Designer), **Schneckenrad-Assistent** (Worm Gear Designer), **Zahnstangen- und Ritzel-Assistent** (Rack and Pinion Gears Designer), **Rollenkettenräder-Assistent** (Sprocket Designer), **Druckfeder- Assistent** (Compression Spring Designer), **Zugfeder-Assistent** (Extension Spring Designer), **Zahnriemen-Assistent** (Synchronous Pulley Designer), **Keilriemen-Assistent** (Modul Pulleys Designer),

Zahnriemenscheiben-Assistent), **Trägermodell- Assistent** (Beam Designer) und **Säulenmodell-Assistent** (Columns Designer).

Für die technischen Berechnungen werden beim Konstruieren und Prüfen mechanischer Systeme die üblichen mathematischen Formeln und physikalischen Theorien verwendet.

6.5.1.2 Solid Edge Engineering Reference, die Assistenten

Engineering Reference ist ein neues auf Formeln und Berechnungen basierendes integriertes Entwicklungstool, speziell für den Maschinenbau.

Mit **Solid Edge Wellen-Assistent** können Sie ein Modell einer Welle konstruieren und erstellen. Mit diesem Modul können Sie außerdem eine 3D-Kraftanalyse der Welle durchführen.

 Wellen-Assistent

Mit **Solid Edge Nocken-Assistent** können Sie einen Nocken konstruieren und ein Nockenmodell erstellen. Sie haben außerdem die Möglichkeit die Leistung von Nocken in Form von Diagrammen zu analysieren.

 Nocken-Assistent

Mit dem Modul **Stirnrad-Assistent** können Sie Stirnräder konstruieren und deren Leistung analysieren. Sie haben die Möglichkeit, für externe und interne Zahnradgetriebe mit geraden Zähnen Bemaßungen zu berechnen und Festigkeitsberechnungen durchzuführen.

 Stirnrad-Assistent

Mit dem Modul **Kegelrad-Assistent** können Sie Kegelräder konstruieren und deren Leistung analysieren. Sie haben die Möglichkeit, für gerade Kegelräder Bemaßungen zu berechnen und Festigkeitsberechnungen durchzuführen.

 Kegelrad-Assistent

Mit dem Modul **Schneckenrad-Assistent** können Sie Schneckenräder konstruieren und deren Leistung analysieren. Sie haben die Möglichkeit, für gerade Schneckenräder Bemaßungen zu berechnen und Festigkeitsberechnungen durchzuführen.

 Schnecken-rad-Assistent

Mit dem Modul **Zahnstangengetriebe-Assistent** können Sie die aus Zahnstange und Ritzel bestehenden Paare konstruieren und erzeugen. Sie haben die Möglichkeit, die Abmessungen für runde und rechteckige Zahnstangengetriebe mit geraden Zähnen zu berechnen und Festigkeitsberechnungen durchzuführen.

 Zahnstangengetriebe-Assistent

Mit dem Modul **Kettenrad-Assistent** können Sie die standardmäßigen Rollenkettenräder auswählen und die Leistung analysieren. Sie haben die Möglichkeit, für unterschiedliche Kettentypen und deren Kettenräder Festigkeitsberechnungen durchzuführen.

 Kettenrad-Assistent

Mit dem Modul **Druckfeder-Assistent** können Sie Druckfedern konstruieren und deren Leistung analysieren. Sie haben die Möglichkeit, für unterschiedliche Druckfedertypen Bemaßungen zu berechnen und Festigkeitsberechnungen durchzuführen.

 Druckfeder-Assistent

Mit dem Modul **Zugfeder-Assistent** können Sie Zugfedern konstruieren und deren Leistung analysieren. Sie haben die Möglichkeit, für unterschiedliche Zugfedertypen Bemaßungen zu berechnen und Festigkeitsberechnungen durchzuführen.

 Zugfeder-Assistent

Mit dem Modul **Synchronous Zahnriemenscheiben-Assistent** können Sie den standardmäßigen Zahnriemen auswählen und die Leistung analysieren. Sie haben die Möglichkeit, für unterschiedliche Zahnriemen Basisabmessungen zu berechnen und Festigkeitsberechnungen durchzuführen. Dieses Modul gibt es auch in der Standard-Ausführung.

 Synchronous Zahnriemenscheiben-Assistent

Mit dem Modul **Träger-Assistent** können Sie ein Trägermodell konstruieren und erzeugen, außerdem können Sie eine Kraftanalyse an der Säule durchführen.

 Träger-Assistent

Mit dem Modul **Säulen-Assistent** können Sie ein Säulenmodell konstruieren und erzeugen, außerdem können Sie eine 3D-Kraftanalyse am Träger durchführen.

 Säulen-Assistent

6.5.2   Die Assistenten, eine Auswahl

6.5.2.1   Der Wellen-Assistent

Wellen-
Assistent

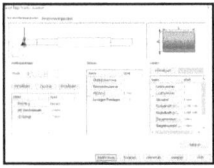

Mit den Solid Edge **Wellen-Assistent** können Sie ein Modell einer Welle konstruieren und erstellen. Mit diesem Modul können Sie außerdem eine 3D-Kraftanalyse der Welle durchführen.

Auf der Registerkarte **Konstruktionsparameter** definieren Sie die Parameter, die die Form der Welle bestimmen. In diesem Bereich werden auch die Parameter und das Material für die Kraftanalyse der Welle festgelegt.

Über die Registerkarte **Berechnete Ergebnisse** zeigen Sie die grafische Ausgabe und weitere zugehörige Ergebnisse an, die Informationen über das Verhalten der Welle enthalten.

Geben Sie zum Konstruieren der Welle über die Parameter auf der Registerkarte **Konstruktionsparameter** die Anzahl der Abschnitte und die Einzelheiten der einzelnen Abschnitte ein. Dies sind die Grundparameter für die Wellenkonstruktion. Wechseln Sie zur Registerkarte **Berechnete Ergebnisse** und klicken Sie auf die Schaltfläche **Berechnen**, um die Ergebnisse der aktuellen Konfiguration anzuzeigen.

6.5.2.2   Der Stirnrad-Assistent

Stirnrad-
Generator
(Spur Gear De-
signer)

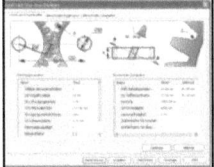

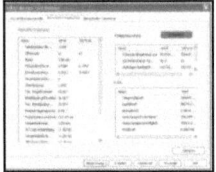

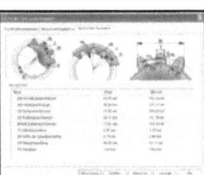

Mit diesem Generator können Sie die Maße von Außen- und Innenverzahnungen bei geraden und schrägen Zähnen berechnen und eine Festigkeitsprüfung durchführen. Er umfasst geometrische Berechnungen, mit denen verschiedene Arten der Profilverschiebung entworfen werden können. Der Generator berechnet die Produktions- und Kontrollabmessungen sowie die Größe der Belastungskräfte und führt eine Festigkeitskontrolle nach ISO **6336** durch.

Mit dem **Stirnrad-Assistent** (Modul Spur Gear Designer) können Sie Stirnräder konstruieren und deren Leistung analysieren. Sie haben die Möglichkeit, für externe und interne Zahnradgetriebe mit geraden Zähnen Bemaßungen zu berechnen und Festigkeitsberechnungen durchzuführen. Die Konstruktionsdaten für Stirnräder werden auf drei Registerkarten angezeigt.

Auf der Registerkarte **Konstruktionsparameter** geben Sie die Parameter ein, die die Konstruktionsanforderungen eines Zahnrads definieren. In diesem Abschnitt finden Sie außerdem Optionen zum Festlegen der Grundparameter wie den Zahnradtyp und die Methode für die Konstruktion und Berechnung der Festigkeit des Zahnrads. Mit der Schaltfläche **Material** können Sie das Material für das Zahnrad festlegen.

Über die Registerkarte **Berechnete Ergebnisse** zeigen Sie die Ergebnisse an, die Informationen über das Verhalten des Zahnrads und des Ritzels enthalten. Sie können auch das Ergebnis der Festigkeitsberechnung und der lasttragenden Kapazität des Getriebes anzeigen.

Auf der Registerkarte **Berechnete Geometrie** können Sie die Ergebnisse anzeigen, die die Geometrie des Zahnrads bestimmen. Diese Parameter werden für die Konstruktion von Zahnrädern in Solid Edge verwendet.

Zum Konstruieren eines Zahnrads geben Sie die Parameter von Zahnrad und Ritzel über die Optionen auf der Registerkarte **Konstruktionsparameter** ein. Gehen Sie zu **Berechnete Ergebnisse** und klicken Sie auf die Schaltfläche **Berechnen**, um die Ergebnisse anzuzeigen.

Wenn Sie die Parameter eingegeben und die Ergebnisse überprüft haben, klicken Sie auf die Schaltfläche **Erstellen**, um das 3D-Modell des Zahnrads und des Ritzels in Solid Edge zu erstellen.

6.5.2.3 Der Kegelrad-Assistent

Mit diesem Generator können Sie die Maße der Kegelradzahnung bei geraden und schrägen Zähnen berechnen und eine Festigkeitsprüfung durchführen. Er umfasst geometrische Berechnungen, mit denen verschiedene Arten der Profilverschiebung entworfen werden. Der Generator berechnet alle wichtigen Produktions- und Kontrollabmessungen. Ferner wird die Größe der Belastungskräfte berechnet und eine Festigkeitskontrolle nach Bach, Merrit, CSN 01 4686, ISO 6336, DIN 3991, ANSI/AGMA 2001-D04: 2005 oder alten ANSI-Normen durchgeführt.

Kegelrad-Assistent

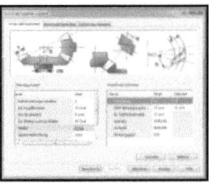

6.5.2.4 Der Schneckenrad-Assistent

Berechnet Abmessungen, Kräfteverhältnisse und die Belastung des Schneckenradgetriebes mit einem allgemeinen oder spiralförmigen Typ der Verzahnung. Das Getriebe hat eine zylindrische Schnecke und ein globoides Schneckenrad. Zu diesem Generator gehören die geometrische Berechnung des Achsabstands, die Berechnung anhand des Achsabstands und die Berechnung des Übersetzungsverhältnisses, wodurch eine Radkorrektur möglich wird.

Der Generator berechnet die wichtigen Produktions- und Kontrollabmessungen, die Größe der Belastungskräfte und die minimalen Festigkeitsanforderungen an das Material des Schneckenrads und der Schnecke. Ferner wird eine Festigkeitskontrolle nach CSN- oder ANSI-Norm vorgenommen.

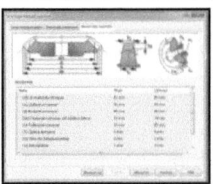

Schneckenrad-Assistent

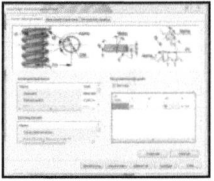

6.5.2.5 Der Zahnstangen-Assistent

Mit dem Modul **Rack and Pinion Gears Designer** können Sie die aus Zahnstange und Ritzel bestehenden Paare konstruieren und erzeugen. Sie haben die Möglichkeit, die Abmessungen für runde und rechteckige Zahnstangengetriebe mit geraden Zähnen zu berechnen und Festigkeitsberechnungen durchzuführen. Die Konstruktionsdaten für Zahnstangengetriebe werden auf drei Registerkarten angezeigt.

Auf der Registerkarte **Konstruktionsparameter** geben Sie die Parameter ein, die die Konstruktionsanforderungen eines Zahnrads definieren. In diesem Abschnitt finden Sie außerdem Optionen zum Festlegen der Grundparameter wie den Getriebetyp und die Methode für die Konstruktion und Berechnung der Festigkeit des Getriebes. Mit der Schaltfläche **Material** können Sie das Material für das Getriebe festlegen.

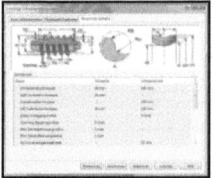

Zahnstangen Assistent

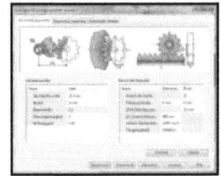

Über die Registerkarte **Berechnete Ergebnisse** zeigen Sie die Ergebnisse an, die Informationen über das Verhalten des Zahnstangengetriebes enthalten. Sie können auch das Ergebnis der Festigkeitsberechnung und der lasttragenden Kapazität des Getriebes anzeigen.

Auf der Registerkarte **Berechnete Geometrie** können Sie die Ergebnisse anzeigen, die die Geometrie des Getriebes bestimmen. Diese Parameter werden für die Konstruktion von Getriebepaaren in Solid Edge verwendet.

Zum Konstruieren eines Getriebepaars geben Sie die Parameter von Zahnstange und Ritzel über die Optionen auf der Registerkarte Konstruktionsparameter ein. Klicken Sie auf die Schaltfläche **Berechnen**, um die Ergebnisse auf der Registerkarte Berechnete Ergebnisse anzuzeigen.

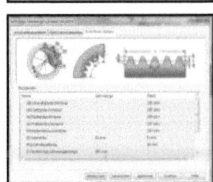

Wenn Sie die Parameter eingegeben und die Ergebnisse überprüft haben, klicken Sie auf die Schaltfläche **Erstellen**, um das 3D-Modell des Zahnstangengetriebes in Solid Edge zu erstellen.

Kettenrad-Assistent

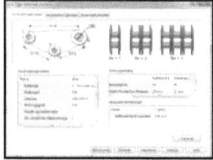

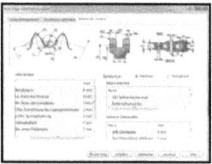

6.5.2.6 Der Kettenrad-Assistent

Mit dem Rollenketten-Generator können Sie verschiedene Kettenantriebe konstruieren und analysieren. Der Pfad der Kettenräder und der Kette wird als einfache Skizze oder vereinfachter Volumenkörper erstellt, und das System wird analysiert.

Ein mit dem Rollenketten-Generator konstruierter Kettenantrieb kann nur mit allen parallelen Kettenradachsen planar sein. Eine Ungleichachsigkeit der Kettenräder wird ignoriert. Die Mittelebene der Kette ist durch die XY-Ebene des Kettenkoordinatensystems definiert. Das Koordinatensystem wendet die Rechte-Hand-Regel an und kann vollständig mit Abhängigkeiten zur ausgewählten Referenzgeometrie versehen werden.

Der Kettenantrieb kann aus einer theoretisch unbegrenzten Anzahl von Kettenzahnrädern und Spannrollen bestehen. Die Kettenräder und Spannrollen können sich innerhalb oder außerhalb der geschlossenen Kette befinden. Zudem können Sie die Bewegungsrichtung ändern und den Kettenantrieb für die umgekehrte Bewegungsrichtung analysieren.

Das erste Kettenrad ist das Antriebsrad. Die übrigen Kettenräder sind angetriebene Räder oder Spannrollen. Die übertragene Leistung kann gemäß des für die jeweiligen Kettenräder definierten Übersetzungsverhältnisses auf mehrere angetriebene Kettenräder verteilt werden. Die Verteilung der Kräfte und Drehmomente wird entsprechend berechnet.

Synchronous Zahnriemen-scheiben-Assistent

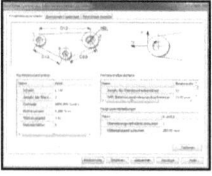

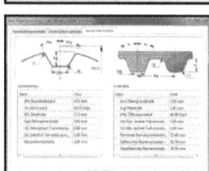

6.5.2.7 Der Synchronous Zahnriemenscheiben-Assistent

Mit dem Modul **Synchronous Zahnriemenscheiben-Assistent** können Sie den standardmäßigen Zahnriemen auswählen und die Leistung analysieren. Sie haben die Möglichkeit, für unterschiedliche Zahnriemen Basisabmessungen zu berechnen und Festigkeitsberechnungen durchzuführen.

Auf der Registerkarte **Konstruktionsparameter** geben Sie die Parameter ein, von denen die Konstruktionsanforderungen der Zahnriemenscheiben definiert werden. Dieser Abschnitt enthält außerdem Optionen, mit denen Sie Grundparameter, wie z.B. Schnitt, Anzahl der Riemenscheiben, Riemenscheibenabmaße und die Baugruppenparameter einstellen können.

Über die Registerkarte **Berechnete Ergebnisse** zeigen Sie die Ergebnisse an, die Informationen über das Verhalten des Zahnriemens und über seine Riemenscheiben enthalten. Sie können auch das Ergebnis der Festigkeitsberechnung und der lasttragenden Kapazität des Zahnriemens anzeigen.

Auf der Registerkarte **Berechnete Geometrie** können Sie die Ergebnisse anzeigen, die die Geometrie des Zahnriemens und seiner Riemenscheiben bestimmen. Diese Parameter werden für die Konstruktion von Zahnriemenscheibensätzen in Solid Edge verwendet.

Zum Konstruieren einer Zahnriemenscheibe geben Sie die Parameter über die Optionen auf der Registerkarte Konstruktionsparameter ein. Gehen Sie zur Registerkarte Berechnete Ergebnisse und klicken Sie auf Berechnen, um die Ergebnisse zu berechnen.

6.5.3 Die Antriebswelle,
Vorgaben für die Bauteilerstellung mit dem Wellen-Assistent

6.5.3.1 Die Konstruktionsskizze für die Bauteilerstellung

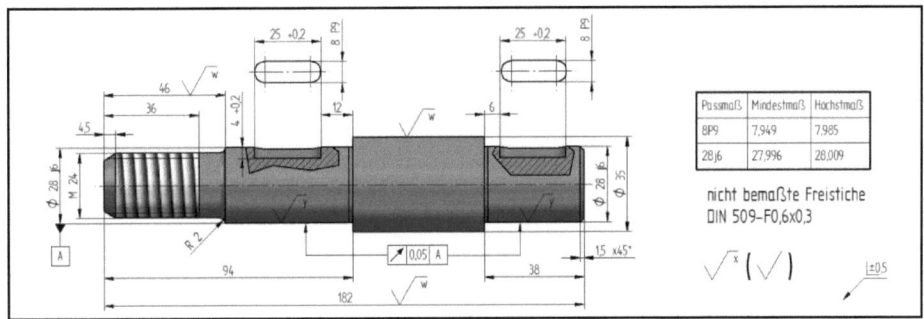

Passmaß	Mindestmaß	Höchstmaß
8P9	7,949	7,985
28j6	27,996	28,009

nicht bemaßte Freistiche
DIN 509-F0,6x0,3

6.5.3.2 Antriebswelle, Geometrie-Vorgaben für die Bauteilerstellung

Der Grundkörper setzt sich aus mehreren Grundzylindern zusammen:

Zylinder 1:	⌀ **24** mm x **46** mm lang,
Zylinder 2:	⌀ **28** mm x **48** mm lang
Zylinder 3:	⌀ **35** mm x **50** mm lang
Zylinder 4:	⌀ **28** mm x **38** mm lang

Rundungen, Freistiche und Fasen, das Gewinde am Wellenende und die Passfeder-nuten finden bei dieser Wellenkonstruktion keine Beachtung.

6.5.3.3 Die Antriebswelle, Vorgaben für den Wellen-Assistenten

Profil 1:
    Profiltyp: **Einfach**, (d) Durchmesser: **24,00** mm, (L) Länge: **46,00** mm
Profil 2:
    Profiltyp: **Einfach**, (d) Durchmesser: **28,00** mm, (L) Länge: **48,00** mm,
Profil 3:
    Profiltyp: **Einfach**, (d) Durchmesser: **35,00** mm, (L) Länge: **50,00** mm
Profil 4:
    Profiltyp: **Einfach**, (d) Durchmesser: **28,00** mm, (L) Länge: **38,00** mm,

6.5.4 Die Antriebswelle, Start der Bauteilerstellung

Das Bearbeiten eines mit Solid Edge **Engineering Reference** erstellten Teils ist nur in der **Assembly**-Umgebung möglich.

6.5.4.1 Vorlagendatei für Baugruppen öffnen

•   Öffnen Sie ein neues Baugruppendokument

   Neu / Vorlagendatei **SE2019-Engelke.asm** / **OK**

Neu

6.5.4.2 Basiseinstellungen für den Wellen-Assistenten

•   Aktivieren Sie den **Wellen-Assistenten** über die Multifunktionsleiste **Extras**, Register **Umgebungen**, Funktion **Engineering-Reference**.

•   Löschen Sie alle vorhandenen Profile.

Wellen-Assistent

6.5.4.3 Geometrie-Eingaben für den Wellen-Assistenten

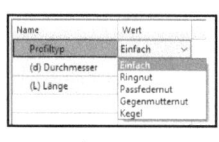

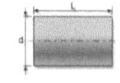

- Definieren Sie **Profil 1**:

  Wählen Sie den Profiltyp: **Einfach**

  Klicken Sie in das Feld **Durchmesser**, tragen Sie **24** mm ein.

  Klicken Sie in das Feld **Länge**, tragen Sie **46** mm ein.

  Schließen Sie mit der **Eingabetaste**.

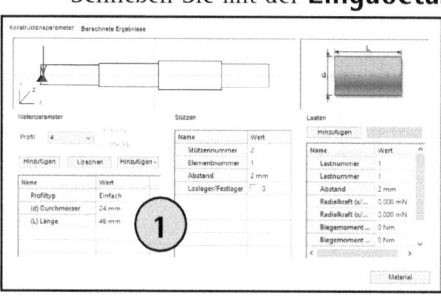

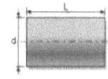

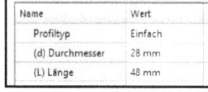

- Definieren Sie **Profil 2**:

  Klicken Sie auf den Button **Hinzufügen-**

  Wählen Sie das neuerstellte **Profil 2**

  Wählen Sie den Profiltyp: **Einfach**

  Klicken Sie in das Feld **Durchmesser**, tragen Sie **28** mm ein.

  Klicken Sie in das Feld **Länge**, tragen Sie **48** mm ein.

  Schließen Sie mit der **Eingabetaste**.

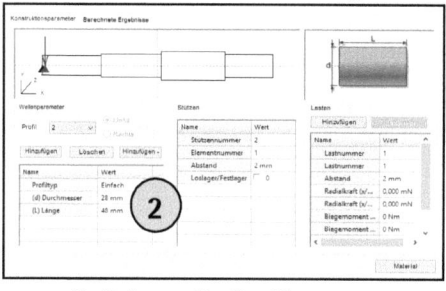

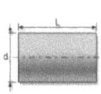

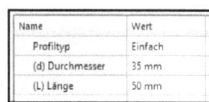

- Definieren Sie **Profil 3**:

  Klicken Sie auf den Button **Hinzufügen-**

  Wählen Sie das neuerstellte **Profil 3**

  Wählen Sie den Profiltyp: **Einfach**

  Klicken Sie in das Feld **Durchmesser**, tragen Sie **35** mm ein.

  Klicken Sie in das Feld **Länge**, tragen Sie **50** mm ein.

  Schließen Sie mit der **Eingabetaste**.

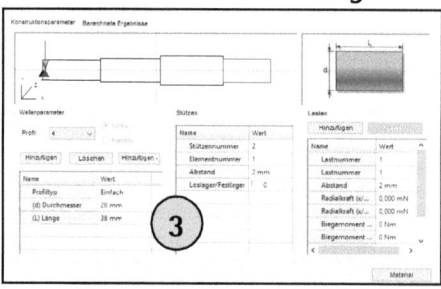

- Definieren Sie **Profil 4**:

  Klicken Sie auf den Button **Hinzufügen–**

  Wählen Sie das neuerstellte **Profil 4**

  Wählen Sie den Profiltyp: **Einfach**

  Klicken Sie in das Feld **Durchmesser**, tragen Sie **28** mm ein.

  Klicken Sie in das Feld **Länge**, tragen Sie **38** mm ein.

  Schließen Sie mit der **Eingabetaste**.

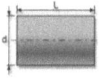

Name	Wert
Profiltyp	Einfach
(d) Durchmesser	28 mm
(L) Länge	38 mm

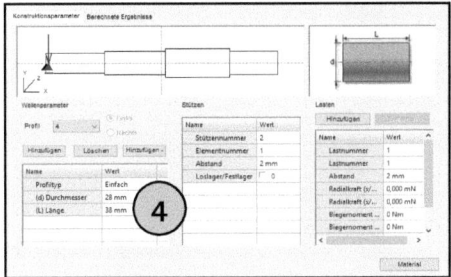

- Schließen Sie die Eingabe der Antriebswellen-Geometrie über **Erstellen**.
- **Speichern** Sie die **Antriebswelle** als Bauteil (5) und Baugruppe (6) ab.

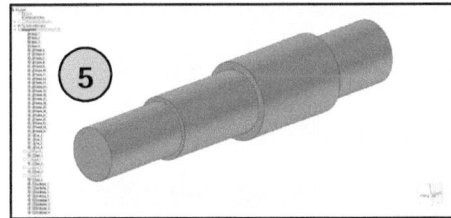
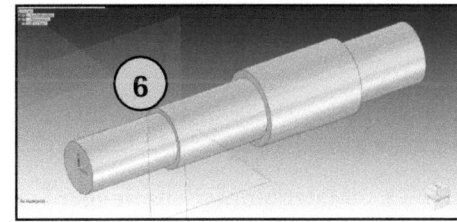

Speichern
unter

6.5.5 Die Antriebswelle, Endbearbeitungen

6.5.5.1 Die Antriebswelle, Umwandeln in ein Synchronous-Bauteil

Anwendungsschaltfläche / Werkzeuge / Umwandeln

Umwandeln

Wandeln Sie die **Antriebswelle** über **Umwandeln** in ein Synchronous-Bauteil um (7).

Wählen Sie das Feld **Umwandeln** aktivieren Sie die Eingabe **Ja**.

Schließen Sie die Umwandlung mit **Verarbeiten**.

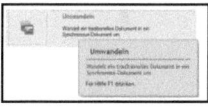

Anwendungs-
schaltfläche

Umwandeln

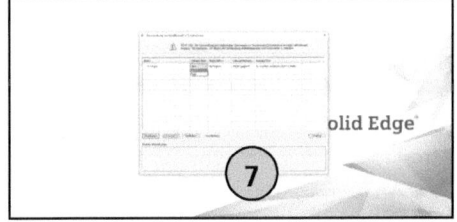

6.5.5.2 Die Antriebswelle, Anpassung der Darstellung

Öffnen

- **Öffnen** die umgewandelte Antriebswelle (9).

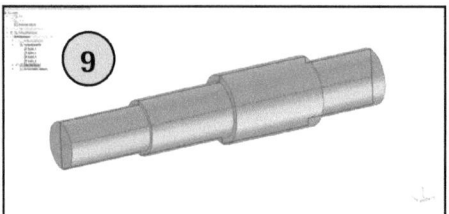

- Passen Sie das Aussehen des Arbeitsbereiches nach Wahl an (10,11, 12).

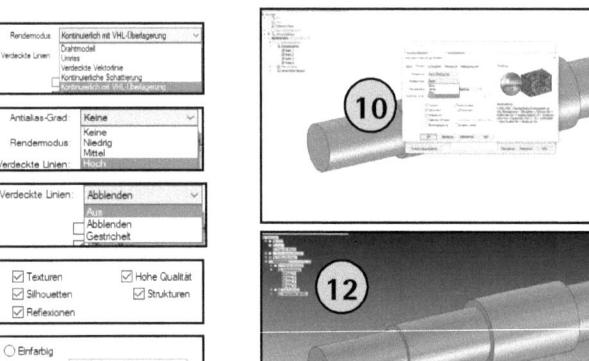

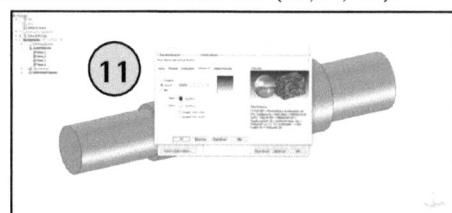

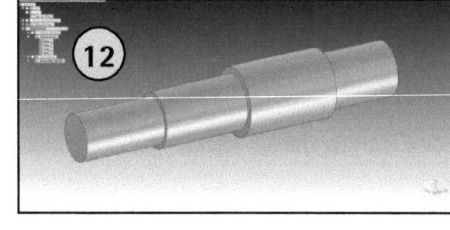

6.5.5.3 Materialzuweisungen über Solid Edge-Materialtabelle, Ausführung

Material-
tabelle

- Aktivieren Sie, mit Doppelklick, den **Pathfinder-**Eintrag **Material** (26).
- Weisen Sie der Antriebswelle, über die Funktion **Materialtabelle**, das Material **Stahl-Nichtrostend** Werkstoffnummer **1.4301**,
DIN-Material **X5 CrNi18 10** aus der zusätzlichen Materialtabelle
SE2019-Engelke zu (13).

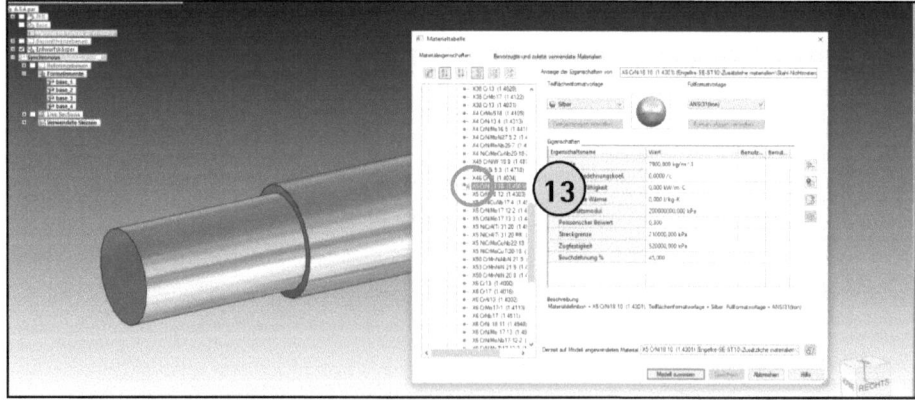

6.5.5.4 Datensicherung

Speichern unter / Namen nach Wahl eingeben / **Speichern**

7

Siemens
Solid Edge 2019
Synchronous Technology

Boolesche Formelemente

7 Boolesche Formelemente

7.1 Boolesche Formelemente, eine Einführung

Konstruktive Festkörpergeometrie ist eine Technik zum Modellieren von Körpern, die u. a. in der 3D-Computergrafik und bei CAD-Programmen genutzt wird. Constructive Solid Geometry (CSG) ermöglicht einem Designer komplexe Oberflächen und Körper zu erzeugen, indem er boolesche Operatoren benutzt, um Objekte zu kombinieren. Aus der CSG hervorgegangene Körper wirken oft sehr komplex, sind aber in Wirklichkeit nichts anderes als geschickt verknüpfte Objekte. CSG ist besonders im CAD-Bereich gebräuchlich, ca. 60 % aller mechanischen Bauteile lassen sich mit einem CSG-System, das nur Quader und gerade Kreiszylinder verwendet, modellieren. Wenn mehr Grundkörper zugelassen werden, so lassen sich 90 % aller Bauteile im klassischen Maschinenbau, vorrangig Bohren, Fräsen, Drehen der Bauteile, oder ihrer Gussformen, auf natürliche Weise per CSG beschreiben.

7.2 Befehle für Boolesche Operationen

Bei der 3D-Modellierung werden gewöhnlich Volumenkörper verwendet. Hierbei können Sie folgende Vorgänge durchführen:

Mehrere Körper zu einem Körper zusammenfassen.
Abschnitte aus einem Körper entfernen.
Mit der Schnittmenge von Körpern arbeiten.
Einen Körper teilen.

Sie können die Befehle für Boolesche Operationen verwenden, um aus existierenden Körpern den erforderlichen Körper zu erstellen. Die Befehle für Booleschen Operationen werden in der Part-Umgebung einmal über die Multifunktionsleiste **Home** aufgerufen, der Befehl heißt **Körper hinzufügen**, weiterhin über die Multifunktionsleiste **Flächenmodellierung**, der Befehl heißt **Liste Teilfläche ersetzen**. Der von einer Booleschen Operation ausgegebene Körpertyp, stimmt mit dem des Zielkörpers überein. Beim Durchführen von Booleschen Operationen werden im **PathFinder** Boolesche Formelemente angezeigt.

7.2.1 Dynamische Vorschau

Nach Auswahl eines Zielkörpers, geht der Befehl Boolesche Operation automatisch in den Vorschaumodus über. Der Vorschaumodus:

Zeigt lediglich neue Teilflächen an, die nach der Operation erstellt wurden.
Zeigt die Kanten des Zielkörpers in halber Auswahlwahlfarbe an.
Zeigt Werkzeugkörper transparent mit Kanten in der Auswahlfarbe an.

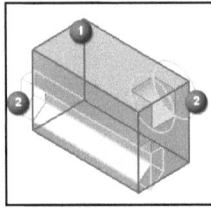

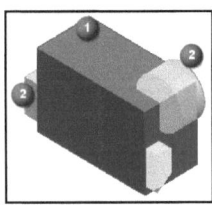

Im nebenstehenden Beispiel produziert eine Subtraktion eine dynamische Vorschau, die einen Zielkörper (1) und zwei Werkzeugkörper (2) enthält. Die neuen Teilflächen werden hellblau angezeigt. Durch die farbigen Kanten wird die Unterscheidung der Werkzeugkörper von den Zielkörpern erleichtert. Sie können einen Werkzeug- oder Zielkörper abwählen, indem Sie mit gedrückter **STRG**-Taste auf den entsprechenden Körper klicken.

Mit der Tastenkombination **STRG**+**UMSCHALTTASTE**+**D**-Taste, können Sie zur Standardschattierung für ausgewählte Elemente zurückkehren.

7.2.2 Boolesche Operationen

7.2.2.1 Boolesche Vereinigung

Die Boolesche Vereinigung addiert die ausgewählten Körper in einem einzelnen Körper zusammen. Alle ausgewählten Werkzeugkörper werden vom Zielkörper absorbiert.

Vereinigung

7.2.2.2 Boolesche Differenz

Die Boolesche Differenz subtrahiert die ausgewählten Werkzeugkörper von den ausgewählten Zielkörpern.

Wird lediglich ein Teil seines Volumens aus dem Zielkörper entfernt, bleibt der Zielkörper als einzelner Körper bestehen.

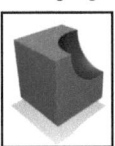

Differenz

7.2.2.3 Boolesche Schnittmenge

Die Boolesche Schnittmenge entfernt jegliches Volumen, das den ausgewählten Körpern nicht gemeinsam ist.

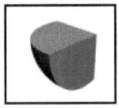

Schnittmenge

7.2.2.4 Boolesches Teilen

Boolesches Teilen verwendet einen Werkzeugkörper, um einen Zielkörper zu teilen. Bei dem Werkzeugkörper kann es sich um einen Volumenkörper, eine Referenzebene, oder eine Fläche handeln. Hierdurch können sich ein oder mehrere zusätzliche Körper ergeben. Wenn Sie zum Teilen eine Zielkörpers eine Referenzebene oder eine Fläche verwenden, ergeben sich zwei Körper.

Teilen

Lernsituation XI

Boolesche Grundkörper erstellen

- Einfache Extrusion
- Quader und Kreisextrusions-Differenz
- Quader und Funktion „Bohrung"
- Abgesetzter Zylinder mit Innenbohrung,
  Boolesche Grundkörper erstellen,
  Funktion „Körper hinzufügen"
- Hüllkörper mit Innenbohrung,
  boolescher Differenzkörper über Abformung

7.3 Boolesche Grundkörper erstellen, einfache Extrusion

Die Basisdarstellung ist eine Rechteckfläche, mit einer zentrierten Kreisfläche, die als Ergebnis ein Volumenkörper aus dieser Differenzfläche ergibt.

7.3.1 Erstellen der Basisfläche für die Extrusion

 Neu / Vorlagendatei **SE2019-Engelke.par** / **OK**

7.3.1.1 Konstruktionsfläche erstellen

Hier könnte die Konstruktion auch mit dem Formelement-Befehl **Quader** erfolgen.

 Rechteck über Mittelpunkt (Multifunktionsleiste **Home**)

 QuickPick / Ebene **Oben (XY)**

Achsenkreuz Mittelpunkt klicken (1)

Rechteckgröße **100** mm x **60** mm

Schließen Sie die Rechteckerstellung mit der **ESC**-Taste ab.

 Kreis über Mittelpunkt (Multifunktionsleiste **Home**)

Wählen Sie aus der Kontextbox die Ebene die eine gelbgefärbte Rechteckfläche auf **XY-Ebene** darstellt.

Berühren Sie die jeweiligen Kantenmittelpunkte, lassen Sie die Projektionslinien einen Schnittpunkt bilden (2, 3) und klicken Sie den Schnittpunkt der Achsen (4).

Klicken Sie den Durchmesser mit der Maus auf **25** mm

Schließen Sie die Durchmesser-Erstellung mit der **ESC**-Taste ab.

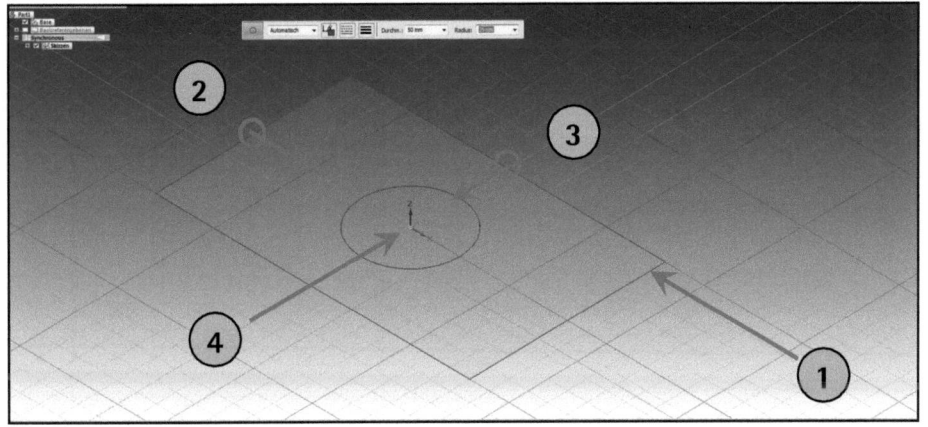

 Neu

 Quader

 Rechteck über Mittelpunkt

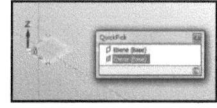 QuickPick

 Kreis über Mittelpunkt

 QuickPick

7.3.2 Erstellen der Extrusion mit Zylinder als Differenz

Auswählen

Extrusion

Auswählen (Multifunktionsleiste **Home**)

Klicken Sie in die Konstruktionsfläche (5).

Klicken auf den Extrusionsziehpunkt nach oben (6).

Geben Sie im dynamischen Eingabefeld **20** mm (7) ein.

Schließen Sie die Zylindererstellung mit der **ESC**-Taste ab.

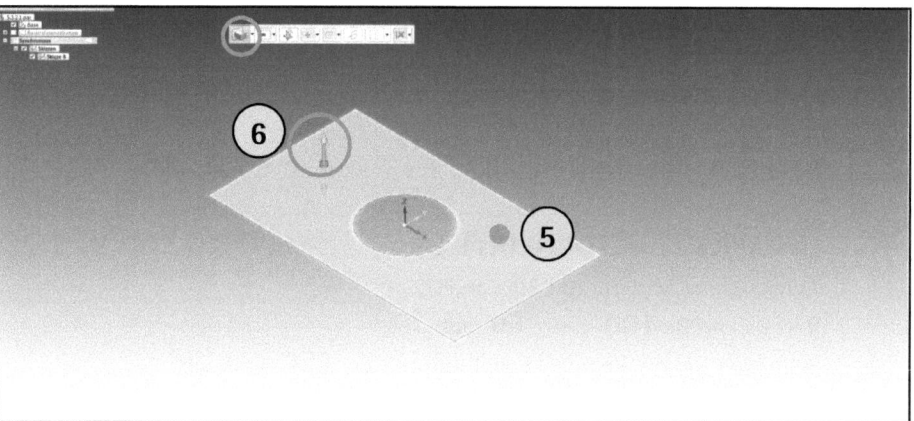

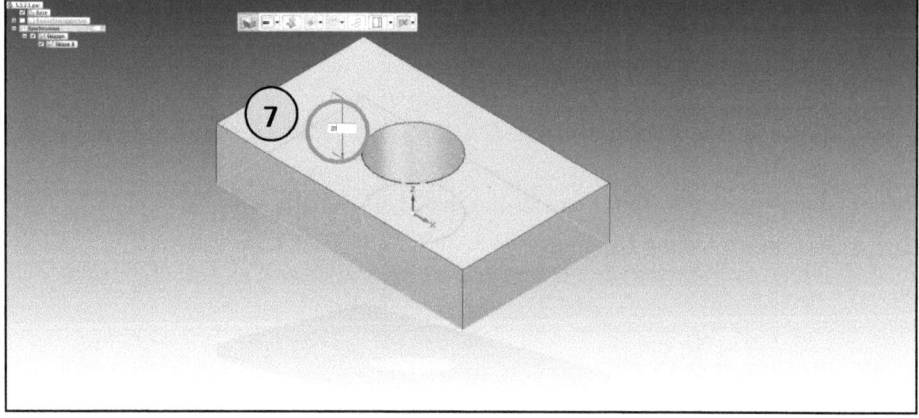

7.3.2.1 Datensicherung

Speichern
unter

Speichern unter / Namen nach Wahl eingeben / **Speichern**

7.4 Boolesche Grundkörper erstellen, Quader und Kreisextrusions-Differenz

Die Lernsituation beschreibt die grundsätzliche Erstellung boolescher Volumen aus dem Grundkörpern **Quader** und einem **Zylinder** als **Addition** und Differenz.

7.4.1 Grundquader erstellen

Neu / Vorlagendatei **SE2019-Engelke.par** / OK

Quader (Multifunktionsleiste **Home**)
Option Auswahltyp **über Mitte**,
Extrusionsoption **nicht symmetrisches Abmaß**
Legen Sie den Mauszeiger auf den Schnittpunkt der Achsen.
Klicken Sie die rechte Maustaste.
Wählen Sie aus der Kontextbox die Ebene die eine gelbgefärbte Rechteck-fläche auf **XY-Ebene** darstellt.
Klicken Sie den Schnittpunkt der Achsen um die Mitte des Rechtecks zu definieren (1).

Eingabe mit **Tastatur** in die bezeichneten Felder, ohne Mausbetätigung:

Breite **60** mm / **Tabulator**-Taste, Länge **40** mm / **Tabulator**-Taste,
Winkel **0°** (2).

Ziehen Sie die Quaderhöhe auf **20** mm Mitte (3).

Schließen Sie die Erstellung mit der **ESC**-Taste.

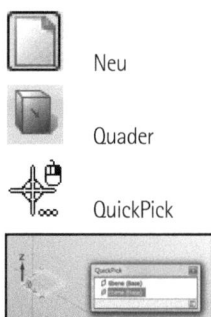

Neu

Quader

QuickPick

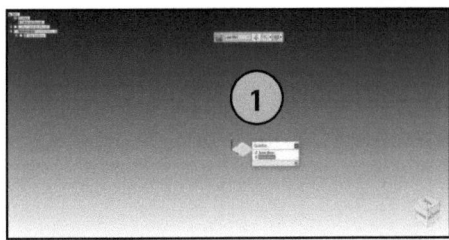

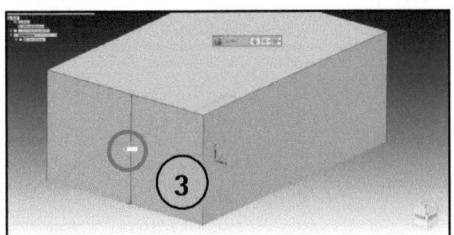

Kreis über
Mittelpunkt

QuickPick

Kreis über Mittelpunkt (Multifunktionsleiste **Home**)

Wählen Sie die obere Seite als Konstruktionsebene, sperren Sie diese mit der Funktionstaste **F3**.

Berühren Sie die jeweiligen Kantenmittelpunkte, lassen Sie die Projektions-linien einen Schnittpunkt bilden (4, 5) und klicken Sie den Schnittpunkt der Achsen (6).

Klicken Sie den Durchmesser mit der Maus auf **25** mm (7).

Schließen Sie die Durchmesser-Erstellung mit der **ESC**-Taste ab.

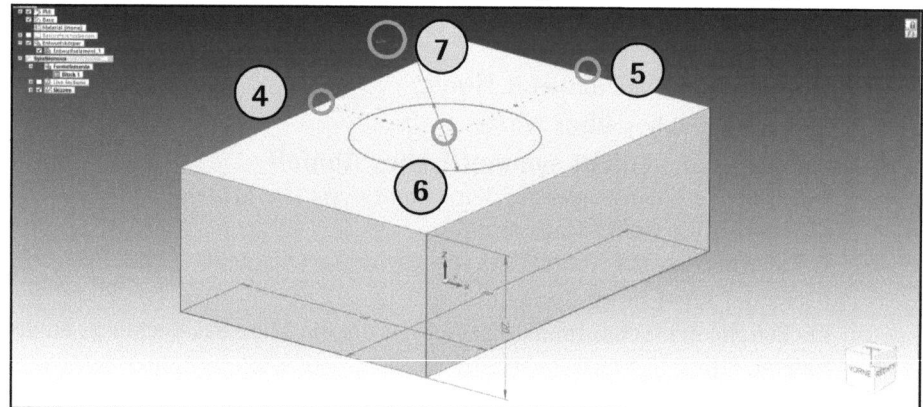

7.4.2   Extrusion, Boolesche Vereinigung

Auswählen

Extrusion

Auswählen (Multifunktionsleiste **Home**)

Klicken Sie in die Kreisfläche zur Auswahl (8).
Klicken auf den Extrusionsziehpunkt nach oben.

Geben Sie im dynamischen Eingabefeld **30** mm (9) ein.

Schließen Sie die Zylindererstellung mit der **ESC**-Taste ab.

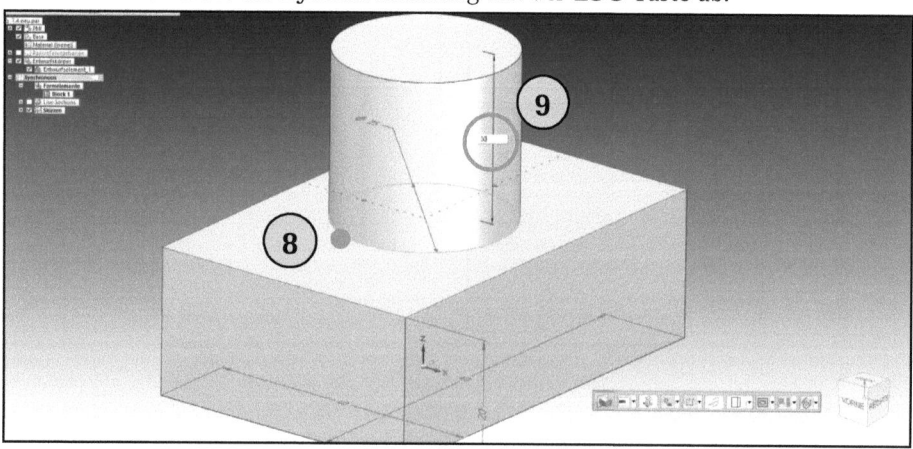

7.4.2.1   Datensicherung

Speichern
unter

Speichern unter / Namen nach Wahl eingeben / **Speichern**

7.4.3 Extrusion, Boolesche Differenz

7.4.3.1 Extrusion löschen

- Klicken Sie im **Pathfinder** die gebildete **Ausprägung** an.
- Löschen Sie über das **Kontextmenü** diese **Ausprägung** (9).

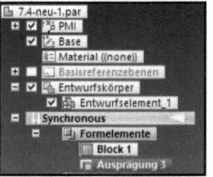

7.4.3.2 Skizze wieder aktivieren

- Klicken Sie im **Pathfinder** auf das **+**-Symbol vor
  Verwendete Skizzen.
- Klicken Sie im **Pathfinder** auf die **Kreisskizze**.
- Stellen Sie über das Kontextmenü **Wiederherstellen** (10).

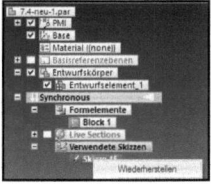

7.4.3.3 Extrusion mit Differenz erstellen

Auswählen (Multifunktionsleiste **Home**)
Klicken Sie in die Kreisfläche zur Auswahl (11).
Klicken auf den Extrusionsziehpunkt nach unten (12).
Zum Entfernen wählen Sie die Option **Ausschneiden** (13).
Geben Sie im dynamischen Eingabefeld **40** mm (14) ein.
Schließen Sie die **Differenz**-Zylindererstellung mit der **ESC**-Taste ab.

 Auswählen

 Extrusion

✓	Automatisch
✚	Hinzufügen
▬	Ausschneiden

 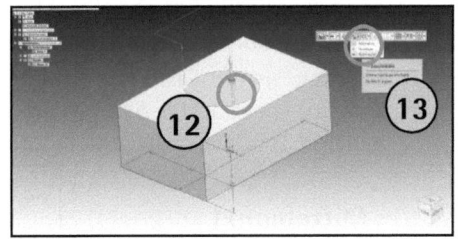

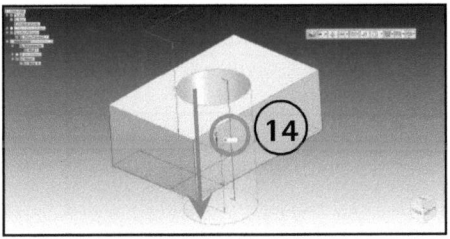

7.4.3.4 Datensicherung

Speichern unter / Namen nach Wahl eingeben / **Speichern**

 Speichern unter

7.5 Boolesche Grundkörper erstellen, „Quader" und Funktion „Bohrung"

Die Lernsituation beschreibt die grundsätzliche Erstellung boolescher Volumen aus den Grundkörpern **Quader** und einem Zylinder ausgeführt als Zylinder-Differenz mit der Funktion **Bohrung**.

7.5.1 Grundquader erstellen

Beim Zeichnen von Skizzen können Sie die Skizzeneingabe auf eine bestimmte planare Teilfläche des Modells beschränken damit wird eine bestimmte Skizzenebene für die Mauszeigereingabe gesperrt, indem Sie auf das Symbol mit dem Vorhängeschloss neben dem Mauszeiger klicken.

 Öffnen

 Öffnen / Bauteildatei **Quader** von der Buch-DVD / **OK** (1)

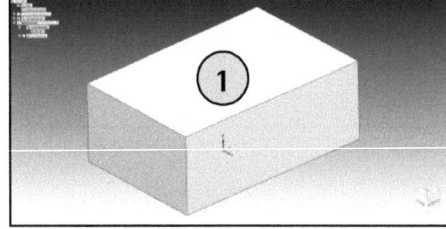

7.5.1.1 Mittelachsen auf die obere Quaderfläche legen

 Linie

Linie (Multifunktionsleiste **Skizzieren**)

Positionieren Sie den Mauszeiger auf der oberen Teilfläche, diese wird dann hervorgehoben.

Klicken Sie auf das Sperrsymbol, ein **Vorhängeschloss** und mit Rechtsklick wird ein **QuickInfo** eingeblendet.

Drücken Sie die Taste **F3**, um die ausgewählte Teilfläche für die Skizzeneingabe zu sperren, das Symbol für die gesperrte Ebene wird eingeblendet, alle anderen Teilflächen werden nicht mehr hervorgehoben.

 Eigenpunkt
Mittelpunkt

 **Mittelpunkt** klicken (2) / **Mittelpunkt** klicken (3)

Schließen Sie die Linienerstellung mit der **ESC**-Taste ab.

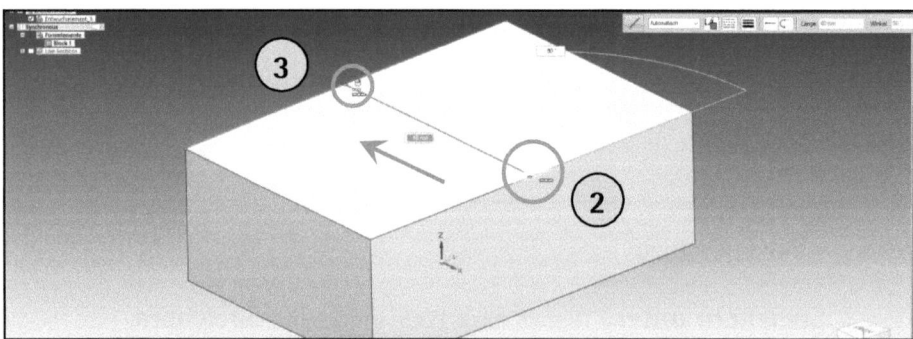

7.5.2 Boolesche Zylinder-Differenz über Funktion „Bohrung"

7.5.2.1 Funktion „Bohrung", Vorbemerkungen

Die **Bohrung** ist ein kreisförmiges Formelement, das durch Entfernen von Material von einem Teil erstellt wird. Beim Konstruieren von Bohrungen in der Umgebung **Synchronous** können Sie die Bohrung dynamisch auf eine beliebige Teilfläche im Modell ziehen. Verwenden Sie den Befehl **Bohrung**, um einfache Bohrungen, Gewindebohrungen, Stufenbohrungen, Senkbohrungen und konische Bohrungen zu konstruieren. Wenn Sie den Befehl **Bohrung** wählen, werden Sie von der Befehlsleiste durch folgende Schritte geführt:
Definieren Sie Bohrungsparameter, wählen Sie eine Modellteilfläche zum Platzieren der Bohrung aus und klicken Sie um die Bohrung zu platzieren.

7.5.2.2 Boolesche Zylinder-Differenz über Funktion „Bohrung" erstellen

Bohrung (Multifunktionsleiste **Home**)
(Die gezeigte dynamische Bohrung wird nach der Positionierung in die ausgewählte Form geändert) (4).

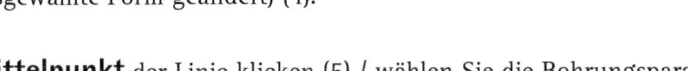
Bohrung

Mittelpunkt der Linie klicken (5) / wählen Sie die Bohrungsparameter:
Typ: **Bohrdurchmesser** (6), Größe **25** mm (7),
Länge: **Über das ganze Teil** (8) / Positionierung durch **OK** (9).

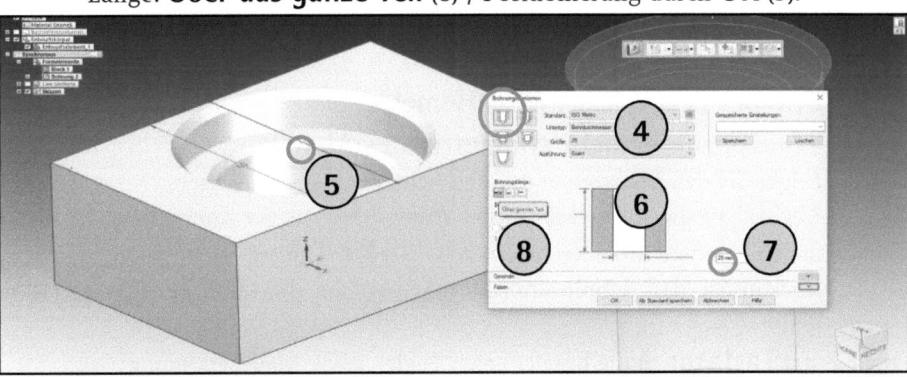

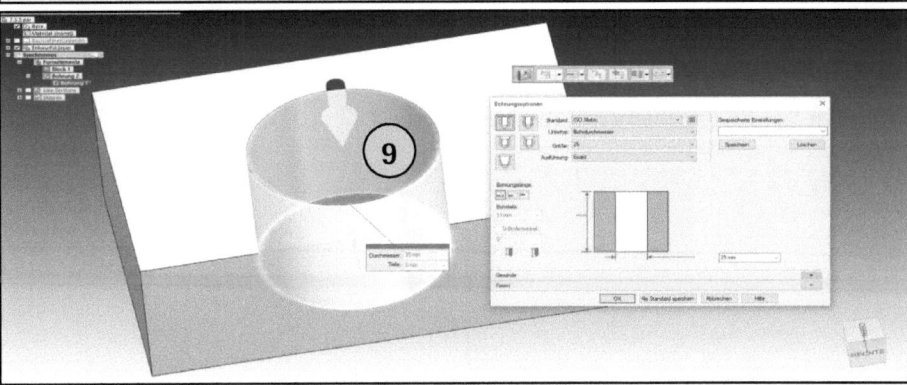

7.5.2.3 Datensicherung

Speichern unter / Namen nach Wahl eingeben / **Speichern**

Speichern unter

7.6 Boolesche Grundkörper über „Körper hinzufügen"

Die Operationen der Funktion „Körper hinzufügen" legen fest, ob die Extrusion in Bezug auf ein anderes Element oder einen anderen Körper durch **Vereinigung**, **Differenz** oder **Schnittmenge** berechnet wird. Zu dem Basiskörper **Quader** wird über die Funktion **Kopie eines Teils** ein **Zylinder** hinzugefügt, ineinander geschoben und dann über den Befehl **Subtrahieren** zu einem Differenzkörper generiert.

7.6.1 Grundkörper erzeugen

7.6.1.1 Grundkörper 1, Quader

 Öffnen

 Speichern unter

 Öffnen / Bauteildatei Quader von der Buch-DVD / **OK** (1)

 Speichern unter / Namen nach Wahl eingeben / **Speichern**

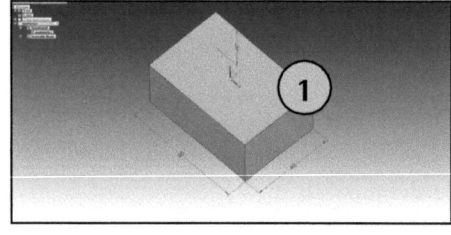

7.6.1.2 Grundkörper 2, Zylinder

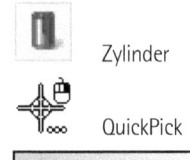 Zylinder

 QuickPick

 Zylinder (Multifunktionsleiste **Home**)

Extrusionsoption **nicht symmetrisches Abmaß**

Legen Sie den Mauszeiger auf den Schnittpunkt der Achsen.

Klicken Sie die rechte Maustaste. Wählen Sie aus der Kontextbox die Ebene die eine gelbgefärbte Rechteckfläche auf **XY-Ebene** darstellt.

Klicken Sie den Schnittpunkt der Achsen um die Mitte des Kreises (1) zu definieren.

Eingabe mit **Tastatur** in die bezeichneten Felder, ohne Mausbetätigung:

Durchmesser **25** mm (2).

Ziehen Sie die Zylinderhöhe auf **70** mm (3).

Schließen Sie die Erstellung mit der **ESC**-Taste.

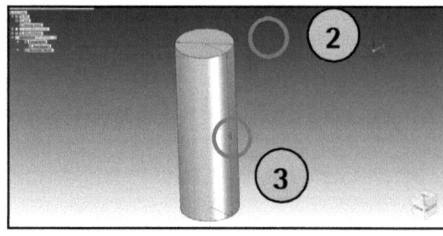

7.6.2 Bauelemente zusammenfügen über „Kopie eines Teils"

7.6.2.1 Befehl „Kopie eines Teils", Vorbemerkungen

Fügt die Geometrie aus einem anderen Dokument in das aktuelle Teildokument ein. Die Geometrie wird als Parasolid-Körper eingefügt und kann als nichtassoziativ (Synchronous) eingefügt werden. Sie benutzen das Dialogfeld **Parameter der Teilkopie**, um die zu kopierende Geometrie anzugeben, und um anzugeben, ob Sie die kopierte Geometrie spiegeln, skalieren oder abwickeln wollen.

Wenn Sie Dokumente benennen, die Kopien eines Teils enthalten, sollten Sie möglichst vermeiden, den selben Namen wie das ursprüngliche Dokument zu verwenden, da dies später zu Problemen führen kann. Wenn Sie beispielsweise beide Dokumente in einer Baugruppe platzieren, haben Sie möglicherweise Probleme bei Ersetzungsvorgängen oder anderen Baugruppenrevisionen. Obwohl es möglich ist, den gleichen Namen zu verwenden, wird beim ersten Speichern des Teilkopie-Dokuments eine Warnmeldung eingeblendet.

Um die Kopie eines Teils zu erstellen, wählen Sie im Dialogfeld **Kopie eines Teils auswählen** das übergeordnete Dokument aus, von dem Sie die Geometrie kopieren wollen. Die Kopie des Teils wird in einen Parasolid-Körper konvertiert und in gleicher Position und Ausrichtung wie im ursprünglichen Dokument platziert.

Wenn Sie Geometrie aus einem Teildokument mit mehreren Volumenkörpern, Flächen oder Kurven kopieren, können Sie das Dialogfeld **Parameter der Teilkopie** benutzen, um anzugeben, welche Körper kopiert werden sollen. Wählen Sie die zu kopierenden Körper aus und klicken Sie dann auf die Schaltfläche **Übernehmen**, um die Körper im Grafikfenster anzuzeigen. Sie können das Dialogfeld **Parameter** der Teilkopie auch benutzen, um Körper später hinzuzufügen oder zu entfernen.

7.6.2.2 Befehl „Kopie eines Teils", die Ausführung

Öffnen
Öffnen Sie den **Quader** von der Buch-DVD, Kapitel 7.

Kopie eines Teils (Multifunktionsleiste **Home**)
Wählen Sie im Dialogfeld **Kopie eines Teils auswählen** den erstellten Zylinder aus dem vorherigen Unterkapitel und klicken Sie auf **OK** (4).
Das Teil oder die Baugruppe wird temporär in das Dokument platziert.
Übernehmen Sie die gezeigten **Parameter der Teilkopie**
und klicken Sie auf **OK** (5).
Klicken Sie in der Befehlsleiste **Kopie eines Teils** auf die Schaltfläche
Fertig stellen.

Öffnen

Kopie eines
Teils

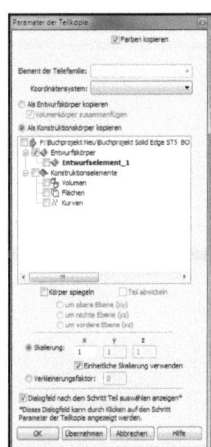

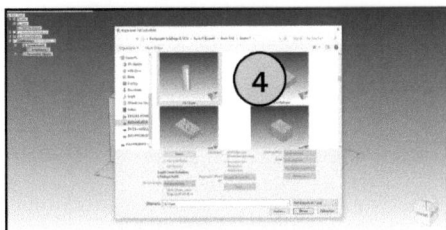

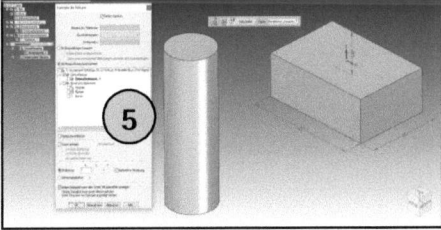

7.6.3 Bauelemente positionieren

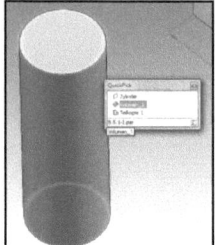

Quickpick

Berühren Sie den eingefügten Zylinder mit der Maus (6).

Wählen Sie, aktiviert mit Rechtsklick der Maus, aus der **QuickPick**-Box **Volumen_1**.

Klicken Sie auf den **Drei-Uhr**-Knopf des Rotationsrings vom **Steuerrad**, der Richtungspfeil der Hauptachse zeigt dann dorthin, klicken Sie diesen Pfeil (7).

Ziehen Sie den Zylinder ca. **88** mm in Richtung **Quader**, klicken Sie diese Position (8).

Schließen Sie die Zylinderverschiebung mit der **ESC**-Taste ab.

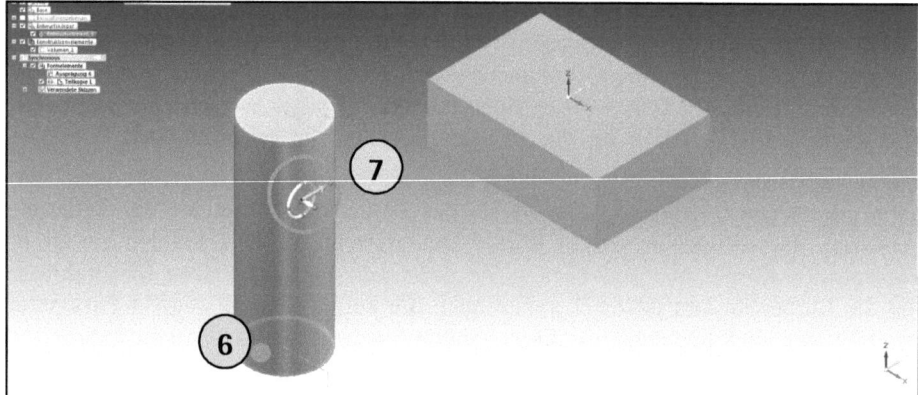

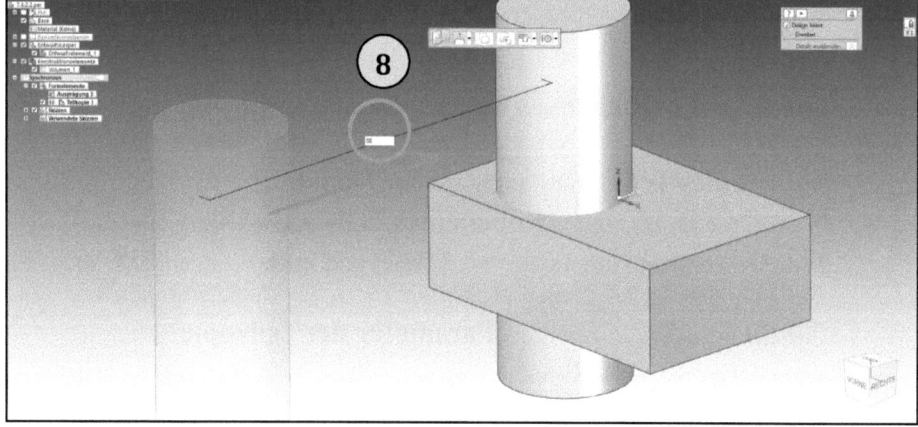

7.6.4 Boolesche Differenz über Subtraktion

7.6.4.1 „Zylinder" von „Quader" subtrahieren

 Körper hinzufügen (Multifunktionsleiste **Home**)

 Körper hinzufügen

 Subtraktion

Wählen Sie den **Quader** aus, von dem subtrahiert werden soll (9).

 Klicken Sie auf die Schaltfläche **Akzeptieren**

Wählen Sie den **Zylinder** als Werkzeugkörper aus, der vom Zielkörper subtrahiert werden sollen (10).

Subtraktion

 Klicken Sie auf die Schaltfläche **Akzeptieren**.

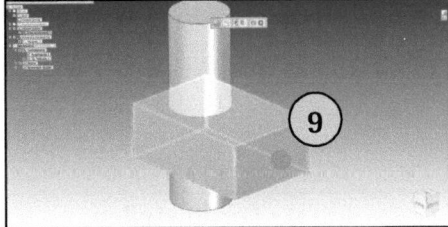
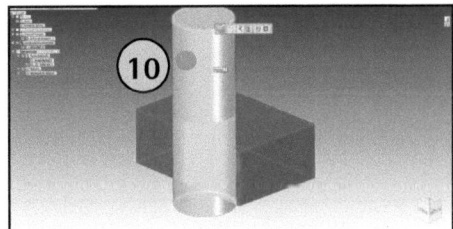

Klicken Sie in der Befehlsleiste auf die Schaltfläche **Fertig stellen**.

Schließen Sie die Subtraktion mit der **ESC**-Taste ab (11).

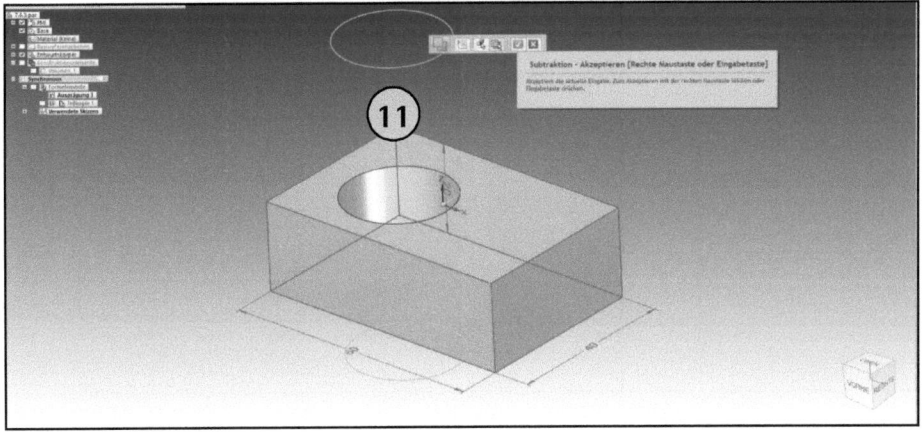

7.6.4.2 Datensicherung

 Speichern unter / Namen nach Wahl eingeben / **Speichern**

 Speichern unter

7.6.5 „Körper hinzufügen" über Addition

7.6.5.1 „Zylinder" zum „Quader" addieren

Körper
hinzufügen

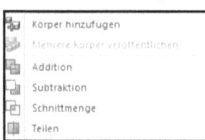

Addition

 Körper hinzufügen (Multifunktionsleiste **Home**)

 Addition

Wählen Sie den **Quader** aus (9).

 Klicken Sie auf die Schaltfläche **Akzeptieren**

Wählen Sie den **Zylinder** aus (10).

 Klicken Sie auf die Schaltfläche **Akzeptieren**.

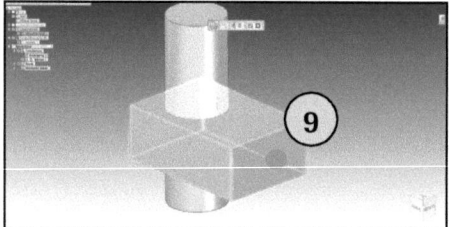 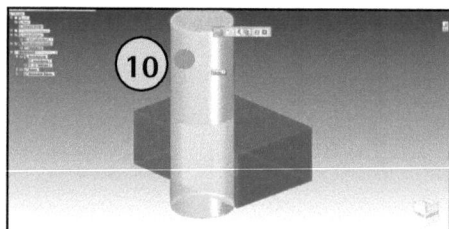

Klicken Sie in der Befehlsleiste auf die Schaltfläche **Fertig stellen**.

Schließen Sie die Subtraktion mit der **ESC**-Taste ab (11).

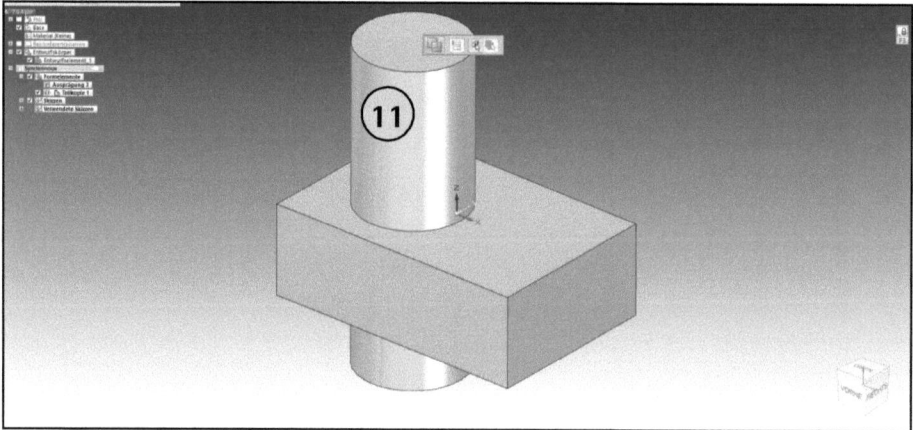

7.6.5.2 Datensicherung

Speichern
unter

 Speichern unter / Namen nach Wahl eingeben / **Speichern**

7.7 Abgesetzter Zylinder mit Innenbohrung, ein boolescher Differenzkörper

7.7.1 Inneren Grundkörper erzeugen

7.7.1.1 Basisskizze öffnen

 Öffnen / Bauteildatei von der Buch-DVD, Kapitel 7 / **OK**

 Öffnen

7.7.1.2 Rotationserstellung des inneren, abgesetzten Zylinders

 Auswählen (Multifunktionsleiste **Home**)

 Auswählen

Klicken Sie in die erstellte Rotationsfläche und akzeptieren Sie die Auswahl mit einem Klick auf die rechte Maustaste.

Klicken Sie in der Befehlsleiste die Option **Rotationausprägung**.
Klicken Sie auf den Ursprung des Rotationsziehpunktes.
Ziehen Sie den Rotationsziehpunkt auf die Rotationsachse.
Klicken Sie auf den Ring des Rotationsziehelements (1).

Wählen Sie aus der Befehlsleiste die Rotationsoption **360°** (2).

Schließen Sie die Rotation mit der **ESC**-Taste ab (3).

 Rotation

 Rotation

 Rotations-Ziehpunkt

Vollkreis 360°

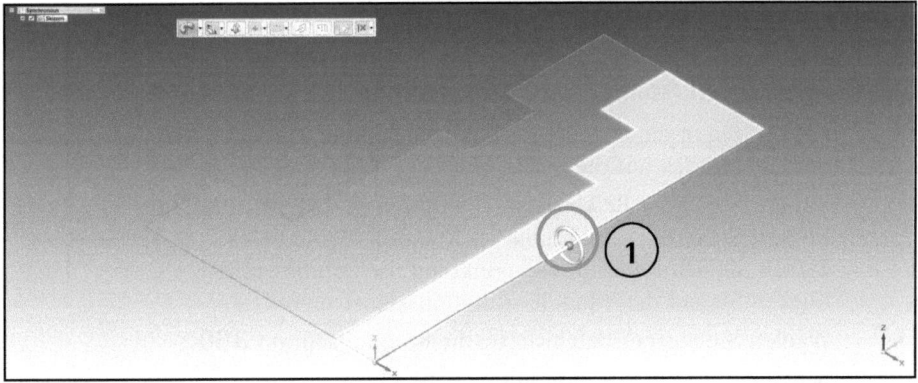

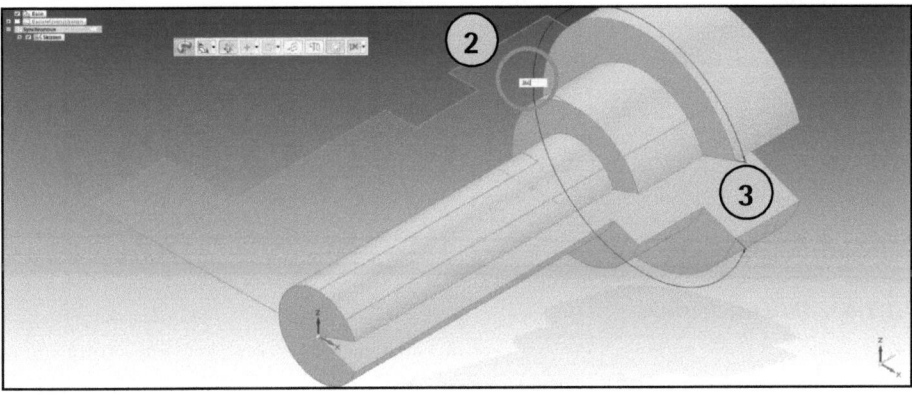

 Speichern unter

7.7.1.3 Datensicherung

 Speichern unter / Namen nach Wahl eingeben / **Speichern**

7.7.2 Äußeren Grundkörper erzeugen

7.7.2.1 Basisskizze öffnen

Öffnen

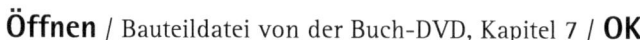

Öffnen / Bauteildatei von der Buch-DVD, Kapitel 7 / **OK**

7.7.2.2 Basisskizze bearbeiten

- Löschen Sie die gezeigten Innenlinien durch Anklicken mit der **STRG**-Taste (grüner Linienverlauf) und der **ENTF**-Taste (4).

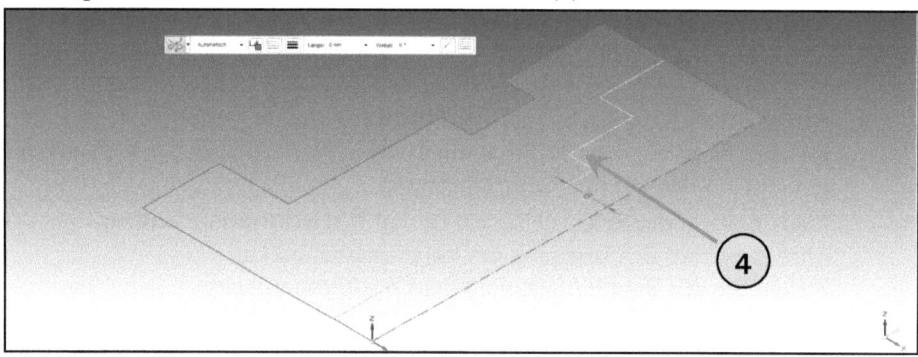

7.7.2.3 Rotationserstellung des äußeren, abgesetzten Zylinders

Auswählen

Rotation

Auswählen (Multifunktionsleiste **Home**)

Klicken Sie in die erstellte Rotationsfläche und akzeptieren Sie die Auswahl mit einem Klick auf die rechte Maustaste (1).

Klicken Sie in der Befehlsleiste die Option **Rotationausprägung**.
Klicken Sie auf den Ursprung des Rotationsziehpunktes.
Ziehen Sie den Rotationsziehpunkt auf die Rotationsachse.
Klicken Sie auf den Ring des Rotationsziehelements (5).

Wählen Sie aus der Befehlsleiste die Rotationsoption **360°**.

Schließen Sie die Rotation mit der **ESC**-Taste ab (6).

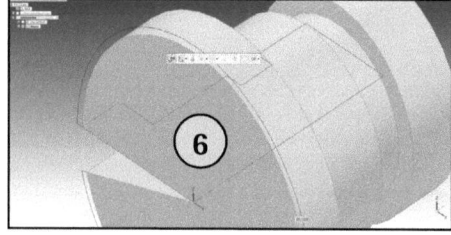

7.7.2.4 Datensicherung

Speichern
unter

Speichern unter / Namen nach Wahl eingeben / **Speichern**

7.7.3 Befehl „Kopie eines Teils", die Ausführung

Öffnen / Bauteildatei des äußeren Grundkörpers von der Buch-DVD,
/ **OK** (7)

Öffnen

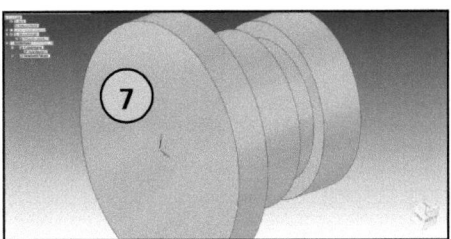

Kopie eines Teils (Multifunktionsleiste **Home**)

Wählen Sie im Dialogfeld **Kopie eines Teils auswählen** den abgesetzten Innenzylinder von der Buch-DVD.

Klicken Sie auf **OK**.

Das Teil oder die Baugruppe wird temporär in das Dokument platziert (8).

Übernehmen Sie die gezeigten **Parameter der Teilkopie** und klicken Sie auf **OK** (9).

Klicken Sie in der Befehlsleiste **Kopie eines Teils** auf die Schaltfläche **Fertig stellen**.

Kopie eines
Teils

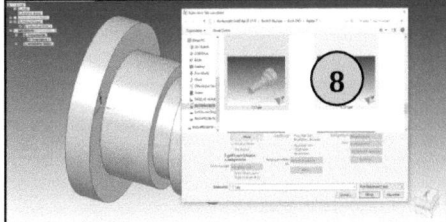

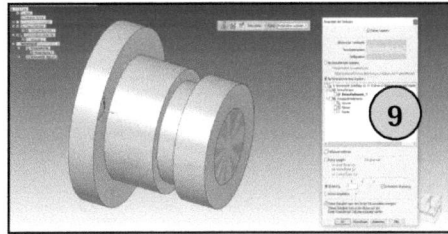

Der abgesetzte Innenzylinder wird an die Ursprungsgeometrie der Basiskonstruktion gesetzt (10).

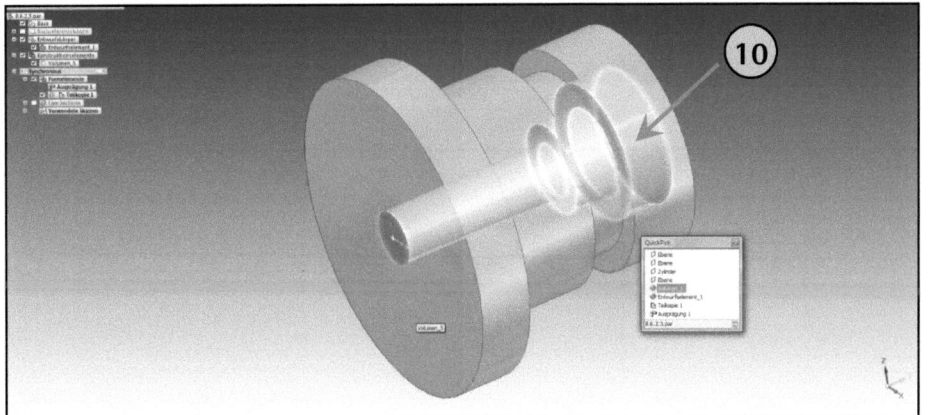

7.7.4 Boolesche Differenz über Subtraktion

7.7.4.1 Zylinder von Quader subtrahieren

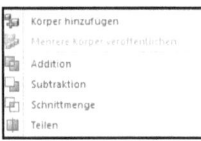

Körper
hinzufügen

Subtraktion

 Körper hinzufügen (Multifunktionsleiste **Home**)

 ### Subtraktion

Wählen Sie den Außenkörper aus, von dem subtrahiert werden soll (11).

Klicken Sie auf die Schaltfläche **Akzeptieren**

Wählen Sie den Zylinder als Werkzeugkörper aus, der vom Zielkörper subtrahiert werden sollen (12).

Klicken Sie auf die Schaltfläche **Akzeptieren**.

Klicken Sie in der Befehlsleiste auf die Schaltfläche **Fertig stellen**.

Schließen Sie die Subtraktion mit der **ESC**-Taste ab (13).

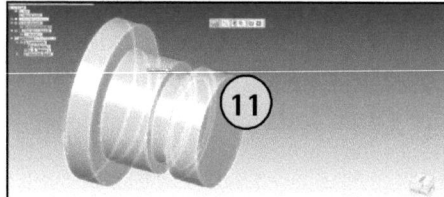
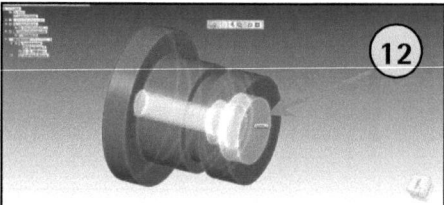
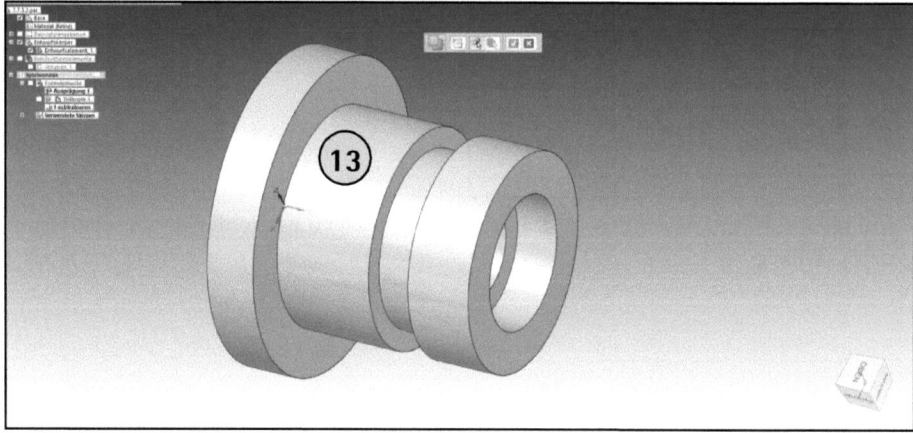

7.7.5 Materialzuweisungen über Solid Edge-Materialtabelle

7.7.5.1 Anpassen der Darstellung

- Ändern Sie die Formatvorlage **3D-Ansicht**, entsprechend der Darstellung, über:

  Multifunktionsleiste **Ansicht**/Register **Formatvorlage**/
  Funktion **Formatvorlage/3D-Ansicht**

  Einträge: **Textur**, **Schatten** und **Spiegelung** deaktiviert,
  Einträge: **Silhouetten**, **Reflexionen**, **hohe Qualität** und **Strukturen**
  aktiviert (14, 15).

7.7.5.2 Materialzuweisungen über Solid Edge-Materialtabelle, Ausführung

- Aktivieren Sie, mit Doppelklick, den **Pathfinder**-Eintrag **Material** (26).
- Weisen Sie dem abgesetzter Zylinder mit Innenbohrung, über die Funktion **Materialtabelle**, das Material **Messing** aus der zusätzlichen Materialtabelle **SE2019-Engelke** zu (16).

Material-
tabelle

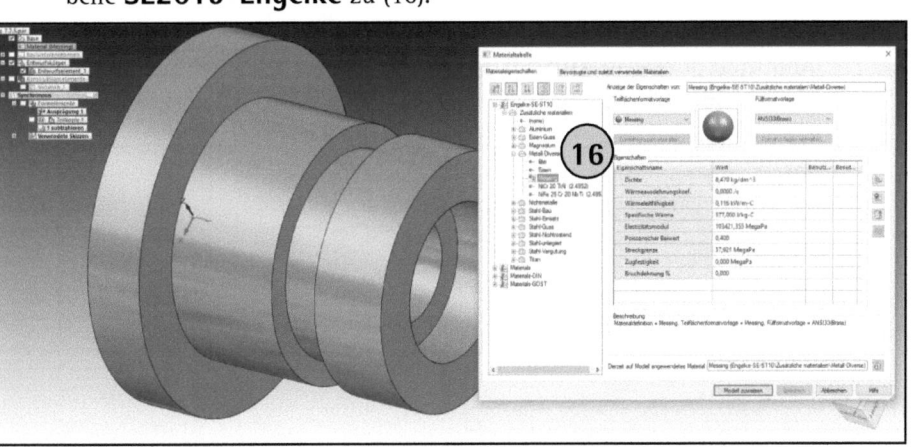

7.7.5.3 Datensicherung

Speichern unter / Namen nach Wahl eingeben / **Speichern**

Speichern
unter

Darstellungs-
tiefe, Ebene
bestimmen

7.7.6   Volumen–Differenz, die Konstruktionskontrolle

7.7.6.1   Darstellungstiefe, Vorbemerkungen

Die Funktion **Darstellungstiefe** mit der Auswahl der Ebene legt die Darstellungstiefe für ein Fenster fest. Sie können die Darstellungstiefe auf einen schmalen Bereich eines komplexen Teils oder einer komplexen Baugruppe beschränken, um das Ausführen der aktuellen Aufgabe zu erleichtern. Sie können die Darstellungstiefe festlegen, indem Sie zwei Ebenen und positionieren, die die Ausmaße der Ansicht definieren.

Wenn Sie die Option **Dynamische Darstellungstiefe** in der Befehlsleiste aktivieren, wird die Darstellungstiefe automatisch aktualisiert, wenn Sie den Mauszeiger beim Arbeitsschritt **Ebene 2** bestimmen verschieben.

Sie können die Darstellungstiefe ein- und ausschalten, um zwischen der von Ihnen einschränkten Darstellungstiefe und der vollen Ansicht zu wechseln.

7.7.6.2   Darstellungstiefe, Einstellungen

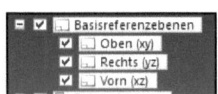

*   Schalten Sie die Basis-Referenzebenen ein (1).

Ebenen bestimmen

(Multifunktionsleiste **Ansicht / Darstellungstiefe**)

Wählen Sie eine planare Teilfläche oder Referenzebene, positionieren Sie den Mauszeiger zum Definieren der **Ebene 1**

klicken Sie beim Maß **0** mm (2).

Darstellungs-
tiefe, Ebene
bestimmen

Positionieren Sie den Mauszeiger zum Definieren der **Ebene 2** und klicken Sie beim Maß **60** mm (3).

Klicken Sie auf **Fertig stellen** (4).

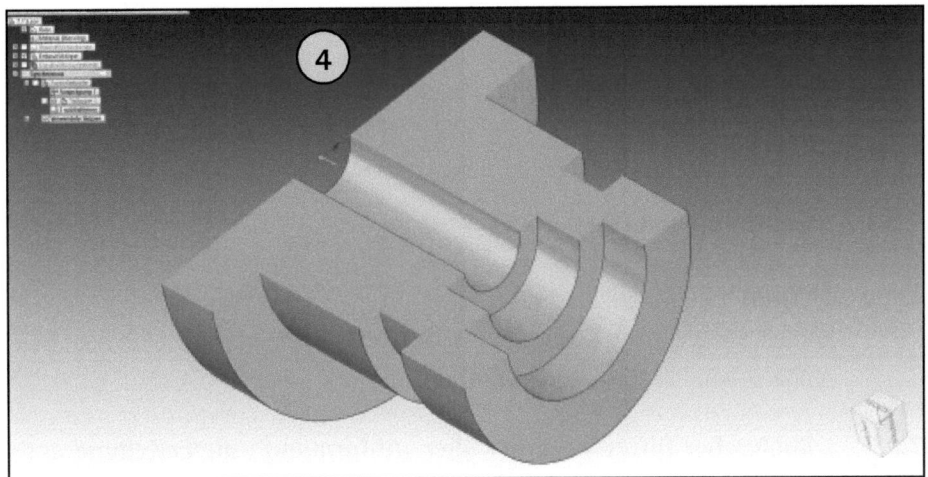

7.8 Hüllkörper mit Innenbohrung, ein boolescher Differenzkörper über Abformung

Verwenden Sie den Befehl **Abformung**, um eine neue Form an einem ausgewählten Körper zu erstellen, indem Sie einen anderen ausgewählten Körper als Abformwerkzeug verwenden.

7.8.1 Basisbauteile öffnen

Öffnen

Öffnen Sie die, über **Kopie eines Bauteils** entstandene mehrteilige Bauteildatei von der Buch-DVD / **OK**

7.8.2 Boolescher Differenzkörper über „Abformung", die Erstellung

Abformung (Multifunktionsleiste **Home** / **Dünnwand**)

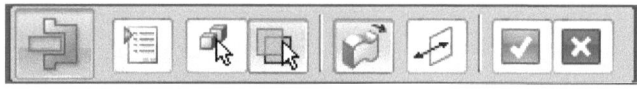

Wählen Sie den **Zielkörper** (1) aus, der abgeformt werden soll.

Wählen Sie den Körper (2) aus, der zum Erstellen der Abformung verwendet werden sollen.

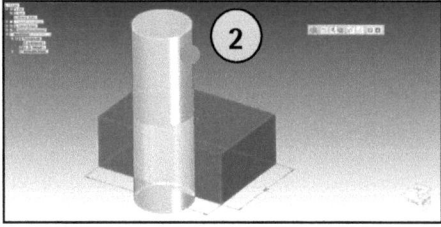

Weisen Sie dem **Werkzeugkörper** eine Stärke von **1** mm zu (3).

Die Richtung des Werkzeugs wird nach unten gewählt (4).

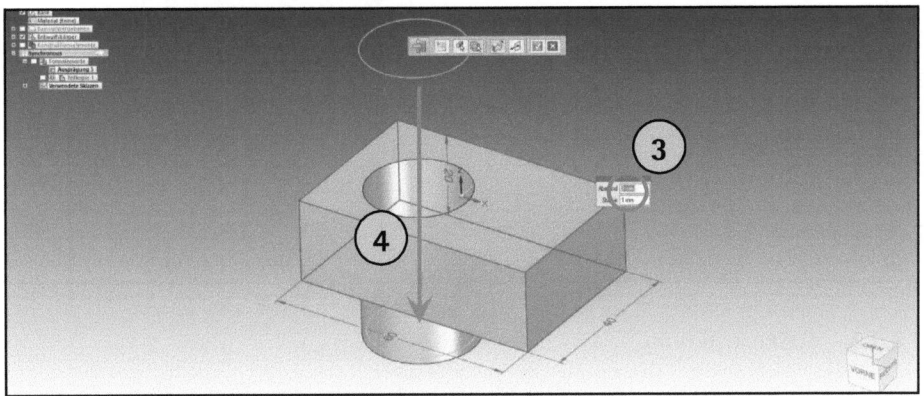

7.8.3 Materialzuweisungen über Solid Edge-Materialtabelle, Ausführung

- Aktivieren Sie, mit Doppelklick, den **Pathfinder**-Eintrag **Material** (26).
- Weisen Sie dem Hüllkörper mit Innenbohrung, über die Funktion **Material-tabelle**, das Material **ABS-Plastik hochfest** aus der Solid Edge-Materialtabelle zu (16).

Material-
tabelle

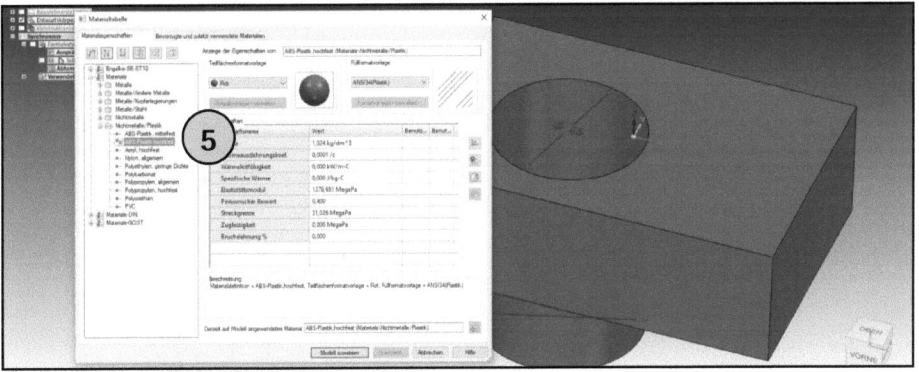

7.8.3.1 Teilflächen-Materialzuweisung über „Teil färben"

Teil färben (Multifunktionsleiste **Ansicht**)

Klick in das Feld **Auswählen**, Auswahl **Teilfläche** (6)

Klick in das Feld **Formatvorlage**, Auswahl **Chrom** (Beispiel) (7)

Model anklicken, Färbung wird vergeben / **Schließen**

Teil färben

Teil färben

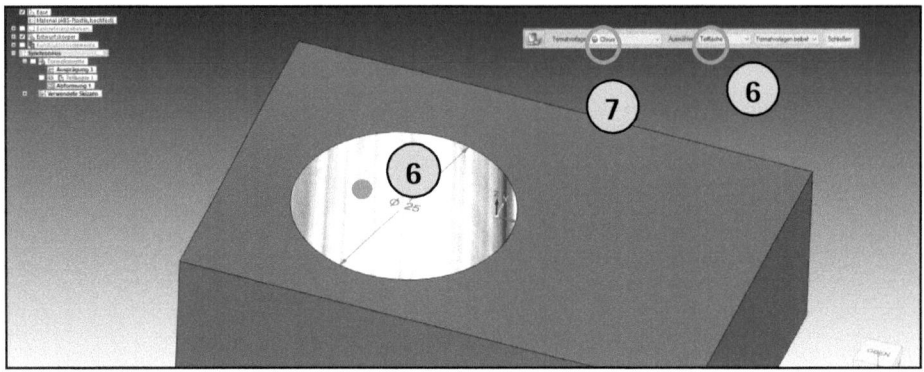

7.8.3.2 Datensicherung

Speichern
unter

 Speichern unter / Namen nach Wahl eingeben / **Speichern**

8

Siemens
Solid Edge 2019
Synchronous Technology

Synchronous Technologie, Modelländerungen

8 Synchronous Technology, Modelländerungen

8.1 Grundlagen 3D-Steuerrad, Wiederholungen

Seit den ST-Versionen ist die Synchronous Technologie mit dem Steuerrad ein wichtiger Bestandteil von Solid Edge. Einfache Bedienung, neue Methodik und das Bearbeiten von Fremddaten ermöglichtes Ihnen, den Konzeptions- als auch den Konstruktionsprozess deutlich zu beschleunigen.

Um alle Funktionalitäten der Synchronous Technologie nutzen zu können, ist es notwendig dieses wichtige Werkzeug zu beherrschen.

Die folgende Abbildung und Tabelle listen den Namen sowie die mit der linken Maustaste ausgeführte Funktion jeder Steuerradkomponente auf. Sie können die Aktionen der linken Maustaste verwenden, um ausgewählte Elemente mit dem Steuerrad zu manipulieren.

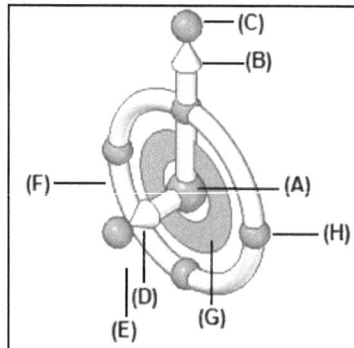

Mit linker Maustaste klicken.

Mit gedrückter linker Maustaste ziehen.

Mit gedrückter linker Maustaste + **Umschalt**-Taste klicken.

Mit gedrückter linker Maustaste + **Umschalt**-Taste ziehen.

Mit gedrückter linker Maustaste + **Strg**-Taste klicken.

Mit gedrückter linker Maustaste + **Strg**-Taste ziehen.

8.1.1.1 3D- Steuerrad, linke Maustaste klicken:

Aktion:	**Ursprung** (A)	**Hauptachse** (B)
Linke Maustaste klicken	Steuerrad positionieren, Punkt, Kante, Teilfläche	Befehl **Verschieben** entlang der Hauptachse starten.
	Primäre Richtung (C)	**Nebenachse** (D)
	Hauptachse über Punkt ausrichten, Nebenachse fangen.	Befehl **Verschieben** entlang der Nebenachse starten.
	Sekundäre Richtung (E)	**Ring** (F)
	Nebenachse um Hauptachse ausrichten.	Befehl **Drehen** um die Nebenachse starten.
	Ebene (G)	**Ringrichtung** (H)
Linke Maustaste Ziehen alle Funktionen sind gleich, bis auf Ringrichtung	Befehl „Verschieben" auf Ebene starten.	Hauptachse ausrichten.
		Ausgewählte Elemente drehen.

8.1.1.2 3D-Steuerrad, linke Maustaste klicken und Umschalttaste bedienen:

Aktion:
Linke Maustaste klicken
+
Umschalt-Taste betätigen

Ursprung (A)
Steuerrad positionieren.

Primäre Richtung (C)
Steuerrad um Nebenachse drehen.

Sekundäre Richtung (E)
Steuerrad um Hauptachse drehen.

Ebene (G)
Haupt- und Nebenachse austauschen.

Hauptachse (B)
Steuerrad entlang der Hauptachse verschieben.

Nebenachse (D)
Steuerrad entlang der Hauptachse verschieben.

Ring (F)
Steuerrad um Nebenachse drehen.

Ringrichtung (H)
Hauptachse ausrichten.

8.1.1.3 3D-Steuerrad, linke Maustaste ziehen und Umschalttaste betätigen:

Aktion:
Linke Maustaste klicken
+
„**Umschalt**-Taste betätigen

Ursprung (A)
Steuerrad positionieren.

Primäre Richtung (C)
Steuerrad um Nebenachse drehen.

Sekundäre Richtung (E)
Steuerrad um Hauptachse drehen.

Ebene (G)
Haupt- und Nebenachse austauschen.

Hauptachse (B)
Steuerrad entlang der Hauptachse verschieben.

Nebenachse (D)
Steuerrad entlang der Hauptachse verschieben.

Ring (F)
Steuerrad um Nebenachse drehen.

Ringrichtung (H)
Hauptachse ausrichten.

8.1.1.4 3D-Steuerrad, linke Maustaste und Steuerungstaste:

Aktion:
Linke Maustaste klicken
+
Strg-Taste betätigen

Ursprung (A)
Steuerrad positionieren, Punkt, Kante, Teilfläche.

Primäre Richtung (C)
Steuerrad um Achse drehen, die senkrecht zur Haupt- und Nebenachse verläuft.

Sekundäre Richtung (E)
Steuerrad um Achse drehen, die senkrecht zur Haupt- und Nebenachse verläuft.

Ebene (G)
Befehl **Verschieben** / **Kopieren** auf der Ebene starten.

Hauptachse (B)
Befehl **Verschieben** / Kopieren entlang der Hauptachse starten.

Nebenachse (D)
Befehl **Verschieben** entlang der Hauptachse starten.

Ring (F)
Befehl **Drehen** / Kopieren um die Nebenachse starten.

Ringrichtung (H)
Hauptachse ausrichten.

8.1.1.5   Linke Maustaste und Steuerungstaste ziehen:

Aktion:

Linke Maustaste klicken

+

Strg-Taste betätigen

Ursprung (A)
Steuerrad positionieren, Punkt, Kante, Teilfläche.

Primäre Richtung (C)
Steuerrad um Achse drehen, die senkrecht zur Haupt- und Nebenachse verläuft.

Sekundäre Richtung (E)
Steuerrad um Achse drehen, die senkrecht zur Haupt- und Nebenachse verläuft.

Ebene (G)
Befehl **Verschieben** / Kopieren auf der Ebene starten.

Hauptachse (B)
Befehl **Verschieben** / **Kopieren** entlang der Hauptachse starten.

Nebenachse (D)
Befehl **Verschieben** / **Kopieren** entlang der Nebenachse starten.

Ring (F)
Befehl **Drehen** / **Kopieren** um die Nebenachse starten.

Ringrichtung (H)
Hauptachse ausrichten.

8.2   Der Mauseinsatz in Solid Edge 2019

8.2.1   Arten der Mauszeigergrafik, Wiederholungen

Solid Edge verwendet verschiedene Arten von Mauszeigergrafik. Bei folgenden Arten von Arbeitsabläufen wird eindeutige Mauszeigergrafik eingeblendet:

Zur Kennzeichnung des aktiven Befehls, wie z.B. Auswählen, Ausschnittvergrößerung und Ausschnitt verschieben.

Beim Hervorheben oder Auswählen bestimmter Elementtypen.

Zur Kennzeichnung des aktuellen Arbeitsschritte im aktiven Befehl.

Die folgende Tabelle enthält eine Liste mit charakteristischen Beispielen einiger Mauszeigertypen:

	Auswählen	Die Anzeige erscheint, wenn Sie den Befehl **Auswählen** starten.
	Ausschnittvergrößerung	Die Anzeige erscheint, wenn Sie den Befehl **Ausschnittvergrößerung** starten.
	Größe verändern	Die Anzeige erscheint, wenn Sie den Befehl **Größe verändern** starten.
	Ausschnitt verschieben	Die Anzeige erscheint, wenn Sie den Befehl **Ausschnitt verschieben** starten.
	QuickPick	Die Anzeige erscheint, wenn mehrere Elemente verfügbar sind,
	2D-Zeichnen	Die Anzeige erscheint, beim Zeichnen von 2D-Elementen
	Hinzufügen / Entfernen	In Synchronous- Dokumenten, wenn die Option Auswahlmodus auf **Hinzufügen / Entfernen** eingestellt ist.

8.2.1.1 Mauszeiger am Steuerrad

 Ausgewählte Elemente verschieben.
Wenn sich der Mauszeiger auf der Hauptachse, Nebenachse oder der Ebene des Steuerrads befindet.

 Ausgewählte Elemente drehen.
Wenn sich der Mauszeiger über dem Ring befindet.

Ausrichtung der Haupt- oder Nebenachse ändern.
Wenn sich der Mauszeiger auf einem Knopf der Hauptachse oder der Nebenachse des Steuerrads befindet.

8.2.1.2 Bearbeitungsmauszeiger für PMI-Bemaßungen

 Bearbeiten des Bemaßungswertes.
Der Mauszeiger befindet sich über dem Bemaßungstext.

 Ziehen des Endsymbols innerhalb oder außerhalb der Verlängerungslinien.
Der Mauszeiger befindet sich über einem Bemaßungsendsymbol.

 Ändern der Bemaßungseigenschaften
Der Mauszeiger befindet sich über einer Bemaßungs- oder Verlängerungslinie.

8.3 „Design Intent" (alt LiveRules)

8.3.1 „Design Intent", Vorbemerkungen

Synchronous-Modelle verwenden Teilflächenbeziehungen, um das Modellverhalten während der Bearbeitung zu steuern. Zu diesen Teilflächenbeziehungen gehören:

Gefunden:

Beziehungen, die bei einer Synchronous-Bearbeitung vom System festgestellt werden. Diese **Design Intent**-Beziehungen sind zu finden, wenn im Fensterbereich **Design Intent** oder im Fensterbereich **Erweitertes Design Intent** der Beziehungstyp aktiviert ist.

Dauerhaft:

Die Beziehungen, die Sie bei der Erstellung Ihres Modells definieren, sind dauerhaft und werden während der Synchronous-Bearbeitung beibehalten.

PMI:

Gesperrte Bemaßungsbeziehungen, die Sie gewollt zu Ihrem Modell hinzufügen.

8.3.1.1 Verwenden des Fensterbereichs „Design Intent"

Der **Design Intent**-Fensterbereich wird geöffnet, wenn Sie Änderungen an einem Synchronous-Modell vornehmen. Mit Hilfe der Optionen im Fensterbereich können Sie steuern, wie viel von der Konstruktionsabsicht, die zuvor in das Modell integriert worden war, noch erhalten ist oder ignoriert wird, während Sie eine Verschiebung durchführen.

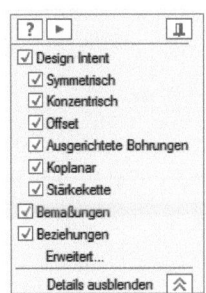

- Der **Design Intent**-Fensterbereich wird für die folgenden Arten von Synchronous-Modellierungsänderungen automatisch angezeigt:
- Beim Verschieben oder Drehen von Modellteilflächen oder Formelementen in einer Synchronous-Part-, Sheet Metal- oder Assembly-Umgebung.
- Beim Bearbeiten des Werts einer 3D-Bemaßung in einem Synchronous-Teil.
- Beim Bearbeiten des Bemaßungswerts einer gesperrten 3D-Bemaßung mithilfe der **Variablentabelle**.

8.3.1.2 Verwenden des Fensterbereichs „Erweitertes Design Intent"

Um den Fensterbereich **Erweitertes Design Intent** zu öffnen, wählen Sie die Option **Erweitert...** im Fensterbereich **Design Intent** aus oder drücken Sie die Taste **V**.

Verwenden Sie die Schaltflächen im Fensterbereich **Erweitertes Design Intent**, um auszuwählen, welche Entwurfsabsicht-Beziehungen Sie beibehalten oder ignorieren möchten, wenn Sie eine Teilfläche oder ein Formelement in einem Synchronous-Modell verschieben.

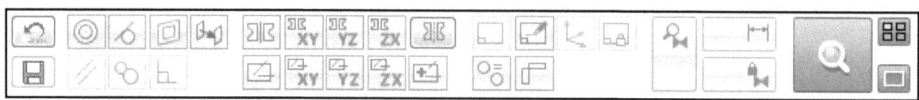

8.4 Ändern von Modellen mit dem Steuerrad

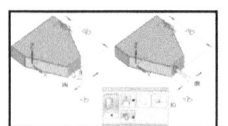

Mit dem **3D-Steuerrad** und dem **2D-Steuerrad** können Sie die meisten Arten von Modellgeometrie verschieben oder drehen. Das 3D-Steuerrad und das 2D-Steuerrad stellen die hauptsächlichen Methoden zum Ändern von Synchronous-Modellen dar.

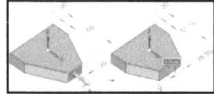

Wenn Sie zum Verschieben oder Drehen geeignete Modellgeometrie mit dem Auswahlwerkzeug auswählen, werden das Steuerrad und die QuickBar **Verschieben** eingeblendet.

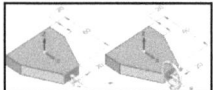

Die im Auswahlsatz enthaltenen Elemente bestimmen automatisch, ob das 3D-Steuerrad oder das 2D-Steuerrad eingeblendet wird. Alle Steuerradelemente initialisieren das gleiche Verhalten, unabhängig davon, ob es sich um das 3D-Steuerrad oder das 2D-Steuerrad handelt.

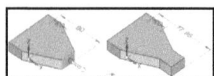

Sie können die verschiedenen Komponenten des 3D-Steuerrads oder 2D-Steuerrads verwenden, um die ausgewählten Elemente zu verschieben und zu drehen. Sie können außerdem die Option Verbundene Teilflächen in der Befehlsleiste Verschieben verwenden, um zu steuern, wie das Modell auf die Verschiebung oder Drehung reagiert.

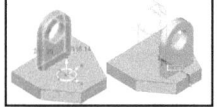

Die im Auswahlsatz enthaltenen Elemente bestimmen automatisch, ob das 3D-Steuerrad oder das 2D-Steuerrad eingeblendet wird. Alle Steuerradelemente initialisieren das gleiche Verhalten, unabhängig davon, ob es sich um das 3D-Steuerrad oder das 2D-Steuerrad handelt.

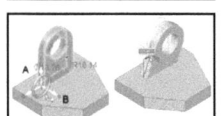

Sie können die verschiedenen Komponenten des 3D-Steuerrads oder 2D-Steuerrads verwenden, um die ausgewählten Elemente zu verschieben und zu drehen. Sie können außerdem die Option **Verbundene Teilflächen** in der Befehlsleiste **Verschieben** verwenden, um zu steuern, wie das Modell auf die Verschiebung oder Drehung reagiert.

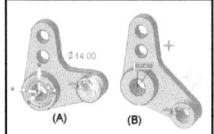

Die Anzeige des 3D-Steuerrads und des 2D-Steuerrads kann je nach den Elementen im Auswahlsatz unterschiedlich sein. Diese Anzeigevariation wird progressive Darstellung genannt. Wenn Sie beispielsweise auf eine planare Teilfläche mit Materialstärke in einem Teildokument klicken, werden lediglich die Hauptachse und der Ursprung des Steuerrads eingeblendet.

Dies geschieht, da es sich bei der am häufigsten bei Auswahl einer einzelnen Teilfläche vorgenommenen Modelländerung um eine Verschiebung der Teilfläche entlang der Hauptachse handelt.

Lernsituation XII

Synchronous Technology, Modelländerungen

Beschreibung:

In diesem Kapitel werden Sie anhand einfacher Beispiele Ihre ersten Schritte in die Modellierung mit Synchronous Technologie tun, es dient dazu, einen ersten Überblick darüber zu erlangen, ohne den Anspruch zu erheben, alle Details zu erläutern.

Bauteilbearbeitungen:

- Änderungen der Modellgröße über PMI-Bemaßung
- Änderungen an existierenden Flächen, Verschieben
- Änderungen an existierenden Flächen, Fläche drehen
- Änderungen an existierenden Flächen, Rotationsfläche
- Änderungen an existierenden Flächen, Skizzenfläche
- Änderungen an existierenden Volumen, Teilflächenbeziehungen
- Änderungen an existierenden Volumen, Lageänderungen
- Änderungen an existierenden Volumen, Geometriegrößen- Änderungen
- Änderungen an existierenden Volumen, Geometriegrößen-Änderungen, Maße
- Änderungen an existierenden Volumen, Abschrägungen
- Änderungen an existierenden Volumen, Änderungen an verbundene Flächen, Funktion Erweitern / Trimmen, Kippen, Anheben Funktion Kippen, Anheben Funktion Anheben

8.5 Ändern der Modellgröße

Sie können die Größe des Modells ändern, indem Sie den Wert einer oder mehrerer **PMI**-Bemaßungen ändern. Wenn Sie z.B. den Bemaßungstext der 100 mm-Bemaßung auswählen, wird der Ziehpunkt zum Bearbeiten des Bemaßungswertes eingeblendet. Der Ziehpunkt zum Bearbeiten des Bemaßungswertes zeigt an, wie sich das Modell bei Eingabe eines neuen Bemaßungswertes verhält.

8.5.1 Grundkörper erzeugen

 Öffnen

 Speichern unter

 Öffnen / Bauteildatei **Würfel** von der Buch-DVD / **OK**

Speichern unter / Namen nach Wahl eingeben / **Speichern**

8.5.2 Länge und Breite des Würfels anpassen

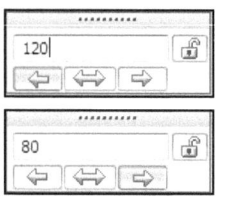

* Klicken Sie auf das Längenmaß **100** mm und tragen Sie **120** mm ein (1, 2).
* Klicken Sie auf das Breitenmaß **100** mm und tragen Sie **80** mm ein (3, 4).

Die Maßveränderungen ändern auch die geometrische Größe des Volumenkörpers von Würfel auf Quader.

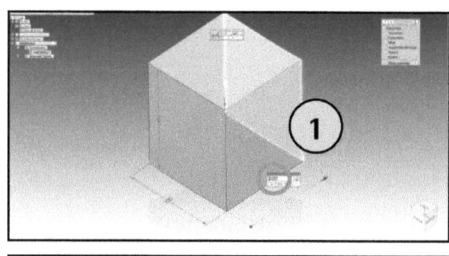

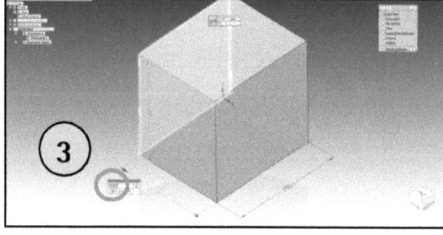
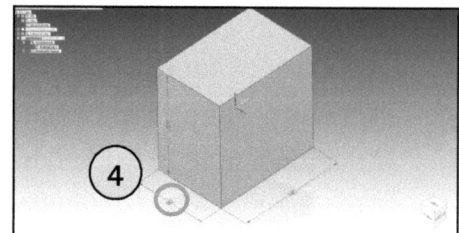

8.5.3 Datensicherung

 Speichern unter

 Speichern unter / Namen nach Wahl eingeben / **Speichern**

8.6 Änderungen an existierenden Flächen, Verschieben

8.6.1 Symmetrische Verschiebung

8.6.1.1 Grundkörper öffnen

 Öffnen / Bauteildatei **Würfel** von der Buch-DVD / **OK**

Öffnen

8.6.1.2 Breite des Würfels anpassen

* Wählen Sie die vordere Fläche des Körpers wie abgebildet aus (1).
  Das Flächenwerkzeug wird an der Fläche angezeigt (2).

In der **QuickBar** wird die Standardaktion **Verschieben** mit den dazugehörigen
Optionen angezeigt (3).

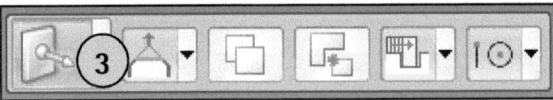

* In der Arbeitsebene werden die **Design Intent** eingeblendet (4).

* Wählen Sie in dieser Box den Eintrag **Erweitert.....**

  Option **YZ-Symmetrie erhalten** (5)

* Verschiebung um **10** mm nach innen bestimmen (6), die Seitenlänge entspricht dann ca. **80** mm (7).

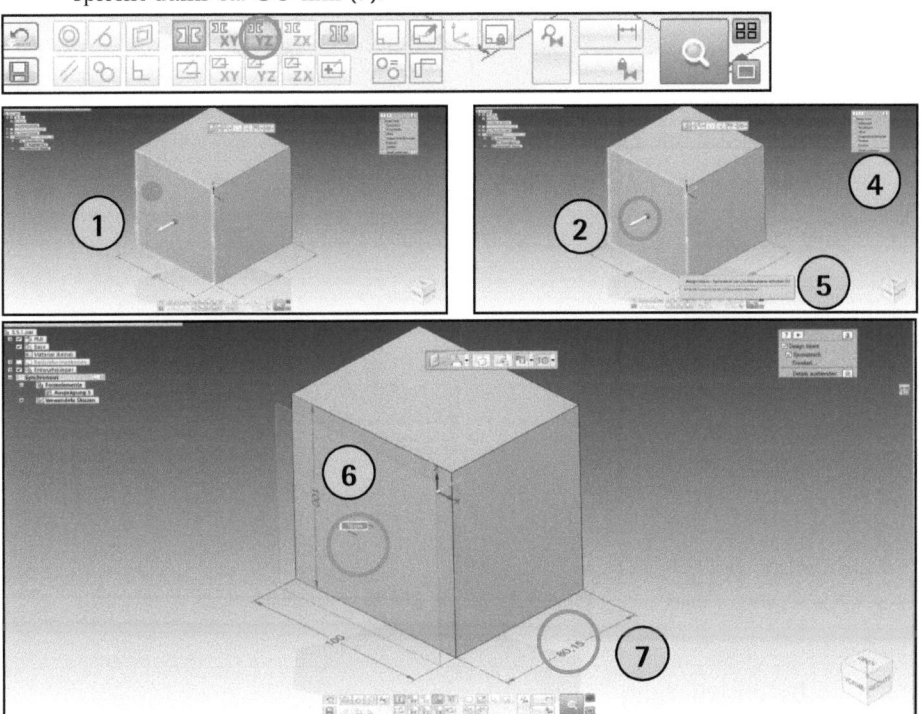

8.6.2 Datensicherung

 Speichern unter / Namen nach Wahl eingeben / **Speichern**

Speichern
unter

8.6.3 Einseitige Verschiebung

8.6.3.1 Grundkörper öffnen

 Öffnen

 Öffnen / Bauteildatei **Würfel** von der Buch-DVD / **OK**

8.6.3.2 Länge des Würfels anpassen

- Wählen Sie die vordere Fläche des Körpers wie abgebildet aus (1). Das Flächenwerkzeug wird an der Fläche angezeigt (2).

In der **QuickBar** wird die Standardaktion **Verschieben** mit den dazugehörigen Optionen angezeigt (2).

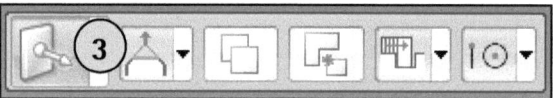

In der Arbeitsebene werden die **Design Intent** eingeblendet.

- Deaktivieren Sie den Eintrag **Symmetrisch** (4).

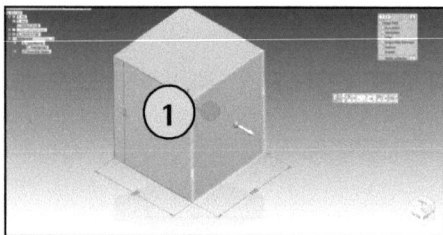
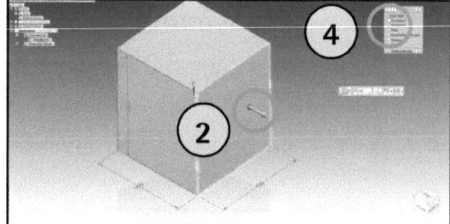

- Verschiebung um **20** mm nach außen bestimmen (5), die Seitenlänge entspricht dann ca. **120** mm (6).

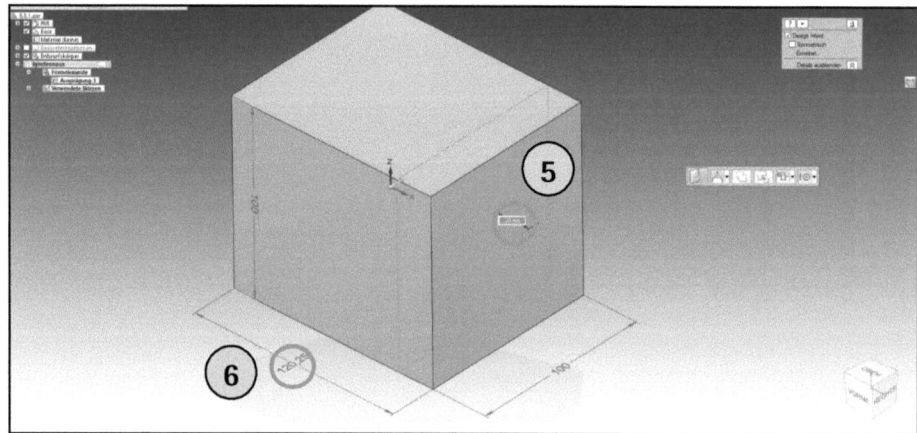

8.6.4 Datensicherung

 Speichern unter

 Speichern unter / Namen nach Wahl eingeben / **Speichern**

8.7 Änderungen an existierenden Flächen, Rotationsfläche

Das Rotationswerkzeug ist das Pendant zum Extrusions-Werkzeug und dient dazu, Profile oder Bereiche zu rotieren, um Rotationsausschnitte beziehungsweise Rotationsausprägungen zu erstellen.

Im nächsten Schritt sollen Flächen um **30°** gedreht werden, um eine Schräge anzubringen. Auch diese Schräge soll mit aktiven **Design Intent** erstellt werden, damit das Verhalten der Gegenseite beeinflusst werden kann.

8.7.1 Symmetrische Drehung von Seitenflächen

8.7.1.1 Grundkörper öffnen

 Öffnen / Bauteildatei **Quader** von der Buch-DVD / **OK**

 Öffnen

8.7.1.2 Flächen symmetrisch drehen

- Wählen Sie die vordere Fläche des Körpers wie abgebildet aus (1).
- Setzen Sie die Flächen, mit dem **Design Intent**, Option **Symmetrisch**.
- Klicken Sie auf den Ursprung des **Flächenwerkzeuges**, das **Steuerrad** erscheint, klicken Sie auf den **Ursprung** des **Steuerrades** (2).
- Klicken Sie den rechten oberen Punkt als **Vertexpunkt** (3).
- Klicken Sie auf den Ring des Steuerrades (4).

In der **QuickBar** wird die Standardaktion **Drehen** mit den dazugehörigen Optionen angezeigt (5).

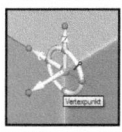

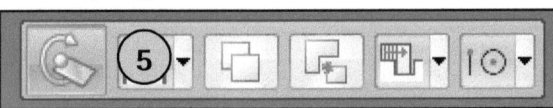

 Drehen

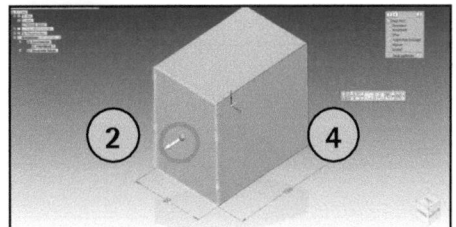

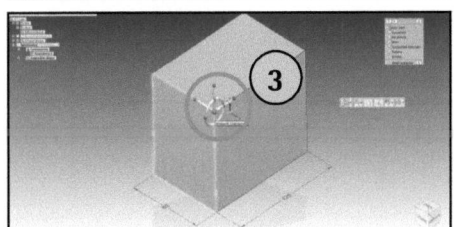

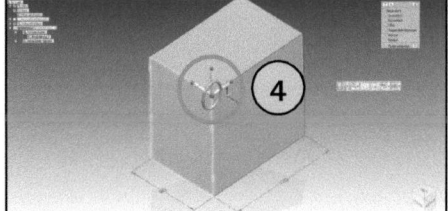

Drehen

- Drehen Sie die Flächen um **30°** (6).

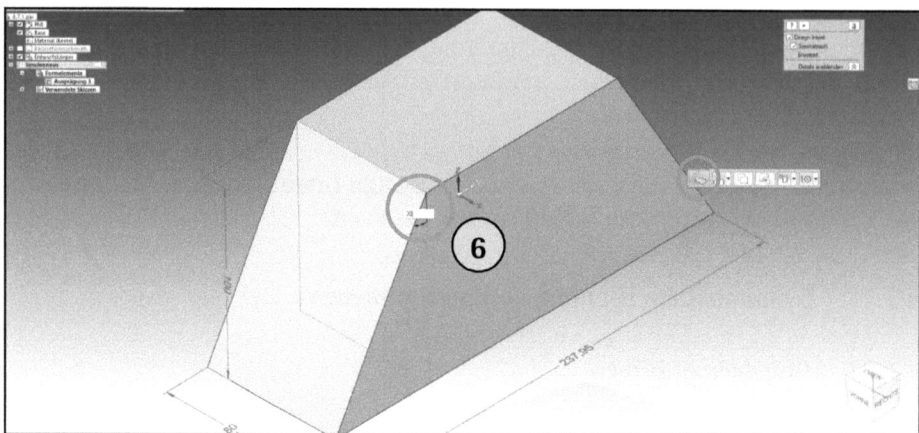

8.7.1.3 Datensicherung

Speichern
unter

 Speichern unter / Namen nach Wahl eingeben / **Speichern**

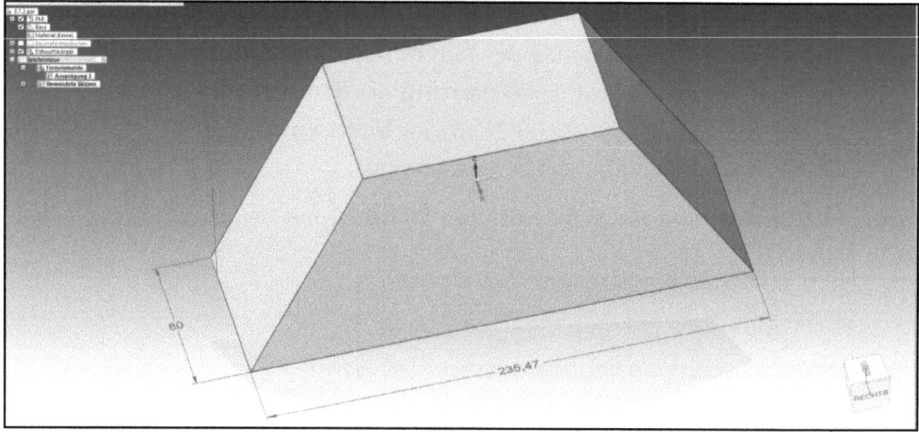

8.7.2 Einseitige Drehung, Rücksetzen der einseitigen 30°-Drehung

8.7.2.1 Grundkörper öffnen

 Öffnen / Bauteildatei von der Buch-DVD / **OK**

Öffnen

8.7.2.2 Rücksetzen der einseitigen 30°-Drehung

- Wählen Sie die vordere Fläche des Körpers wie abgebildet aus (1).
- Setzen Sie die Flächen, mit dem **Design Intent**, deaktivieren Sie die Option **Symmetrisch**.
- Klicken Sie auf den Ursprung des **Flächenwerkzeuges**, das **Steuerrad** erscheint, klicken Sie auf den **Ursprung** des **Steuerrades**.
- Klicken Sie den rechten oberen Punkt als **Vertexpunkt**.
- Klicken Sie auf den Ring des Steuerrades (2).

In der **QuickBar** wird die Standardaktion **Drehen** mit den dazugehörigen Optionen angezeigt.

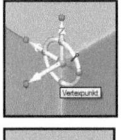

- Drehen Sie die Flächen um **−30°** (3).

Drehen

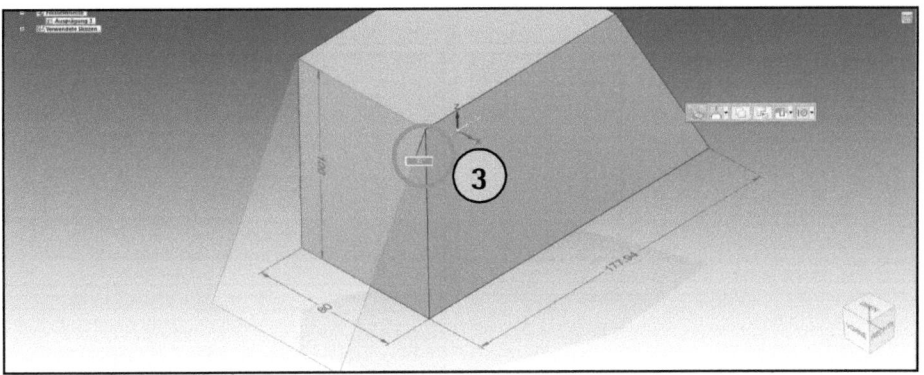

8.7.2.3 Datensicherung

 Speichern unter / Namen nach Wahl eingeben / **Speichern**

Speichern unter

Öffnen

8.7.3   Zylindrische Abrundung der vorderen Quaderfläche

Öffnen / Bauteildatei **Würfel** von der Buch-DVD / **OK**

8.7.3.1   Bilden eines Rotationskörpers

- Klicken Sie die gezeigte Vorderseite des Würfels (1).
- Wählen Sie in der **QuickBar** die Funktion **Rotation** aus (2).

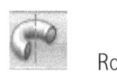

Rotation

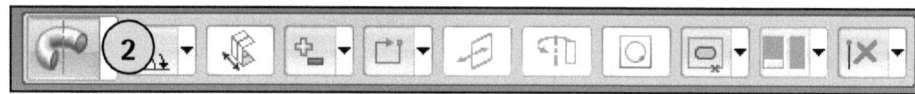

- Klicken Sie einmal auf den **Ursprung** des **Rotationswerkzeugs** (3).
- Ziehen Sie nun das Rotationswerkzeug auf die rechte Würfelkante, bis es daran einrastet und sich nach der Kante ausrichtet. Platzieren Sie das Werkzeug mit einem Mausklick (4).
- Klicken Sie einmal auf den äußeren Ring des Rotationswerkzeuges (5).
- Wählen Sie in der Befehlsleiste die Option **Hinzufügen** (6) und **Symmetrisch** (7).

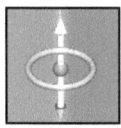

Symmetrisch

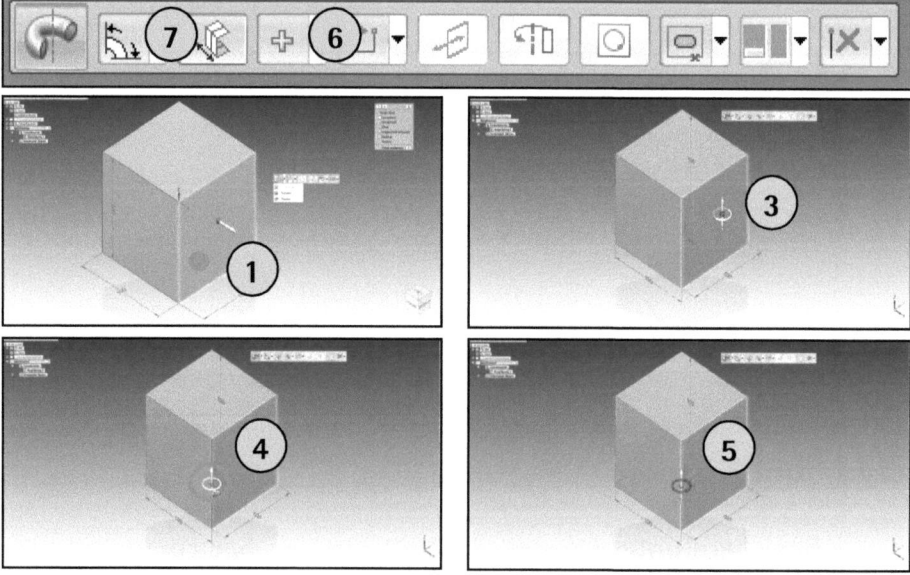

- Geben Sie einen Winkel von **300°** (5) ein und legen Sie die Richtung mit einem Mausklick fest.

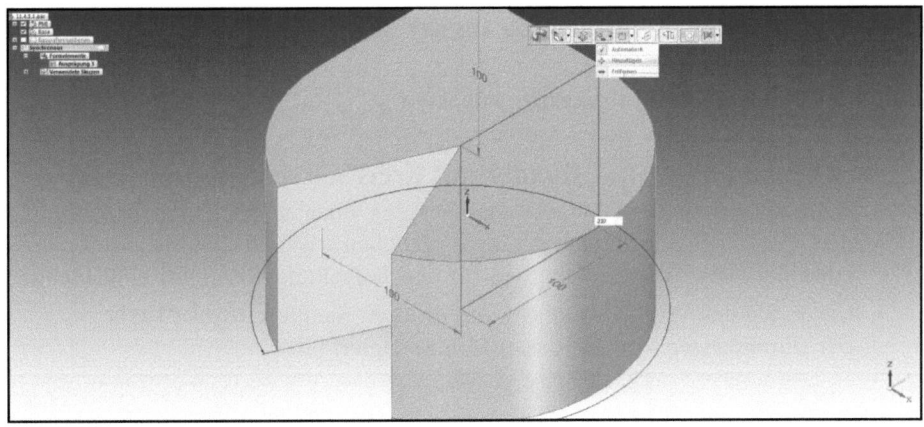

8.7.3.2 Datensicherung

  Speichern unter / Namen nach Wahl eingeben / **Speichern**

 Speichern unter

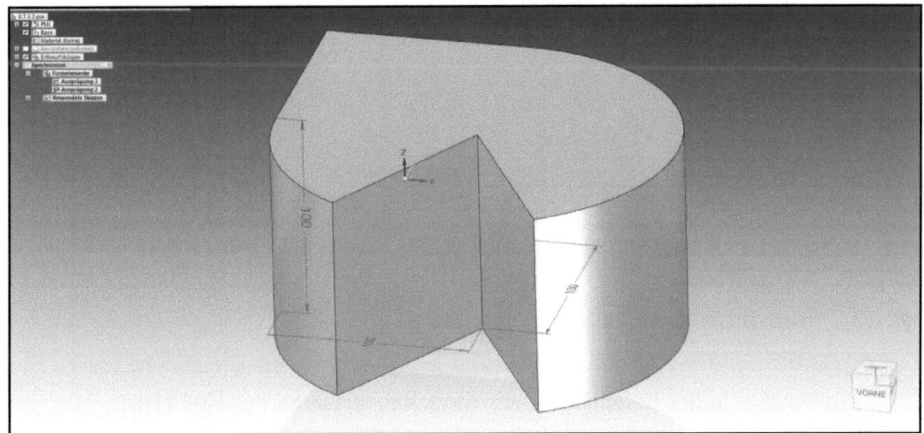

8.8 Änderungen an existierenden Flächen, Skizzenfläche

8.8.1 Torusförmige Ausrundung aus der oberen Kreisfläche

8.8.1.1 Grundkörper mit Kreisskizze anpassen

 Öffnen

 Kreis über Mittelpunkt

 QuickPick

 **Öffnen** / Bauteildatei **Quader mit Kreis** von der Buch-DVD, / **OK** (1)

* Positionieren Sie den Mauszeiger über den oben abgebildeten Bemaßungstext. Wenn der Bemaßungstext hervorgehoben wird, klicken Sie, um ihn auszuwählen. Das Eingabedialogfeld für den Bemaßungswert wird eingeblendet.

Geben Sie den Wert **30** mm ein und drücken Sie die **Eingabetaste**. Der Durchmesser wird auf dieses Maß korrigiert (2).

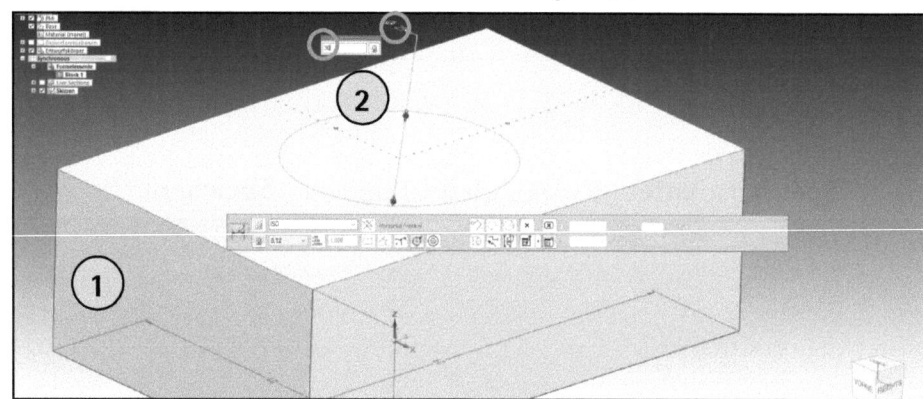

 Speichern unter

 Speichern unter / Namen nach Wahl eingeben / **Speichern**

8.8.1.2 Torusförmige Ausrundung erstellen

* Wählen Sie den Auswahl-Befehl und markieren Sie die Kreisfläche (1).
* Stellen Sie in der Befehlsleiste die Modellausprägung auf **Rotation** (2).

 Rotation

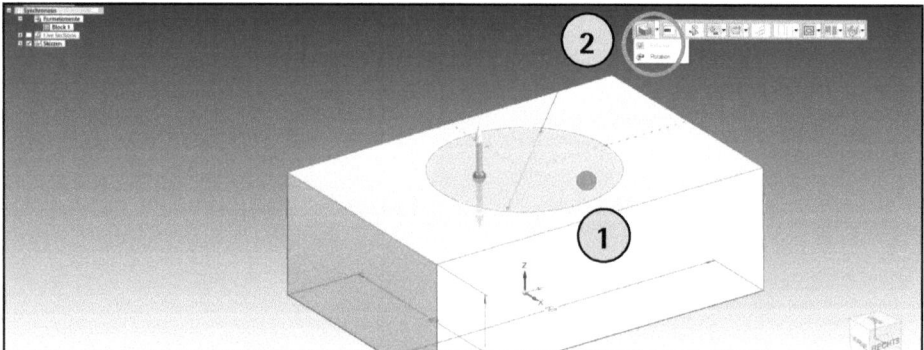

- Klicken Sie auf den Ursprung des **Steuerrades** und platzieren Sie es am Mittelpunkt der Bauteilkante (3).

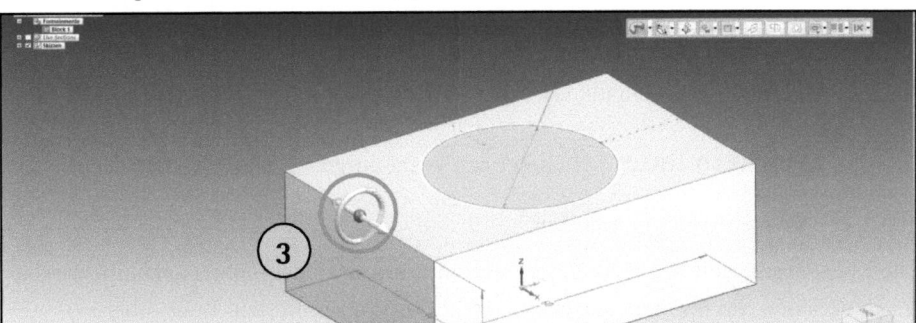

Wählen Sie den Außenring des Steuerrades und drehen Sie auf **180°** (4).

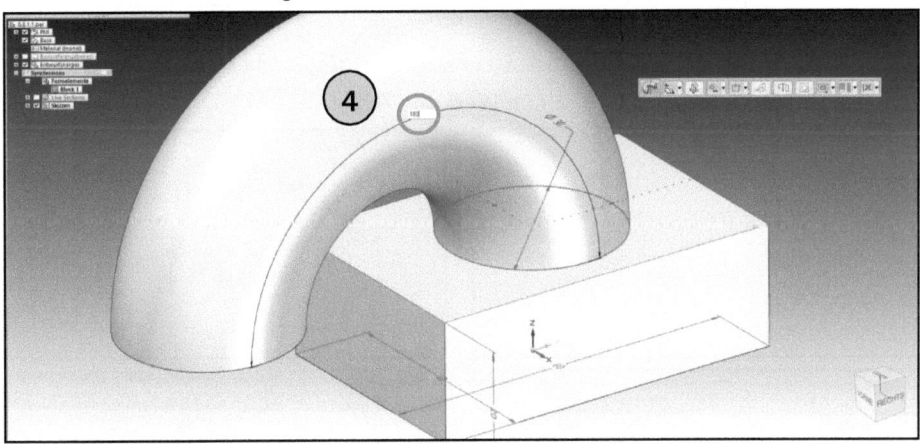

8.8.1.3 Datensicherung

 Speichern unter / Namen nach Wahl eingeben / **Speichern**

 Speichern unter

8.8.2 Abschrägung der oberen Kreisfläche mit Zylinderbildung

8.8.2.1 Grundkörper erstellen

Öffnen / Bauteildatei **Quader mit Kreis** von der Buch-DVD, / **OK** (1)

Speichern unter / Namen nach Wahl eingeben / **Speichern**

Öffnen

Speichern unter

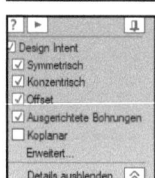

8.8.2.2 Skizzenfläche bearbeiten

Die Kreis-Skizze soll mit Hilfe des Steuerrades um **30°** nach oben geklappt werden.

- Wählen Sie mit dem Auswahl-Befehl die Skizze mit dem Kreis, über **QuickPick** (1).
- Die Option **Koplanar** in **Design Intent** muss deaktiviert sein (2).
- Klicken Sie auf den Ursprung des Steuerrades und platzieren Sie es an der Bauteilkante (3, 4).
- Klicken Sie auf den Ring des Steuerrades (5) und ziehen Sie die Maus in die positive Richtung bis auf einen Wert von **45°** (6).

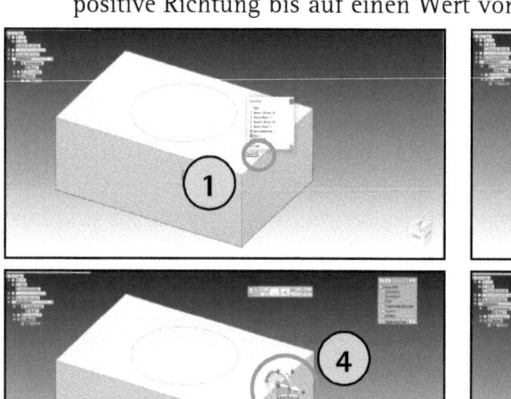
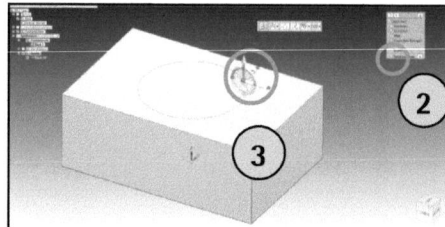
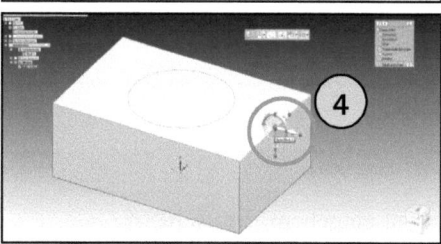
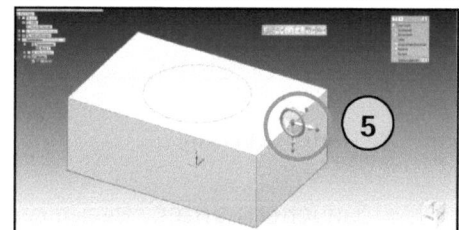
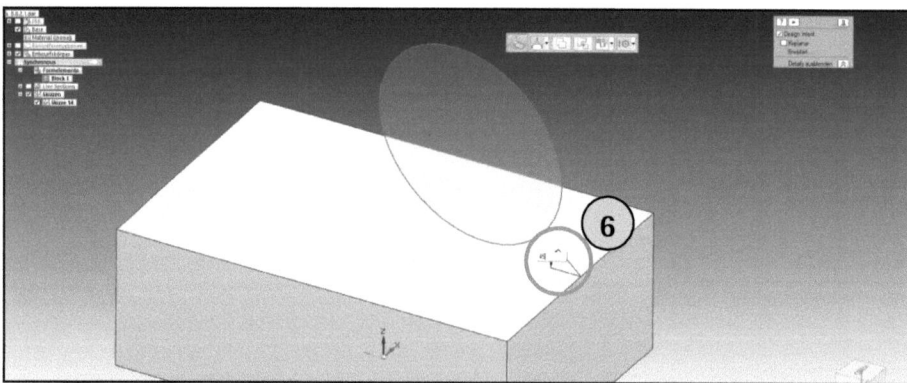

Speichern unter

Speichern unter / Namen nach Wahl eingeben / **Speichern**

8.8.2.3 Kreisfläche mit Zylinderbildung, die Volumenerstellung

- Wählen Sie den Auswahl-Befehl und markieren Sie den Kreisbereich (7).
- Klicken Sie das **Extrusions**-Werkzeug an, um die Aktion zu starten (8).
- Ändern Sie den Abmaßtyp auf **Bis zur nächsten Teilfläche** (9).
- Wählen Sie die Option **Hinzufügen** (10).
- Legen Sie das Abmaß **Nach unten** fest (11).

Extrusion

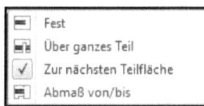

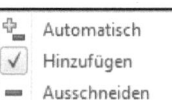

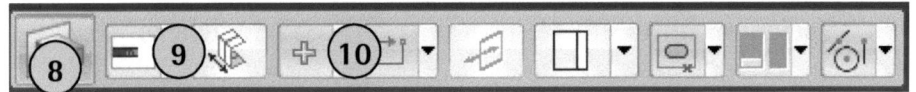

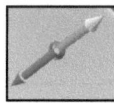

- Ziehen Sie die **Extrusion** nach unten und Fixieren Sie den Zylinder durch Klicken (12).

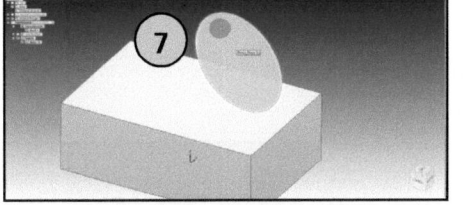

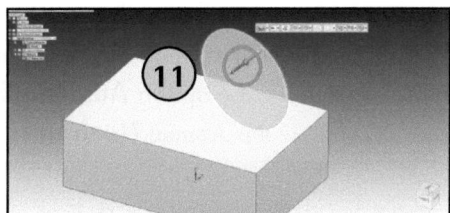

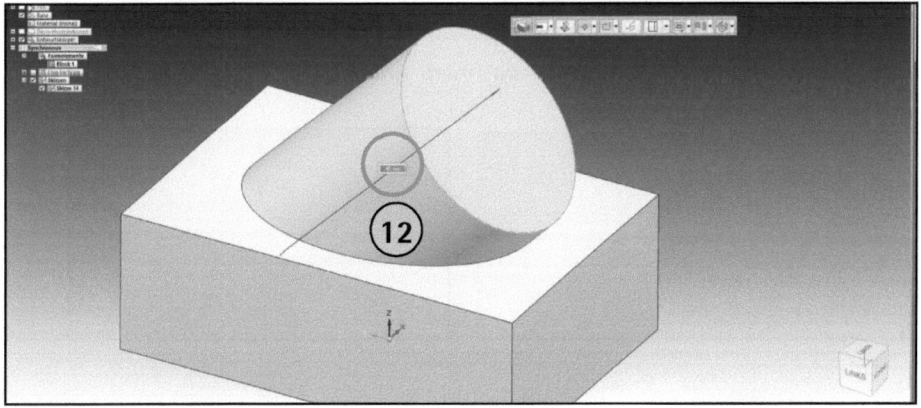

8.8.2.4 Datensicherung

Speichern unter / Namen nach Wahl eingeben / **Speichern**

Speichern unter

8.8.3 Abschrägung der oberen Kreisfläche mit Bohrungsbildung

8.8.3.1 Grundkörper öffnen

Öffnen / Bauteildatei **Quader mit schräggesetzten Kreis** von der Buch-DVD / **OK** (1)

Speichern unter / Namen nach Wahl eingeben / **Speichern**

8.8.3.2 Kreisfläche mit Zylinderbildung, die Bohrungserstellung

Extrusion

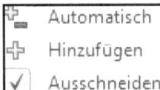

- Wählen Sie den Auswahl-Befehl und markieren Sie den Kreisbereich (1).
- Klicken Sie das **Extrusions**-Werkzeug an, um die Aktion zu starten (2).
- Ändern Sie den Abmaßtyp auf **über ganzes Teil** (3).
- Wählen Sie die Option **Ausschneiden** (4).
- Legen Sie das Abmaß **Nach unten** fest (5).

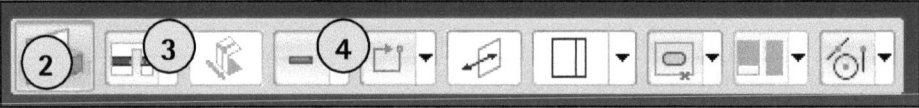

- Ziehen Sie die **Extrusion** nach unten und Fixieren Sie die Bohrung durch Klicken (6).

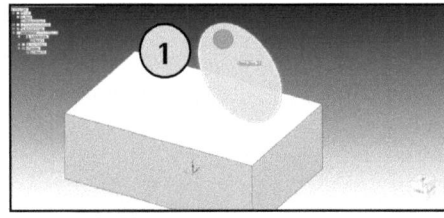

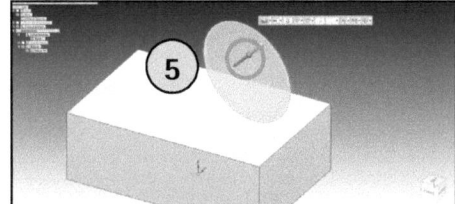

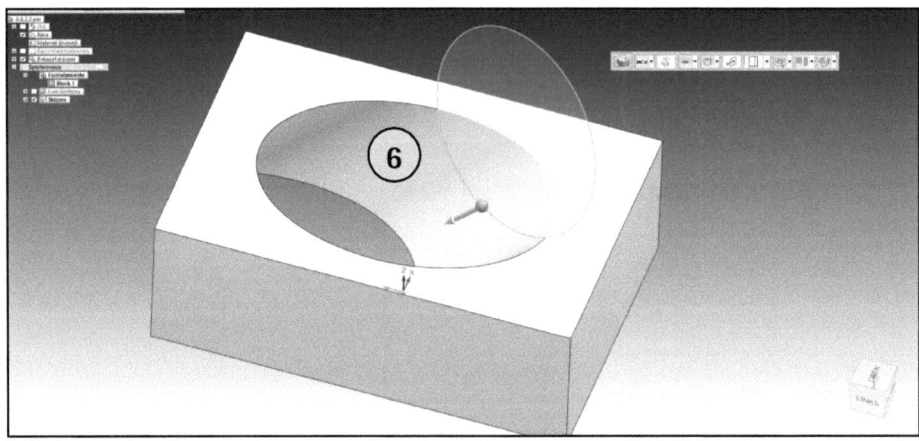

8.8.3.3 Datensicherung

Speichern unter / Namen nach Wahl eingeben / **Speichern**

Speichern unter

8.9 Änderungen an existierenden Volumen, Teilflächenbeziehungen

8.9.1 Konzentrische Teilflächenbeziehung

8.9.1.1 Grundkörper erstellen

 **Neu** / Vorlagendatei **SE2019-Engelke.par** / **OK**

 Zylinder (Multifunktionsleiste **Home**)
Wählen Sie aus der Kontextbox die **XY-Ebene**.

Eingabe mit **Tastatur** in die bezeichneten Felder, ohne Mausbetätigung:
Durchmesser **80** mm / Zylinderhöhe **100** mm (1).

 Speichern Sie die erstellten Grundkörper als Basiseinheit ab.

 Neu / Vorlagendatei **SE2019-Engelke.par** / **OK**

 Zylinder (Multifunktionsleiste **Home**)
Wählen Sie aus der Kontextbox die **XY-Ebene**.

Eingabe mit **Tastatur** in die bezeichneten Felder, ohne Mausbetätigung:
Durchmesser **50** mm / Zylinderhöhe **40** mm (2).

 Speichern Sie die erstellten Grundkörper als Basiseinheit ab.

 Neu / Vorlagendatei **SE2019-Engelke.par** / **OK**

 Zylinder (Multifunktionsleiste **Home**)
Wählen Sie aus der Kontextbox die **XY-Ebene**.

Eingabe mit **Tastatur** in die bezeichneten Felder, ohne Mausbetätigung:
Durchmesser **15** mm / Zylinderhöhe **120** mm (3).

 Speichern Sie die erstellten Grundkörper als Basiseinheit ab.

 Neu

 Zylinder

 Speichern unter

 Neu

 Zylinder

 Speichern unter

 Neu

 Zylinder

 Speichern unter

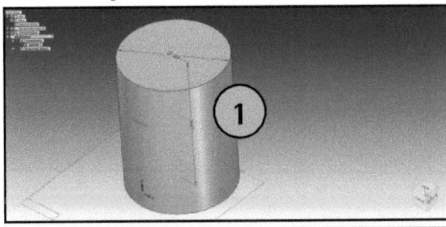

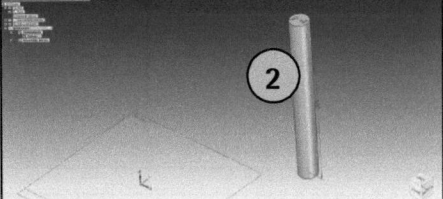

8.9.1.2 Bohrung konzentrisch über „Kopie eines Teiles" und „Subtraktion"

Der Befehl ändert die Position und Ausrichtung der ausgewählten Teilflächen, so dass diese eine konzentrische Beziehung zu einer Zielfeilfläche am Teil aufweisen.

 Öffnen

 Öffnen

Öffnen Sie den gezeigten Zylinder (4).

 Kopie eines Teils

 Kopie eines Teils (Multifunktionsleiste **Home**)

Wählen Sie im Dialogfeld **Kopie eines Teils auswählen** den gezeigten Zylinder aus dem vorherigen Unterkapitel und klicken Sie auf **OK** (5).

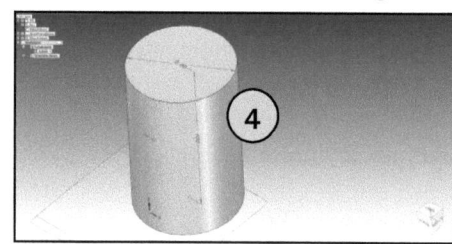
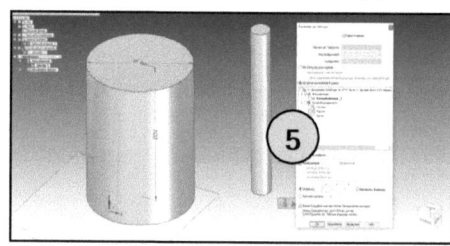

 Konzentrisch

 Konzentrisch (Multifunktionsleiste **Home**)

Wählen Sie den Durchgangszylinder (6).

 Klicken Sie **Akzeptieren**.

Wählen Sie den großen Außenzylinder (7).

Klicken Sie **Akzeptieren**.

Der Durchgangszylinder wird mittig ausgerichtet (8).

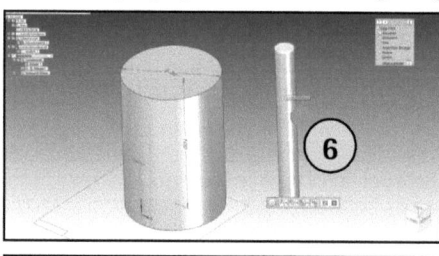
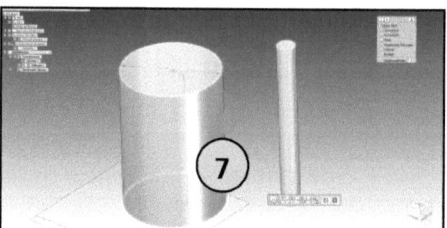
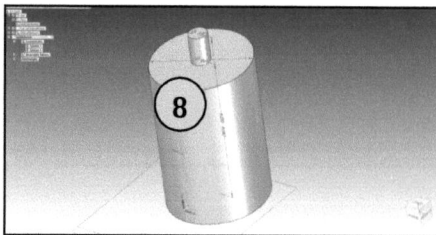

8.9.1.3 „Zylinder" subtrahieren

 Körper hinzufügen (Multifunktionsleiste **Home**)

 Subtraktion

Wählen Sie den gezeigten Zylinder aus, von dem subtrahiert werden soll (9).

 Klicken Sie auf die Schaltfläche **Akzeptieren**

Wählen Sie den gezeigten Zylinder als **Werkzeugkörper** aus, der vom Zielkörper subtrahiert werden sollen (10).

 Klicken Sie auf die Schaltfläche **Akzeptieren** (11).

 Körper hinzufügen

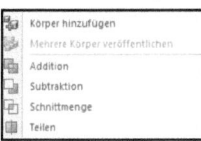

 Subtraktion

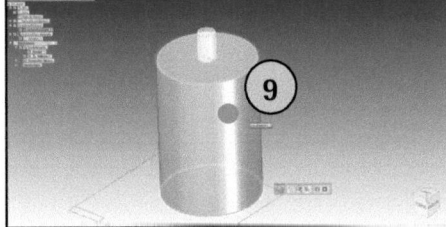
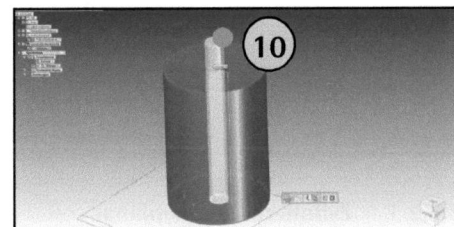

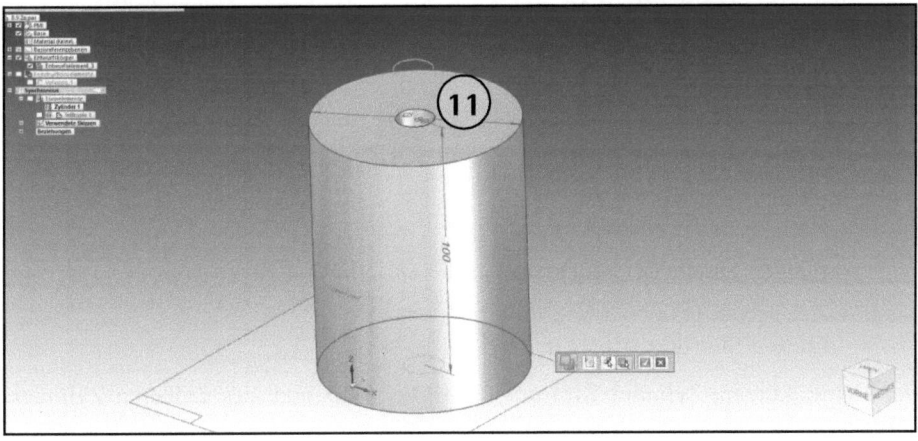

8.9.1.4 Datensicherung

 Speichern unter / Namen nach Wahl eingeben / **Speichern**

 Speichern unter

8.9.2 Koplanare Teilflächenbeziehung der Zylinder

Kopie eines
Teils

Kopie eines Teils (Multifunktionsleiste **Home**)

Wählen Sie im Dialogfeld **Kopie eines Teils auswählen** den gezeigten
Zylinder aus dem vorherigen Unterkapitel und klicken Sie auf **OK** (12).

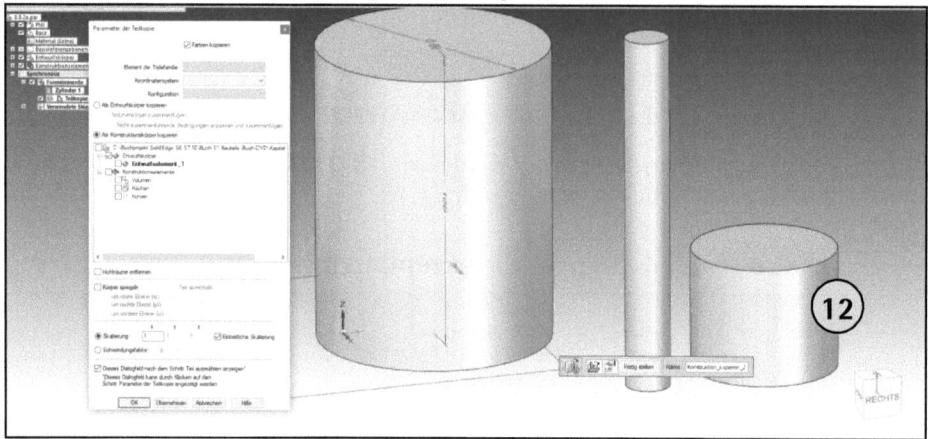

8.9.2.1 Zylinderhöhen koplanar

Dieser Befehl ändert die Position und Ausrichtung der ausgewählten Teilflächen, so
dass diese eine koplanare Beziehung zu einer Zielfeilfläche am Teil aufweisen.

Koplanar

Koplanar (Multifunktionsleiste **Home**)

Wählen Sie die Deckfläche des kleineren Zylinders (13).

Klicken Sie **Akzeptieren**.

Wählen Sie die Deckfläche des größeren Zylinders (14).

Klicken Sie **Akzeptieren**.

Der kleine, kürzere Zylinder wird auf die Höhe, **100** mm, des größeren Zylinders
gezogen.

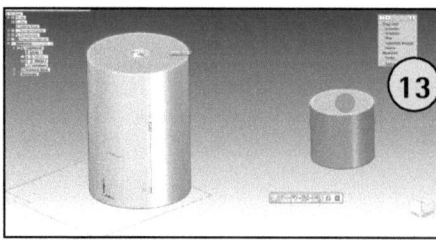
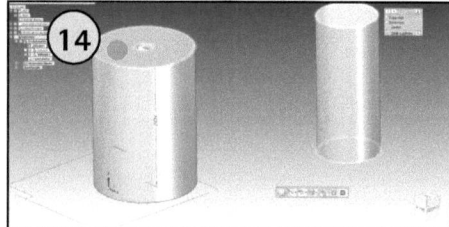

8.9.3 Teilflächenbeziehung „Gleicher Radius"

8.9.3.1 Zylinder „Gleicher Radius"

Dieser Befehl legt den Radius der Ursprungsteilfläche als gleichwertig zum Radius der Zielteilfläche fest. Sie können beispielsweise den Radius einer zylindrischen Ursprungsteilfläche (1) als gleichwertig zum Radius einer zylindrischen Zielteilfläche festlegen (2).

 Gleicher Radius (Multifunktionsleiste **Home**)

Gleicher Radius

Wählen Sie die Außenfläche des kleineren Zylinders (1).

 Klicken Sie **Akzeptieren**.

Wählen Sie die Außenfläche des größeren Zylinders (2).

 Klicken Sie **Akzeptieren**.

Der kleine Zylinder wird auf den Durchmesser, Ø **80** mm, des größeren Zylinders vergrößert. (3).

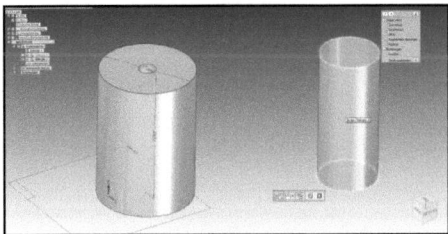
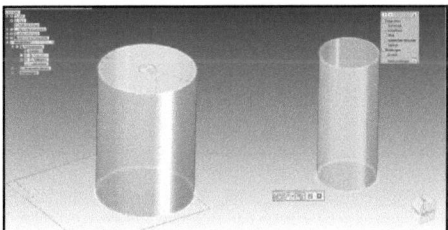
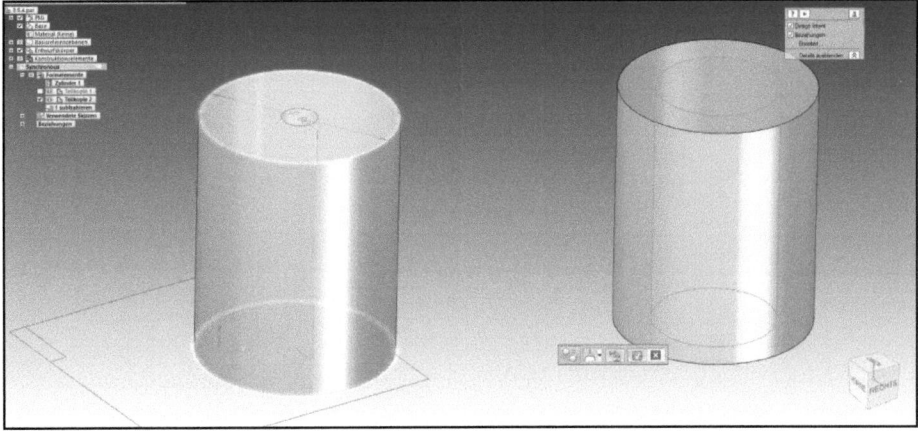

8.9.3.2 Datensicherung

 Speichern unter / Namen nach Wahl eingeben / **Speichern**

 Speichern unter

8.10 Änderungen an existierenden Volumen, Lageänderungen

8.10.1 Grundkörper laden

Öffnen

Öffnen / Boolescher Grundkörper von der Buch-DVD / **OK**

Speichern unter / Namen nach Wahl eingeben / **Speichern**

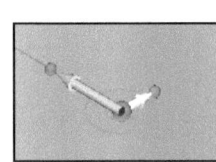
Speichern
unter

8.10.2 Lageänderung des Aufsatzzylinders

- Wählen Sie die Zylinderfläche des Körpers wie abgebildet aus (1).
- Klicken Sie auf den Pfeil des **Flächenwerkzeuges** (2).
- Schieben Sie in den Zylinder in Pfeilrichtung um **30** mm. (3).
- Bestätigen Sie die Änderung durch Klicken.

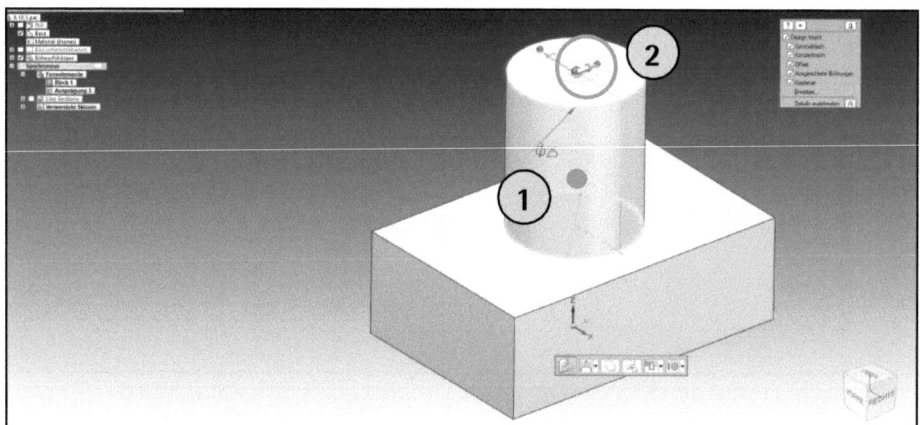

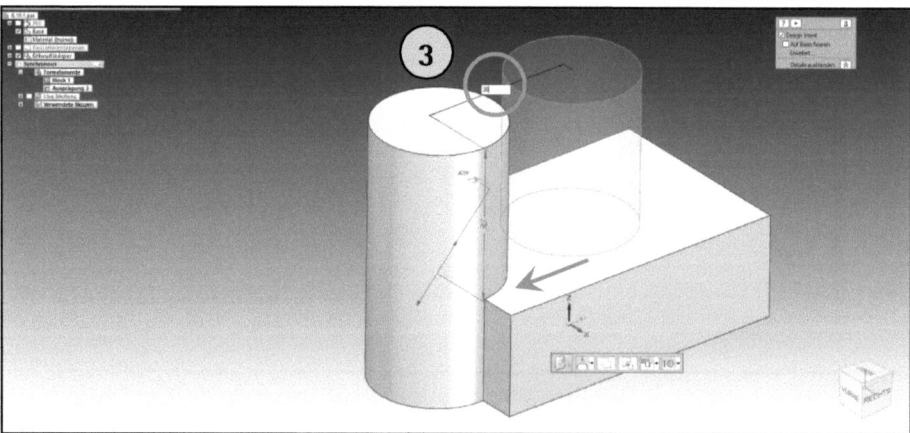

8.10.2.1 Datensicherung

Speichern
unter

Speichern unter / Namen nach Wahl eingeben / **Speichern**

8.11 Änderungen an existierenden Volumen, Geometriegrößen-Änderungen

8.11.1 Geometriemaße am „Torus" ändern

8.11.1.1 Grundkörper laden

 Öffnen / **Torus** von der Buch-DVD / **OK**

 Speichern unter / Namen nach Wahl eingeben / **Speichern**

 Öffnen

 Speichern unter

8.11.1.2 Geometriemaße am Torus ändern, die Ausführung

- Wählen Sie den gezeigten **Torus** durch Klicken (1).
- Zur Geometrieänderung klicken Sie auf die Wortangabe **Ring** (2).
- Tragen Sie die Größenänderung an:
  Haupt: von **80** (3) auf **120** mm (4), Neben: von **50** (3) auf **25** mm (4).
- Bestätigen Sie die Änderung durch Klicken.

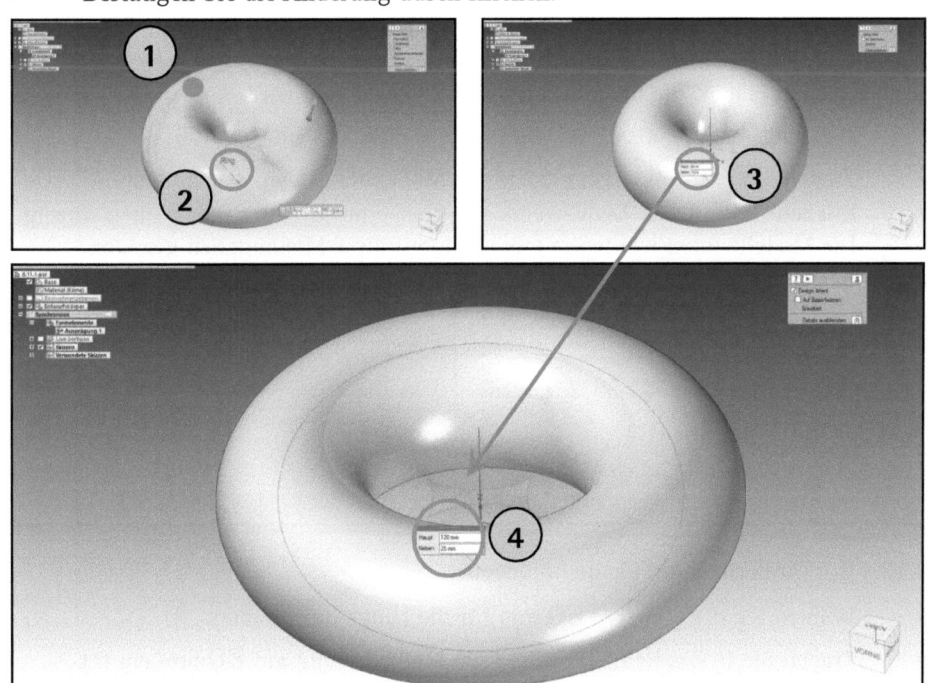

8.11.1.3 Datensicherung

 Speichern unter / Namen nach Wahl eingeben / **Speichern**

 Speichern unter

8.12 Änderungen an existierenden Volumen, Geometriegrößen-Änderungen, Maße

8.12.1 Geometriemaße am booleschen Grundkörper ändern

In Solid Edge Synchronous Technologie können Konstruktionen über Bemaßungen gesteuert werden. Werden bemaßte Skizzen für die Konstruktion verwendet, so werden alle Maße der Skizze gelöscht und als PMI-Maße auf das Modell automatisch übertragen.

Weitere Maße können erstellt werden, um das Modell zu steuern. Die wesentlichen Grundlagen zu den Änderungen sollen an den vorliegenden Beispielen gezeigt werden.

8.12.1.1 Grundkörper laden

 Öffnen / Boolescher Grundkörper von der Buch-DVD / **OK**

 Speichern unter / Namen nach Wahl eingeben / **Speichern**

 Öffnen

 Speichern unter

8.12.1.2 Höhenänderung nach oben

Je nachdem, ob der Mauscursor oberhalb oder unterhalb der Maßzahl steht, wird Ihnen eine andere Richtung für die Maßänderung angezeigt. Zusätzlich markiert Solid Edge die Fläche, die bei einer Änderung verschoben wird.

- Wählen Sie die Maßzahl **20** mm für die Höhe des Quaders (1).
- Tragen Sie in das Bemaßungsfeld die Maßänderung auf **40** mm ein (2).
- Klicken Sie auf das Maß, wenn der Pfeil eine Richtung nach oben anzeigt. Die Modellkanten werden automatisch auf diese Maßangaben gezogen.
- Bestätigen Sie die Änderung durch Klicken.

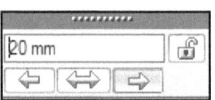

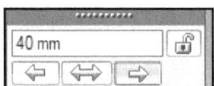

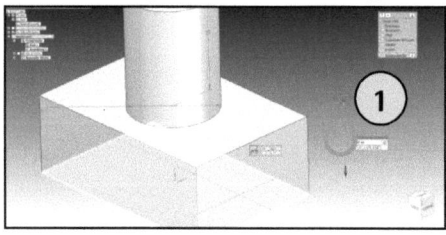

8.12.1.3 Änderung von Länge und Breite

- Wählen Sie die Maßzahl **60** mm für die Länge des Quaders (3).
- Tragen Sie in das Bemaßungsfeld die Maßänderung auf **80** mm ein (4). Die Modellkanten werden automatisch auf diese Maßangaben gezogen.
- Bestätigen Sie die Änderung durch Klicken.

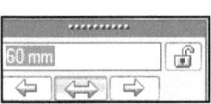

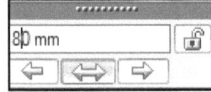

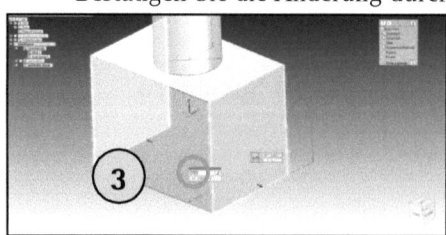

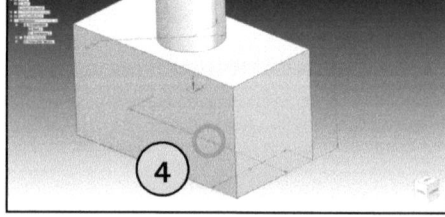

- Wählen Sie die Maßzahl **40** mm für die Länge des Quaders (5).

- Tragen Sie in das Bemaßungsfeld die Maßänderung auf **60** mm ein (6). Die Modellkanten werden automatisch auf diese Maßangaben gezogen.

- Bestätigen Sie die Änderung durch Klicken.

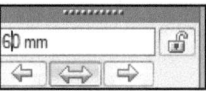

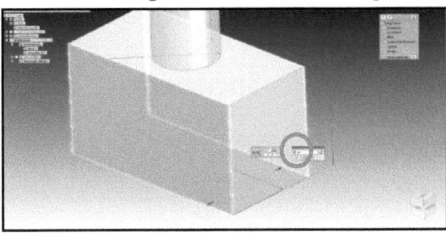
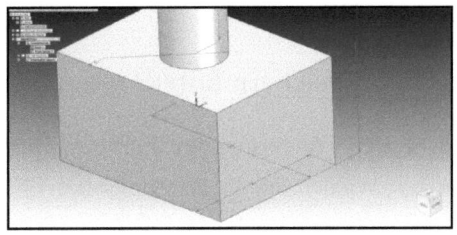

8.12.1.4 Änderung des Zylinder-Durchmessers

- Wählen Sie die Maßzahl für den Durchmesser des Aufsatzzylinders, der in der Abbildung mit **25** mm angezeigt wird.

- Tragen Sie in das Bemaßungsfeld die Maßänderung auf **40** mm ein (3). Die Modellkante wird automatisch auf diese Maßangaben gezogen.

- Bestätigen Sie die Änderung durch Klicken.

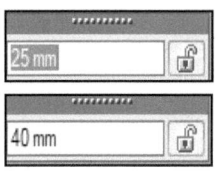

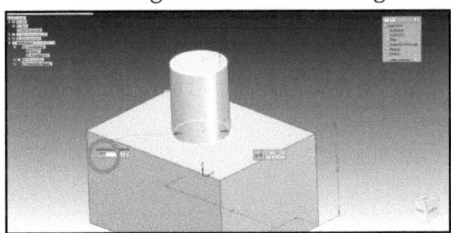

8.12.1.5 Datensicherung

 Speichern unter / Namen nach Wahl eingeben / **Speichern**

 Speichern unter

8.12.2 Bohrungsform und Maße am booleschen Grundkörper ändern

8.12.2.1 Grundkörper erstellen

Öffnen

 Öffnen / Boolescher Grundkörper mit Bohrung von der Buch-DVD / **OK**

Speichern
unter

 Speichern unter / Namen nach Wahl eingeben / **Speichern**

8.12.2.2 Änderung des Bohrungs-Durchmessers

* Wählen Sie die Bohrungs-Innenfläche (1).
* Klicken Sie das Maß **25** mm für den Bohrungs-Durchmesser (2).
* Wählen Sie aus der Liste Größe das Maß **20** mm (3).
* Der Bohrungs-Durchmesser wird über **OK** neu generiert.

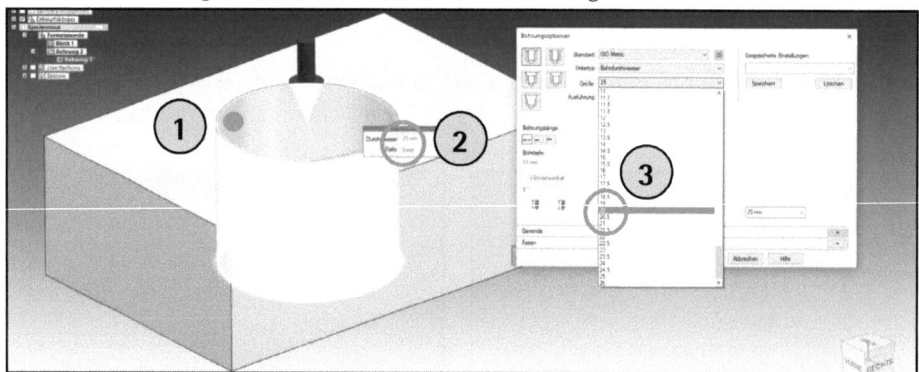

8.12.2.3 Änderung der Bohrungsform

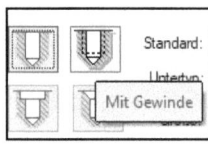

* Wählen Sie die Bohrungs-Innenfläche (1).
* Wählen Sie die Bohrungsoption **Mit Gewinde** (2).
  Länge **Über das ganze Teil** (3), **Gewindelänge wie Bohrungslänge** (4).
* Die Bohrungsform wird über **OK** neu generiert.

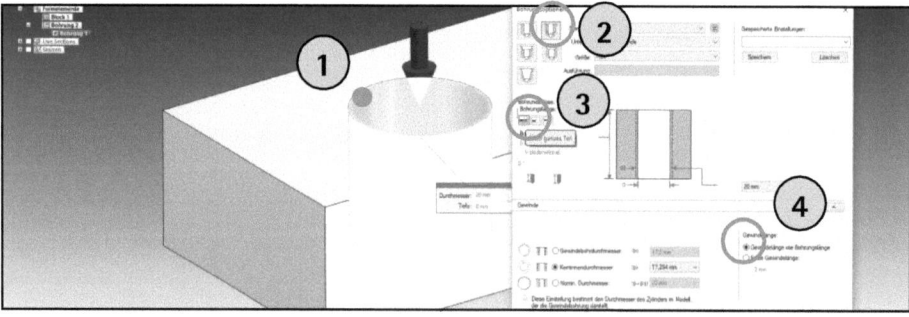

8.12.2.4 Datensicherung

Speichern
unter

 Speichern unter / Namen nach Wahl eingeben / **Speichern**

8.13 Änderungen an existierenden Volumen, Abschrägungen anbringen, mit Extrusion erweitern

8.13.1 Grundkörper laden

 Öffnen / Boolescher Grundkörper von der Buch-DVD / **OK**

 Öffnen

 Speichern unter / Namen nach Wahl eingeben / **Speichern**

 Speichern unter

8.13.2 Abschrägung anbringen

- Wählen Sie die obere Fläche des Körpers, wie abgebildet, aus (1).
- Klicken Sie auf den Ursprung des **Flächenwerkzeuges**, das **Steuerrad** erscheint auf dem Kreismittelpunk (2).
- Klicken Sie auf den **Achspunkt** des **Steuerrades** (3).
- Ziehen Sie dann den Steuerrad-Mittelpunkt auf die Mitte des Zylinders, achten Sie auf die Anzeige **Zentrum** (4).
- Klicken Sie dann den Spitzenpunkt der kleinen Achsrichtung des Steuerrades (roter Punkt leuchtet) (5), drehen Sie dann in Richtung auf die Mitte des vorderen Zylinderquadranten, Drehrichtung rastet bei **90°** (6).
- Klicken Sie auf den Ring des Steuerrades (7) die Fläche kann nun um die Hauptachse gedreht werden.
- Drehen Sie die Flächen einseitig um **70°** (8).
- Bestätigen Sie die Änderung durch Klicken.

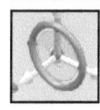

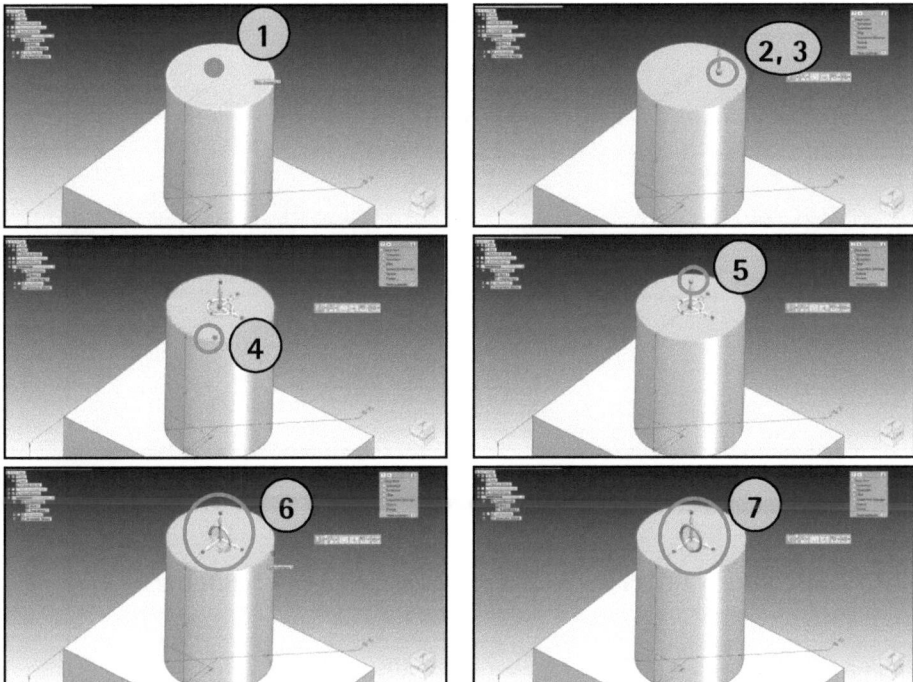

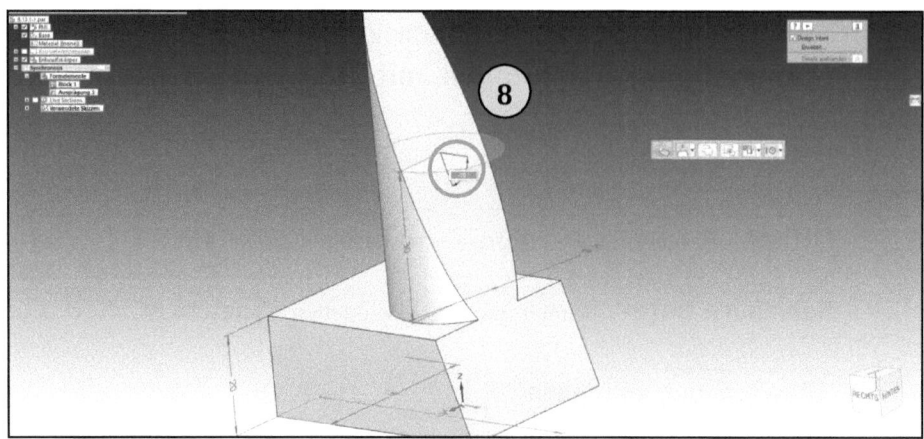

8.13.3 Abschrägung mit Extrusion erweitern

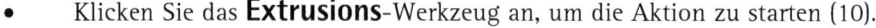

- Wählen Sie die erstellte, schräge Fläche (9).
- Klicken Sie das **Extrusions**-Werkzeug an, um die Aktion zu starten (10).
- Ziehen Sie die Extrusion am **Flächenwerkzeug** um **30** mm nach vorn (11).

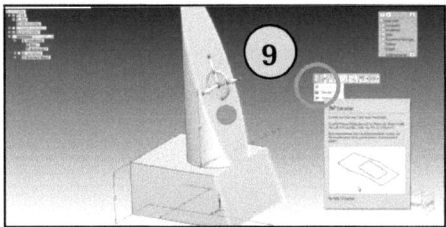 

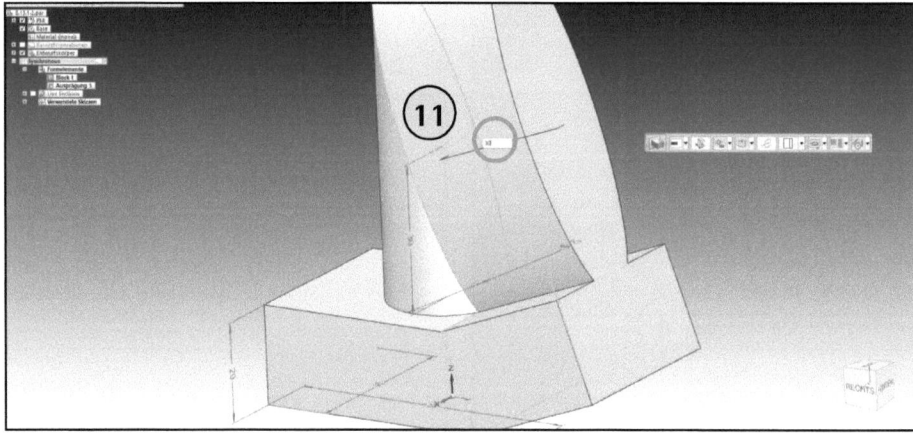

8.13.3.1 Datensicherung

Speichern unter / Namen nach Wahl eingeben / **Speichern**

Speichern
unter

8.14 Änderungen an existierenden Volumen, Änderungen an verbundene Flächen

Für die Behandlung verbundener Teilflächen beim Verschieben einer Fläche gibt es drei Optionen:

Erweitern/Trimmen lässt verbundene Teilflächen unverändert stehen. Dies bedeutet, die Flächen sind nach der Änderung koplanar zum Ausgangszustand. Die Flächen werden erweitert oder getrimmt, um einen gültigen Körper zu erhalten.

Kippen lassen die Abmessungen der verschobenen Fläche unverändert. Die angrenzenden Teilflächen werden gegebenenfalls gekippt, um einen gültigen Körper zu erhalten.

Anheben lässt alle angrenzenden Flächen unverändert und hebt die bearbeitete Fläche an, indem neue Flächen eingefügt werden. Das Ergebnis dieser Option ist, wenn nur eine einzelne ebene Fläche gewählt wird, identisch mit der Extrusion, die stattdessen ausgeführt werden kann.

8.14.1 Verbundene Flächen, Funktion „Erweitern/Trimmen"

8.14.1.1 Grundkörper laden

 Öffnen / Grundkörper **Einseitige Drehung** von der Buch-DVD / **OK**

 Speichern unter / Namen nach Wahl eingeben / **Speichern**

 Öffnen

Speichern unter

8.14.1.2 Funktion „Erweitern / Trimmen", die Ausführung

- Klicken Sie auf die obere Fläche des Bauteils (1).
- Wählen Sie das Flächenwerkzeug **Erweitern/Trimmen** aus (2).
- Erzeugen Sie eine Höhenänderung von **40** mm (3).
- Bestätigen Sie die Änderung durch Klicken.

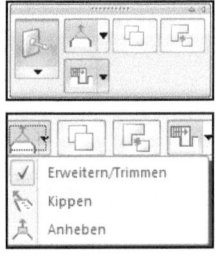

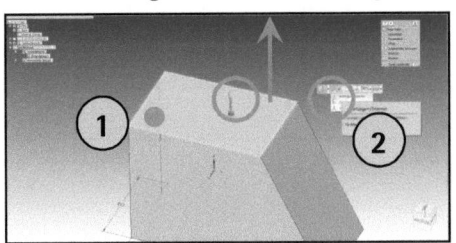
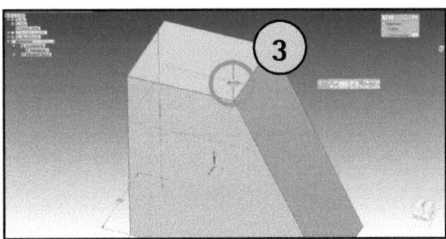

8.14.2 Verbundene Flächen, Funktion „Kippen"

- Klicken Sie auf die schräge Fläche des Bauteils (4).
- Wählen Sie das Flächenwerkzeug **Kippen** aus (5).
- Erzeugen Sie eine Formänderung von **40** mm (6).
- Bestätigen Sie die Änderung durch Klicken.

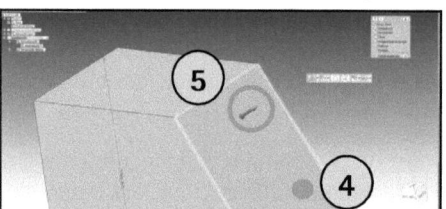 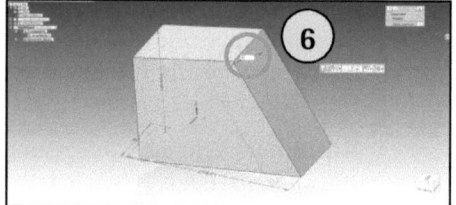

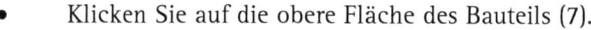

8.14.3 Verbundene Flächen, Funktion „Anheben"

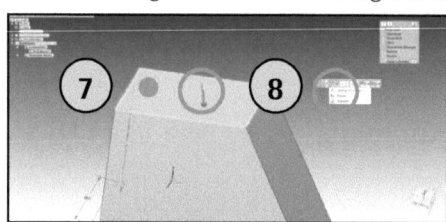

- Klicken Sie auf die obere Fläche des Bauteils (7).
- Wählen Sie das Flächenwerkzeug **Anheben** aus (8).
- Erzeugen Sie eine Höhenänderung von **70** mm nach unten (9).
- Bestätigen Sie die Änderung durch Klicken.

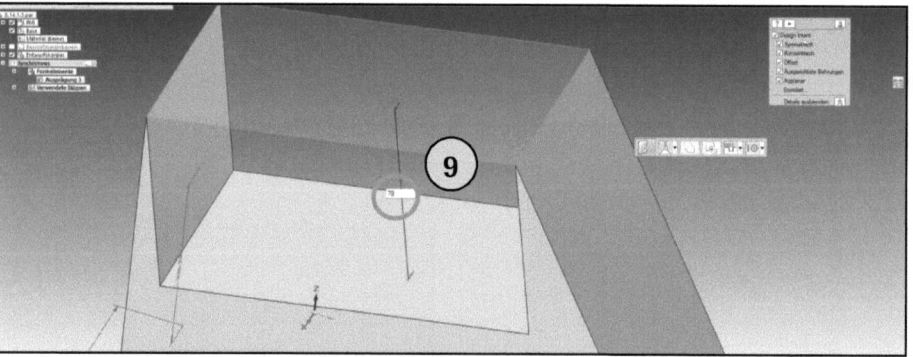

8.14.3.1 Datensicherung

Speichern
unter

Speichern unter / Namen nach Wahl eingeben / **Speichern**

9

Siemens
Solid Edge 2019
Synchronous Technology

Formelemente, Basiskonstruktionen

9 Formelemente, Basiskonstruktionen

9.1 Formelemente, Vorbemerkungen

Solid Edge Part stellt die Funktionen für die Konstruktion von Einzelteilen zur Verfügung. Für einfache mechanische Komponenten bis zu extrem komplexen Gussteilen inklusive aller Rippen, Verrundungen und Formschrägen sind die benötigten Werkzeuge enthalten.

Einfache Formelemente wie Extrusionen oder Rotationen bilden meist die Basis eines Bauteils, aus dem dann Schritt für Schritt das fertige Modell entsteht. Für Gussteile stehen unter anderem spezielle Funktionen von Dünnwand und Rippe bis zu hoch spezialisierten Funktionen wie Versteifungsnetz oder Lüftungsgitter zur Verfügung. Dies ist nur ein kleiner Auszug der Möglichkeiten, die Solid Edge bietet.

Leistungsfähige Kurven- und Flächenfunktionen bieten Lösungen für alle räumlichen Situationen, in denen sonst nur komplizierte Berechnungen zum Ergebnis führen. Über Steuerkurven und Querschnitte wird die Geometrie kontrolliert und angepasst. Alle Elemente sind vollständig parametrisch, stabil zu kontrollieren und somit für die Automation geeignet. Dies gilt für Freiformflächen genauso wie für Konstruktionselemente, die Hilfsgeometrie bilden.

Bei der Bauteilkonstruktion fertigen Sie Skizzen an, erstellen mithilfe von Elementwerkzeugen dreidimensionale Elemente und kombinieren diese Elemente anschließend zu Bauteilen.

Die Form der Skizze wird durch Abhängigkeiten gesteuert (standardmäßig werden diese beim Skizzieren automatisch angewendet), und die Größe der Skizze wird durch Bemaßungen gesteuert. Sie können einige Teile der Skizziergeometrie unbemaßt lassen, wenn Sie die Größe später ändern möchten.

Die meisten Elemente werden aus skizzierten Formen (Profilen) erstellt, bei einigen Elementen handelt es sich jedoch um genau definierte mechanische Vorgänge, für die keine Skizzen erforderlich sind, wie z. B. Fasen, Rundungen, Wandstärken und Flächenverjüngungen. Skizzierte Elemente können mit einem anderen Element über die Operationen Vereinigung, Differenz oder Schnittmenge verbunden werden.

Zum Erstellen komplexer Bauteile werden Elemente kombiniert. Elemente werden durch Verwendung von geometrischen Abhängigkeiten und Bemaßungen positioniert. Wenn Sie einige Kurven an Elementen unbemaßt lassen, können Sie das Element adaptiv machen, damit es seine Größe ändern kann, wenn Sie das Element in einer Baugruppe als von fester Geometrie abhängig bestimmen.

Ein Merkmal eines Teils, das im Allgemeinen durch Hinzufügen oder Entfernen von Material von bzw. zu der Basisform des Teils erstellt wird. Hierzu gehören Bohrungen, Ausschnitte und Ausprägungen.

In diesem Kapitel lernen Sie die Grundlagen der Modellierung und Änderung von Bauteilen mit Solid Edge Synchronous Technology kennen. Die Funktionen und Vorgehensweisen werden an mehreren Bauteil-Funktions-Beispielen erläutert.

9.2 Grundlagen für Basiskonstruktionen, Bohrungen

9.2.1 Bohrungen, technische Grundlagen

Bohrung, auch Durchgangsbohrung, ist der technische Begriff für eine Vertiefung oder einen Durchbruch, der mittels eines rotierenden Werkzeugs hergestellt worden ist, man unterscheidet nach Verwendung im technischen Gebrauch unterschiedliche Arten:

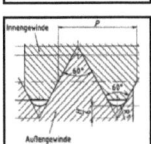

9.2.1.1 Durchgangsbohrung

Durchgangsbohrungen werden entsprechend DIN EN **20273** als Durchgangslöcher und Grundlöcher bezeichnet, diese Norm regelt auch die Maße und Genauigkeit für die Bohrdurchmesser.

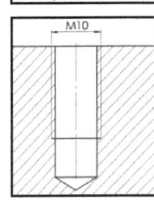

9.2.1.2 Gewindebohrung

Gewindebohrungen werden als Durchgangsbohrungen und Gewindegrundlöcher, mit Gewinde nach DIN **13**, ausgeführt. Der Bohrdurchmesser für die Kernlöcher wird entsprechend DIN **336** auszuwählen.

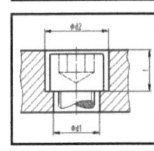

9.2.1.3 Schraubensenkung DIN 974-1, für Zylinderschrauben

Die Norm für Schraubensenkungen nach DIN **974-1** regelt die Maße und Genauigkeit für die abgesetzten, runden Bohrdurchmesser zur Montage einer Zylinderschraube nach DIN EN ISO **1207**, **1580**, **4762** und DIN **6912**.

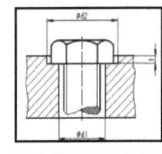

9.2.1.4 Schraubensenkung DIN 974-2, für Sechskantschrauben

Die Norm für Schraubensenkungen nach DIN **974-2** regelt die Maße und Genauigkeit für die abgesetzten, runden Bohrdurchmesser zur Montage einer Sechskantschraube nach DIN EN ISO **4014** und **4017**.

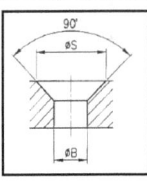

9.2.1.5 Schraubensenkung DIN 74 und DIN EN ISO 15065, für Senkschrauben

Die Norm für Schraubensenkungen nach DIN **74** und DIN EN ISO **15065** regelt die Maße und Genauigkeit für die kegelförmige 90°-Senkung und den Übergang in den runden Bohrdurchmesser zur Montage einer Senkschraube nach DIN EN ISO **2009**, **2010**, **7046**, **7047** und **10642**.

9.2.2 Bohrungen als Solid Edge-Funktion

Der Solid Edge-Befehl konstruiert eine oder mehrere Bohrungen in der Umgebung **Synchronous**. Sie können den Befehl **Bohrung** verwenden, um einfache Bohrungen, Gewindebohrungen, konische Bohrungen, Stufenbohrungen und Senkbohrungen zu konstruieren.

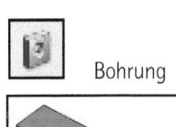

Bohrung

Sie können nur einen Bohrungstyp pro Bohrungsformelement festlegen. Um einen anderen Bohrungstyp zu erstellen, müssen Sie ein weiteres Bohrungsformelement erstellen.

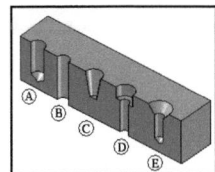

Die im Dialogfeld **Bohrungsoptionen** verfügbaren Optionen hängen vom angegebenen Bohrungstyp ab. Wenn Sie beispielsweise die Option **Gewinde** wählen, werden neue Optionen angezeigt, mit denen Sie den gewünschten Gewindetyp festlegen können.

9.2.2.1   Gewindebohrungen

Wenn Sie die Option **Typ** auf Gewindebohrung einstellen, können Sie auswählen ob Sie ein Standardgewinde, zylindrisches Rohrgewinde oder ein konisches Rohrgewinde erstellen wollen. Wenn Sie die Option **Typ** auf Stufenbohrung oder Senkbohrung einstellen, können Sie auswählen ob Sie ein Standardgewinde oder ein zylindrisches Rohrgewinde erstellen wollen. Bei Gewindebohrungen entspricht der Bohrdurchmesser im Volumenmodell dem in der Datei Holes.txt oder PipeThreads.txt aufgelisteten Kerndurchmesser oder der von Ihnen ausgewählten Gewindegröße. Es wird eine andere Teilflächenformatvorlage verwendet, um anzuzeigen, dass es sich um eine Gewindebohrung handelt. Der Befehl **Farbmanager** bietet Ihnen eine Option, mit der Sie die Teilflächenformatvorlage für Gewindezylinder festlegen können. Der Standardwert für die Option **Gewindezylinder** ist die Formatvorlage **Gewinde**. Mit der Formatvorlage **Gewinde** können Sie auch die Registerkarte **Rendern** des Dialogfelds **Ansicht formatieren** verwenden, um festzulegen ob Gewindeformelementen in einer schattierten Ansicht eine fotorealistische Textur zugewiesen wird.

9.2.2.2   Bohrtiefen

Sie können beim Konstruieren von Bohrungen verschiedene Bohrtiefen verwenden:

Über ganzes Teil, **Zur nächsten Teilfläche** und **Festgelegtes Abmaß**.

Die verfügbaren Bohrtiefen sind vom Typ der erstellten Bohrung abhängig. Einfache Bohrungen, Stufenbohrungen, Senkbohrungen und Gewindebohrungen unterstützen alle drei Abmaßtypen. Konische Bohrungen unterstützen nur die Option Festgelegtes Abmaß. Sie können jedoch eine Abmaßlänge festlegen, die die Stärke des Teils überschreitet. Bei Stufenbohrungen bestimmen Sie mit der Option **Festgelegtes Abmaß** nur die Bohrtiefe. Das Stufenabmaß wird durch die Stufenbohrtiefe definiert, die Sie im Dialogfeld **Bohrungsoptionen** angeben.

9.2.2.3   Bohr–Bodenwinkel

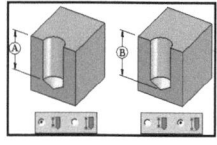

Wenn Sie eine Bohrung mit der Option **Festgelegtes Abmaß** konstruieren, können Sie mit der Option **V-Bodenwinkel** festlegen, ob der Bohrungsboden V-förmig oder flach sein soll. Wenn Sie die Option **V-Bodenwinkel** wählen, können Sie außerdem einen Wert für den Bodenwinkel eingeben. Der von Ihnen angegebene Winkel stellt den gesamten Winkel dar. Sie können auch angeben, wie die festgelegte Tiefe gemessen wird. Sie können angeben, dass die Tiefenbemaßung für den zylindrischen Teil der Bohrung gilt, wo der **V-Bodenwinkel** beginnt oder dass die Tiefe für den V-Boden der Bohrung gilt.

9.2.2.4   Bearbeiten von Bohrungen

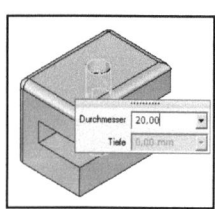

Beim Platzieren einer Bohrung wird ein Ziehpunkt für die Definitionsbearbeitung eingeblendet, damit Sie die Bemaßungswerte für vorhandene Bohrungen ändern können. Zum Ändern des Bemaßungswertes, klicken Sie auf die Bohrungsbemaßung, geben Sie einen neuen Wert ein und drücken Sie die **Eingabetaste**. Die Bemaßung wird auf den neuen Wert geändert.

Wenn Sie den Bohrungstyp ändern wollen, können Sie auf die Schaltfläche **Optionen** in der Befehlsleiste klicken, um das Dialogfeld **Bohrungsoptionen** aufzurufen.

Lernsituation XIII

Formelemente, Basiskonstruktionen

- Erstellen einer Bohrplatte
- Erstellen einer Winkelhalterung
- Erstellen eines Drehteils mit Passfedernut
  über Drehung einer Skizze

9.3 Die Bohrplatte, Bauteilerstellung

9.3.1 Die Konstruktionsskizze für die Bauteilerstellung

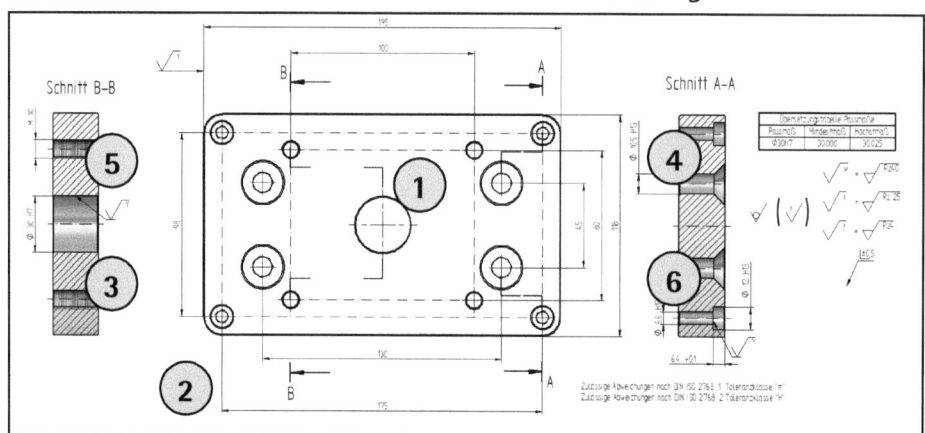

9.3.1.1 Die Bohrplatte, Vorgaben für die Bauteilerstellung

- Vorlagendatei öffnen.
- Rechteckskizze erstellen, maßliche Bestimmung der Rechteckskizze und Abrundung der vier Rechteckkanten
  Grundblech **25** mm x **195** mm x **118** mm (1).
  Außenkanten abgerundet mit R=**10** mm (2)
- Lageveränderung der Grundskizze in Bezug auf die Ursprungsachsen, Ursprungsebenen aktivieren, Bezugskanten erzeugen, Geometrie projizieren.
- Extrusion der Basisfläche.
- Mittelachsenkonstruktion für die einzubringenden Bohrungen.
- Mittenbohrung der Bohrplatte DIN EN **20273**, Ø**30** mm (3).
- Achsen-Kombination 1, Abstand **175** mm zu **98** mm,
  Senkbohrung DIN **974-1** für Zylinderschraube **M6**, DIN ISO **4762** (4).
- Achsen-Kombination 2, Abstand **80** mm zu **100** mm
  für Durchgangs-Gewindebohrung **M10** nach DIN **13-1** (5).
- Achsen-Kombination 3, Abstand **45** mm zu **130** mm,
  Senkbohrung DIN EN ISO **15065** für Senkschraube **M10**,
  DIN EN ISO **10642** (6).
- **Spiegeln** der eingebrachten Bohrungen.
- Versehen Sie das ganze Bauteil mit einer Kantenbrechung über die Funktion **Fase**.
- Weisen Sie der Bohrplatte ein Material Ihrer Wahl über Funktion **Materialtabelle** zu.
- Speichern Sie das Bauteil in den einzelnen Baustufen.

9.3.2 Die Bohrplatte, Bauteilerstellung für den Grundkörper

9.3.2.1 Vorlagendatei öffnen

Neu / Vorlagendatei **SE2019-Engelke.par** / **OK**

9.3.2.2 Rechteckskizze erstellen

Rechteck über Mittelpunkt (Multifunktionsleiste **Home**)

QuickPick / Ebene **Oben (XY)**
Achsenkreuz Mittelpunkt klicken (1)
Rechteckgröße ca. **200** mm x **120** mm (2).
Schließen Sie die Rechteckerstellung mit der **ESC**-Taste ab.

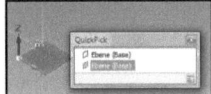
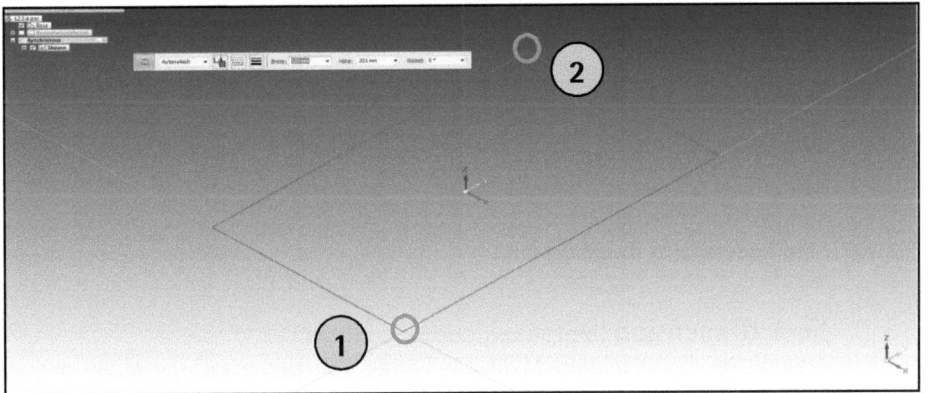

9.3.2.3 Abrundung der vier Rechteckkanten

Ausrundung (Multifunktionsleiste **Home**)
Geben Sie in der Befehlsleiste den Radius **10** mm ein.
Sie können eine Ausrundung an einer Ecke mit einem Klick zeichnen.
Positionieren Sie den Mauszeiger über eine Ecke und klicken Sie (3, 4).
Sie können daher Ausrundungen mit demselben Radius zeichnen, indem
Sie auf aufeinanderfolgende Ecken klicken.

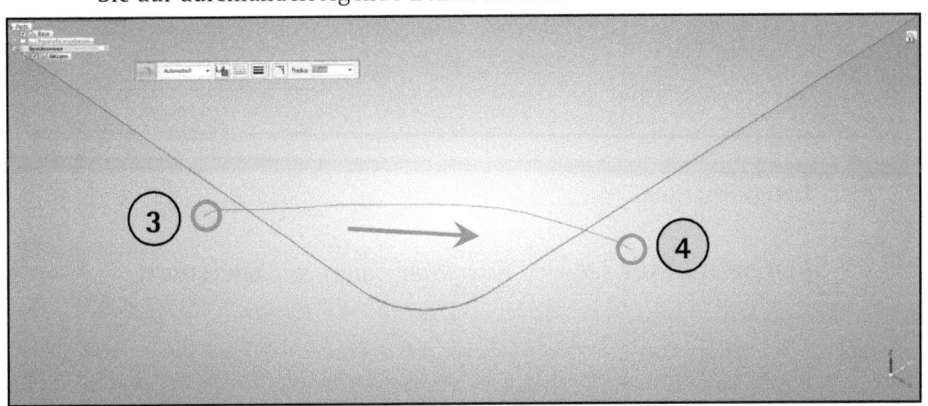

9.3.2.4 Die Extrusion über die Auswahlfunktion

Auswählen

Auswählen (Multifunktionsleiste Home)

Klicken Sie in die Konstruktionsfläche (5).

Klicken auf den Extrusionsziehpunkt nach oben.

Geben Sie im dynamischen Eingabefeld **25** mm (6) ein.

Schließen Sie die Quadererstellung mit der **ESC**-Taste ab.

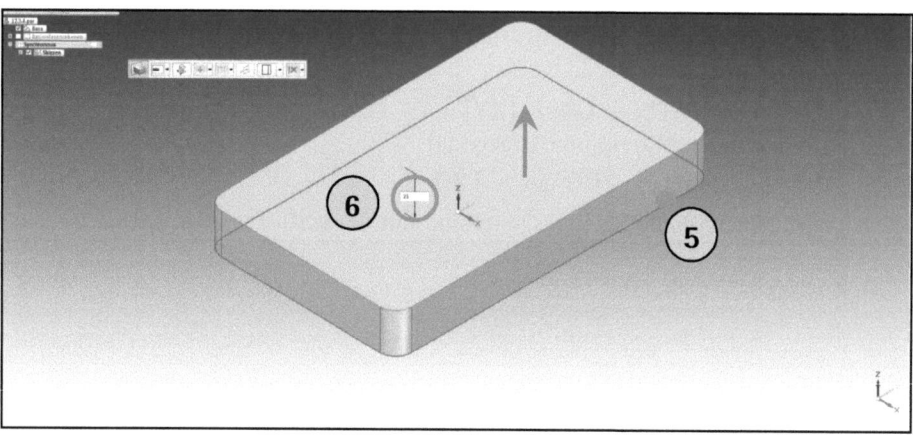

Extrusion

9.3.2.5 Bemaßung des Basiskörpers

Smart
Dimension

SmartDimension (Multifunktionsleiste Home)

Tragen Sie die gezeigten Maße für Länge und Breite an, die Maße passen auch automatisch die geometrische Größe an.

9.3.2.6 Datensicherung

Speichern
unter

Speichern unter / Namen nach Wahl eingeben / **Speichern**

9.3.3 Die Bohrplatte, Mittelachsenkonstruktion, Basislinien

9.3.3.1 Skizzenansicht

Dieser Befehl richtet die aktive Ansicht senkrecht zur Befehlsebene aus, um Ihnen die Arbeit mit den aktuellen horizontalen und vertikalen Ansichtseinstellungen zu erleichtern. Dieser Befehl ist hilfreich, wenn Sie die Profil- oder Skizzenansicht zu einer anderen Ausrichtung gedreht haben. Dieser Befehl ist auch verfügbar, wenn Sie die Tasten **Strg+H** wählen. Dieser Befehl ist nur dann in der Umgebung **Synchronous** verfügbar, wenn eine Befehlseingabe aktiviert ist.

9.3.3.1 Basis-Mittelachsen erstellen

Linie (Multifunktionsleiste **Home**)

 Linie

Berühren Sie die obere Fläche an und sperren diese mit der Taste **F3** (1).

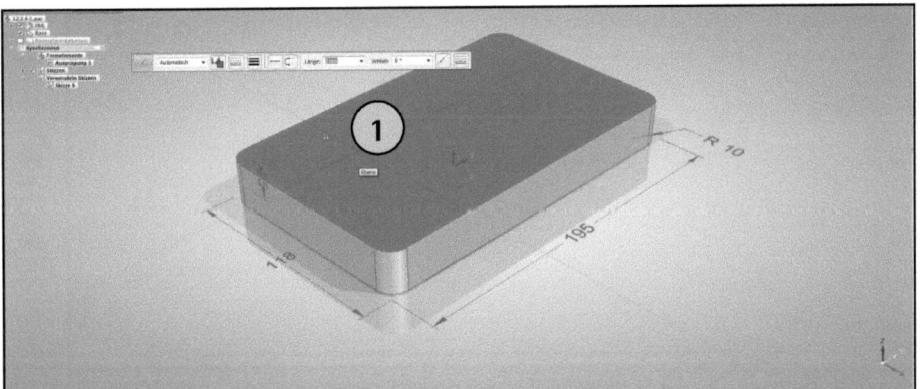

Skizzenansicht (Statusleiste)

 Skizzenansicht

Von Punkt, (berühren Sie die rechte Linie) drücken Sie die Taste **M** (2).

zu Punkt (berühren Sie die linke Linie) drücken Sie die Taste **M** (3).

(Beziehungsindikator **Mittelpunkt**)

Achtung:

Die Mittelpunkte werden automatisch als Anfangs- und Endpunkt erkannt und brauchen nicht geklickt werden.

Verfahren Sie für die senkrechte Achse entsprechend (4, 5).

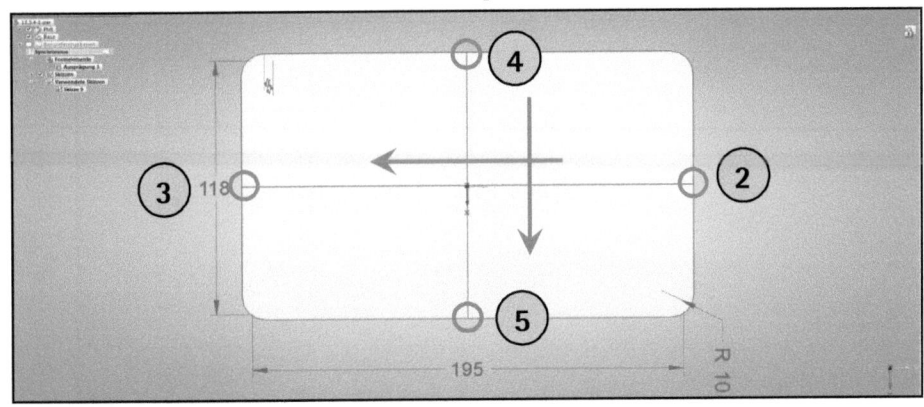

9.3.4 Die Bohrplatte, Mittelachsenkonstruktion, Mittelachsen für Bohrungen

9.3.4.1 Grundskizze, senkrechte, parallele Linien

Offset

Akzeptieren

Seite
bestimmen

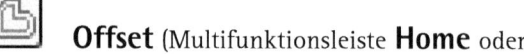
Offset (Multifunktionsleiste **Home** oder **Skizzieren**)
Klicken Sie auf die senkrechte Mittelachse, die Sie versetzen möchten (6).

Akzeptieren (Befehlsleiste).
Geben Sie den Offsetabstand **50** mm für die gewählten Elemente ein (7).

Klicken Sie in der Befehlsleiste auf die Schaltfläche **Seite bestimmen**, anschließend, um den ersten Offset zu platzieren.
Klicken Sie erneut, um den zweiten Offset zu platzieren (6, 7).

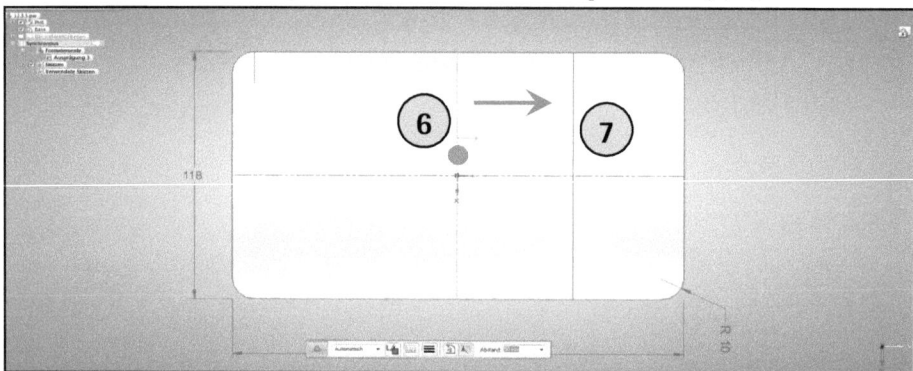

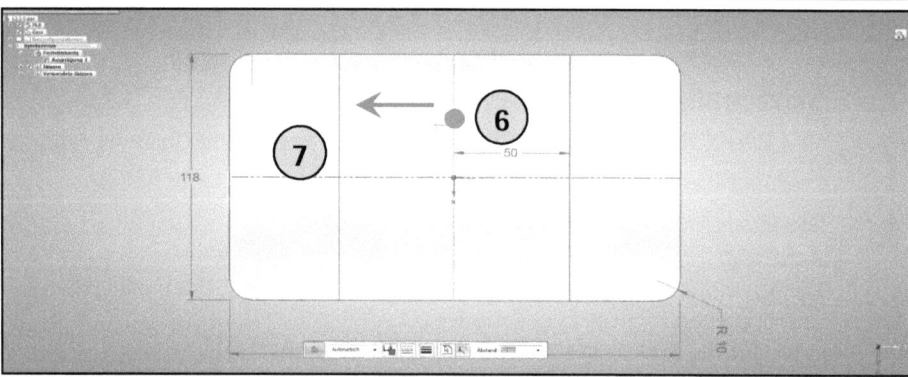

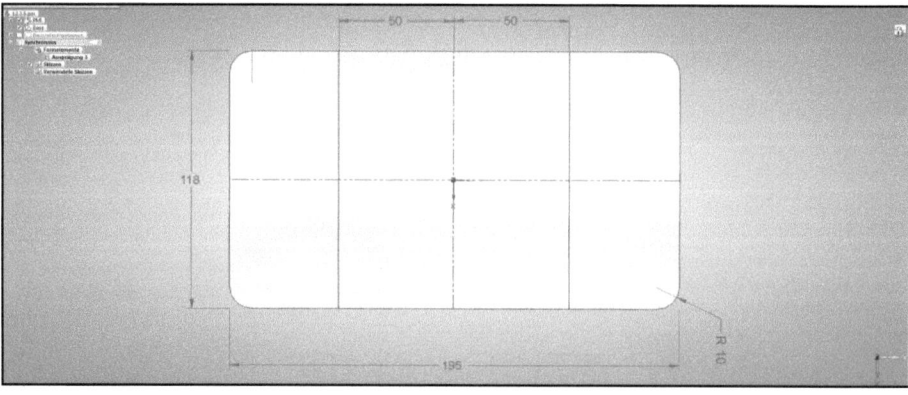

Verfahren Sie ebenso mit dem Maß **65** mm (8, 9) und **87,50** mm (10, 11). Schieben Sie die Maße in eine übersichtliche Position.

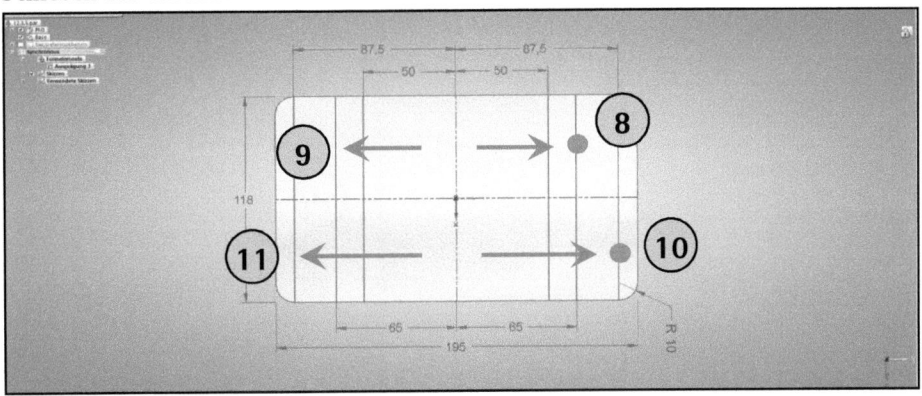

9.3.4.2 Grundskizze, waagerechte, parallele Linien

Offset (Multifunktionsleiste **Home** oder **Skizzieren**)
Klicken Sie auf die zu versetzende waagerechte Mittelachse (12).

 Offset

Akzeptieren (Befehlsleiste).
Geben Sie den Offsetabstand **22,5** mm, gewählte Elemente, ein (13).

 Akzeptieren

Klicken Sie in der Befehlsleiste auf die Schaltfläche **Seite bestimmen**, anschließend, um den ersten Offset zu platzieren.
Klicken Sie erneut, um den zweiten Offset zu platzieren (12, 13).

 Seite bestimmen

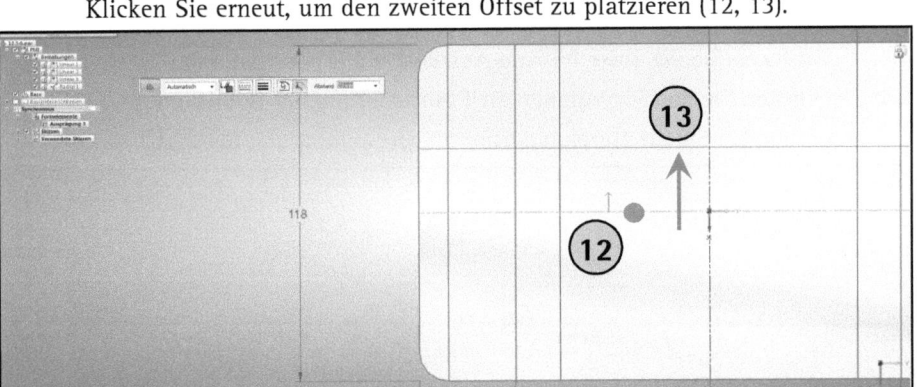

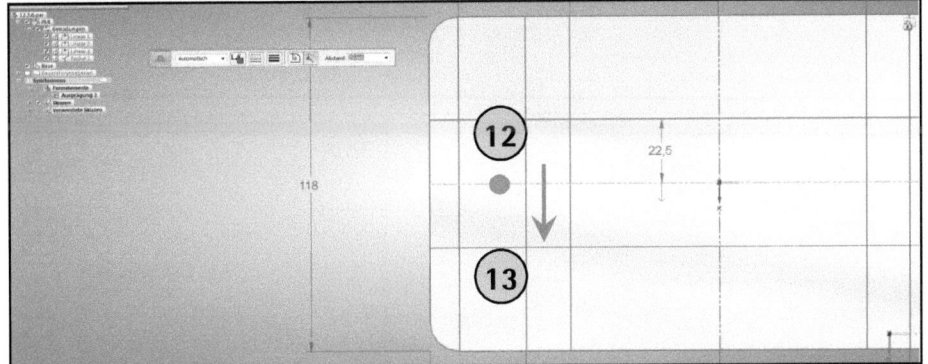

Verfahren Sie ebenso mit dem Maß **40** mm (14) und **49** mm (15).
Schieben Sie die Maße in eine übersichtliche Position (5).

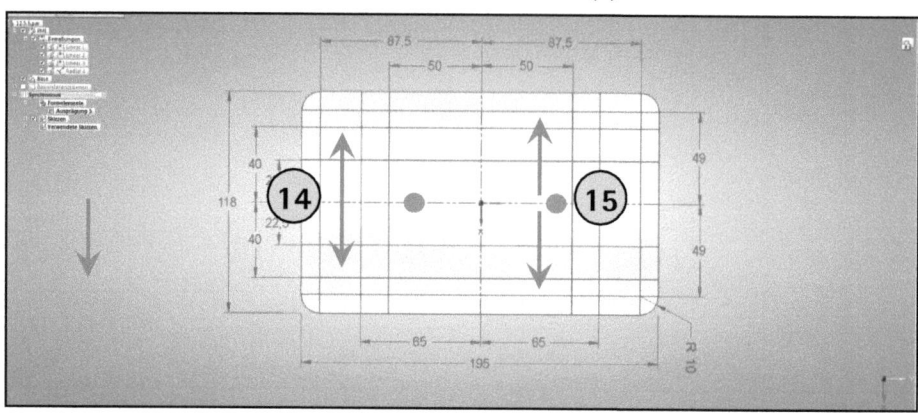

9.3.5 Die Bohrplatte, mittlere Durchgangsbohrung

Auf den Schnittpunkt der Blech-Mittenachsen wird eine Mittenbohrung nach DIN EN **20273**, mit dem Durchmessermaß **30** mm, eingebracht.

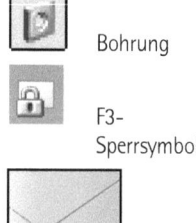

Bohrung

F3-
Sperrsymbol

 Bohrung (Multifunktionsleiste **Home**)

Berühren Sie die obere Fläche an und sperren diese mit der Taste **F3**.

Bohrungsoptionen:

Einfache Bohrung, Durchmesser **30** mm (1), **über das ganze Teil** (2)
OK (1).

Drücken Sie die Taste **M** zum Ausrichten auf den Mittelpunkt.

Klicken Sie den Eigenpunkt zur Positionierung der Bohrung (3).

Schließen Sie die Durchgangsbohrungserstellung mit der **ESC**-Taste ab.

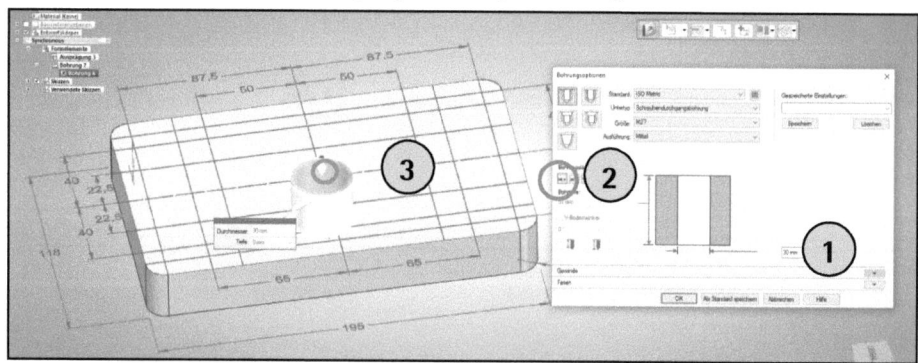

9.3.6 Die Bohrplatte, Senkbohrung für Zylinderschrauben

Auf die Achsen-Kombination 1, Abstand **175** mm zu **98** mm wird eine Senkbohrung nach DIN **974-1** für Zylinderschrauben mit Innensechskant **M6** nach DIN EN ISO **4762** mit folgenden Maßen gesetzt:

Oberer Ø **12** mm, **6,4** mm tief, Durchmesser der Durchgangsbohrung **6,6** mm.

Bohrung (Multifunktionsleiste **Home**)

Berühren Sie die obere Fläche an und sperren diese mit der Taste **F3**.

Bohrungsoptionen:

Stufenbohrung (4), **über das ganze Teil** (5), Durchmesser **6,6** mm, Stufenbohrungsdurchmesser **12** mm, Stufenbohrtiefe **6,4** mm (6) / **OK**.

Drücken Sie die Taste **M** zum Ausrichten auf den Mittelpunkt.

Klicken Sie den Eigenpunkt zur Positionierung der Bohrung (7).

Schließen Sie die Stufenbohrungserstellung mit der **ESC**-Taste ab.

Bohrung

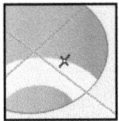
F3-^
Sperrsymbol

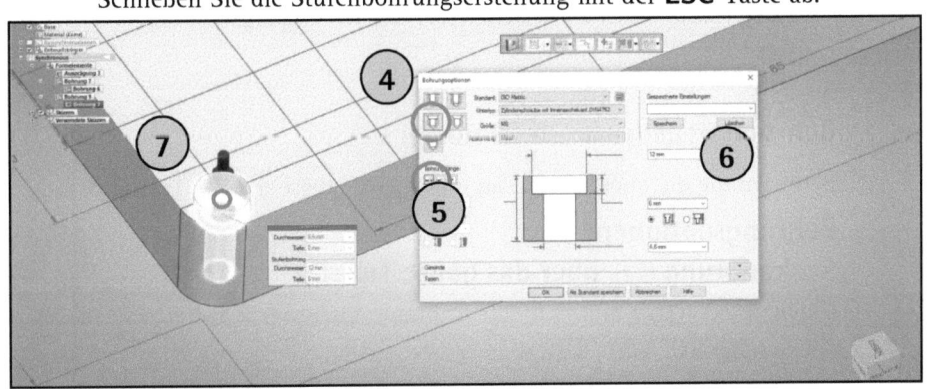

9.3.7 Die Bohrplatte, Gewinde-Durchgangsbohrung

Auf die Achsen-Kombination 2, Abstand **100** mm zu **80** mm wird eine Gewindebohrung nach DIN **13** mit **M10** (Steigung **1,5** mm) gesetzt.

Bohrung (Multifunktionsleiste **Home**)

Berühren Sie die obere Fläche an und sperren diese mit der Taste **F3**.

Bohrungsoptionen:

Gewindebohrung (8), **über das ganze Teil** (9), **Standardgewinde** Gewinde **M10**, **Gewindelänge wie Bohrungslänge** (10) / **OK**.

Drücken Sie die Taste **M** zum Ausrichten auf den Mittelpunkt.

Klicken Sie den Eigenpunkt zur Positionierung der Bohrung (11).

Schließen Sie die Gewindebohrungserstellung mit der **ESC**-Taste ab.

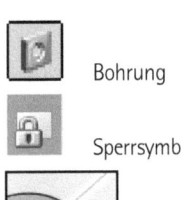
Bohrung

Sperrsymbol

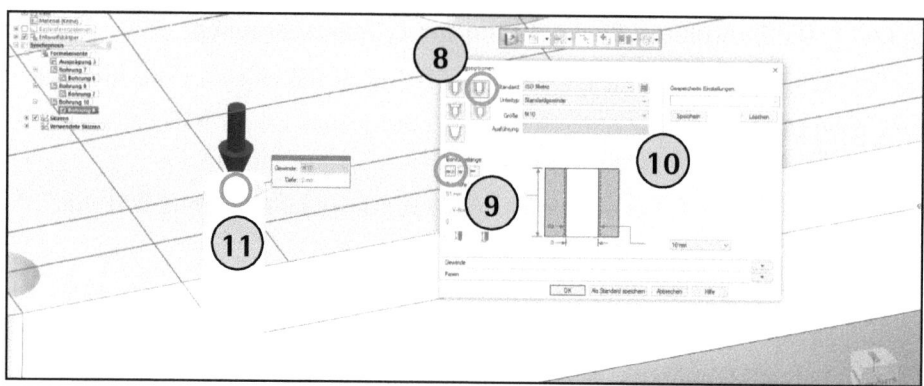

9.3.8   Die Bohrplatte, Senkbohrung für Senkschrauben

Auf die Achsen-Kombination 3, werden vier Senkbohrungen nach DIN **74** für Senk-schrauben mit Innensechskant **M10** nach DIN EN ISO **10642** mit folgenden Maßen gesetzt:

Oberer Ø **22** mm, **5,9** mm tief, Durchmesser der Durchgangsbohrung **10,5** mm, Senkwinkel **90°**.

Bohrung

F3-
Sperrsymbol

 Bohrung (Multifunktionsleiste **Home**)

Berühren Sie die obere Fläche an und sperren diese mit der Taste **F3**.

Bohrungsoptionen:
Senkbohrung (12), über das ganze Teil (13)

Durchmesser **10,5** mm, Stufenbohrungsdurchmesser **23** mm,
Senkwinkel **90°** (14) / **OK**.

Drücken Sie die Taste **M** zum Ausrichten auf den Mittelpunkt.

Klicken Sie den Eigenpunkt zur Positionierung der Bohrung (15).

Schließen Sie die Senkbohrungserstellung mit der **ESC**-Taste ab.

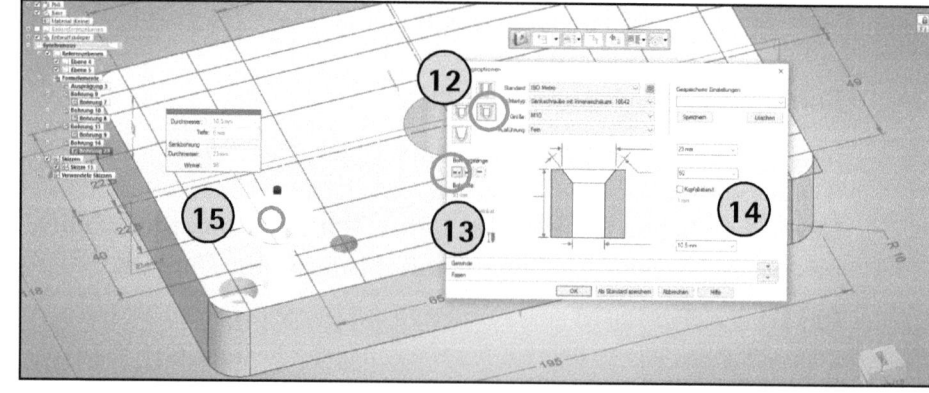

9.3.9 Die Bohrplatte, Bohrungsverteilung über Formelement-Spiegelung

Schalten Sie die **PMI**-Maßeintragungen und Skizzendarstellungen aus (1).

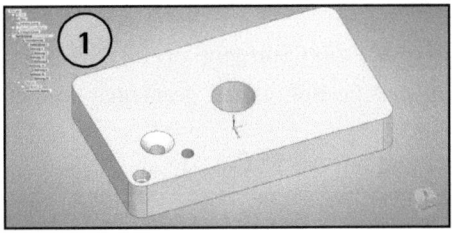

9.3.9.1 Koinzidente Referenzebene, mit Eigenpunkt „Mitte", erzeugen
Mittelebene auf der Länge

 Koinzidente Referenzebene (Multifunktionsleiste **Home**)

Wählen Sie die vordere Fläche des Würfels wie abgebildet aus (2).

Richten Sie den Pfeil des **Steuerrades** auf die Mitte der langen Seite.

Taste **K** drücken um einen Punkt auf einer Kante zu lokalisieren.

Taste **M** drücken um den Mittelpunkt der Quaderkante für die koinzidente Referenzebene automatisch wählen zu lassen (3, 4).

Koinzidente
Ebene

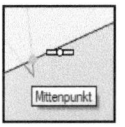

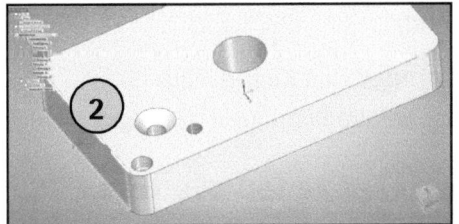 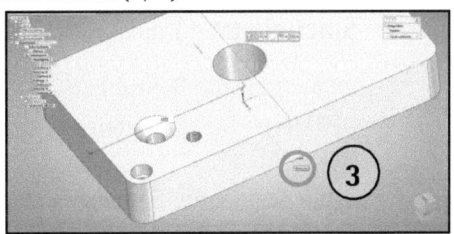

9.3.9.2 Koinzidente Referenzebene, mit Eigenpunkt „Mitte" erzeugen,
Mittelebene auf der Breite

Erzeugen Sie eine entsprechende, koinzidente Referenzebene auf Mitte der kurzen Seite der Bohrplatte (2).

Koinzidente
Ebene

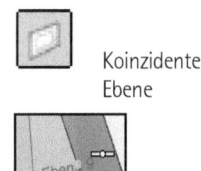

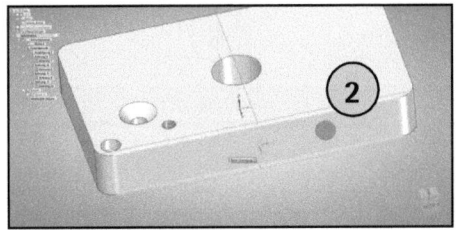 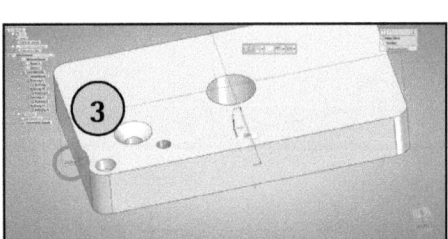

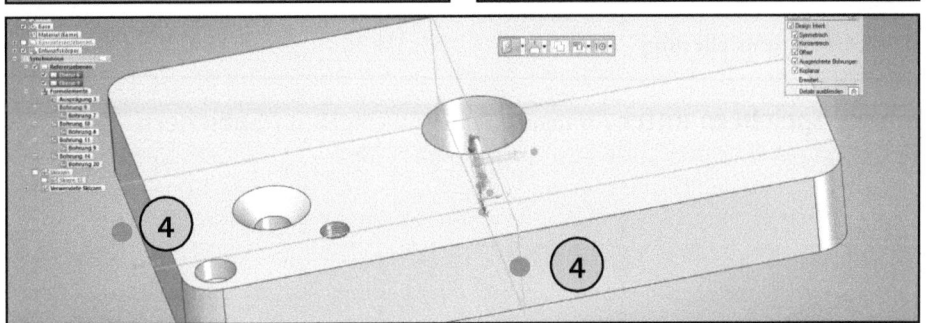

9.3.9.3 Spiegelung der erstellten Formelemente

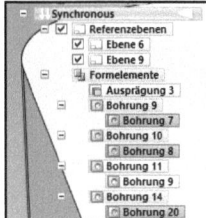

Spiegeln

Spiegeln (Multifunktionsleiste **Home**)

Wählen Sie die Bohrungen im **Pathfinder** zum Spiegeln aus (5).

Definieren Sie die Referenzebene, an der die Bohrungen gespiegelt werden sollen (6).

Schließen Sie die Formelementspiegelung mit der **ESC**-Taste ab (7).

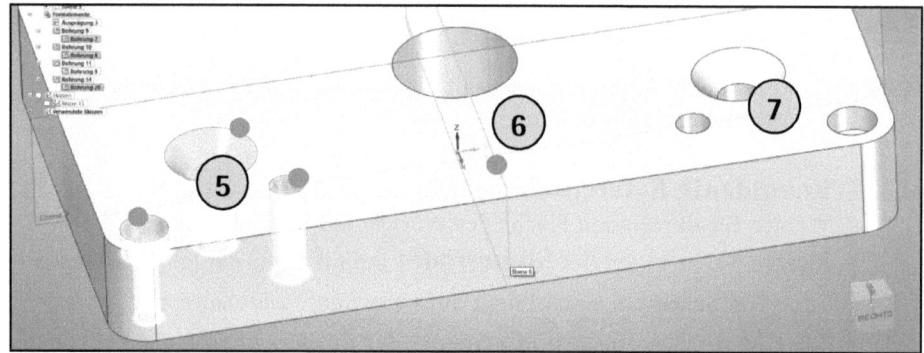

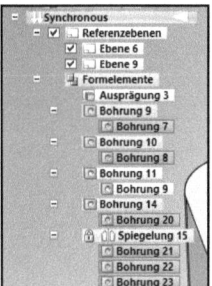

Spiegeln

Spiegeln (Multifunktionsleiste **Home**)

Wählen Sie die Bohrungen im **Pathfinder** zum Kopieren aus (5).

Definieren Sie die Referenzebene, an der die Bohrungen gespiegelt werden sollen (6).

Schließen Sie die Formelementspiegelung mit der **ESC**-Taste ab (7).

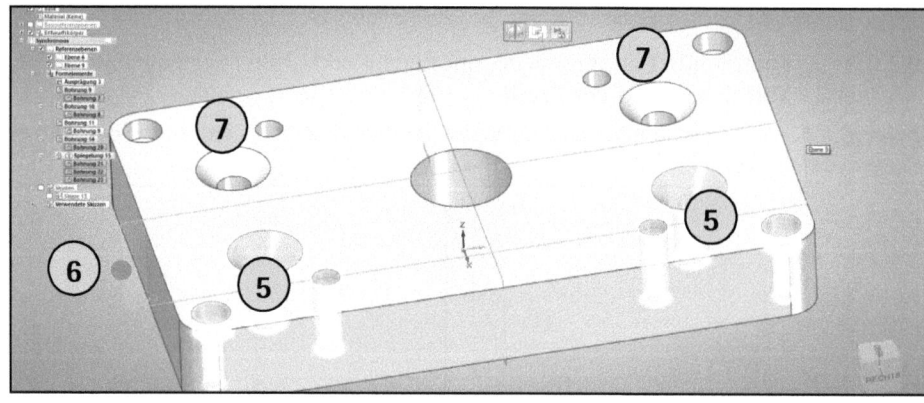

9.3.9.4 Datensicherung

Speichern unter

Speichern unter / Namen nach Wahl eingeben / **Speichern**

9.3.10 Die Bohrplatte, Kantenzustand DIN ISO 13715, allseitig

 Fase, gleiche Fasenlänge (Multifunktionsleiste **Home**)
Auswahl **Teilfläche** (1), Fasenlänge **0,5** mm (2).
Wählen Sie die obere (3) und untere Teilfläche (4).

Fase, gleiche
Fasenlänge

 Akzeptieren (Befehlsleiste) / **Fertig stellen** (Befehlsleiste) (5)

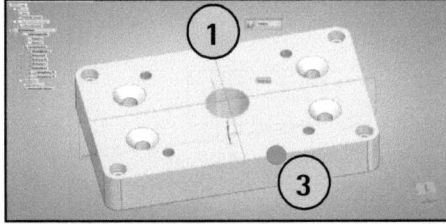 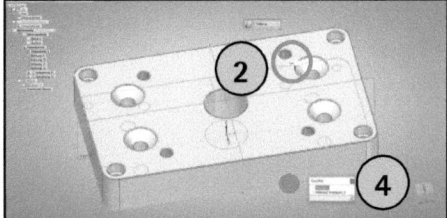

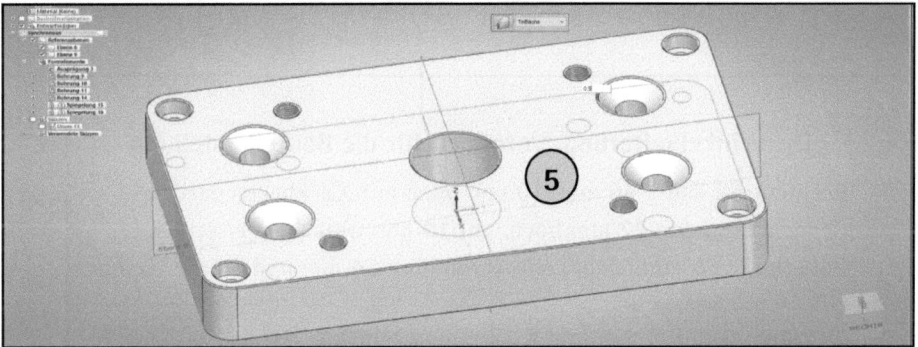

9.3.11 Die Bohrplatte, Materialzuweisungen über Materialtabelle

- Aktivieren Sie, mit Doppelklick, den **Pathfinder**-Eintrag **Material**.
- Weisen Sie der Bohrplatte, über die Funktion **Materialtabelle**, das Material **Stahl-Nichtrostend** Werkstoffnummer **1.4301**,
  DIN-Material **X5 CrNi18-10** aus der zusätzlichen Materialtabelle
  SE2019-Engelke zu (6).

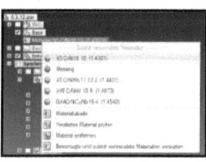

Material-
tabelle

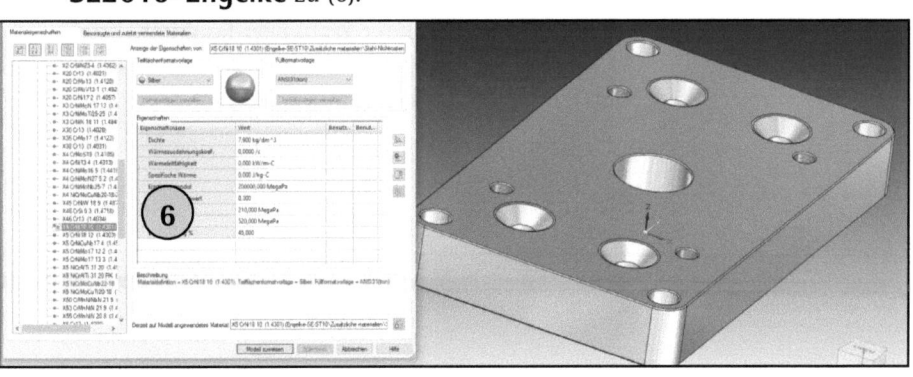

9.3.11.1 Datensicherung

 Speichern unter / Namen nach Wahl eingeben / **Speichern**

Speichern
unter

9.4   Die Winkelhalterung, Bauteilerstellung

9.4.1   Die Konstruktionsskizze für die Bauteilerstellung

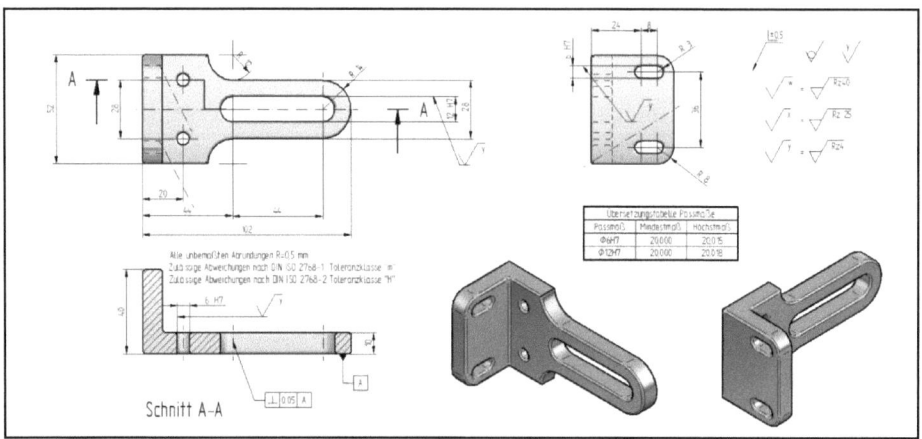

9.4.2   Die Winkelhalterung, Vorgaben für die Bauteilerstellung

- Rechteck **52** mm x **40** mm, **10** mm hoch auf **XZ**-Ebene erstellen.
- Bereichsextrusion **22** mm hoch, auf **10** mm Grenzlinie erstellen.
- Basisskizze **56** mm Länge, mit Abrundung **14** mm und Stärke **10** mm erstellen.
- Verrundungen R **8** mm und R **12** mm anbringen.
- Ein Langloch, Breite **12** mm, Länge **44** mm, Tiefe **10** mm, über die Funktion **Schlitz**, auf die Laschenfläche einbringen.
- Bringen Sie die Durchgangsbohrungen Ø **6** mm mit Abstand **14** mm über Mitte und **10** mm von der Kante des Ansatzes ein, für die zweite Bohrung wäre Spiegeln möglich.
- Ein Langloch, Breite **6** mm, Länge **8** mm, Tiefe **10** mm, über die Funktion **Schlitz**, auf die Ansatzfläche einbringen.
  Ein zweites Langloch wird über eine Funktion **Spiegeln** erstellt.
- Weisen Sie der Bohrplatte ein Material Ihrer Wahl über Funktion **Materialtabelle** zu.
- Speichern Sie das Bauteil in den einzelnen Baustufen.

9.4.3 Die Winkelhalterung, Bauteilerstellung für den Grundkörper:

9.4.3.1 Eingabeablauf für den hinteren Aufsatz

 Neu / Vorlagendatei **SE2019-Engelke.par**

 Rechteck über Mittelpunkt (Multifunktionsleiste **Home**)

 QuickPick

Legen Sie den Mauszeiger auf den Schnittpunkt der Achsen.
Wählen Sie aus der Kontextbox die Ebene die eine gelbgefärbte Rechteck-
fläche auf **XZ-Ebene** darstellt, klicken Sie den Schnittpunkt der Achsen.
Ziehen Sie das Rechteck auf ca. **50** mm, Höhe **40** mm, Winkel **0**°.

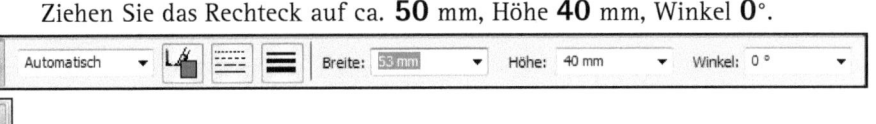

 **Auswählen** (Multifunktionsleiste **Home**)
Klicken Sie in die Konstruktionsfläche (1).
Klicken auf den Extrusionsziehpunkt nach vorn (1).

Geben Sie im dynamischen Eingabefeld **10** mm (2) ein.

Schließen Sie die Quadererstellung mit der **ESC**-Taste ab.

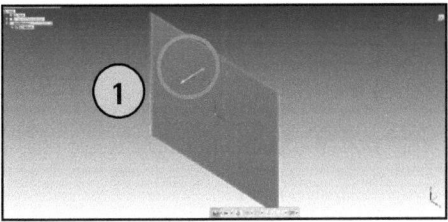

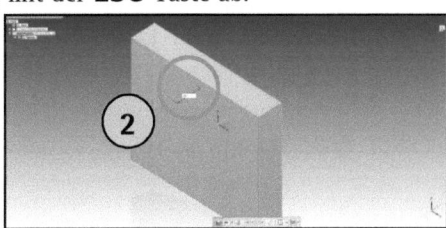

 SmartDimension (Multifunktionsleiste **Home**)
Tragen Sie die Länge von **52** mm (3) und Breite von **40** mm (4),
über **SmartDimension** ein.
Die Modellkanten werden automatisch auf diese Maßangaben gezogen.
Bestätigen Sie die Änderung durch Klicken.

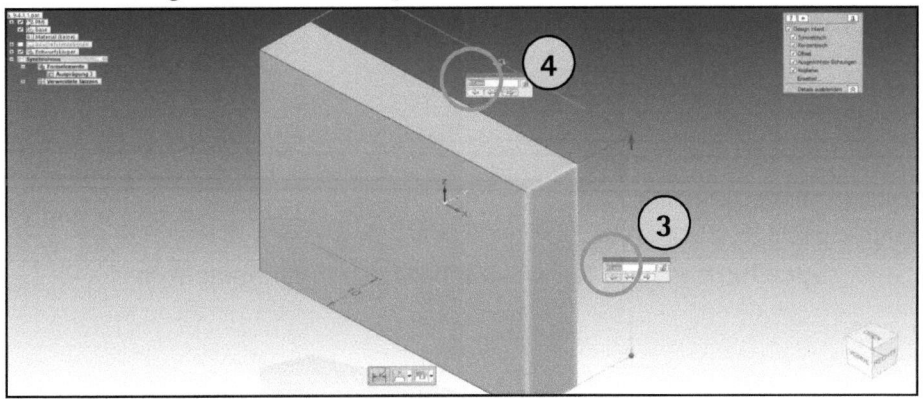

 Neu

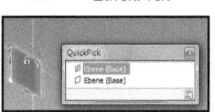 Rechteck über Mittelpunkt

QuickPick

Auswählen

Extrusion

 Smart Dimension

9.4.3.2 Eingabeablauf für den rechteckigen Ansatz

Rechteck über
drei Punkte

Rechteck über drei Punkte (Multifunktionsleiste **Home**)

Wählen Sie den ersten Rechteckpunkt, rechte untere Quaderecke (5).

Wählen Sie den ersten Rechteckpunkt, linke untere Quaderecke (6).

Geben Sie in der Befehlsleiste die Höhe **10** mm ein (7).

Schließen Sie die Rechteckerstellung mit der **ESC**-Taste ab.

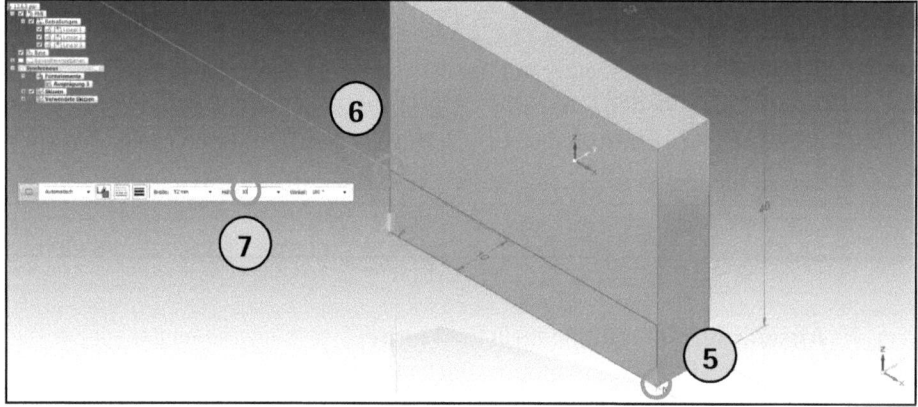

Auswählen

Extrusion

Auswählen (Multifunktionsleiste **Home**)

Klicken Sie in die Konstruktionsfläche.
Klicken auf den Extrusionsziehpunkt nach vorn.

Geben Sie im dynamischen Eingabefeld **22** mm (8) ein.

Schließen Sie die Quadererstellung mit der **ESC**-Taste ab.

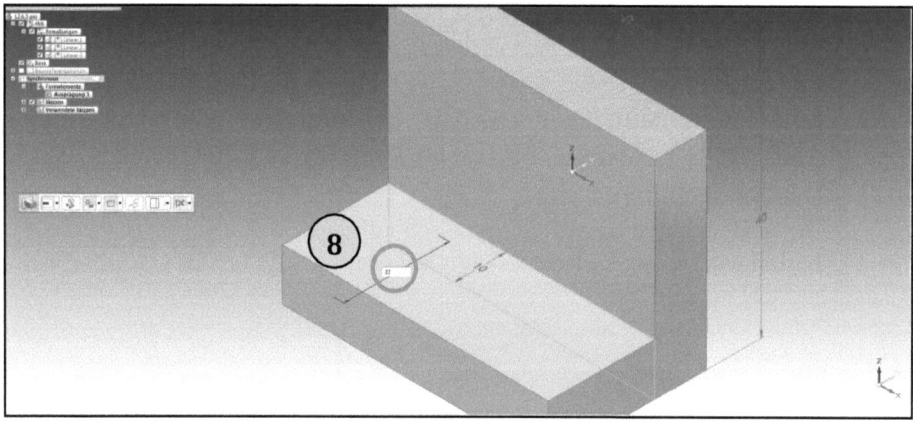

9.4.3.3 Datensicherung

Speichern
unter

Speichern unter / Namen nach Wahl eingeben / **Speichern**

9.4.4 Die Winkelhalterung, Eingabeablauf für die vordere Lasche

9.4.4.1 Die Basisskizze, Lagebereitstellung

 Koinzidente Referenzebene (Multifunktionsleiste **Home**)
Wählen Sie die obere Fläche des rechteckigen Ansatzes (1).

 Teilfläche ansehen (Statusleiste)

 QuickPick / gezeigte Ebene wählen (2).

 Koinzidente
Referenzebene

 Teilfläche
ansehen

QuickPick

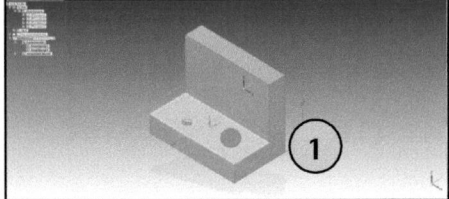
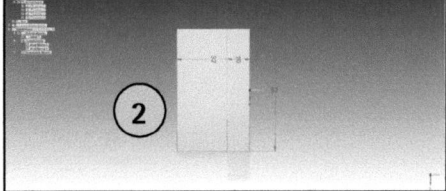

9.4.4.2 Die Basisskizze, Linienkonstruktion

 auf Skizze projizieren (Multifunktionsleiste **Home**)
Wählen Sie die vordere Kante des rechteckigen Ansatzes
zur Verarbeitung als Linie (3).

 Linie (Multifunktionsleiste **Home**)

Berühren Sie die obere Fläche an und sperren diese mit der Taste **F3**.
Waagerechte **Linie** Länge ca. **80** mm (5) vom Kantenmittelpunkt (4).

 auf Skizze
projizieren

 Linie

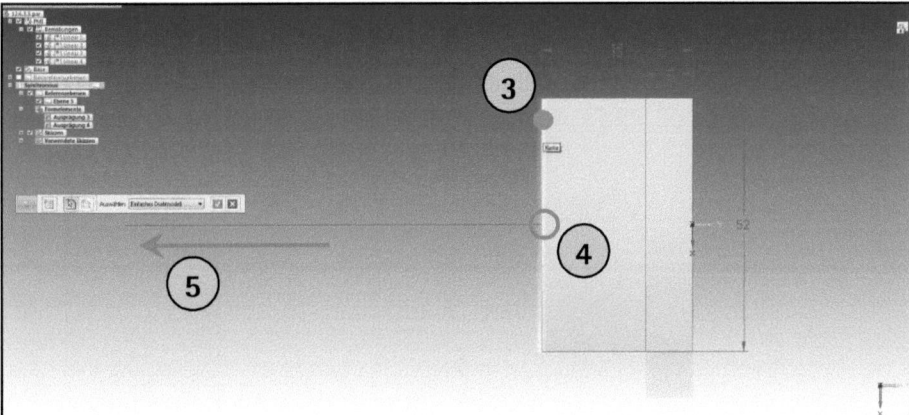

- Konstruieren Sie parallele Hilfslinien über **Offset**:

 Offset (Multifunktionsleiste **Home** oder **Skizzieren**)
Klicken Sie auf die senkrechte Mittelachse, die Sie versetzen möchten (6).

 Akzeptieren (Befehlsleiste).
Geben Sie den Offsetabstand **56** mm für die gewählten Elemente ein (7).

 Offset

 Akzeptieren

Offset

 Akzeptieren

 Seite bestimmen

 Offset (Multifunktionsleiste **Home** oder **Skizzieren**)

Klicken Sie auf die waagerechte Mittelachse, die Sie versetzen möchten (8).

 Akzeptieren (Befehlsleiste).

Geben Sie den Offsetabstand **14** mm für die gewählten Elemente ein (9).

 Klicken Sie in der Befehlsleiste auf die Schaltfläche **Seite bestimmen**, anschließend, um den ersten Offset zu platzieren.

Klicken Sie erneut, um den zweiten Offset zu platzieren (10).

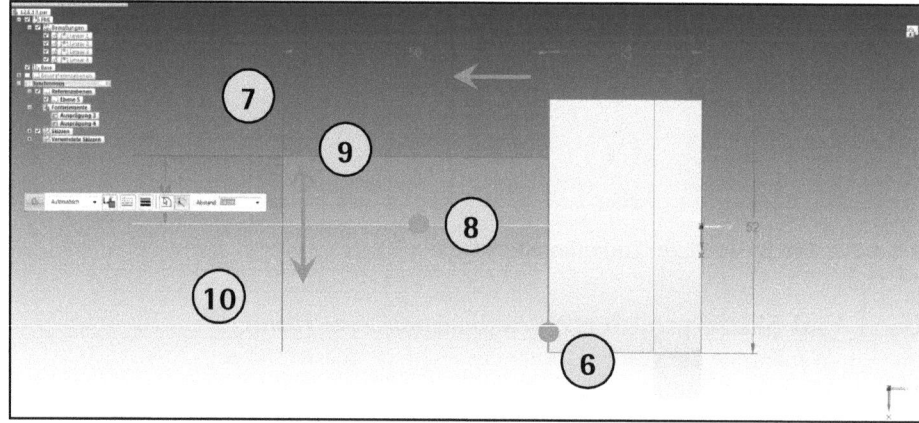

9.4.4.3 Die Basisskizze, Kreiskonstruktion

 Kreis über Mittelpunkt

 Kreis über Mittelpunkt (Multifunktionsleiste **Home**)

Legen Sie den Mauszeiger auf den Schnittpunkt der Achsen.

Ziehen Sie den Radius mit der Maus, ca. **18** mm, Fixierung durch Klicken.

Schließen Sie die Kreiserstellung mit der **ESC**-Taste ab (11).

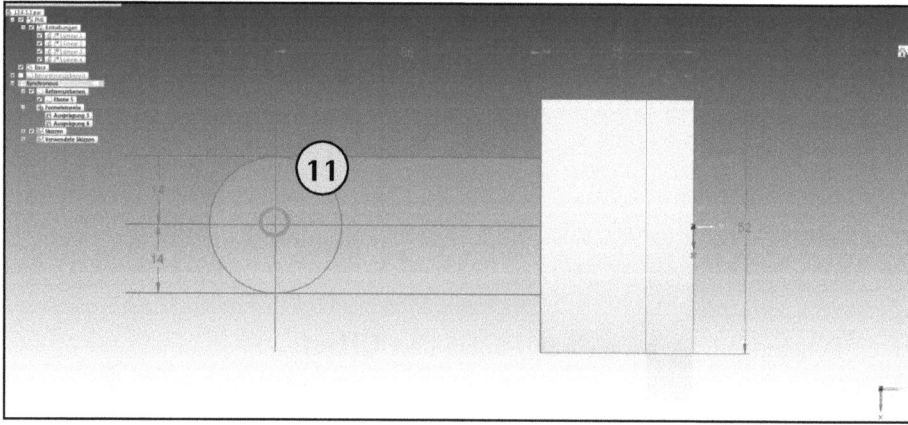

9.4.4.4 Die Basisskizze, Linienbereinigung

Trimmen (Multifunktionsleiste **Home**)
Wählen Sie den inneren Halbkreis.
Wählen Sie nacheinander die zu trimmenden Außenlinien (12).

 Trimmen

9.4.4.5 Die Basisskizze, symmetrische Lage zuweisen

Symmetrisch (Multifunktionsleiste **Home**)
Klicken Sie auf die Linie, die Sie als Achse verwenden wollen (13).
Klicken Sie auf die symmetrischen Kanten (14).

 Symmetrisch

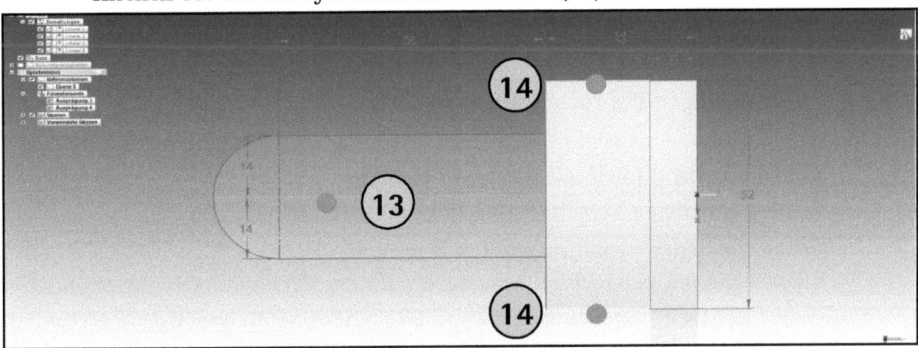

9.4.4.6 Die Volumengenerierung der vorderen Lasche

Auswählen (Multifunktionsleiste **Home**)
Klicken Sie in die Konstruktionsfläche.
Klicken auf den Extrusionsziehpunkt nach unten.

Geben Sie im dynamischen Eingabefeld **10** mm (15) ein.

Schließen Sie die Quadererstellung mit der **ESC**-Taste ab.

 Auswählen

Extrusion

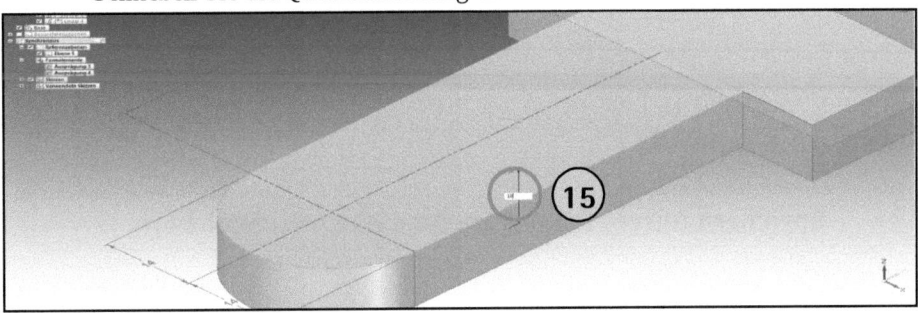

9.4.5 Die Winkelhalterung, Eingabeablauf für die Bauteilabrundungen

9.4.5.1 Verrundungen der vorderen Lasche

Verrundung

Verrundung (Multifunktionsleiste **Home**)
Wählen Sie die zu verrundenden Eckenkanten aus (1).

Geben Sie den Verrundungsradius **12** mm ein (2).
Klicken Sie mit der rechten Maustaste, um die Verrundung fertigzustellen.

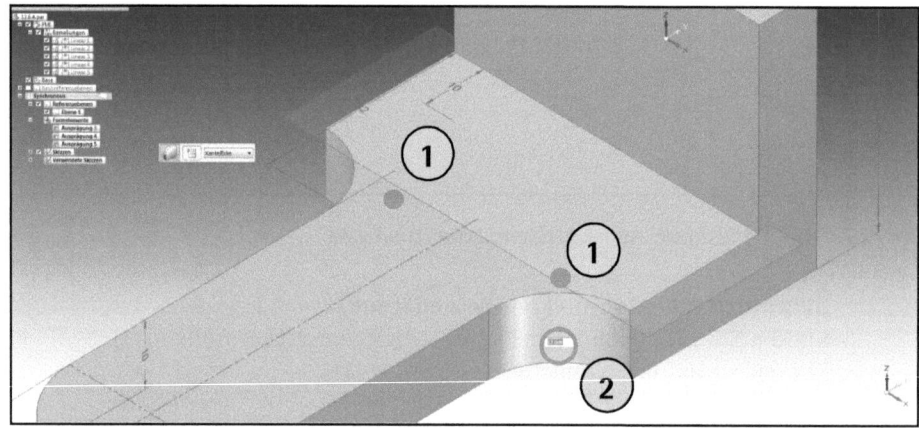

9.4.5.2 Verrundungen des rechteckigen Ansatzes

Verrundung

Verrundung (Multifunktionsleiste **Home**)
Wählen Sie die zu verrundenden Eckenkanten aus (3).

Geben Sie den Verrundungsradius **8** mm ein (4).
Klicken Sie mit der rechten Maustaste, um die Verrundung fertigzustellen.

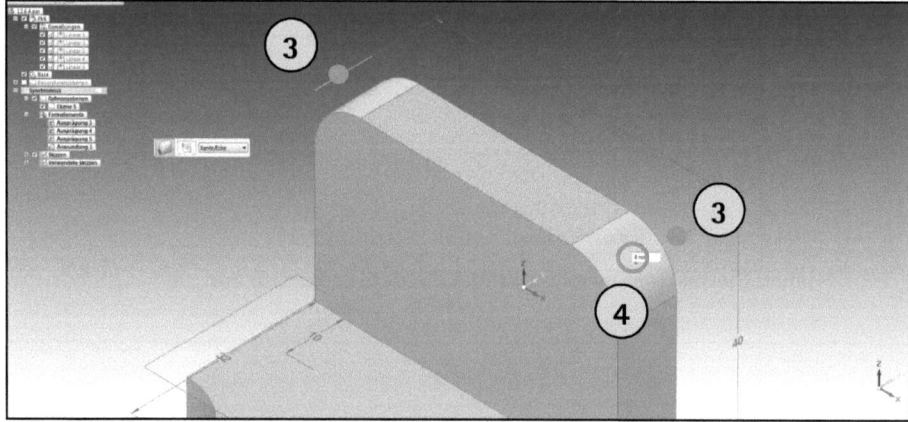

9.4.5.3 Datensicherung

Speichern unter

Speichern unter / Namen nach Wahl eingeben / **Speichern**

9.4.6 Die Winkelhalterung,
Eingabeablauf für die Durchgangsbohrungen in der Lasche

Auf der unteren Fläche sollen zwei Durchgangsbohrungen mit festen Abstandsmaßen zur Ansatzkante das Bauteils und über Mitte platziert werden. Um die Bohrungen direkt mit Maßen zu Kanten zu platzieren, muss die gewünschte Ebene gesperrt werden. Bei gesperrter Ebene können Bohrungen über die Fang-funktionen der Tastatur direkt mit Maßen zu Eigenpunkten des Modells versehen werden.

Taste **M** = Mittenpunkt einer Line, und Schnittpunkt zweier Kanten,

Taste **C** = Zentrum eines Kreises oder Bogens, Taste **E** = Endpunkt einer Kante.

9.4.6.1 Die erste Durchgangsbohrung

Bohrung (Multifunktionsleiste **Home**)

Berühren Sie die obere Fläche an und sperren diese mit der Taste **F3**.

Bohrungsoptionen:

Einfache Bohrung, Durchmesser **6** mm, **über das ganze Teil / OK**

Drücken Sie die Taste **E**, Endpunkt der hinteren Ansatzkante (1).

Drücken Sie die Taste **E**, Endpunkt der seitlichen Kante (2).

Zwei Eingabefelder für Maße stehen nun zur Eingabe bereit.

Geben Sie einen Wert von **10** mm (3) ein.

Wechseln Sie das Eingabefeld mit der **TAB**-Taste.

Geben Sie in das zweite Feld **12** mm (4) ein

Beenden Sie mit der Eingabetaste.

Bohrung

Sperrsymbol

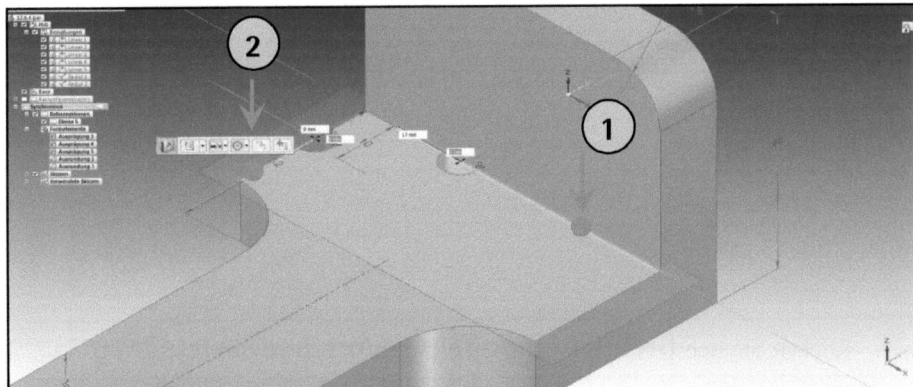

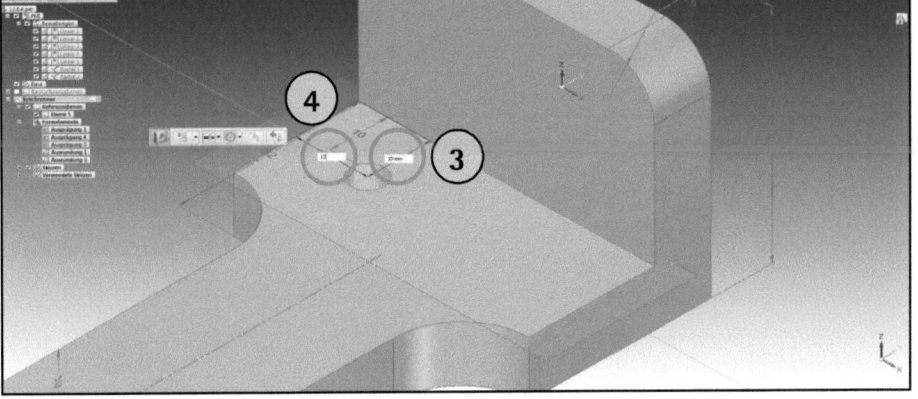

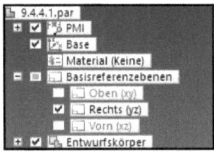

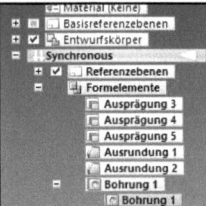

 Spiegeln

9.4.6.2 Die zweite Durchgangsbohrung über „Spiegeln"

- Schalten Sie im Pathfinder die Basisreferenzebene **Rechts** auf sichtbar, diese Ebene liegt genau auf der Körpermitte (5).
- Wählen Sie die Bohrungen im Pathfinder zum Spiegeln aus (5).

Spiegeln (Multifunktionsleiste **Home**)

Definieren Sie die Referenzebene als Spiegelebene (6).

Schließen Sie die Formelementspiegelung mit der **ESC**-Taste ab (7).

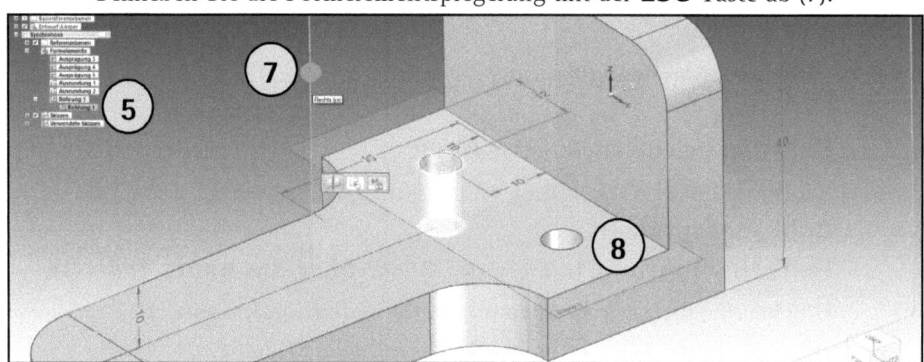

9.4.7 Die Winkelhalterung, das Langloch in der Lasche

9.4.7.1 Ansichts-Lageänderungen über „Vorschauwinkel"

- Klicken Sie auf dem **Vorschauwürfel** die Seite **Oben** (1).

Vorschauwürfel
Lage Oben

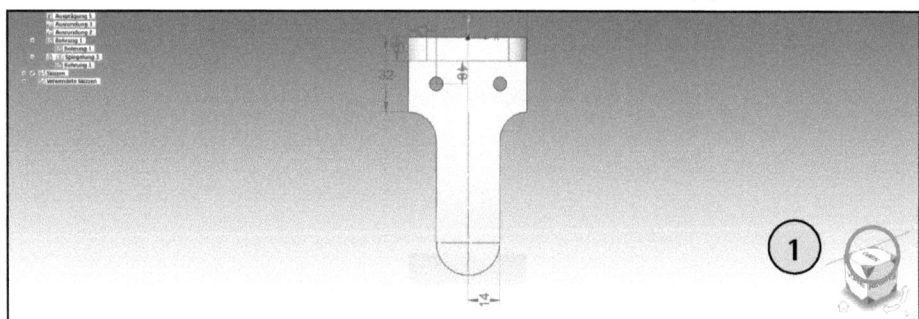

- Klicken Sie den **Drehrichtungspfeil** am **Vorschauwürfel** auf **90°** (2).

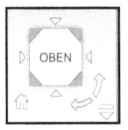

Vorschauwürfel
Lage 90°-Drehen

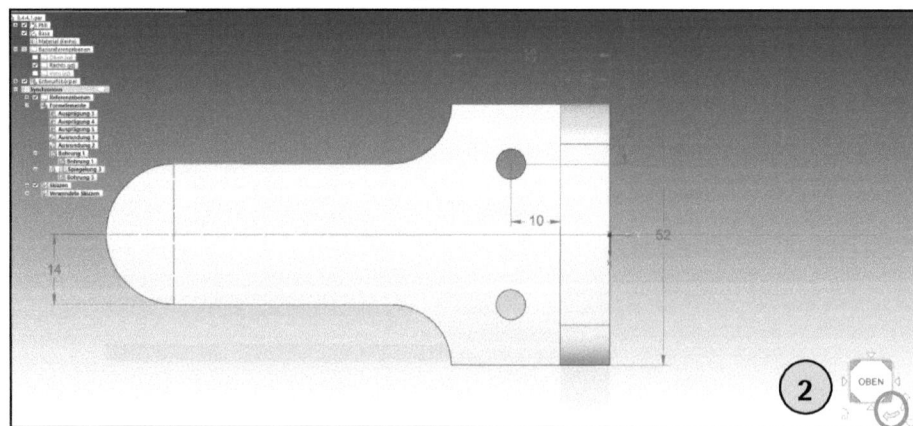

9.4.7.2 Basisskizze für die Langlocherstellung

Linie (Multifunktionsleiste **Home**)

Berühren Sie die obere Fläche an und sperren diese mit der Taste **F3**.

Ziehen Sie eine Linie vom Achsenschnittpunkt auf Länge **44** mm (3, 4).

Schließen Sie die Linienerstellung mit der **ESC**-Taste ab.

Linie

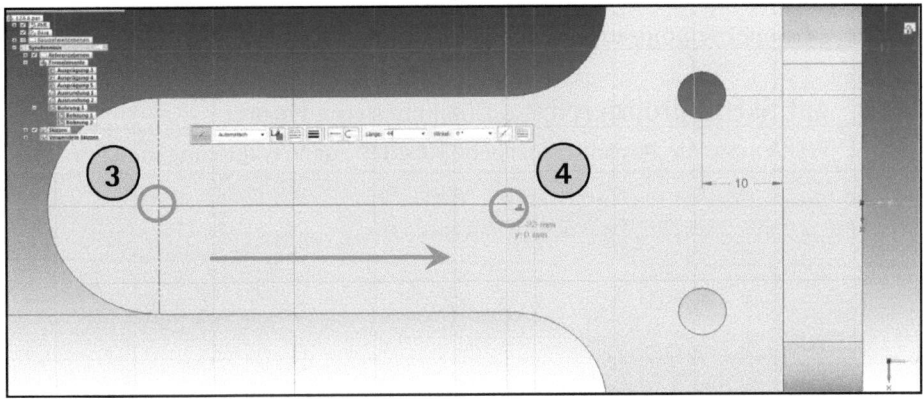

9.4.7.3 Langlocherstellung mit der Funktion „Schlitz"

Schlitz (Multifunktionsleiste **Home**)

Klicken Sie auf die eben erstellte Linie, um einen Pfad für den Schlitz zu definieren (5).

Klicken Sie in der Befehlsleiste **Schlitz** auf die Schaltfläche **Optionen** (6)

Schlitzbreite: **12** mm, **Gebogenes Ende** / **OK**.

Klicken Sie in der Befehlsleiste auf: **Über ganzes Teil**.

2D-Steuerrad-Richtung: **nach unten** (7).

Schließen Sie die Langlocherstellung mit der **ESC**-Taste ab.

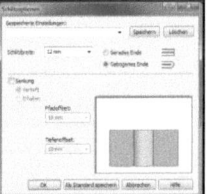

Schlitz

Über ganzes
Teil

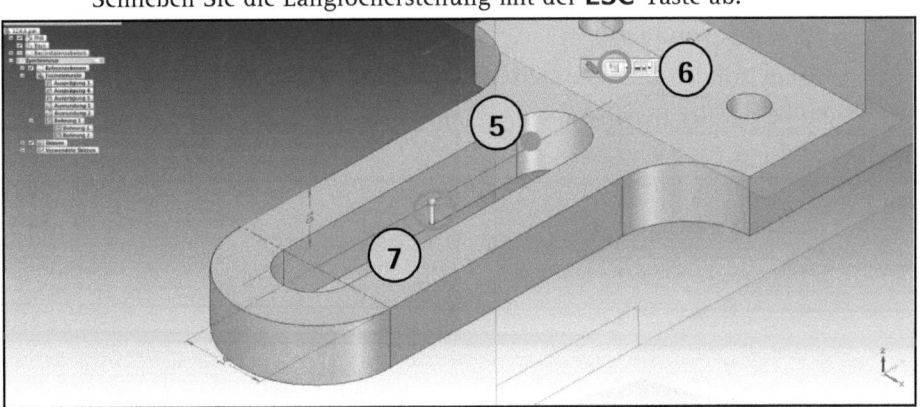

9.4.7.4 Datensicherung

Speichern unter / Namen nach Wahl eingeben / **Speichern**

Speichern
unter

9.4.8 Die Winkelhalterung, die Langlöcher im Grundkörper

9.4.8.1 Ansichts-Lageänderungen der Winkelhalterung

Teilfläche
ansehen

 Teilfläche ansehen (Statusleiste)
Wählen Sie gezeigte Fläche aus (1).

9.4.8.2 Geometrie projizieren

auf Skizze
projizieren

 auf Skizze projizieren (Multifunktionsleiste **Home**)
Wählen Sie die Basisreferenzebene **Rechts** zur Verarbeitung als Linie (2).

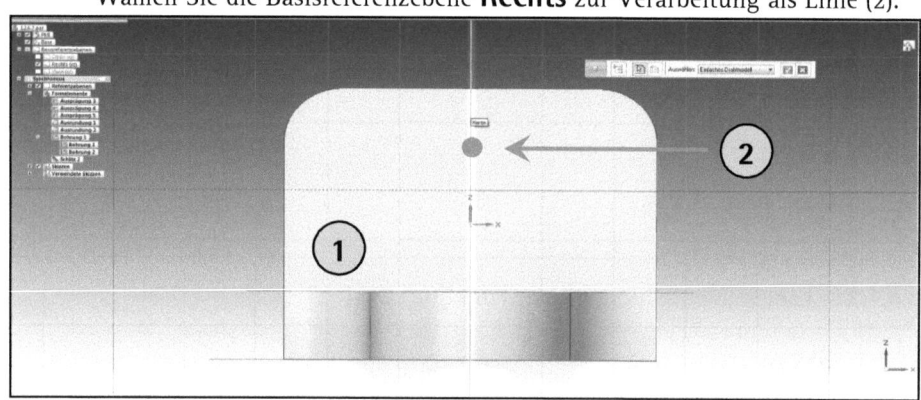

9.4.8.3 Basisskizze für die Langlocherstellung

Konstruieren Sie die parallele Hilfslinien für das Langloch im Grundkörper
über **Offset**:

Offset

 Offset (Multifunktionsleiste **Home** oder **Skizzieren**)
Klicken Sie auf die senkrechte Mittelachse, die Sie versetzen möchten (3).

Akzeptieren

 Akzeptieren (Befehlsleiste).
Geben Sie den Offsetabstand **18** mm für das gewählte Element ein (4).

Verfahren Sie mit der Generierung der Linien Offsetabstand **14** mm (5, 6) und Offsetabstand **8** mm (7, 8) entsprechend.

Seite
bestimmen

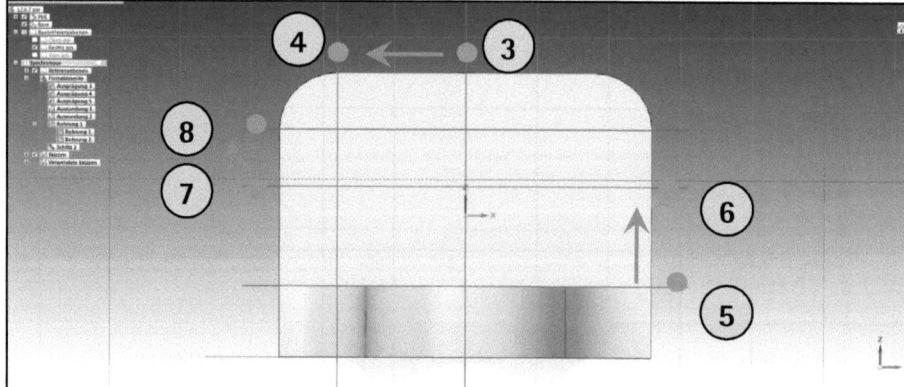

9.4.8.4 Die Basisskizze, Linienbereinigung

Trimmen (Multifunktionsleiste **Home**)

Wählen Sie nacheinander die zu trimmenden Konstruktionslinien, bis die Mittelachse des Langlochs übrig bleibt (9).

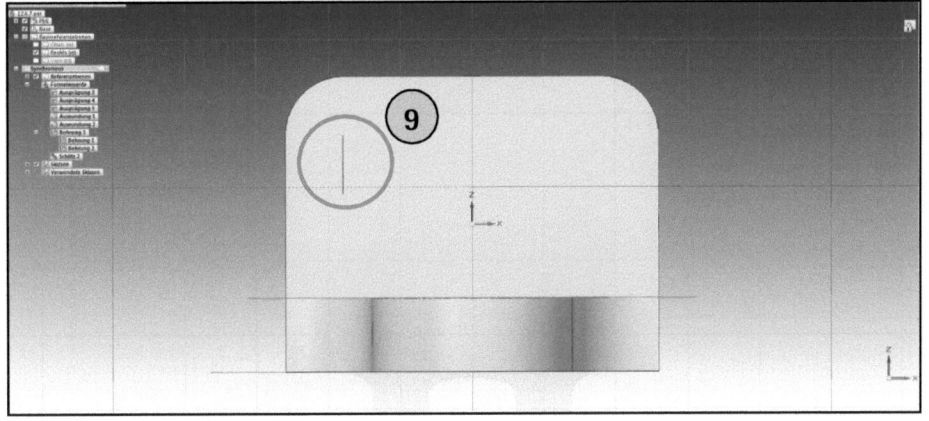

9.4.8.5 Langlocherstellung mit der Funktion „Schlitz"

Schlitz (Multifunktionsleiste **Home**)

Klicken Sie auf die eben erstellte Linie, um einen Pfad für den Schlitz zu definieren (10).

Klicken Sie in der Befehlsleiste **Schlitz** auf die Schaltfläche **Optionen**:

Schlitzbreite: **6** mm, **Gebogenes Ende** (11) / **OK**.

Klicken Sie in der Befehlsleiste auf: **Über ganzes Teil**.

2D-Steuerrad-Richtung: **nach hinten** (12).

Schließen Sie die Langlocherstellung mit der **ESC**-Taste ab.

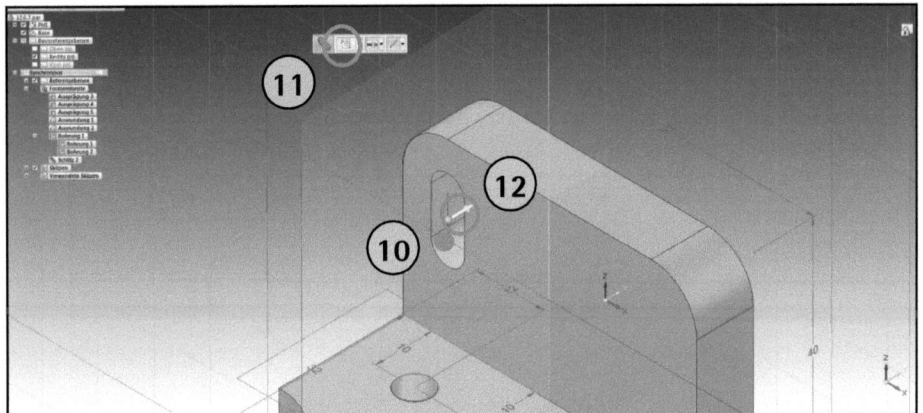

9.4.8.6   Die zweite Durchgangsbohrung über Spiegeln

- Wählen Sie das Langloch (**Schlitz**) im **Pathfinder** zum Spiegeln aus (13).

Spiegeln (Multifunktionsleiste **Home**)
Definieren Sie die Referenzebene als Spiegelebene (14).

Schließen Sie die Formelementspiegelung mit der **ESC**-Taste ab (15).

Spiegeln

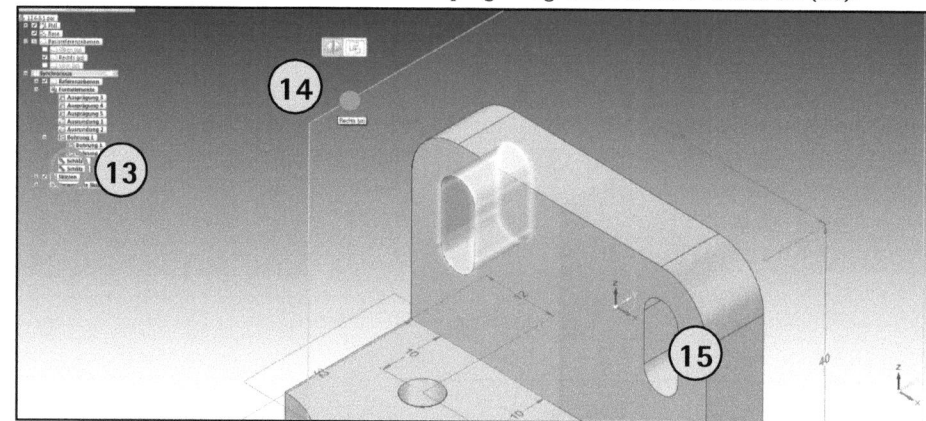

9.4.9   Die Winkelhalterung, Kantenzustand DIN ISO 13715

Verrundung (Multifunktionsleiste **Home**)
Wählen Sie den Abrundungsradius **0,5** mm.
Wählen Sie die alle Teilflächen (16).

Verrundung

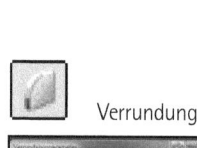

Akzeptieren (Befehlsleiste) / **Fertig stellen** (Befehlsleiste)

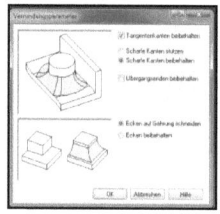

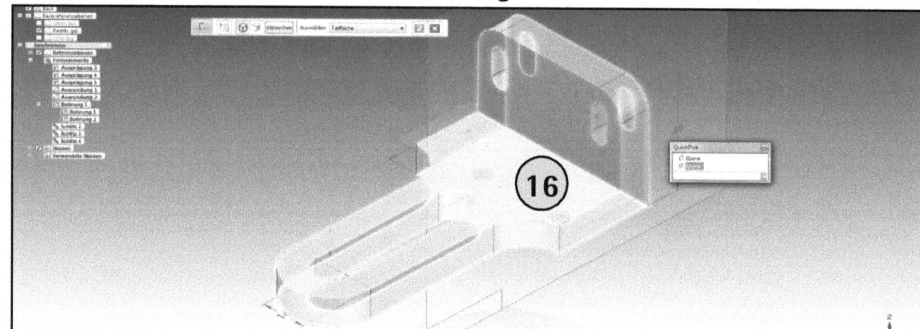

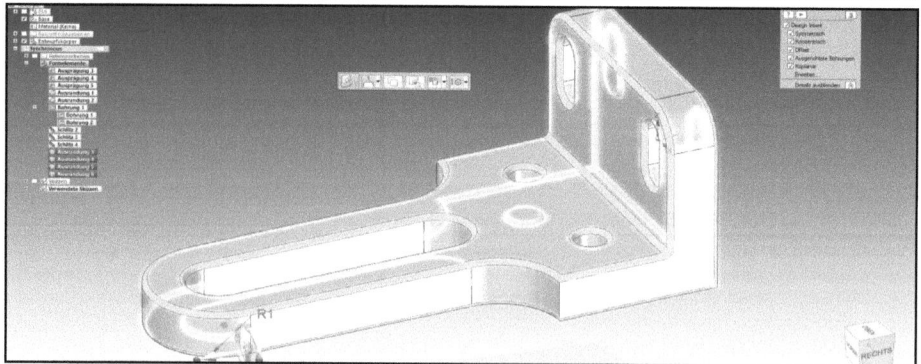

9.4.10 Die Winkelhalterung, Materialzuweisungen über Materialtabelle

- Aktivieren Sie, mit Doppelklick, den **Pathfinder**-Eintrag **Material**.
- Weisen Sie der Winkelhalterung, über die Funktion **Materialtabelle**, das Material **Stahl-Nichtrostend** Werkstoffnummer **1.4301**, DIN-Material **X5 CrNi18-10** aus der zusätzlichen Materialtabelle **SE2019-Engelke** zu (17).

Material-
tabelle

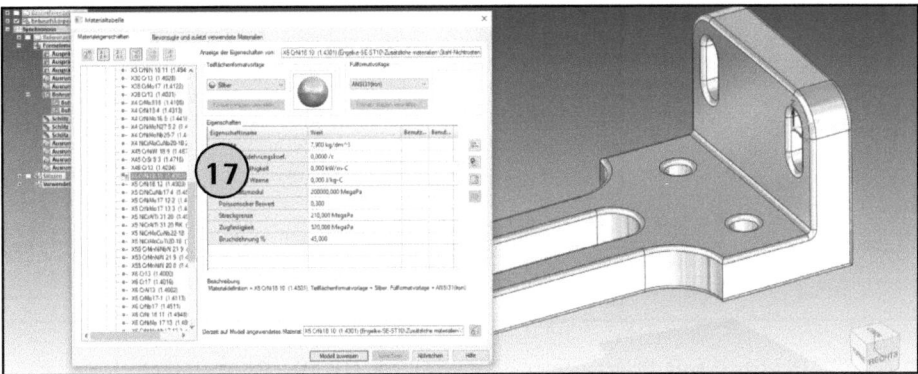

9.4.10.1 Datensicherung

Speichern
unter

Speichern unter / Namen nach Wahl eingeben / **Speichern**

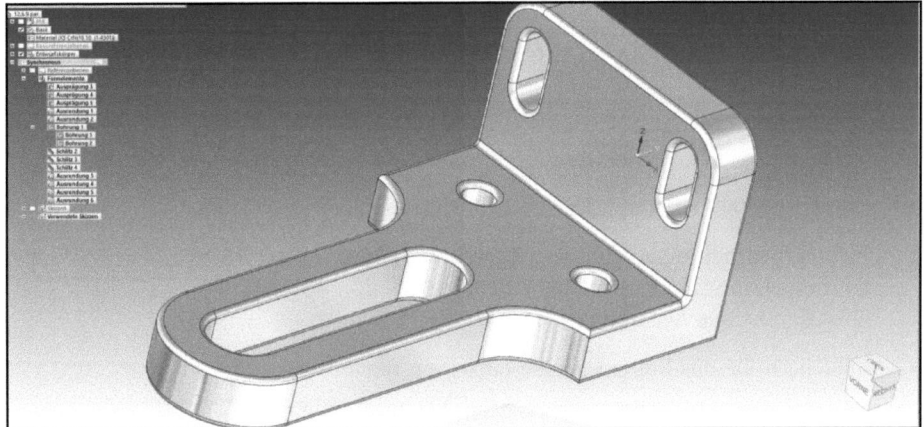

9.5 Drehteil mit Passfedernut, die Bauteilerstellung

9.5.1 Die Konstruktionsskizze für die Bauteilerstellung

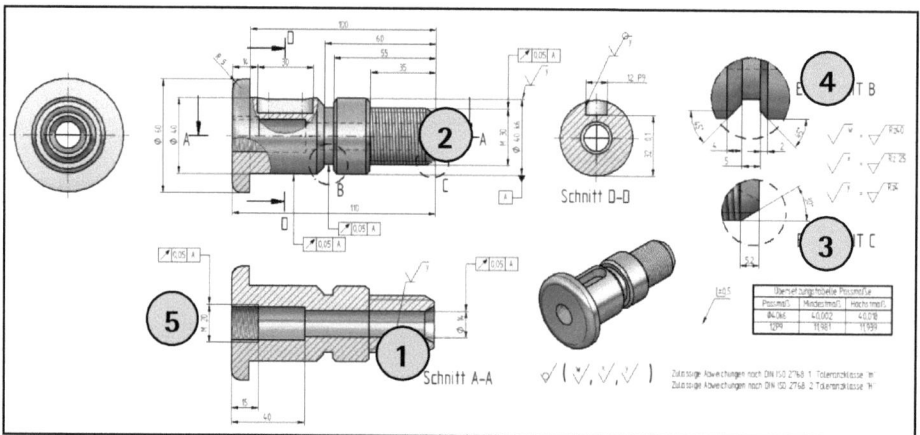

9.5.2 Drehteil mit Passfedernut, Vorgaben für die Bauteilerstellung

- Skizzenerstellung mit Fasen und Rundungen nach Zeichnungsvorlage.

- Drehung der Skizzenfläche über die Mittellinie.

- Elementbearbeitungsbefehl Bohrung Ø **14** mm als Durchgangsbohrung (1).

- Elementbearbeitungsbefehl Außengewinde **M30** mit einer Länge von **30** mm (2).

- Versehen Sie das Gewindeende mit einer Anschnittfase **3** mm x **30°** (3).

- Versehen Sie den Wellenabsatz mit einer Anschnittfase **2** mm x **45°** (4).

- Runden Sie alle weiteren Kanten mit R=**1** mm ab.

- Elementbearbeitungsbefehl Innengewinde **M20** mit Tiefe **15** mm, Grundlochbohrung Kern-Ø bis zu einer Tiefe von **40** mm, eingebracht von der Ansatzseite (5).

- Speichern Sie das Bauteil in den einzelnen Baustufen.

9.5.3 Drehteil mit Passfedernut, in Rotationskörper über Linien

Erstellen Sie eine Fläche entsprechend folgender Darstellung, mäßliche Genauigkeit ist nicht gefordert, lediglich die Absätze sollten komplett vorhanden sein, als Startpunkt ist der Achsenschnittpunkt zu wählen.

Die Erstellung des Grundkörpers und die Bemaßungen der Rotationsfläche erfolgen entsprechend dem Kapitel 6, Drehteile.

Fasen und Abrundungen werden über Formelementbefehle aus der **Synchronous**-Technologie angetragen, diese lassen sich dann leichter anpassen.

9.5.3.1 Eine geschlossene Rotationsfläche über Linien

Neu / Vorlagendatei **SE2019-Engelke.par**

QuickPick / Ebene **Rechts (YZ)**

Linie (Multifunktionsleiste **Home** oder **Skizzieren**)
Als Startpunkt ist das Achsenkreuz klicken.

SmartDimension (Multifunktionsleiste **Home**)
Tragen Sie alle gezeigten Maße an.

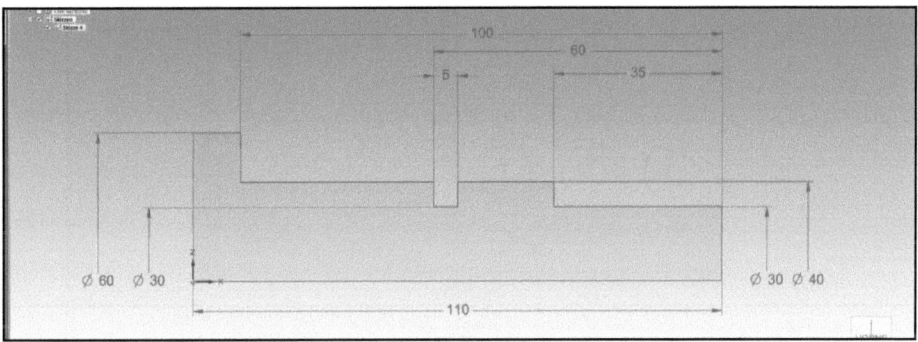

9.5.3.2 Rotationserstellung der Grundwelle

Auswählen (Multifunktionsleiste **Home**)
Klicken Sie in die erstellte Rotationsfläche und akzeptieren Sie die Auswahl mit einem Klick auf die rechte Maustaste.

Klicken Sie in der Befehlsleiste die Option **Rotationausprägung**.
Klicken Sie auf den Ursprung des Rotationsziehpunktes.
Ziehen Sie den Rotationsziehpunkt auf die Rotationsachse.
Klicken Sie auf den Ring des Rotationsziehelements (1).

Wählen Sie aus der Befehlsleiste die Rotationsoption **360°** (2).

Schließen Sie die Rotation mit der **ESC**-Taste ab (3).

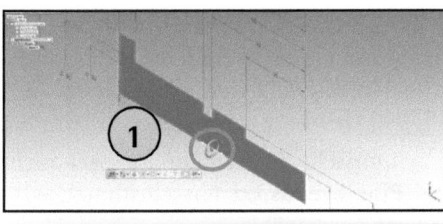 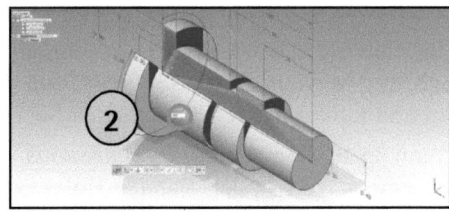

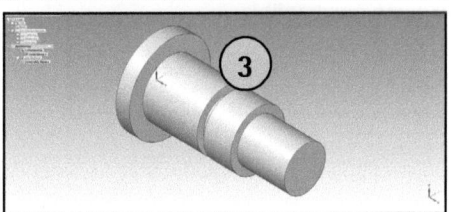

Neu

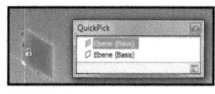
QuickPick

Linie

Konstruktion

Smart Dimension

Symmetrischer Durchmesser

Durchmesser Halb / Voll

Auswählen

Rotation

Rotation

Rotations-Ziehpunkt

Vollkreis 360°

9.5.4 Drehteil mit Passfedernut, die Durchgangsbohrung

Bohrung

Sperrsymbol

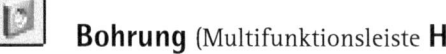

Bohrung (Multifunktionsleiste **Home**)

Berühren Sie die vordere Kreisfläche an und sperren diese mit der Taste **F3**.

Drücken Sie die Taste **M**, um den Mittelpunkt der vorderen Kreisfläche zu fangen (1).

Bohrungsoptionen:

Einfache Bohrung, ∅ **14** mm, **über das ganze Teil** / **OK** (2)

Beenden Sie mit der **ESC**.

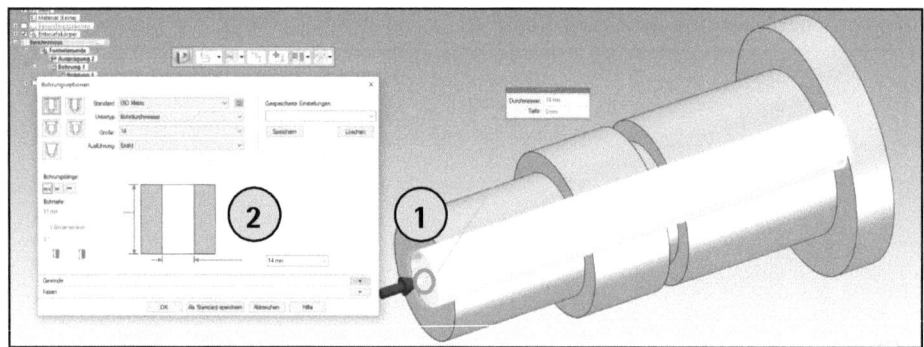

9.5.5 Drehteil mit Passfedernut, Außengewinde auf dem vorderen Zylinder

Gewinde

9.5.5.1 Außengewinde, Grundlagen

Der Befehl **Gewinde** fügt einer vorhandenen zylindrischen Teilfläche eine gerade oder konische Gewindereferenz hinzu. Die zylindrische Teilfläche kann ein teilweiser oder vollständiger Zylinder und eine externe oder interne Teilfläche sein. Eine planare, kreisförmige Kante ist zur Definition des Anfangsendes von Gewinden erforderlich.

Gewinde können innen oder außen hinzugefügt werden. Wenn Sie konische Gewinde konstruieren, brauchen Sie keine konischen Teilflächen zu erstellen. Stattdessen fügen Sie ein konisches Gewinde einer zylindrischen Teilfläche hinzu. Wenn Sie das Formelement fertig stellen, wird der von Ihnen definierte Verjüngungswinkel zu dem Gewindeabschnitt des Zylinders hinzugefügt.

Für innere Gewindebohrungen sollten Sie wann immer möglich den Befehl **Bohrung** verwenden. Für äußere Gewindeformelemente wie Gewindestangen, Wellen und Rohraußengewinde müssen Sie den Befehl **Gewinde** verwenden.

Wenn in der Umgebung **Synchronous** der zylindrische Flächendurchmesser nicht mit einem Wert in den Dateien **Holes.txt** und **Pipethreads.txt** übereinstimmt, wird die am besten passende Gewindegröße in der Liste ausgewählt.

9.5.5.2 Außengewinde, Fertigstellung

Gewinde (Multifunktionsleiste **Home** / **Bohrung**)

Wählen Sie den vorderen Außen-Durchmesser an (1)

Wählen Sie aus der Tabelle den Wert **M30** (2)

Gewindeoptionen:

Typ **Zylindrisch**, Wert **M30**, Länge **bis Zylinderabmaß** (3) / **OK**

Beenden Sie mit der **ESC** (4).

Gewinde

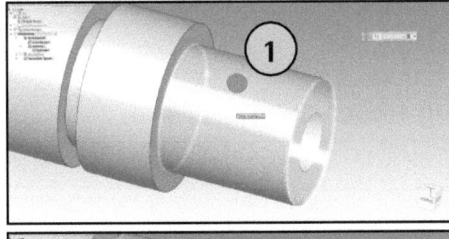

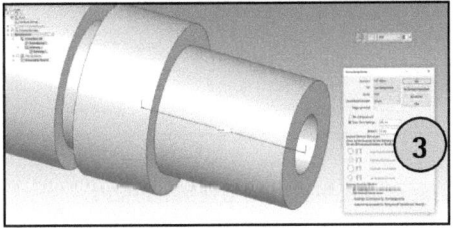

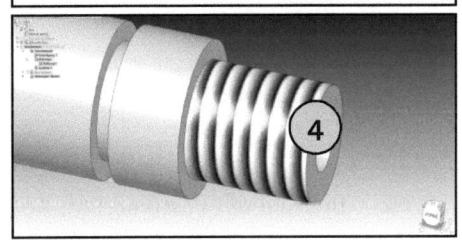

9.5.6 Die Gewindestufenbohrung im Wellenansatz

Drehen Sie sich das Drehteil in die gezeigte Lage, damit der Eigenpunkt auf der Fläche zu fangen ist.

Bohrung (Multifunktionsleiste **Home**)

Berühren Sie die vordere Kreisfläche an und sperren diese mit der Taste **F3**.

Drücken Sie die Taste **M**, um den Mittelpunkt der vorderen Kreisfläche zu fangen (5).

Bohrungsoptionen:

Gewindebohrung, M20 mm, **festes Abmaß**,

Bohrtiefe **40** mm, Gewindetiefe **15** mm (6).

Beenden Sie mit der **ESC**.

Bohrung

Sperrsymbol

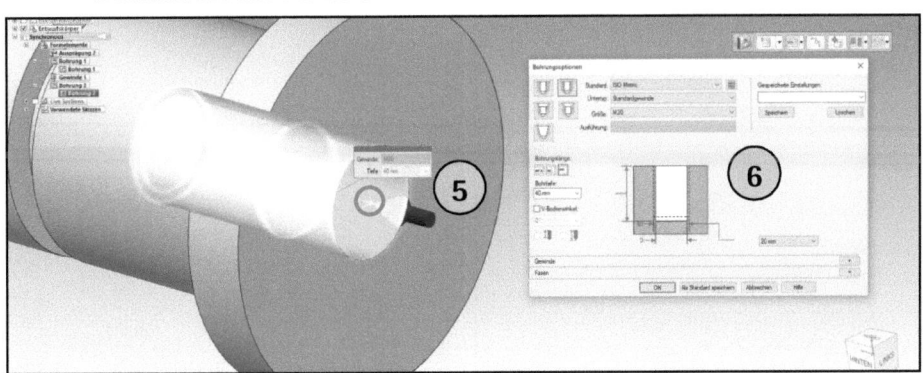

9.5.7 Drehteil mit Passfedernut, Anfasungen und Abrundungen

9.5.7.1 Drehteil mit Passfedernut, Anfasungen des Außengewindes

Fase, ungleich

Fase (ungleiche Fasenlänge) (Multifunktionsleiste **Home**)

Wählen Sie in der Befehlsleiste die **Fasenoptionen**:

Zwei Fasenwerte, Auswahl **Teilfläche** (1),

Fasenlänge **3** mm, Winkel **60°** (2).

Wählen Sie die vordere Gewindeteilfläche.

Akzeptieren (Befehlsleiste) / **Fertig stellen** (Befehlsleiste) (3)

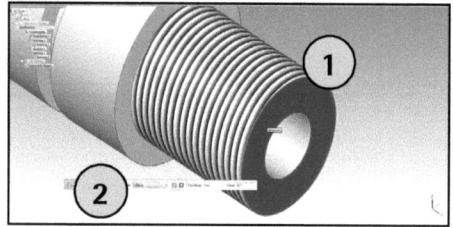
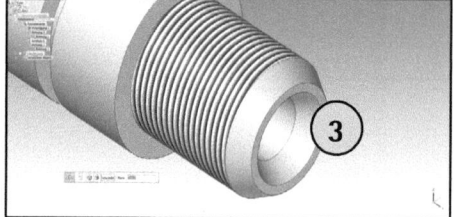

9.5.7.2 Drehteil mit Passfedernut, Anfasungen des hinteren Drehansatzes

Fase, gleiche
Fasenlänge

Fase, gleiche Fasenlänge (Multifunktionsleiste **Home**)

Wählen Sie die anzufasende Kante. / Fasenlänge **4** mm (4, 5).

Beenden Sie mit der **ESC**.

9.5.7.3 Drehteil mit Passfedernut, Anfasungen des mittleren Drehansatzes

Fase, gleiche
Fasenlänge

Fase, gleiche Fasenlänge (Multifunktionsleiste **Home**)

Wählen Sie die anzufasende Kante / Fasenlänge **2** mm (6, 7).

Beenden Sie mit der **ESC**.

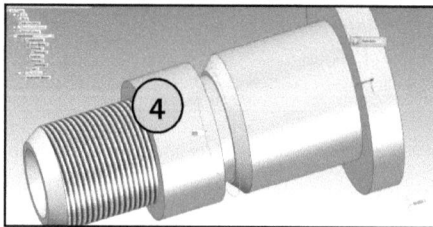
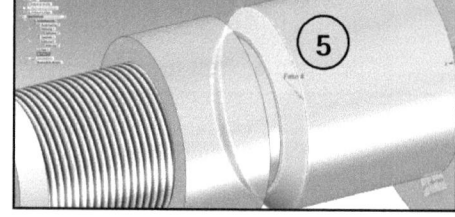
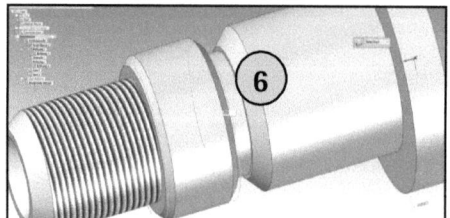

9.5.7.4 Drehteil mit Passfedernut,
Kantenabrundung des hinteren Wellenansatzes

Verrundung (Multifunktionsleiste **Home**)

Abrundungsradius **5** mm / Wählen Sie die gezeigte Wellenansatzkante.
Beenden Sie mit der **ESC**.

Verrundung

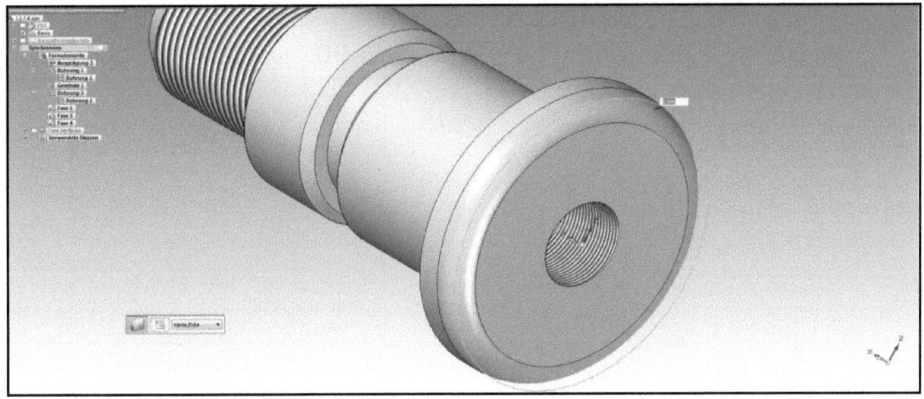

9.5.7.5 Datensicherung

Speichern unter / Namen nach Wahl eingeben / **Speichern**

Speichern
unter

9.5.8 Drehteil mit Passfedernut, Einbringen einer Passfedernut DIN 6885

9.5.8.1 Tangentiale Referenzebene erzeugen

Tangenten-ebene

Tangentenebene (Multifunktionsleiste **Home**)

Wählen Sie die zylindrische Außenform an (1).

Geben Sie im Feld **Winkel** den Winkelwert **90°** ein (2).

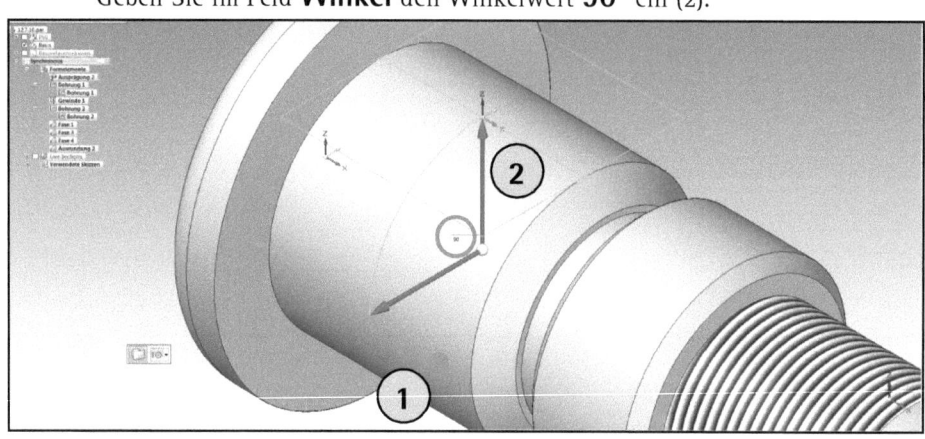

9.5.8.2 Basisskizze für die Langlocherstellung

Linie

Linie (Multifunktionsleiste **Home**)

Berühren Sie die tangentiale Referenzebene, sperren Sie diese mit Taste **F3**.

Ziehen Sie eine Linie vom Achsenschnittpunkt auf Länge **15** mm (3).

Ziehen Sie eine weitere Linie vom letzten Punkt auf Länge **18** mm (4).

Schließen Sie die Linienerstellung mit der **ESC**-Taste ab.

Löschen Sie das erste Linienelement wieder, es diente nur zur einfachen Abstands-konstruktion (5), die Mittellinie für die Nut verbleibt (6).

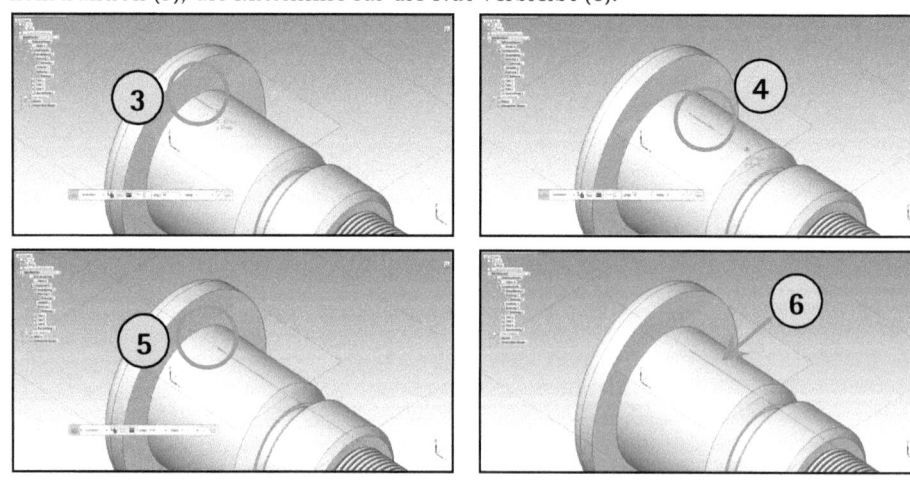

9.5.8.3   Langlocherstellung mit der Funktion „Schlitz"

Schlitz (Multifunktionsleiste **Home**)
Klicken Sie auf die eben erstellte Linie, um einen Pfad für den Schlitz zu definieren (7).

Klicken Sie in der Befehlsleiste **Schlitz** auf die Schaltfläche **Optionen**:
Schlitzbreite: **12** mm, **Gebogenes Ende** (8) / **OK**.

Klicken Sie in der Befehlsleiste auf: **Abmaß von/bis**.
2D-Steuerrad-Richtung: **nach unten**, Tiefe **8** mm (9).
Schließen Sie die Langlocherstellung mit der **ESC**-Taste ab.

Schlitz

Abmaß
von/bis

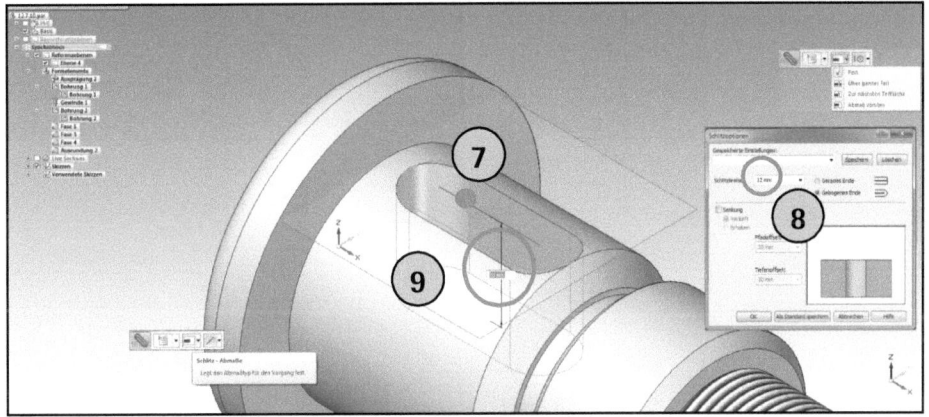

9.5.9   Die Bohrplatte, Materialzuweisungen über Materialtabelle

*   Aktivieren Sie, mit Doppelklick, den **Pathfinder**-Eintrag **Material**.
*   Weisen Sie dem Drehteil mit Passfedernut, über die Funktion **Materialtabelle**, das Material **Stahl-Nichtrostend** Werkstoffnummer **1.4301**, DIN-Material **X5 CrNi18-10** aus der zusätzlichen Materialtabelle **SE2019-Engelke** zu (10).

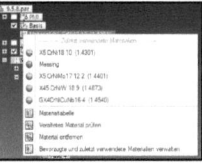

Material-
tabelle

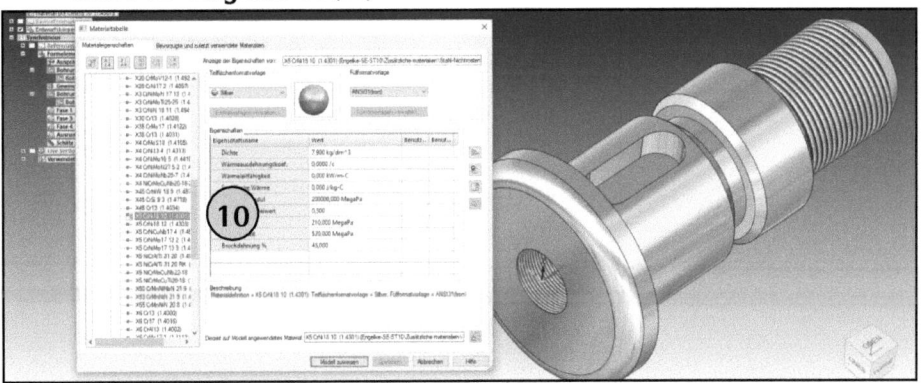

9.5.9.1   Datensicherung

Speichern unter / Namen nach Wahl eingeben / **Speichern**

Speichern
unter

10

Siemens
Solid Edge 2019
Synchronous Technology

Mächtige Befehle,
optimierte Konstruktionen

10 Mächtige Befehle, optimierte Konstruktionen

10.1 Vorbemerkungen

Die nun folgenden Formelement-Funktionen sind für spezielle Aufgaben in der Konstruktionstechnik zu verwenden. Der Eingabeverlauf ist in Solid Edge vorgeschrieben und muss eingehalten werden.

Vor der Anwendung innerhalb einer Konstruktion eines Bauteiles sollten diese kleinen Übungen zumindest einmal ausgeführt worden sein, auch macht es Sinn, vor Anwendung dieser Funktionen das bis dahin erstellte Bauteil zu speichern.

Sie werden feststellen, dass es Sinn macht, die Lerneinheiten und Lernzielkontrollen abzuarbeiten, denn die nun folgenden Bearbeitungen stellen doch eine höhere Anforderung an den Anwender.

10.2 Auflistung der Formelement-Funktionen

Hier die Auflistung der Formelement-Funktionen die in diesem Kapitel erlernt werden sollen:

10.2.1 3D-Formelement „Rechteckmuster"

Rechteck-muster

Verwenden Sie den Befehl **Rechteckmuster**, um ein rechteckiges Muster aus ausgewählten Elementen zu konstruieren. Sie können beispielsweise eine Bohrung konstruieren, anschließend ein rechteckiges Muster von Bohrungen erstellen und diese Bohrung als übergeordnetes Element für das Muster verwenden. Wenn Sie eine Teilfläche in einem Mustervorkommnis verschieben, werden die entsprechenden Teilflächen in allen anderen Mustervorkommnissen ebenfalls verschoben.

10.2.2 3D-Formelement „Kreismuster"

Kreismuster

Verwenden Sie den Befehl **Kreismuster**, um ein 3D-Kreismuster der ausgewählten Elemente zu konstruieren. Sie können beispielsweise eine Bohrung konstruieren und anschließend ein kreisförmiges Muster von Bohrungen erstellen, indem Sie diese Bohrung als übergeordnetes Element für das Muster verwenden. Wenn Sie eine Teilfläche in einem Mustervorkommnis verschieben, werden die entsprechenden Teilflächen in allen anderen Mustervorkommnissen ebenfalls verschoben.

10.2.3 3D-Formelement „Rippe"

Rippe

Verwenden Sie den Befehl **Rippe**, um eine Rippe durch Extrusion eines Profils zu erstellen. Mit den Schritten **Richtung** und **Seite** können Sie die Form der Rippe steuern.

10.2.4 3D-Formelement „Dünnwand"

Dünnwand

Der Befehl **Dünnwand** konstruiert ein dünnwandiges Volumenteil mit festgelegter Wandstärke mit oder ohne offene Teilflächen.

Dünnwandige Formelemente können innerhalb, außerhalb oder symmetrisch um die Ursprungsoberflächen eines Volumenkörpers konstruiert werden. Dünnwandige Formelemente können mit oder ohne offene Teilflächen konstruiert werden. Außerdem können Sie den einzelnen Wänden dieselbe oder unterschiedliche Wandstärken zuweisen.

10.2.5   3D-Formelement „Lippe"

 Lippe

Der Befehl **Lippe** erstellt eine Lippe an einem Teil. Sie können dabei angeben, ob Material hinzugefügt oder entfernt wird, um eine Lippe zu bilden. Die Querschnittform kann nicht geändert werden. Nur die Bemaßungen, die die Größe des rechteckigen Querschnitts steuern, können geändert werden.

10.2.6   3D-Formelement „Lüftungsgitter"

 Lüftungs-gitter

Der Befehl **Lüftungsgitter** konstruiert ein geöffnetes Gitter. Sie konstruieren ein Lüftungsgitter, indem Sie Elemente aus einer einzelnen vorhandenen Skizze auswählen. Die Skizze definiert ein äußeres Umgrenzungselement, Rippen und Holme für das Lüftungsgitter. Bei der äußeren Umgrenzung muss es sich um ein geschlossenes Element handeln, das keine Flächen des Entwurfsmodells überschneidet. Die Rippen oder Holme können offen oder geschlossen sein.

Sie können das Dialogfeld **Lüftungsgitteroptionen** verwenden, um die Eigenschaften der Rippen und Holme, wie z. B. Stärke, Tiefe, Formschräge und Verrundung zu definieren. Außerdem können Sie festlegen, ob die Rippen oder Holme über die Öffnung hinaus verlaufen, die durch das Rahmenelement erstellt wurde und ob die Rippen und Holme von der Eingangsfläche versetzt werden.

10.2.7   3D-Formelement „Versteifungsnetz"

 Versteifungs-netz

Verwenden Sie den Befehl **Versteifungsnetz**, um eine Reihe von Versteifungen zu erstellen. Alle im Rahmen desselben Vorgangs erstellten Versteifungen werden Teil eines einzigen Versteifungsnetzes.

Sie können Skizzengeometrie verwenden, um ein Versteifungsnetz als Basisformelement eines Teils zu konstruieren.

Das Versteifungsnetz wird senkrecht zur Skizzenebene erstellt. Die Materialstärke wird stets symmetrisch auf beiden Seiten der Versteifungsskizze zugewiesen. Im Gegensatz hierzu, können Sie beim Befehl **Rippe** die Materialseite für eine Rippe angeben.

10.2.8   3D-Formelement „Befestigungsdom"

 Befestigungs-dom

Mit dem Befehl **Befestigungsdom** können Sie einen einfachen zylindrischen **Befestigungsdom** konstruieren, oder Sie können eine Bohrung, Verstärkungsrippe, Formschräge oder Verrundungsparameter definieren.

Wenn Sie eine Profilebene für einen **Befestigungsdom** definieren, dann definieren Sie eine Profilebene oberhalb oder unterhalb der Fläche, bis zu der der **Dom** verlängert werden soll. Anschließend definieren Sie die Abmaßrichtung, so dass das Formelement in Richtung der gewünschten Fläche verlängert wird.

Lernsituation XIV

Mächtige Befehle, optimierte Konstruktionen

- Erstellung von Mustern,
  Rechteckmuster
- Erstellung von Mustern,
  Kreismuster
- Erstellen eines Fundaments
  mit Aufsatz, Rahmenlippe und Rippen
- Einfacher Gehäusedeckel mit Befehlskombination:
  Verrundung, Dünnwand, Lippe und Gitter
- Einfacher Gehäusedeckel mit Befehlskombination
  Verrundung, Dünnwand, Lippe und Versteifungsnetz
- Einfacher Gehäusedeckel mit Befehlskombination:
  Verrundung, Dünnwand, Lippe und Befestigungsdom
- Konstruktion einer Druckfeder,
  die Schraubenflächen-Ausprägung
- Konstruktion eines Trapezgewindes,
  der Schraubenflächen-Ausschnitt

10.3 Die Abdeckung, Bauteilerstellung

10.3.1 Die Basisgeometrie, Vorgaben

- Quader **195** x **118** mm, **25** mm dick von der Buch-DVD öffnen.
- Basisvolumen für weitere Bearbeitung speichern.
- Stufenbohrung für **M10** DIN ISO **4762**, Ø **10,5** mm, Ø **18** mm **11** mm tief, Seitenabstand **22,5** zu **24** mm.
- Die Musterdaten sind:
  Zwei Reihen Bohrungen a´ **4** Bohrungen in **X**-Richtung Abstand je **50** mm.
  2 Bohrungen in **Y**-Richtung Abstand je **70** mm.

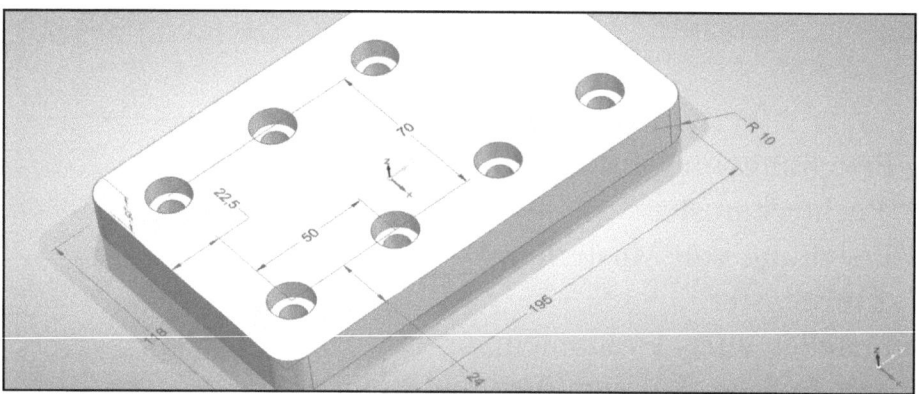

10.3.2 Grundkörper erzeugen

 Öffnen

Öffnen / Bauteildatei von der Buch-DVD / **OK**

 Speichern unter

Speichern unter / Namen nach Wahl eingeben / **Speichern**

10.3.3 Das rechteckige Muster

10.3.3.1 Die Stufenbohrung nach DIN 974-1

 Bohrung

Bohrung (Multifunktionsleiste **Home**)

Berühren Sie die obere Fläche an und sperren diese mit der Taste **F3**.
Bohrungsoptionen:

Stufenbohrung, über das ganze Teil

Durchmesser **10,5** mm, Stufenbohrungsdurchmesser **18** mm,

Stufenbohrtiefe **11** mm / **OK** (1) / Beenden Sie mit der **Eingabetaste**.

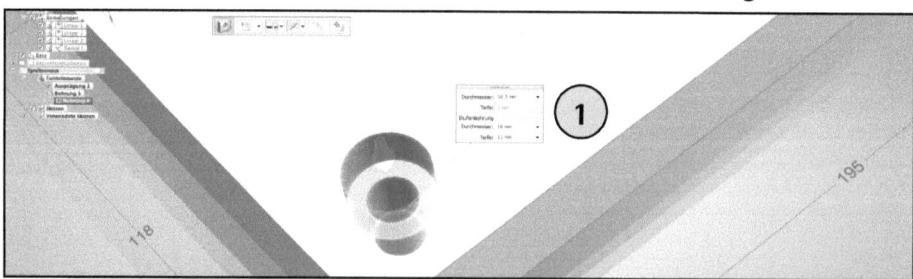

10.3.3.2 Die maßliche Positionierung der Stufenbohrung

SmartDimension (Multifunktionsleiste **Home**)
Klicken Sie die gezeigte Ebene zur Maßeintragung (2).
Wählen Sie für jedes Maß den Bohrungs-Außendurchmesser,
dann die jeweilige Außenkante an (3).

Tragen Sie **24** mm und **22,5** mm Kantenabstand ein (4, 5).
Bestätigen Sie die Änderung durch Klicken.

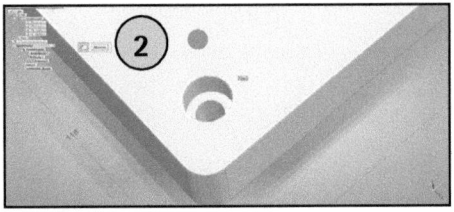
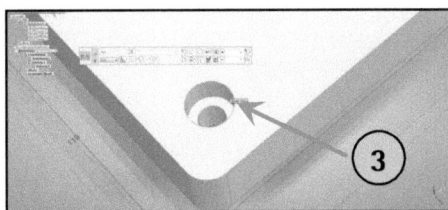

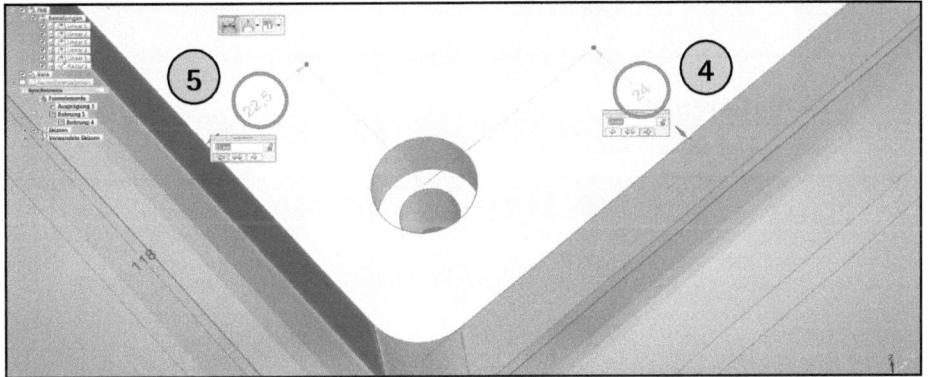

10.3.3.3 Das Muster über „Rechteckmuster" anordnen

Der Befehl **Rechteckmuster** ist erst dann verfügbar, wenn Sie gültige Elemente
ausgewählt haben, wählen Sie die erstellte Stufenbohrung an.

* Wählen Sie die erstellte Stufenbohrung aus, die Sie bemustern wollen (6).

Rechteckmuster (Multifunktionsleiste **Home**)

Wählen Sie eine Ebene aus, auf der Sie die Mustervorschau platzieren wollen (2).

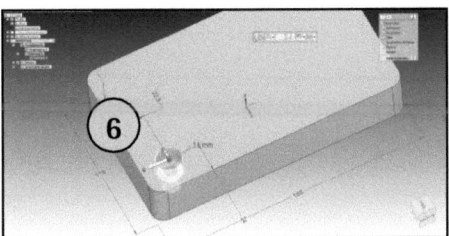
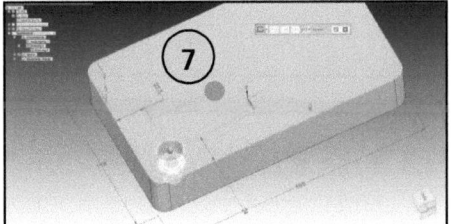

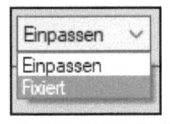

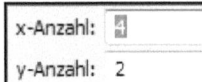

Verwenden Sie **QuickBar** und die dynamischen Eingabefelder im Grafik-fenster, um die Musterparameter zu definieren.

Achtung: Auf die Pfeilrichtung des Steuerrades achten (2)!

X-Anzahl **4**, Y-Anzahl **2** (8), Platzierungsoption: **Fixiert**

Eintrag **50** im X-Fenster (9) / Eintrag **70** in Y-Fenster (10)

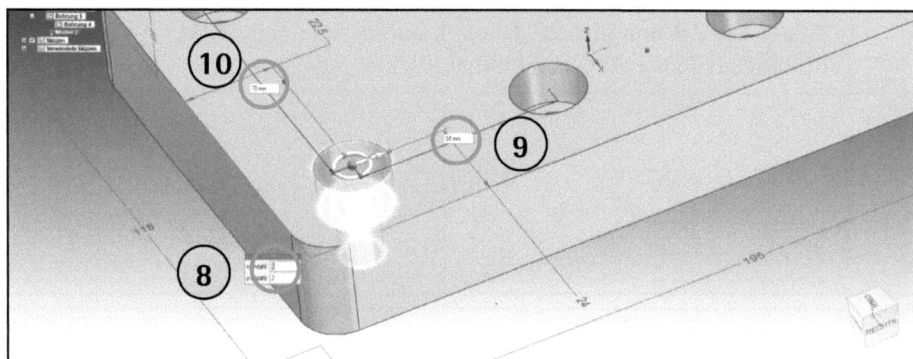

 Akzeptieren

 Akzeptieren (Befehlsleiste).

Bestätigen Sie die Positionierung durch Klicken (9).

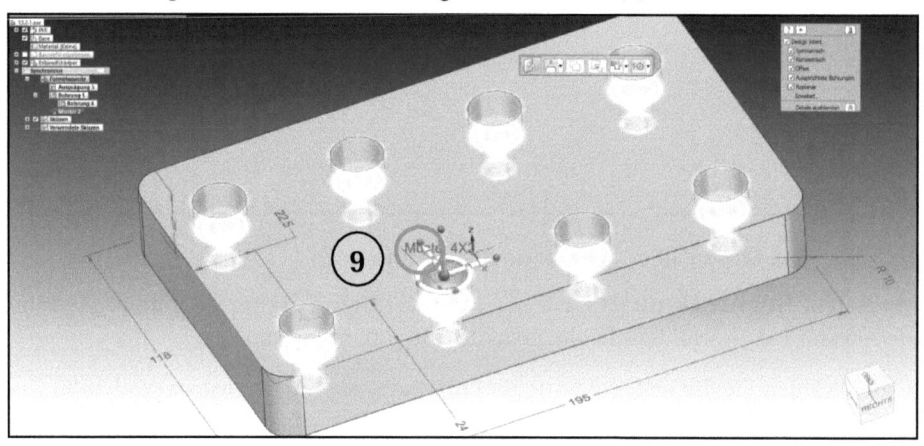

10.3.3.4 Datensicherung

 Speichern
unter

 Speichern unter / Namen nach Wahl eingeben / **Speichern**

10.4 Der Flanschring, Bauteilerstellung

10.4.1 Die Basisgeometrie, Vorgaben

- Ring-Außen-Ø **50** mm, Stärke **9** mm.
- Hinterer Mittelabsatz Ø **10** mm, Stärke **1** mm.
- Innen-Ausdrehung Ø **36** mm, **4** mm tief.
- Basisvolumen für weitere Bearbeitung speichern.
- Einfache Durchgangsbohrung Ø **5** mm, mittig.
- Einfache Durchgangsbohrungen Ø **10** mm, auf Lochkreis Ø **24** mm.
- Kreismusterdaten sind:
  Fünf Bohrungen gleichmäßig auf einem Lochkreis verteilt.

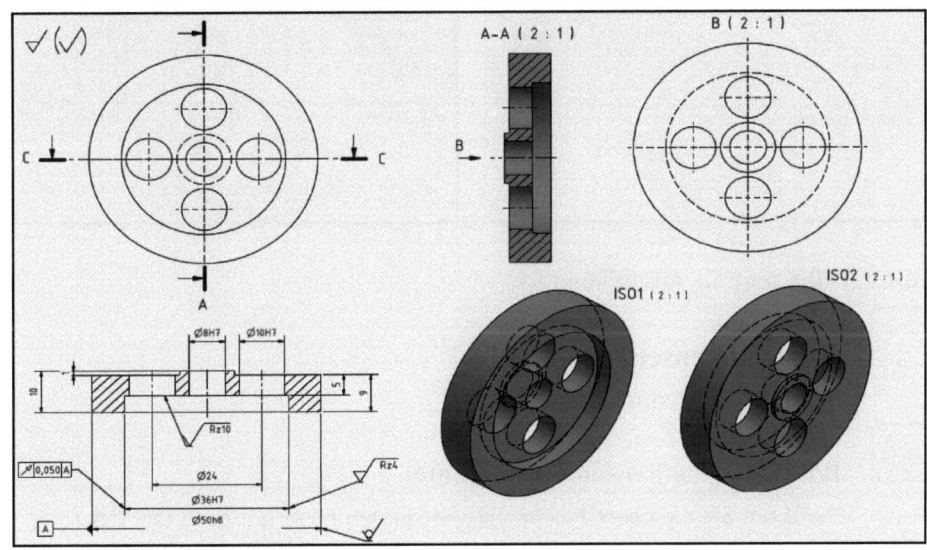

10.4.2 Erstellen des Flanschrings

10.4.2.1 Der Grundkörper

 Neu / Vorlagendatei **SE2019-Engelke.par** / **OK**

 Zylinder (Multifunktionsleiste **Home**)

Extrusionsoption **nicht symmetrisches Abmaß**
Legen Sie den Mauszeiger auf den Schnittpunkt der Achsen.
Klicken Sie die rechte Maustaste.
Wählen Sie aus der Kontextbox die Ebene die eine gelbgefärbte Rechteck-
fläche auf **XZ-Ebene** darstellt.
Klicken Sie den Schnittpunkt der Achsen um die Mitte des Kreises (1) zu
definieren.

Eingabe mit **Tastatur** in die bezeichneten Felder, ohne Mausbetätigung:

Durchmesser **50** mm.

Ziehen Sie die Zylinderhöhe auf **9** mm (1).

Schließen Sie die Erstellung mit der **ESC**-Taste.

 Neu

 Zylinder

 F3-
Sperrsymbol

10.4.2.2 Der Drehansatz

Zylinder

F3-
Sperrsymbol

Zylinder (Multifunktionsleiste **Home**)

Extrusionsoption **nicht symmetrisches Abmaß**

Sperren Sie, mit der Funktionstaste **F3**, diese Ebene (6).
Klicken Sie den Mittelpunkt dieser Zylinderfläche um die Mitte des Kreises zu definieren.

Eingabe mit **Tastatur** in die bezeichneten Felder, ohne Mausbetätigung:

Durchmesser **10** mm / Zylinderhöhe auf **1** mm ziehen (2).

Schließen Sie die Erstellung mit der **ESC**-Taste.

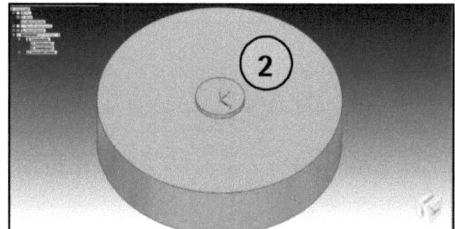

10.4.2.3 Die zentrale Ausdrehung

Teilfläche
ansehen

Bohrung

Sperrsymbol

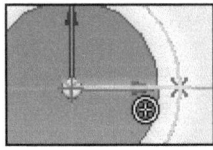

Teilfläche ansehen (Statusleiste)

Wählen Sie die vordere Kreisfläche

Bohrung (Multifunktionsleiste **Home**)

Berühren Sie die obere Fläche an und sperren diese mit der Taste **F3**.
Bohrungsoptionen:

Stufenbohrung, über das ganze Teil

Stufenbohrung-Durchmesser **36** mm, Stufenbohrtiefe **4** mm /
Durchgangsbohrung Durchmesser **8** mm / **OK** (3).

Stellen Sie in der Befehlsleiste den Eigenpunkt auf **Mittelpunkt** (4).
Klicken Sie den Eigenpunkt zur Positionierung der Bohrung.

Schließen Sie die Stufenbohrungserstellung mit der **ESC**-Taste ab.

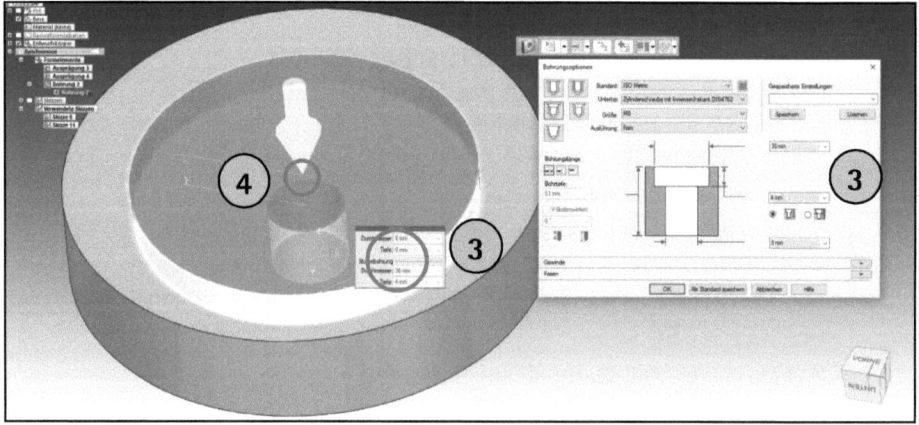

10.4.2.4 Das kreisförmige Muster, Grundbohrung anordnen

 Teilfläche ansehen (Statusleiste)

Wählen Sie die innere Kreisfläche

 Kreis über Mittelpunkt (Multifunktionsleiste **Home**)

Wählen Sie die innere Kreisfläche.

Klicken Sie den Zentrumspunkt der inneren Kreisfläche (4).

Klicken Sie den Durchmesser mit der Maus auf **24** mm (5).

Schließen Sie die Erstellung mit der **ESC**-Taste ab.

 Linie (Multifunktionsleiste **Home**)

Berühren Sie die obere Fläche an und sperren diese mit der Taste **F3**.

Ziehen Sie eine Linie mit Länge **12** mm in Richtung **90°** (6).
(Schnittpunkt mit Hilfskreis)

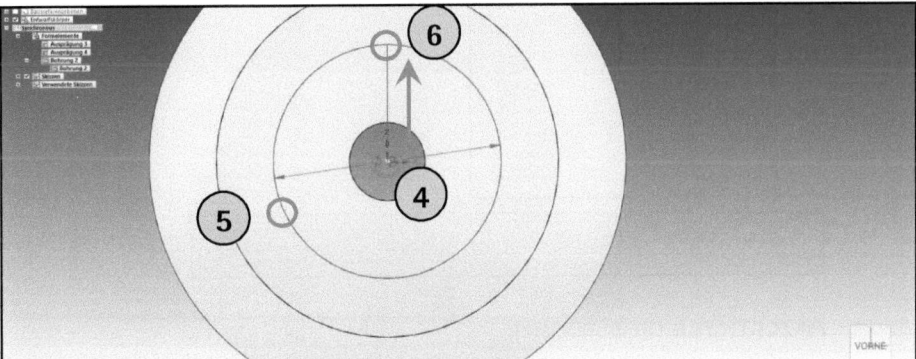

 Bohrung (Multifunktionsleiste **Home**)

Berühren Sie die obere Fläche an und sperren diese mit der Taste **F3**.
Bohrungsoptionen:

Bohrung, über das ganze Teil

Durchmesser **10** mm / **OK** (7).

Klicken Sie den Schnittpunkt der Hilfskonstruktion zur Positionierung der Bohrung (8).

Schließen Sie die Bohrungserstellung mit der **ESC**-Taste ab.

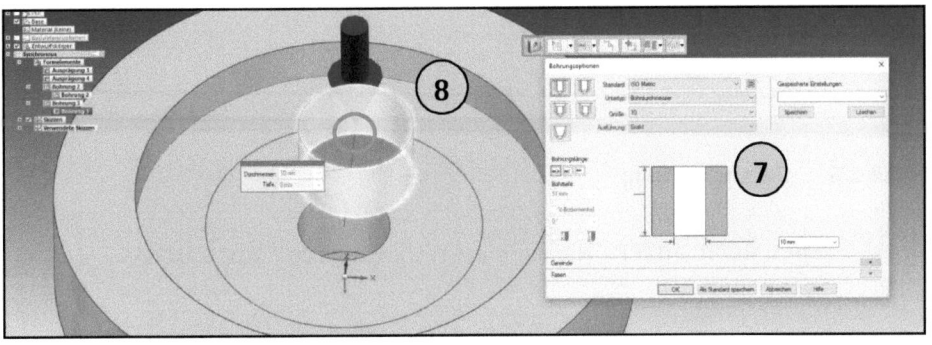

 Teilfläche ansehen

 Kreis über Mittelpunkt

 QuickPick

 Sperrsymbol

 Linie

 Sperrsymbol

 Bohrung

 Sperrsymbol

10.4.2.5 Das kreisförmige Muster anordnen

- Wählen Sie die erstellte Stufenbohrung aus, die Sie bemustern wollen (9).

Kreismuster

Kreismuster (Multifunktionsleiste **Home**)

Definieren Sie die Musterebene (10) und die Rotationsachse, mit Fangpunkt Zentrum, für das Muster (11).

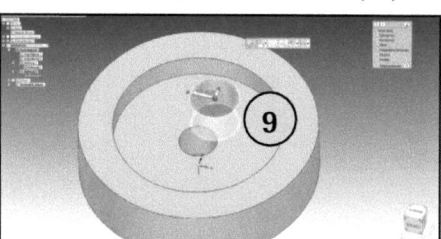 

Tragen Sie die Anzahl, hier **5** der gewünschten Musterung ein (12).

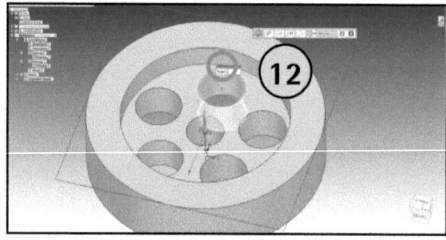

Akzeptieren

Akzeptieren (Befehlsleiste).

Bestätigen Sie die Positionierung durch Klicken (13).

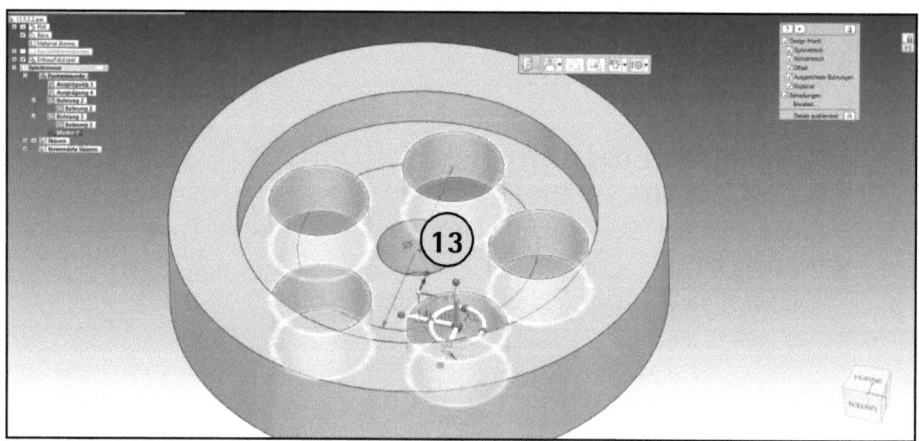

10.4.2.6 Datensicherung

Speichern unter

Speichern unter / Namen nach Wahl eingeben / **Speichern**

10.5 Fundament mit Rippen, Dünnwand und Lippe, Bauteilerstellung

10.5.1 Die Basisgeometrie, Vorgaben

- Öffnen Sie die Basisgeometrie aus dem Kapitel 7, Extrusion-Boolesche Vereinigung von der Buch-DVD.
- Erzeugen Sie einen Hohlkörper mit Wandstärke **5** mm.
- Anbringen einer **Lippe** als Rand, **5** mm x **1** mm, umlaufend.
- Eine **Rippe** in der Breite von 5 mm, einer Fußlänge von **10** mm und einem Höhenabstand von **5** mm sollen auf die schmale Seite als Verstärkung aufgesetzt werden.
- Dieses Bauteil ist zu speichern.
- Über die Funktion **Spiegeln** wird eine gegenüberliegende Rippe erstellt (1).
- Über die Funktion **Kreismuster** sollen **5** Rippen erstellt werden (2).

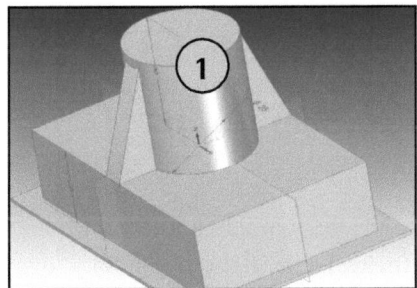 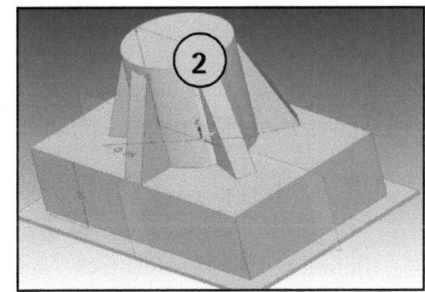

10.5.2 Grundkörper laden

 Öffnen / Bauteildatei von der Buch-DVD / **OK**

 Speichern unter / Namen nach Wahl eingeben / **Speichern**

 Öffnen

 Speichern unter

10.5.3 Die Hohlkörpererstellung

- Drehen Sie das Bauteil mit der Grundfläche nach oben.

 Dünnwand (Multifunktionsleiste **Home**, Register **Dünnwand**)

Geben Sie die Wandstärke **2** mm ein (1).
Klicken Sie auf die untere Fläche, die offen bleiben soll (2).

 Dünnwand

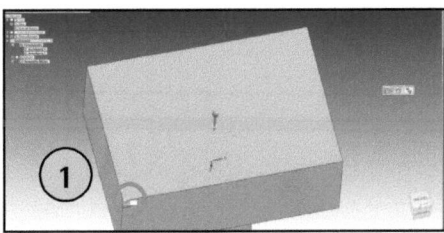 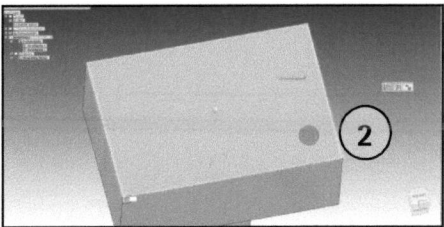

Dünnwand

Klicken Sie auf den Pfeil, um die Richtung für den dünnwandigen Bereich zu definieren (3).

10.5.4 Der Lippenansatz

Lippe

Lippe (Multifunktionsleiste **Home**, Register **Dünnwand**)
Klicken Sie zunächst auf die vier gezeigten Quaderkanten für die Lippen-anwendung, Kantenauswahl mit gedrückter **STRG**-Taste (4)

Akzeptieren

Akzeptieren
Setzen Sie das Rechteck auf die Außenseite der gewählten Kante (5).
Definieren Sie die Rechteck-Abmaße, Breite **1** mm, Höhe **5** mm (6).

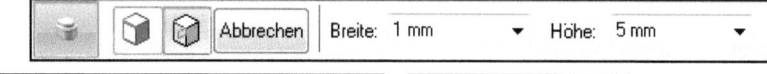

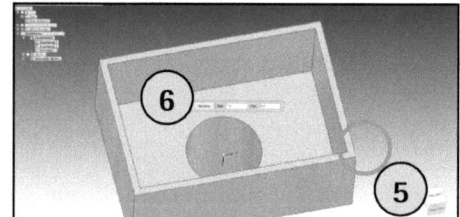

Klicken Sie anschließend **Fertig stellen** (7).

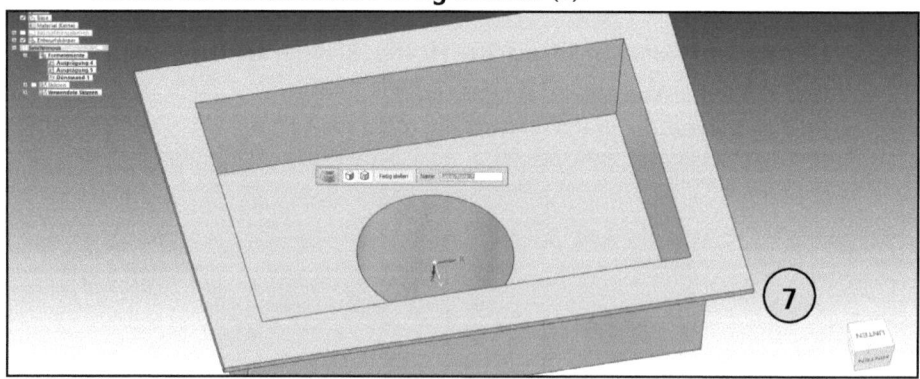

10.5.4.1 Datensicherung

Speichern
unter

Speichern unter / Namen nach Wahl eingeben / **Speichern**

10.5.5 Die einseitige Rippenerstellung

10.5.5.1 Koinzidente Mittelebene auf Mitte der langen Seite

Koinzidente Referenzebene (Multifunktionsleiste **Home**)

Wählen Sie die vordere Fläche des Würfels wie abgebildet aus.

Richten Sie den Pfeil des **Steuerrades** auf den Würfel (8).

Taste **K** drücken (Kante) / Taste **M** (Mittelpunkt) (9)

Koinzidente
Referenzebene

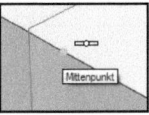

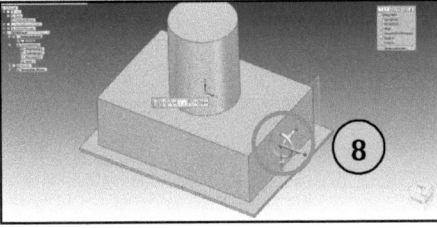
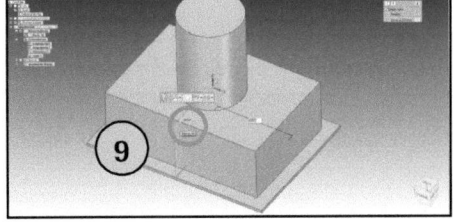

10.5.5.2 Konstruktion einer Rippen-Basislinie

Teilfläche ansehen (Statusleiste)

Wählen Sie die auf Mitte erzeugte Referenzebene

Linie (Multifunktionsleiste **Home**)

Berühren Sie die obere Zylinderkante, klicken Sie dann auf der nach unten laufenden Zylinderkante für den Anfangspunkt (10).

Klicken Sie den Kantenschnittpunkt als Linienendpunkt (11).

Schließen Sie die Linienerstellung mit der **ESC**-Taste ab.

Teilfläche
ansehen

Linie

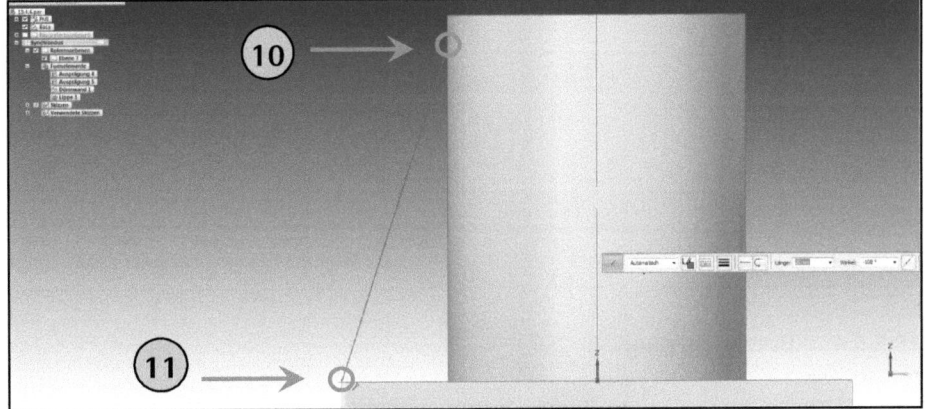

10.5.5.3 Konstruktion einer einseitigen Rippe

Rippe

Akzeptieren

Rippe (Multifunktionsleiste **Home**, Register **Dünnwand**)

Wählen Sie die Linie als Skizzenelemente aus, um die Rippe definieren (12).

Geben Sie im dynamischen Bearbeitungsfeld die Stärke **5** mm für die Rippe ein, die Breite wird beidseitig über die Konstruktionslinie erstellt (13).

Akzeptieren

Klicken Sie auf die Schaltfläche um das Formelement zu erstellen

Schließen Sie die Rippenerstellung mit der **ESC**-Taste ab (14).

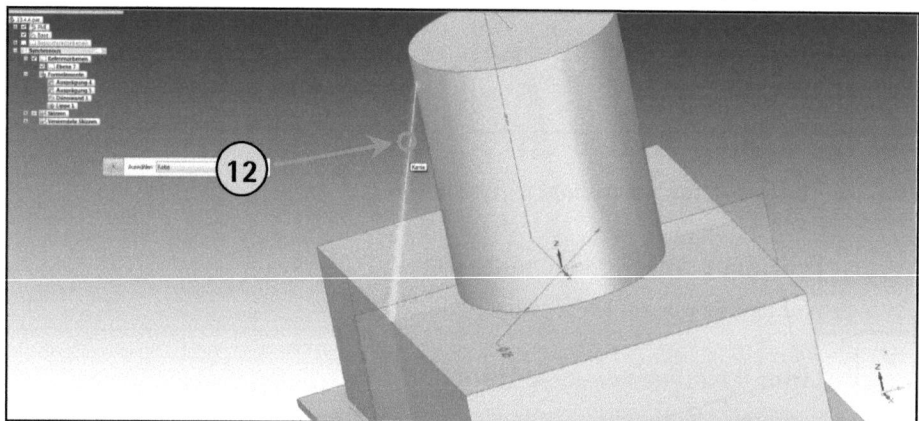

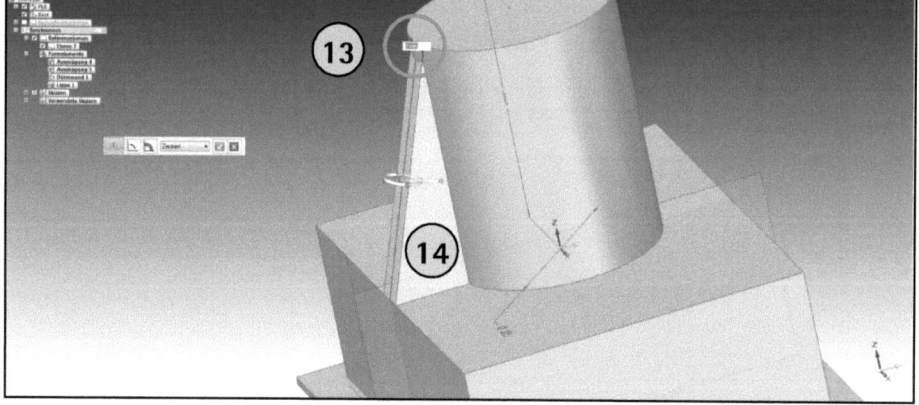

10.5.5.4 Datensicherung

Speichern unter

Speichern unter / Namen nach Wahl eingeben / **Speichern**

10.5.6 Die Rippenspiegelung über Mitte

10.5.6.1 Koinzidente Mittelebene auf Mitte der kurzen Seite

Koinzidente Referenzebene

 Koinzidente Referenzebene (Multifunktionsleiste **Home**)

Wählen Sie die vordere Fläche des Würfels wie abgebildet aus.

Richten Sie den Pfeil des **Steuerrades** auf den Würfel.

Taste **K** drücken (Kante) / Taste **M** (Mittelpunkt) (15)

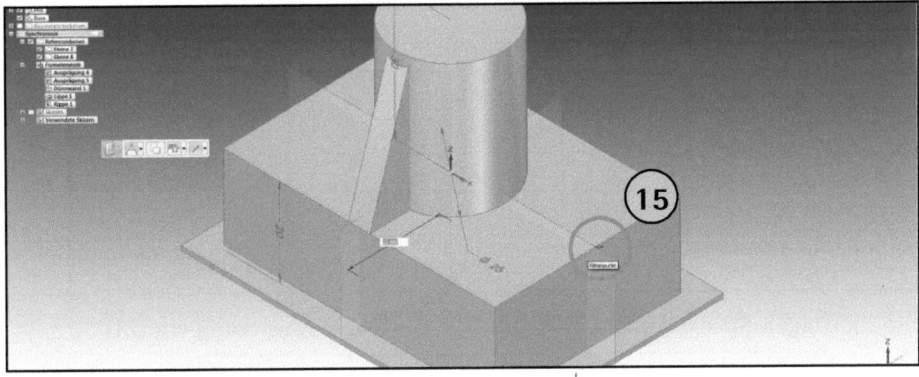

10.5.6.2 Die zweite Rippe über „Spiegeln"

*   Wählen Sie die **Rippe** im **Pathfinder** zum Spiegeln aus (16).

Spiegeln

 Spiegeln (Multifunktionsleiste **Home**)

Definieren Sie die Referenzebene als Spiegelebene (17).

Schließen Sie die Formelementspiegelung mit der **ESC**-Taste ab (18).

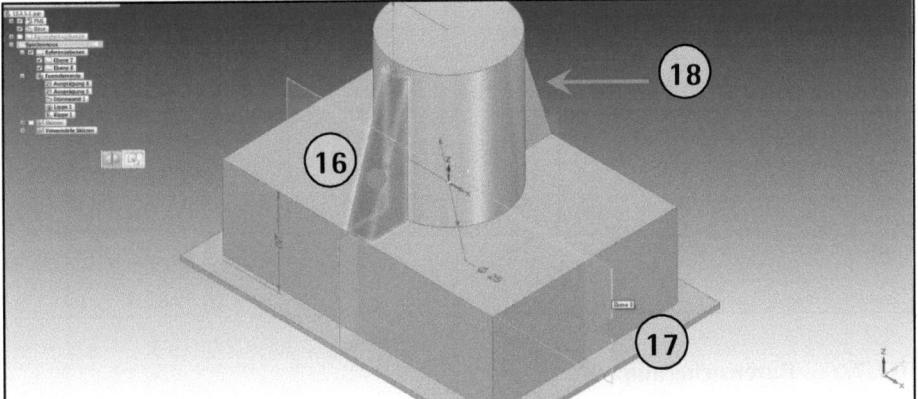

10.5.6.3 Datensicherung

Speichern unter

 Speichern unter / Namen nach Wahl eingeben / **Speichern**

10.5.7 Fünf Rippen über „Runde Anordnung"

10.5.7.1 Bauteildatei laden

Öffnen

Öffnen / Bauteildatei von der Buch-DVD / **OK**

- Wählen Sie die erstellte **Rippe** aus, die Sie bemustern wollen (19).

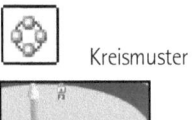
Kreismuster

Kreismuster (Multifunktionsleiste **Home**)

Definieren Sie die Musterebene und die Rotationsachse für das Muster (20).

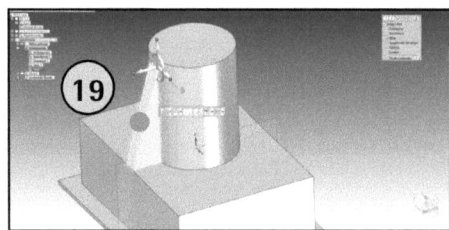

Tragen Sie die Anzahl, hier **5** der gewünschten Musterung ein (21).

Akzeptieren

Akzeptieren (Befehlsleiste).

Bestätigen Sie die Positionierung durch Klicken (22).

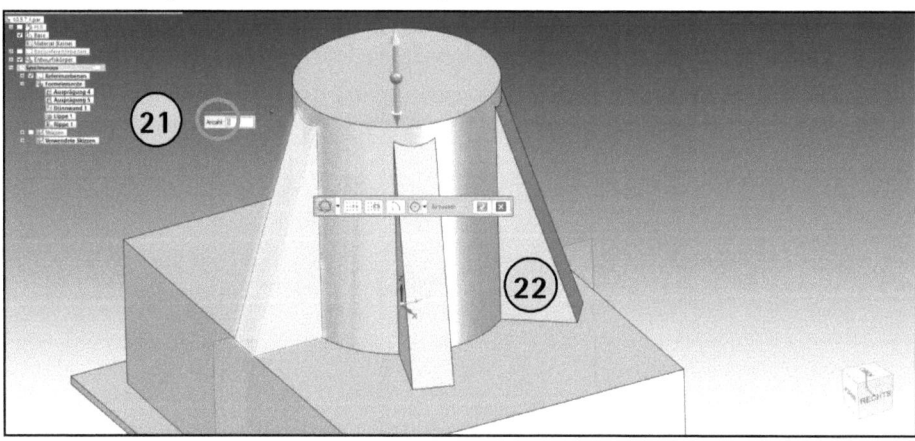

10.5.7.2 Datensicherung

Speichern
unter

Speichern unter / Namen nach Wahl eingeben / **Speichern**

10.6 Gehäusedeckels mit Verrundung, Dünnwand und Gitter, Bauteilerstellung

10.6.1 Die Basisgeometrie, Vorgaben

- Erstellen des Grundquaders Kantenlänge **100** mm, Höhe **40** mm.

- Abrunden der oberen Außenkontur mit Radius **20** mm

- Erzeugen Sie einen Hohlkörper mit einer Wandstärke von **3** mm.

- Konstruieren Sie eine Hilfskonstruktion mit Abstand von **25** mm über Mitte für das Lüftungsgitter.

- Erzeugen Sie ein Lüftungsgitter auf Basis dieser Hilfskonstruktion.

10.6.2 Grundkörper erstellen

10.6.2.1 Der Basis-Quader, die Erstellung

 Neu

 Neu / Vorlagendatei **SE2019-Engelke.par** / **OK**

 Quader

 Quader (Multifunktionsleiste **Home**)

Wählen Sie aus der Kontextbox die Ebene die eine gelbgefärbte Rechteckfläche auf **XY-Ebene** darstellt.

Klicken Sie den Schnittpunkt der Achsen um die Mitte des Rechtecks zu definieren.

Klicken Sie, um eine Ecke des Rechtecks zu definieren,

die Maße **100** x **100** mm, sind in der Befehlsleiste ersichtlich (1, 2).

Ziehen Sie die Quaderhöhe auf **40** mm Mitte (3).

Schließen Sie die Erstellung mit der **ESC**-Taste.

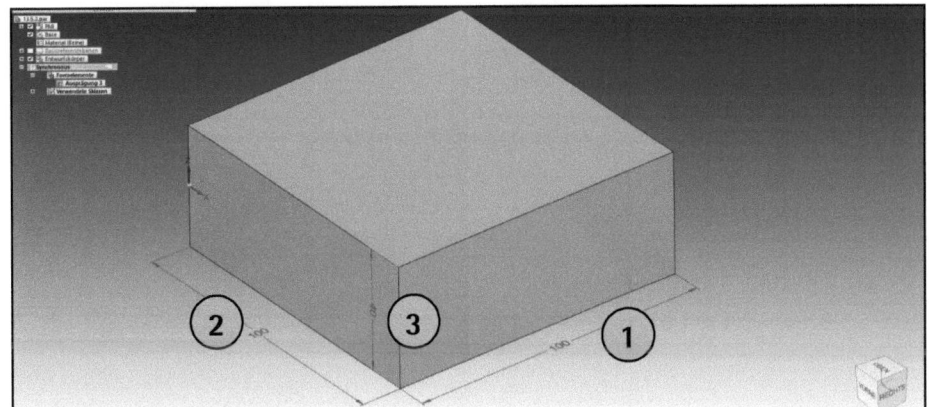

Verrundung

10.6.2.2 Der Basis-Quader, Kantenabrundungen

Verrundung (Multifunktionsleiste **Home**)

Wählen Sie die gezeigten Kanten (4),

geben Sie einen Radius von **20** mm ein (5)

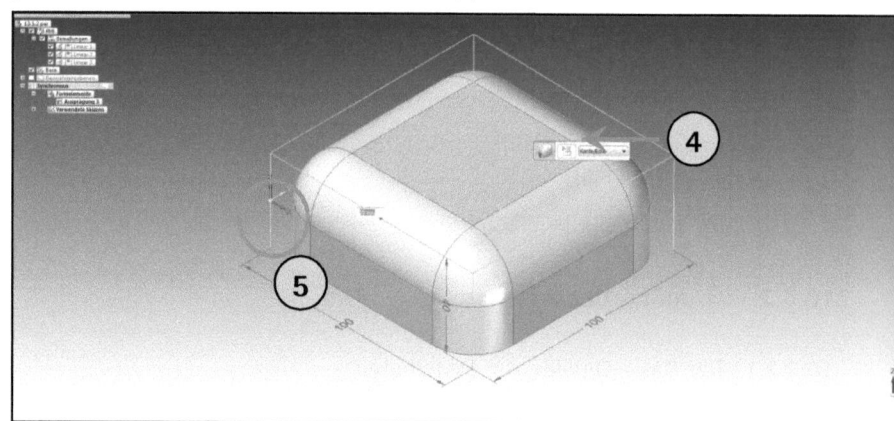

Dünnwand

10.6.2.3 Der Basis-Quader, Hohlkörpererstellung

Dünnwand (Multifunktionsleiste **Home**, Register **Dünnwand**)

Geben Sie die Wandstärke **3** mm ein (6).

Klicken Sie auf die untere Fläche, die offen bleiben soll (7).

Klicken Sie auf den Pfeil, um die Richtung für den dünnwandigen Bereich zu definieren (8).

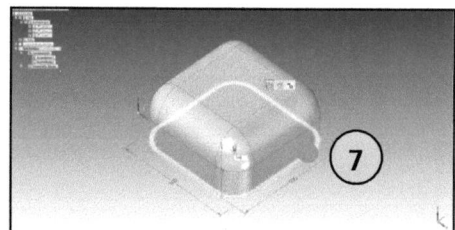

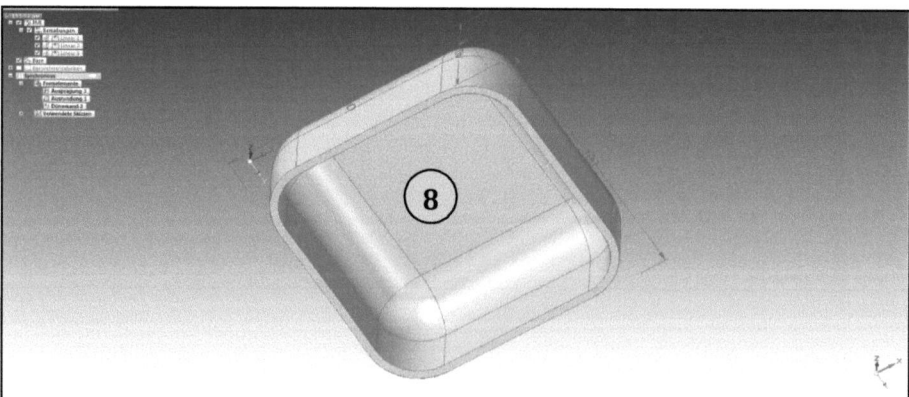

10.6.2.4 Der Basis-Quader, Lippenansatz setzen

Lippe (Multifunktionsleiste **Home**, Register **Dünnwand**)
Klicken Sie zunächst auf die vier gezeigten Quaderkanten für die Lippen-
anwendung, Kantenauswahl durch Anklicken der Außenkontur (9).

Lippe

Akzeptieren
Setzen Sie das Rechteck auf die Außenseite der gewählten Kante (10).

Definieren Sie die Rechteck-Abmaße, Breite **1** mm, Höhe **5** mm (11).

Beenden Sie über **Fertig stellen** (12).

Akzeptieren

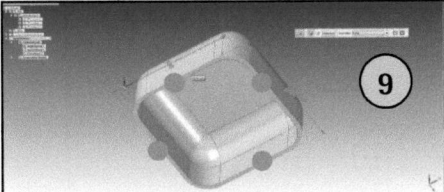

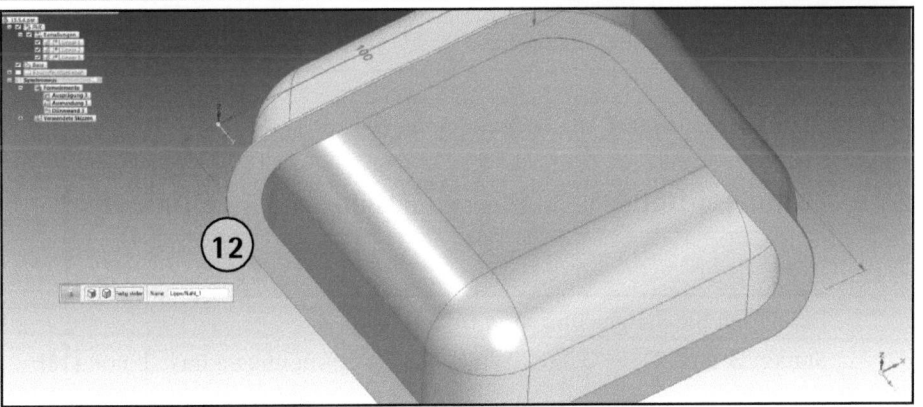

10.6.3 Das Lüftungsgitter

10.6.3.1 Das Lüftungsgitter, die Skizze im Deckel

Wählen Sie über **Teilfläche ansehen** die obere Arbeitsfläche.

Erzeugen Sie wählbare Linien über **auf Skizze projizieren** (13).

auf Skizze
projizieren

Erstellen Sie Mittellinien, beginnend und endend am Mittelpunkt der projizierten Linien (14).

Linie

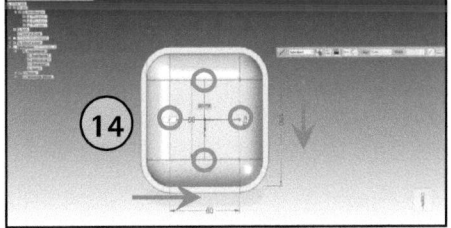

Offset

Ausrundung

Trimmen

Erzeugen Sie parallele Linien über **Offset** im Abstand von **25** mm (15).

Beenden Sie die Skizze mit **Ausrundung** R=**15** mm (16).

Über **Trimmen** erzeugen Sie einen gesäuberten Skizzenbereich (17).

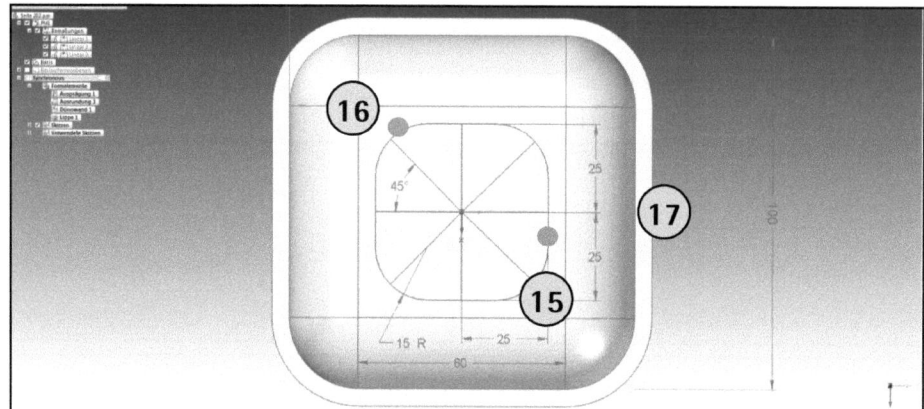

10.6.3.2 Das Lüftungsgitter, die Öffnungen im Deckel

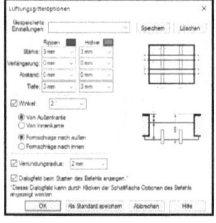
Lüftungs-
gitter

Lüftungsgitter (Multifunktionsleiste **Home**, Register **Dünnwand**)

Definieren Sie die gewünschten Optionen:

Stärke: **3** mm, Tiefe: **3** mm, Winkel: **2**°, Verrundungsradius: **1** mm (18).

Abschluss mit **OK**.

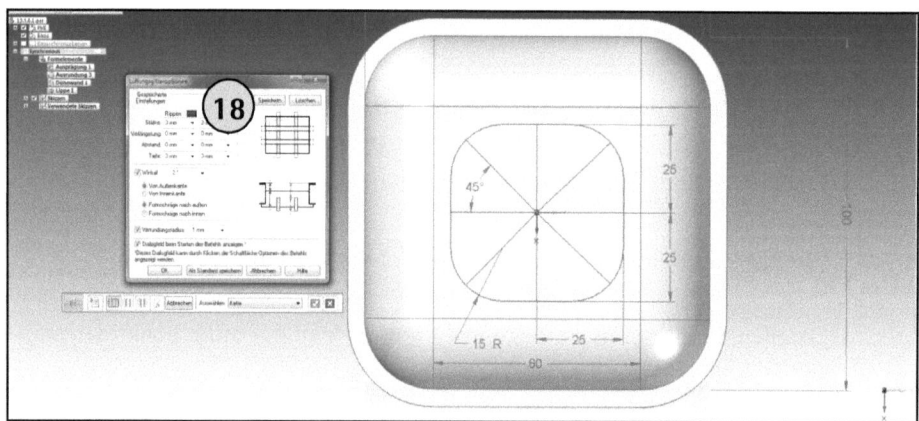

Umrandung auswählen (Befehlsleiste)
Wählen Sie die äußere Umrandung des Lüftungsgitters (19).

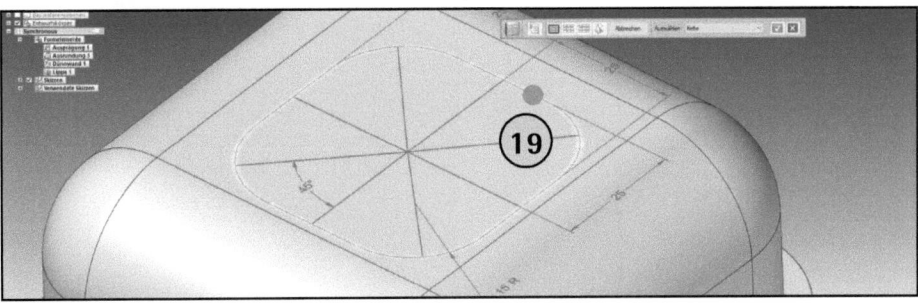

Akzeptieren (Befehlsleiste).
Rippen definieren (Befehlsleiste)
Wählen Sie die **45°**-Linien des Lüftungsgitters mit der **STRG**-Taste (20).

Akzeptieren

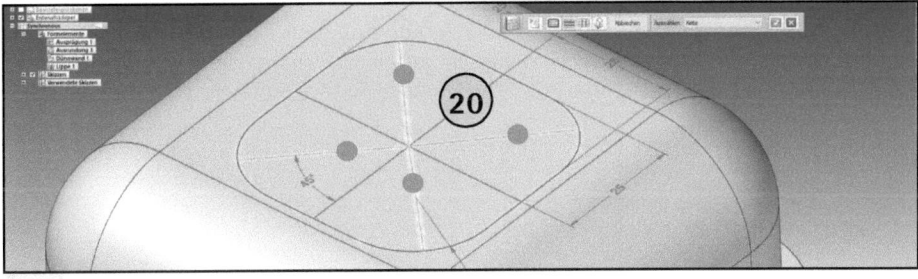

Akzeptieren (Befehlsleiste).
Holme definieren (Befehlsleiste)
Wählen Sie die **90°**-Linien des Lüftungsgitters mit der **STRG**-Taste (21).

Akzeptieren

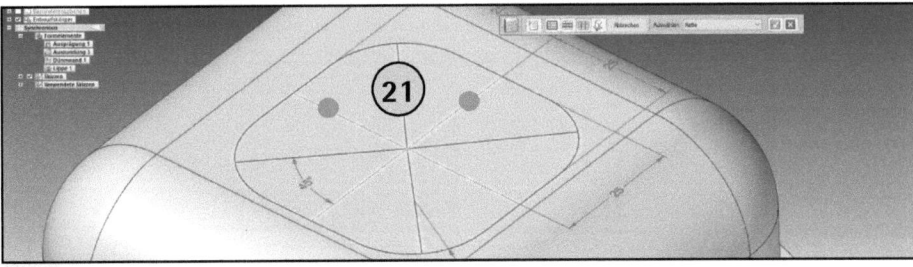

Akzeptieren (Befehlsleiste).
Wählen Sie die Abmaßrichtung nach **Oben** (22).
Fertig stellen (23)

Akzeptieren

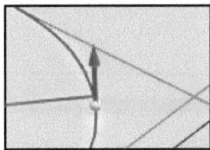

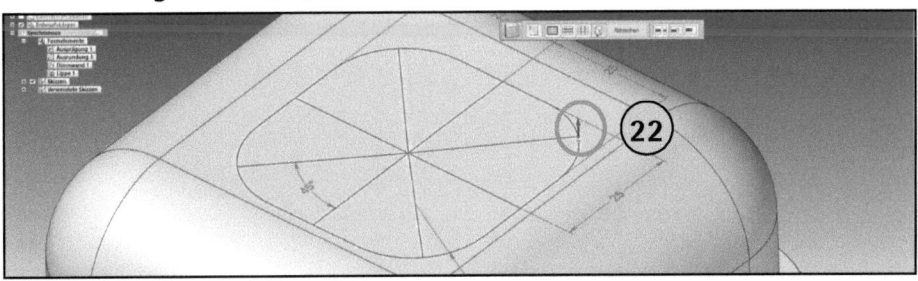

Lüftungs-
gitter

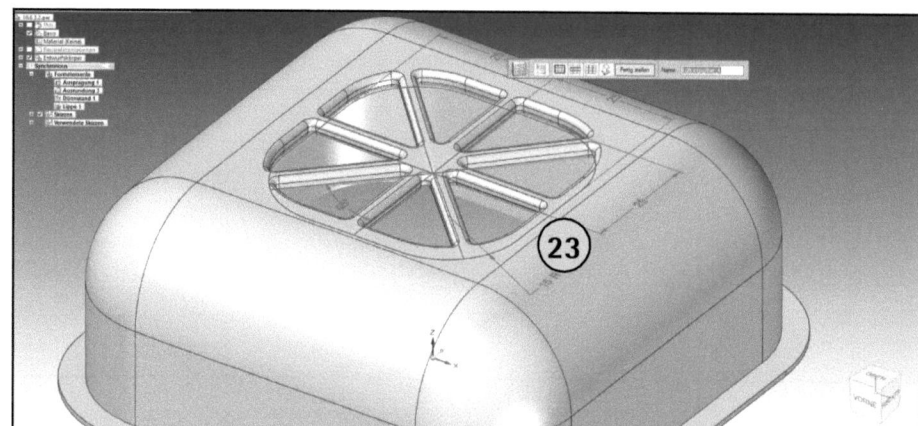

10.6.3.3 Datensicherung

Speichern
unter

 Speichern unter / Namen nach Wahl eingeben / **Speichern**

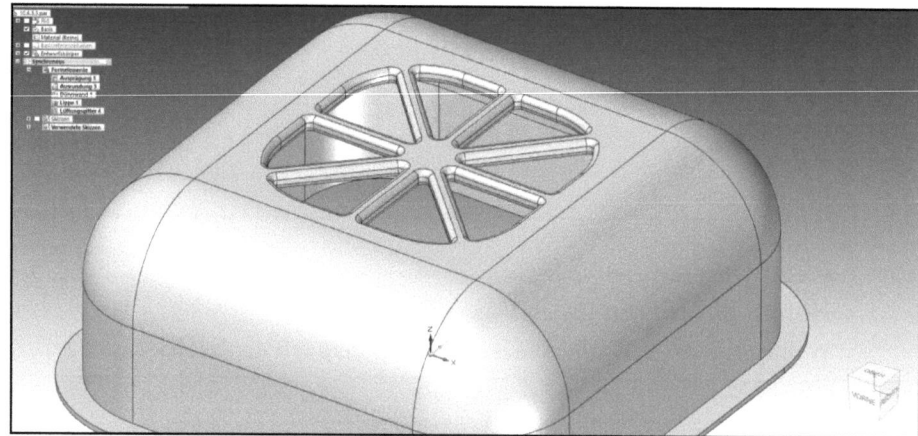

10.7 Erstellen eines Gehäusedeckels mit Versteifungsnetz, Bauteilerstellung

10.7.1 Die Basisgeometrie, Vorgaben

- **Öffnen** des Grundkörpers aus dem vorherigen Unterkapitel.
- Konstruieren Sie eine Hilfskonstruktion mit einem Mittenkreis von Ø **30** mm und Linien bis zum inneren Rand.
- Erstellen Sie ein **Versteifungsnetz** auf Basis diese Hilfskonstruktion mit **3** mm Stärke.

10.7.2 Grundkörper laden

 Öffnen / Bauteildatei von der Buch-DVD laden / **OK**   Öffnen

 Speichern unter / Namen nach Wahl eingeben / **Speichern**   Speichern unter

10.7.3 Das Versteifungsnetz

10.7.3.1 Das Versteifungsnetz, die Skizze im Deckel

 Wählen Sie über **Teilfläche ansehen** (Statusleiste) die obere Arbeitsfläche zur Bearbeitung an.

 Erzeugen Sie wählbare Innenkanten über **auf Skizze projizieren** (1).   auf Skizze projizieren

 Linie, erzeugen Sie Linien über Eigenpunkt **Mittelpunkt** (2).   Linie

 Erstellen Sie einen Kreis über **Kreis über Mittelpunkt** auf dem Linienschnittpunkt (3).   Kreis über Mittelpunkt

 Über **Trimmen** erzeugen Sie einen gesäuberten Skizzenbereich.   Trimmen

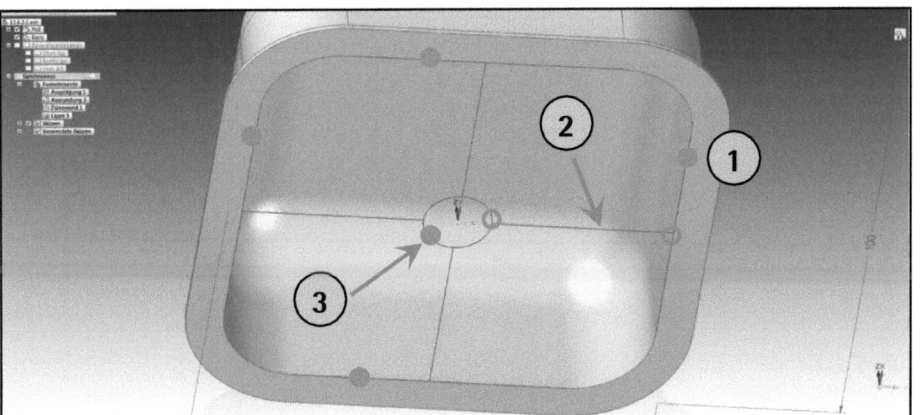

10.7.3.2 Das Versteifungsnetz, die Verstärkungen im Deckel

Versteifungs-
netz

Akzeptieren

Versteifungsnetz (Multifunktionsleiste **Home**, Register **Dünnwand**)

Wählen Sie die Linien der Hilfskonstruktion mit der **STRG**-Taste (4).

Akzeptieren (Befehlsleiste)

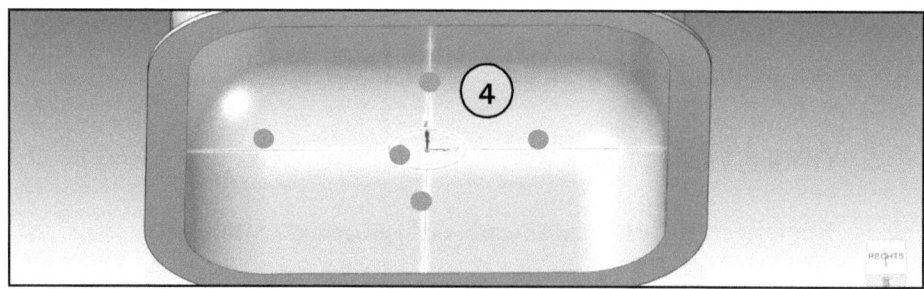

Geben Sie den **Breitenwert** von **3** mm ein (5).

Geben Sie den **Winkelwert** von **20°** ein (6)

Wählen Sie die **Richtung** nach innen (7) / **Fertig stellen**

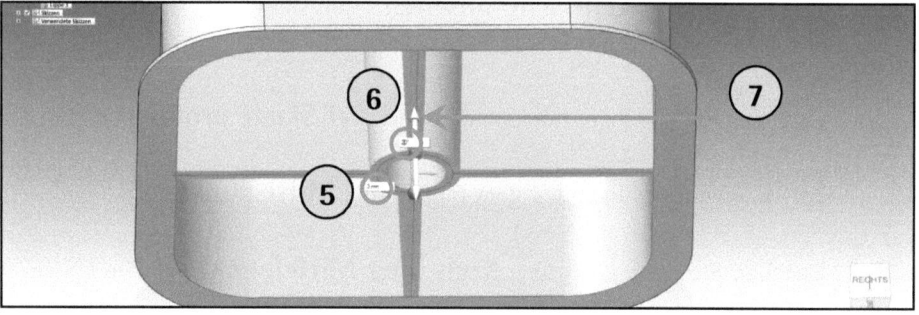

10.7.3.3   Datensicherung

Speichern
unter

Speichern unter / Namen nach Wahl eingeben / **Speichern**

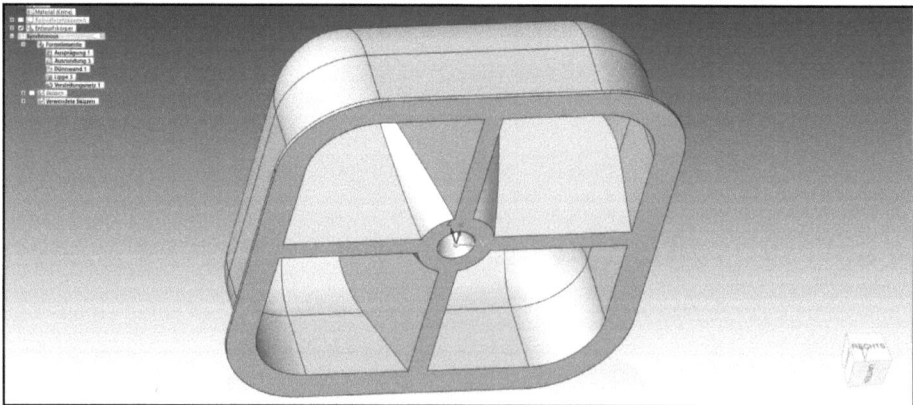

10.8 Gehäusedeckels mit Befestigungsdom, Bauteilerstellung

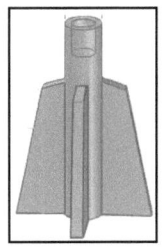

Dieser Befehl konstruiert einen Befestigungsdom. Sie können den Befehl Befestigungsdom verwenden, um einen einfachen zylindrischen Befestigungsdom zu konstruieren, oder Sie können eine Bohrung, Verstärkungsrippe, Formschräge oder Verrundungsparameter definieren. Sie können ein Profil für einen **Befestigungsdom** nicht manuell zeichnen. Sie legen die gewünschten Eigenschaften mit den Optionen des Befestigungsdoms fest und verwenden anschließend den Befehl **Befestigungsdom positionieren**, um das Profil zu positionieren. Stellen Sie im **Pathfinder** die **sequentielle** Ebene über die rechte Maustaste ein, verschiedene Befehle sind immer noch nur über diese Ebene zu erreichen.

10.8.1 Die Basisgeometrie, Vorgaben

- **Öffnen** des Grundkörpers von der Buch-DVD.
- Sequentielle Ebene einschalten, da die Funktion **Befestigungsdom** kein Befehl der **Synchronous**-Ebene ist.
- Bringen Sie **fünf Befestigungsdome** auf einer Linienkonstruktion innerhalb der Wandstärke nach Vorgaben ein.

10.8.2 Grundkörper laden

10.8.2.1 Sequentielle Umgebung einstellen

Öffnen

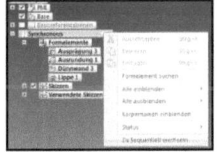

Öffnen / Bauteildatei von der Buch-DVD laden / **OK**
Sequentielle Ebene im **Pathfinder** einstellen.

Speichern unter

Speichern unter / Namen nach Wahl eingeben / **Speichern**

10.8.3 Der Befestigungsdom, die Positionierung

10.8.3.1 Der Befestigungsdom, die Skizze im Deckel

Teilfläche ansehen

Wählen Sie über **Teilfläche ansehen** (Statusleiste) die obere Arbeitsfläche zur Bearbeitung an.

auf Skizze projizieren

Erzeugen Sie wählbare Innenkanten über **auf Skizze projizieren** (1).

Linie

Linie, erzeugen Sie Linien über Eigenpunkt **Endpunkt** (2).

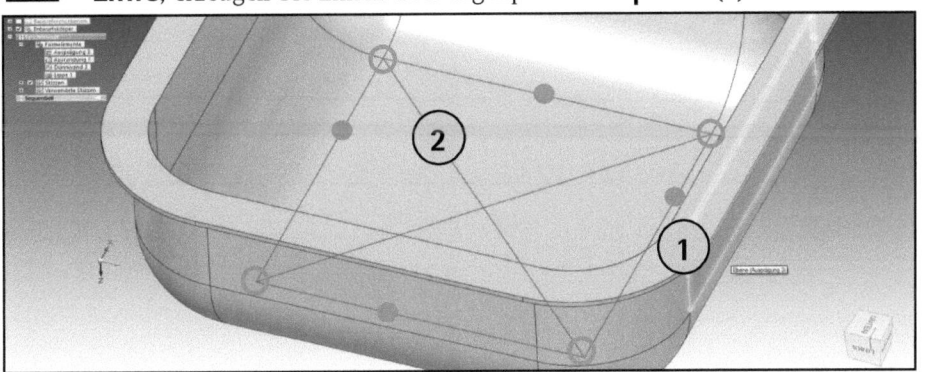

Befestigung-
dom

10.8.4   Befestigungsdom erstellen

Befestigungsdom (Multifunktionsleiste **Home**, Register **Dünnwand**)
Wählen Sie die unter Fläche als Parallelebene (3).

Tragen Sie einen Abstand von **30** mm ein und klicken Sie zum Abschluss
der Eingabe (4).

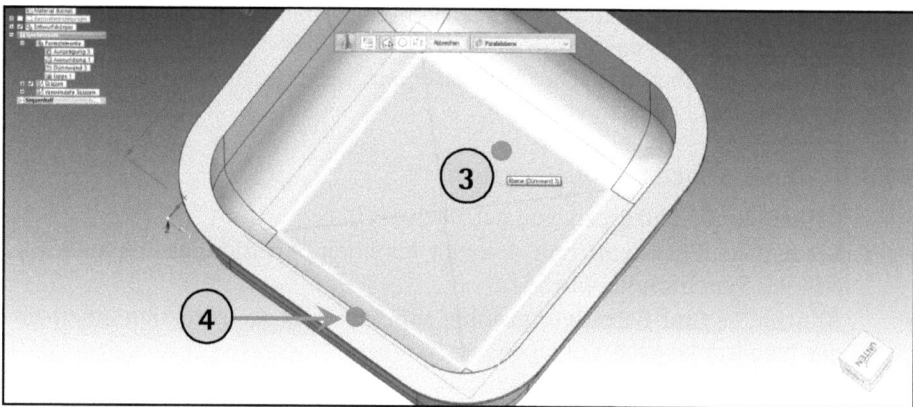

Der Befehl öffnet an dieser Stelle eine Skizzierebene zur Positionierung der Befesti-
gungsdom-Mittelpunkte.

Verwenden Sie das Dialogfeld **Optionen** des Befestigungsdoms, um die folgenden
Parameter festzulegen.
Optionen:

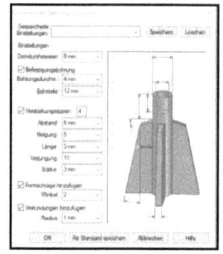

Domdurchmesser **8** mm,

mit Befestigungsbohrung, Bohrungs-Ø **4** mm, Tiefe **12** mm

Vier Verstärkungsrippen, Abstand **5** mm, Winkel **5°**, Länge **3** mm,

Verjüngung **10°**, Stärke **3** mm, Formschräge **2°**, Verrundung **1,3** mm (5).

Wählen Sie die Eckpunkte (6) und den Mittelpunkt (7) der erstellten Skizze.

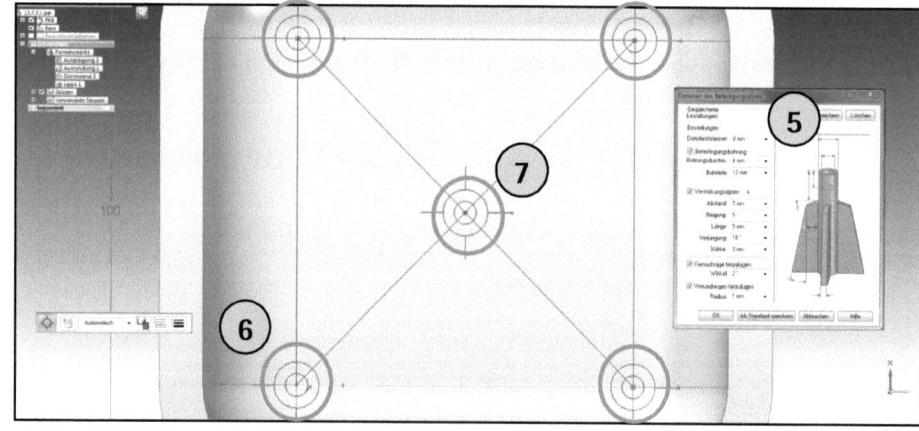

Skizze beenden

Definieren Sie die Richtung für den Befestigungsdom,
Richtung zur Innenwand (8).

Schließen Sie das Formelement über **Fertig stellen** (9).

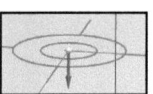

Skizze beenden

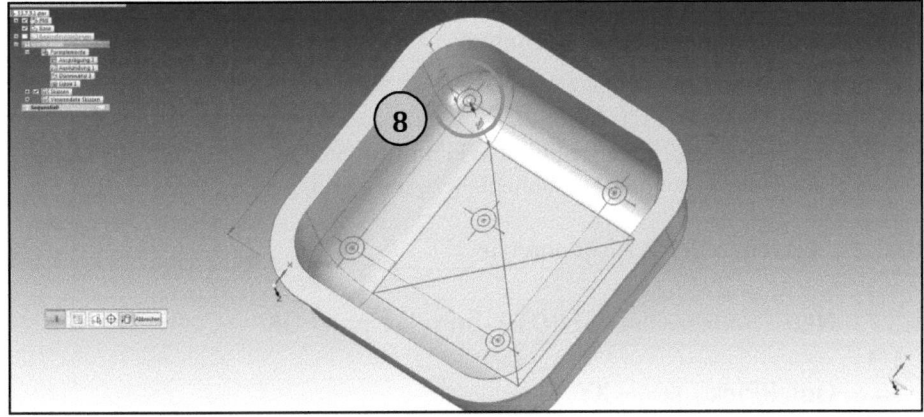

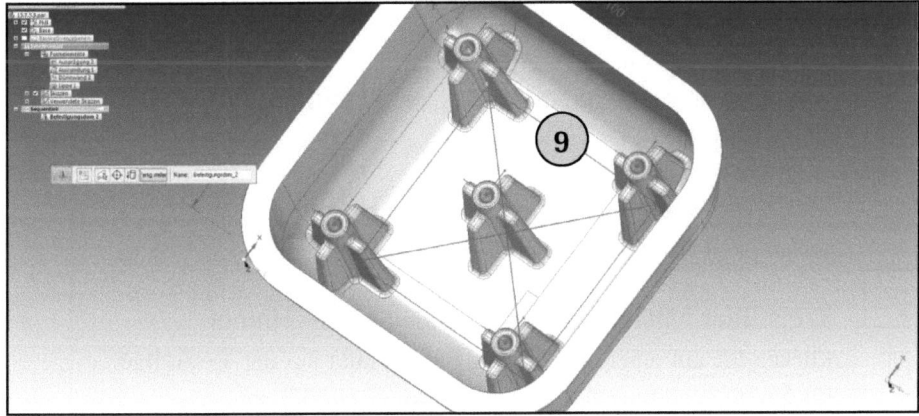

10.8.4.1 Datensicherung

 Speichern unter / Namen nach Wahl eingeben / **Speichern**

Speichern
unter

10.9 Konstruktion einer Druckfeder, Bauteilerstellung

Die Spiralform, auch Schraube, Schraubenlinie, zylindrische Spirale oder Wendel ist eine Kurve, die sich mit konstanter Steigung um den Mantel eines Zylinders windet. In der Technik ist eine Spirale ein oft freitragendes schraubenförmiges Draht-Bauteil, eine typische Spirale ist die Schraubenfeder, die die Federkräfte einer langen Feder auf geringen Raum unterbringt.

10.9.1 Die Basisgeometrie, Vorgaben

- Öffnen Sie die Vorlagendatei.
- Erstellen Sie einen Kreis mit Ø **10** mm, Mittenabstand **50** mm.
- Tragen Sie die Druckfederoption **3** Windungen, Steigung **50** mm in die Dialogbox zur Erstellung einer Schraubenfeder-Ausprägung ein.

10.9.2 Erstellen der Basisgeometrie

 Neu

 Neu / Vorlagendatei **SE2019-Engelke.par** / **OK**

 QuickPick / Ebene **XY**

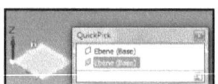

 QuickPick

 Linie

 Linie (Multifunktionsleiste **Home** oder **Skizzieren**)
Als Startpunkt ist das Achsenkreuz klicken.

Ziehen Sie eine Linie auf der **X-Achse** ca. **120** mm lang.

Schließen Sie die Linienerstellung mit der **ESC**-Taste ab (1).

 Smart-Dimension

 SmartDimension (Multifunktionsleiste **Home**)

Geben Sie den Wert **120** mm für die Linienlänge ein.

 Kreis über Mittelpunkt (Multifunktionsleiste **Home**)

Klicken Sie auf einen frei zu wählenden Punkt auf der **Y- Achse**.

Klicken Sie den Durchmesser mit der Maus auf **15** mm.

Schließen Sie die Durchmesser-Erstellung mit der **ESC**-Taste ab (3).

 Kreis über Mittelpunkt

 SmartDimension (Multifunktionsleiste **Home**)

Geben Sie den Wert **50** mm für den Abstand

und **15** mm für den Durchmesser in die Dialogbox ein.

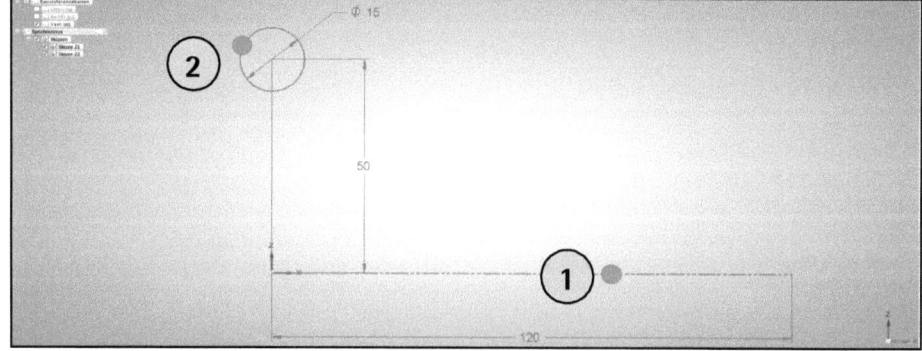

10.9.3 Die Schraubenflächen-Ausprägung

 Schraubenflächen (Multifunktionsleiste **Home**, Register **Hinzufügen**)
Wählen Sie einen Kreis als Querschnitt (3).
Wählen Sie eine Linie als Rotationsachse (4).

 Schrauben-
fläche

 Klicken Sie zum **Akzeptieren**.

Akzeptierung

Geben Sie die erforderlichen Werte für die Schraubenfläche ein. Die erforderlichen Angaben sind von der Erstellungsmethode abhängig, die Sie für die Schraubenfläche festgelegt haben.

Optionen:

Erstellungsmethode: **Steigung/Windung**, Windungen: **3**,

Steigung: **50** mm, **Rechtsdrehung**, Steigung **Konstant** (5).

Dialogbox schließen über **Übernehmen** und **OK** (6).

Schließen Sie die Formelementerstellung mit der **ESC**-Taste ab (7).

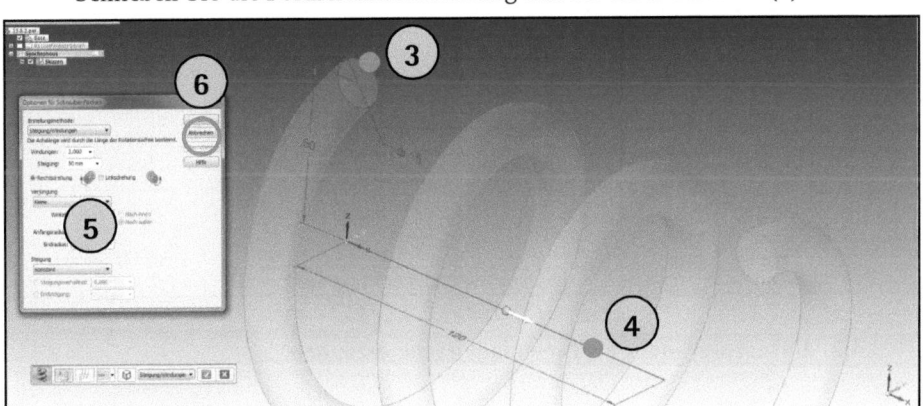

10.9.3.1 Datensicherung

 Speichern unter / Namen nach Wahl eingeben / **Speichern**

 Speichern
unter

10.9.4 Die einseitige Anlagefläche der Druckfeder erzeugen

10.9.4.1 Referenzebene „Senkrecht zur Kurve" erzeugen

 Ebene senk-
recht zur Kurve

 Ebene senkrecht zur Kurve (Multifunktionsleiste **Home**)

Wählen Sie den Kreis, an dem Sie die Referenzebene platzieren wollen (1).

Definieren den Silhouettenpunkt für die neue Referenzebene (2).

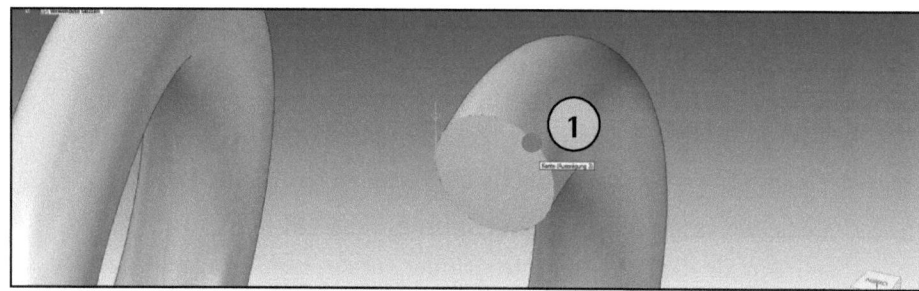

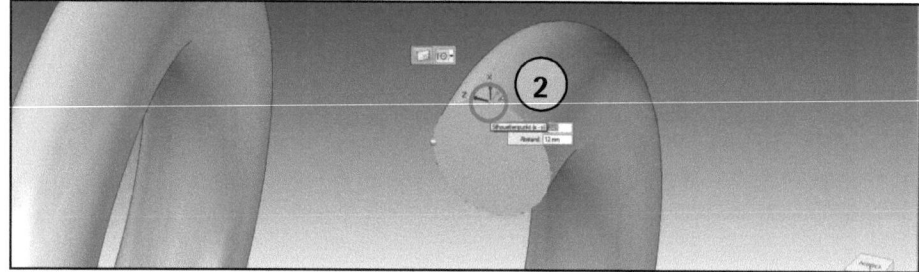

10.9.4.2 Differenzzylinder als für Anlagefläche erzeugen

 Zylinder

 F3-
Sperrsymbol

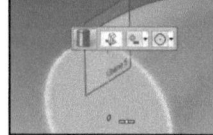

 Zylinder (Multifunktionsleiste **Home**)

Wählen Sie die erstellte **Ebene senkrecht zur Kurve**

Sperren Sie diese mit der Taste **F3** (3).

Extrusionsoption: **nicht symmetrisches Abmaß**

Klicken Sie den **Mittelpunkt** der Kreisfläche um die Mitte des Zylinders zu definieren (4).

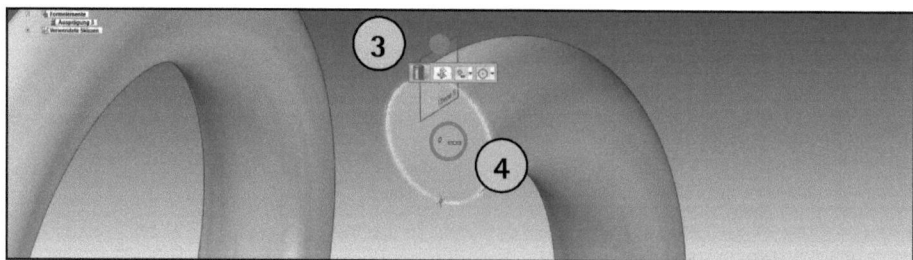

Eingabe mit **Tastatur** in die bezeichneten Felder, ohne Mausbetätigung:

Durchmesser **200** mm (5) / Zylinderhöhe auf **25** mm (7).

Option: **Ausschneiden** (6).

Zylinder

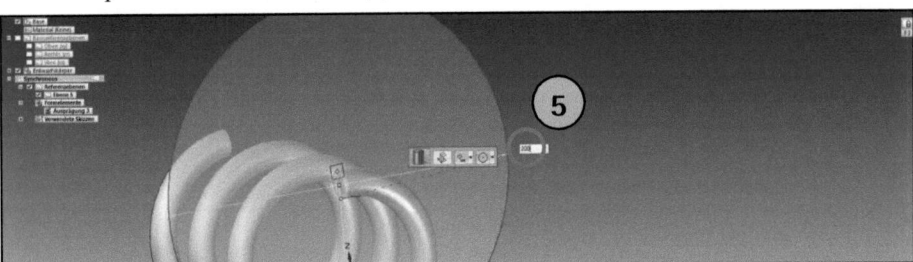

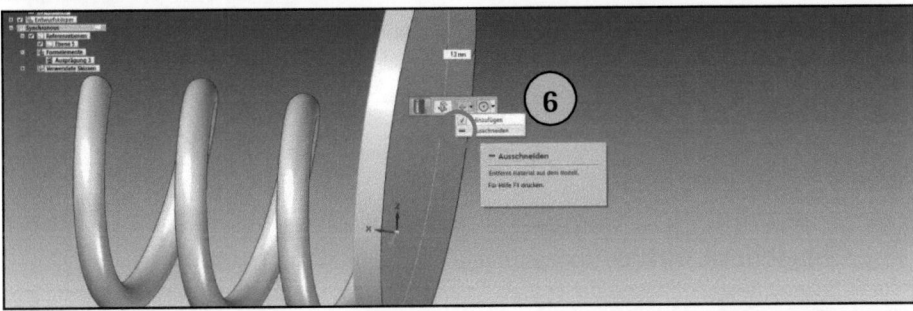

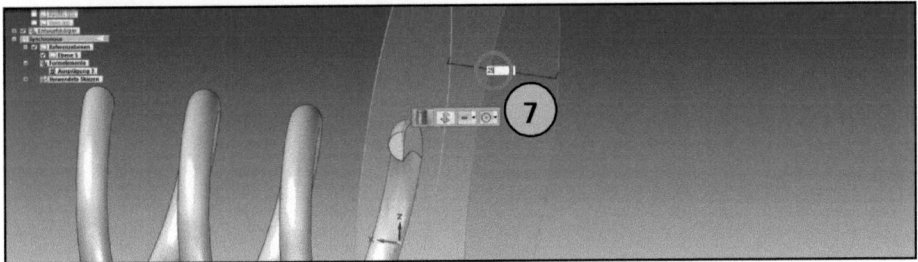

- Schließen Sie die Erstellung mit der **ESC**-Taste.

10.9.5 Die zweite Anlagefläche der Druckfeder erzeugen

10.9.5.1 Koinzidente Referenzebene mit Abstand erzeugen

Koinzidente Referenzebene (Multifunktionsleiste **Home**)

Wählen Sie die **Ebene senkrecht zur Kurve** (8).

Richten Sie den Pfeil des **Steuerrades** auf das Federende.

Ziehen Sie die Ebene auf einen Abstand von **75** mm (9).

Koinzidente
Referenzebene

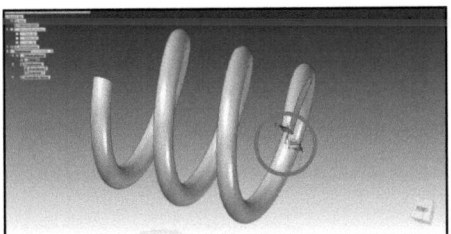 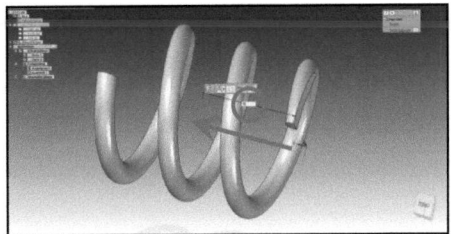

10.9.5.2 Die zweite Anlagefläche über „Spiegeln"

*   Wählen Sie den Ausschnitt im **Pathfinder** zum Spiegeln aus (1).

 Spiegeln

 Spiegeln (Multifunktionsleiste **Home**)

Definieren Sie die Referenzebene als Spiegelebene (2).

Schließen Sie die Formelementspiegelung mit der **ESC**-Taste ab (3).

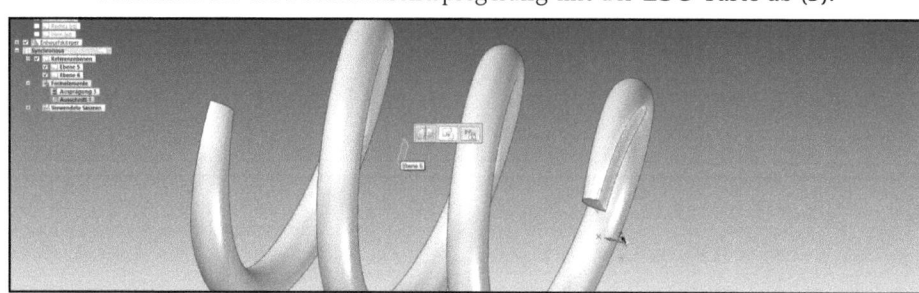

10.9.5.3   Datensicherung

 Speichern unter

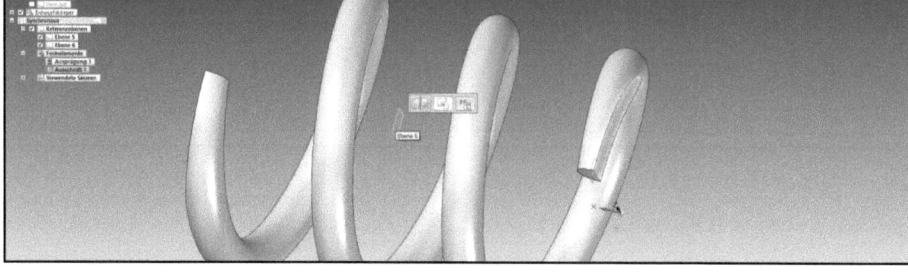 **Speichern unter** / Namen nach Wahl eingeben / **Speichern**

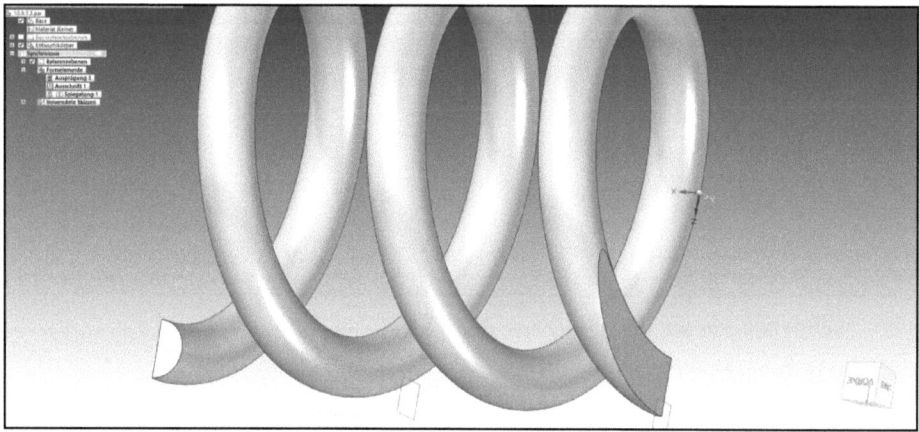

10.10 Konstruktion eines Trapezgewindes, Bauteilerstellung

Die Spiralform, auch Schraube, Schraubenlinie, zylindrische Spirale oder Wendel ist eine Kurve, die sich mit konstanter Steigung um den Mantel eines Zylinders windet.

In der Technik ist eine Spirale ein oft freitragendes schraubenförmiges Draht-Bauteil, eine typische Spirale ist die Schraubenfeder, wie im Vorkapitel, verwendbar aber auch als Schraubenlinie für eine trapezförmige Volumendifferenz um einen Zylinder.

10.10.1 Die Basisgeometrie, Vorgaben

- Öffnen Sie die Vorlagendatei.
- Erstellen Sie einen Kreis mit Ø **52** mm auf **XZ**-Ebene.
- Erzeugen Sie einen Zylinder Länge **200** mm über Mitte.
- Erstellen Sie ein Trapez-Skizzenprofil nach DIN **103** mit folgenden Maßen:
  Nenn-Ø **52** mm, Kern-Ø **43** mm, Flanken-Ø **48** mm,
  Steigung: **16** mm, Flankenwinkel: **30°**, Windungen: **20**
- Wellenabschluss Fase mit **5** mm x **45°**.

10.10.2 Erstellen der Basisgeometrie

 Neu / Vorlagendatei **SE2019-Engelke.par** / **OK**

 Zylinder (Multifunktionsleiste **Home**)

Extrusionsoption: **nicht symmetrisches Abmaß**
Legen Sie den Mauszeiger auf den Schnittpunkt der Achsen.
Klicken Sie die rechte Maustaste.
Wählen Sie aus der Kontextbox die Ebene die eine gelbgefärbte Rechteck-
fläche auf **XZ-Ebene** darstellt.
Klicken Sie den Schnittpunkt der Achsen um die Mitte des Kreises (1) zu definieren.

Eingabe mit **Tastatur** in die bezeichneten Felder, ohne Mausbetätigung:

Durchmesser **52** mm.

Ziehen Sie die Zylinderlänge auf **200** mm (1).

Schließen Sie die Erstellung mit der **ESC**-Taste.

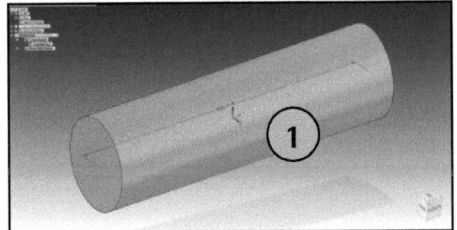

 Neu

 Zylinder

 F3-Sperrsymbol

10.10.3 Der Trapezgewinde-Querschnitt

- Wählen Sie die Referenzfläche **Rechts** über den **Vorschauwürfel**.

auf Skizze projizieren

Für die Konstruktion generieren Sie Linien aus dem Mittenquerschnitt, der Außenkontur und der Endkante (1, 2).

- Erzeugen Sie eine **Linie** als Mittellinie über **Mittelpunkt** (3).
- Erstellen Sie eine Linienkonstruktion über **Offset** der projizierten Außenkontur und der Endkante (4).
- Erzeugen Sie, über **Trimmen**, einen gesäuberten Skizzenbereich.
- Tragen Sie die gezeigten Maße über **SmartDimension** an, die Maße passen auch automatisch die geometrische Größe an.

 auf Skizze projizieren

 Linie

 Trimmen

 Smart Dimension

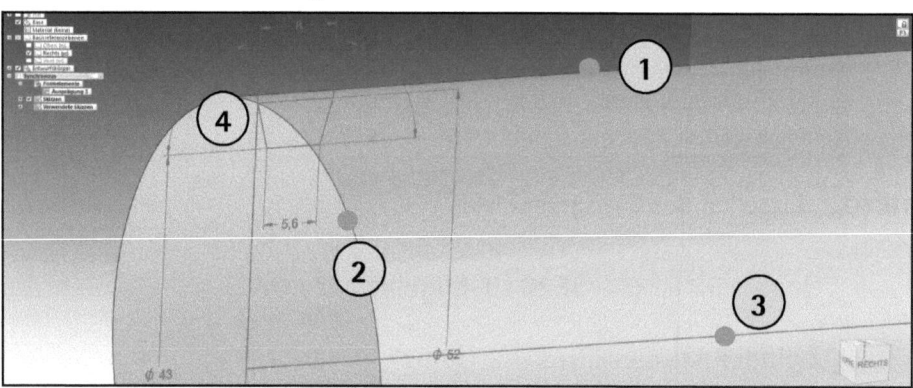

10.10.4 Das Trapezgewinde

10.10.4.1 Vorgaben

Bei einem **Trapezgewinde** hat das Profil der Gewindegänge die Form eines gleichschenkligen Trapezes. Die Gewindegänge sind breiter als die in den metrischen Befestigungsgewinden und führen auch zu größeren Steigungs-Maßen.

Trapezgewinde werden zur Übertragung von Bewegungen und Kräften verwendet, die größere Steigung ist dabei von Vorteil. Die breiteren Gewindegänge sind geeignet um größere axiale Kräfte zu übertragen, bei den typischen Anwendungen ist die, wegen der größeren Steigung, mäßigere Selbsthemmung ohne Bedeutung, die Kraftübertragung kann in beide Achsrichtungen erfolgen.

Die Gewindebezeichnung besteht aus dem Kurzzeichen **Tr**, dem Nenndurchmesser und der Steigung, so bezeichnet **Tr 52 x 8** ein Trapezgewinde mit **52** mm Nenndurchmesser und **8** mm Steigung.

Beim Konstruieren von Teilen mit Standardgewinden sollten Sie gewöhnlich die Bohrungs- oder Gewindebefehle und nicht die Befehle für Schraubenflächen verwenden, die Konstruktion und Anzeige von Schraubenflächen erfordert in Teildokumenten wesentlich mehr Arbeitsspeicher.

10.10.4.2 Die Trapezgewindeerstellung

Schraubenflächen (Multifunktionsleiste **Home**, Register **Entfernen**)
Wählen Sie als Querschnitt eine Skizze (5) und die Drehachse (6).

Schrauben-
fläche

Klicken Sie zum **Akzeptieren**.

Erstellungsmethode: **Steigung/Windung**, Windungen: **20**,

Steigung: **2 x 8 = 16** mm.

Rechtsdrehung, Steigung Konstant.

Schließen Sie die Formelementerstellung mit der **ESC**-Taste ab (7, 8).

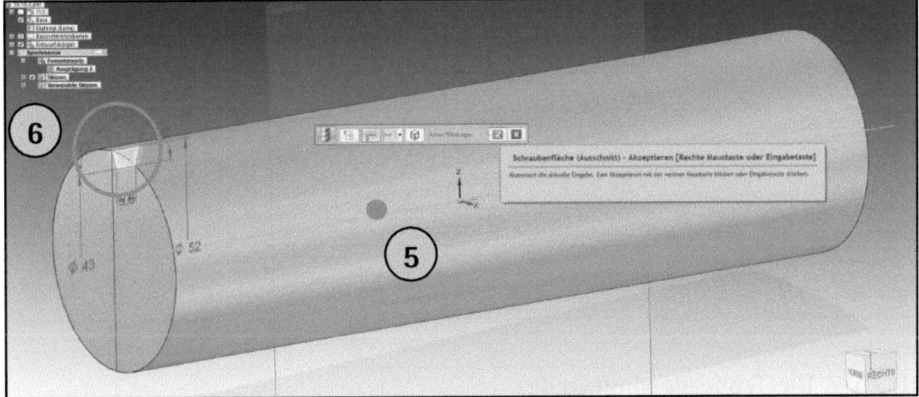

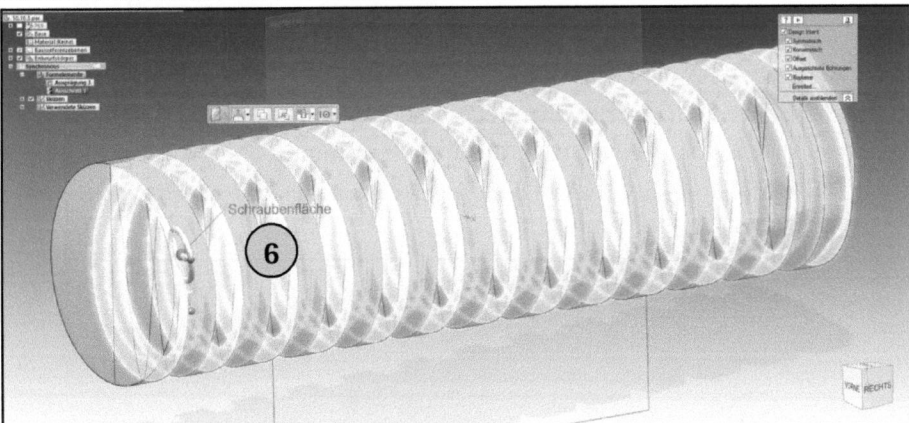

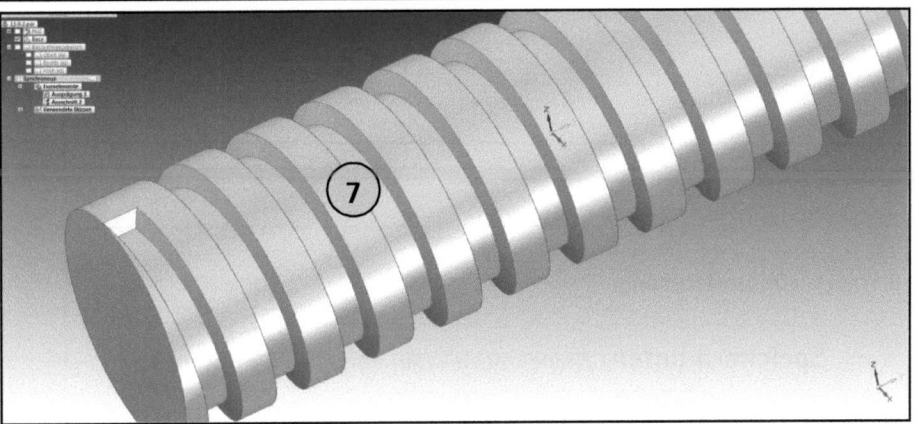

10.10.5 Das Gewindeende, Ausführung als Fase

10.10.5.1 Anbringung der ersten Fase

Gleiche
Fasenlänge

Fase, gleiche Fasenlänge (Multifunktionsleiste **Home**)

Kante über Auswahl **Kette** auswählen (8).

Geben Sie einen Wert für die Fasenlänge **5** mm ein (9).

Schließen Sie die Formelementerstellung mit der **ESC**-Taste ab (4).

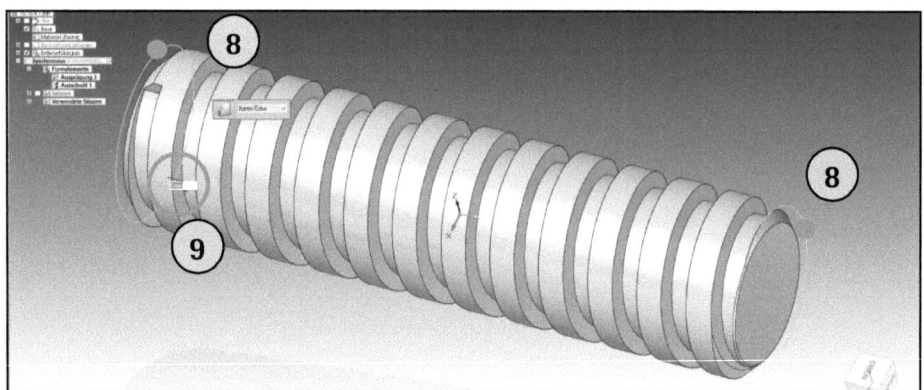

10.10.6 Die Trapezgewindewelle, Materialzuweisungen über Materialtabelle

Material-
tabelle

- Aktivieren Sie, mit Doppelklick, den **Pathfinder**-Eintrag **Material**.
- Weisen Sie der Trapezgewindewelle, über die Funktion **Materialtabelle**, das Material **Stahl-Nichtrostend** Werkstoffnummer **1.4873**, DIN-Material **X45 CrNiW18-9** aus der zusätzlichen Materialtabelle **SE2019-Engelke** zu (10).

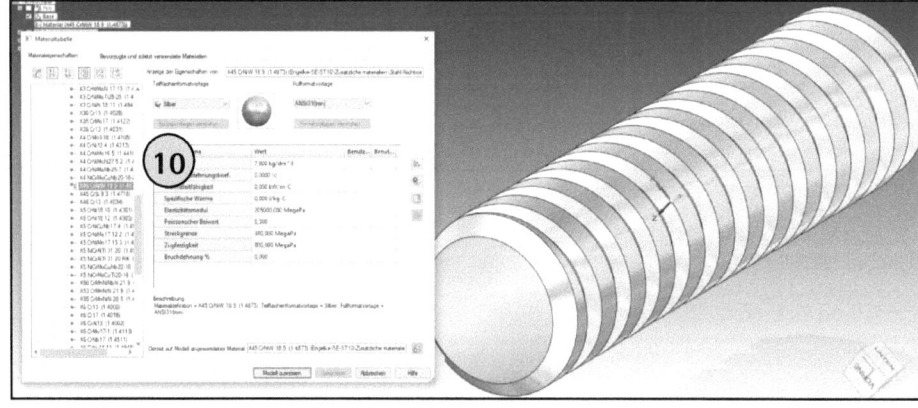

10.10.6.1 Datensicherung

Speichern
unter

Speichern unter / Namen nach Wahl eingeben / **Speichern**

11

Siemens
Solid Edge 2019
Synchronous Technology

Die DVD zum Buch

11 Die DVD zum Buch

11.1 Vorbemerkungen

Dies Buch erscheint über BOD, da es für Fachbuchverlage nicht gewinnbringend ist, CAD Bücher in hoher Druckqualität für einen kleineren Anwenderbereich zu verlegen. Um dieses Buch auch kostenüberschaubar einem kleineren Anwenderkreis zur Verfügung zu stellen habe ich auf ein Druckformat in Farbe verzichtet.

11.2 Die Buch-DVD, Preis und Bestellmöglichkeit

Für interessierte Käufer dieses Buches biete ich die Möglichkeit an, eine DVD mit allen erstellten Bauteildaten für die academische Version von **Solid Edge 2019** und der **farbigen** PDF-Ausgabe dieses Buches zu bestellen.

Die Bestellung der Buch-DVD kann per Email, **engelke.cad@web.de**, erfolgen, eine Kaufbestätigung des Buches ist der Email als Anlage der Bestellung mitzugeben, die Lieferung dieser DVD-Version erfolgt kostenfrei.

11.3 Die Buch-DVD, Inhalte im Überblick

11.3.1 Support-Kapitel

Mit dem Kapitel **10** und dem Index-Verzeichnis endet die Papierausgabe des Buches, da die, von **Book on Demand**, angebotene Seitenzahl nicht übersteigen werden darf.

Mit den Support-Kapiteln **12 bis 26**, die zur Erstellung weiterer Bauteile unbedingt nötig sind, wird diese Seitengrenze, mit über 600 Seiten, bei Weitem überschritten. Eine Reduktion der verschiedenen Solid Edge-Möglichkeiten zur Erstellung von Bauteilen wollte ich nicht vornehmen.

11.3.2 Die Buch-DVD

11.3.2.1 Die Buch-DVD, Solid Edge 2019, Dateien zu den Lerneinheiten

Die Buch-DVD beinhaltet die, in den Kapiteln **2** bis **10** beschriebenen Arbeitsdateien, außerdem sind auch die Arbeitsdateien für die Supportkapitel **8** bis **14** in den Kapitel-Verzeichnissen zu finden.

Weiterhin finden Sie auch die, in den Supportkapiteln **12 bis 26** erstellten Bauteile, auf dieser Buch-DVD.

11.3.2.2 Die Buch-DVD, Solid Edge 2019, PDF-Dateien

Zusätzlich zu einem Leitfaden, zur Nutzung der DVD, ist das komplette Buch in einer Farbausgabe, im PDF-Format, beigegeben, um die Nachteile der Graustufen-Ausgabe zu mildern. Das Support-Kapitel ist ebenfalls, als Gruppendatei im PDF-Format, auf der Buch-DVD vorhanden.

11.3.2.3 Die Buch-DVD, Auflistung der Inhalte

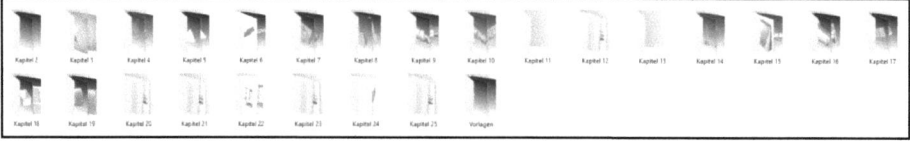

Siemens
Solid Edge 2019
Synchronous Technology

Bauteile

Buchbereich
Index